재봉틀과 일본의 근대

소비자의 창출

재봉틀과 일본의 근대 – 소비자의 창출

초판인쇄 2021년 8월 10일 **초판발행** 2021년 8월 20일

지은이 앤드루 고든 **옮긴이** 김경리 **펴낸이** 박성모 **펴낸곳** 소명출판 **출판등록** 제13-522호

주소 서울시 서초구 서초중앙로6길 15, 2층

전화 02-585-7840 **팩스** 02-585-7848

전자우편 somyungbooks@daum.net **홈페이지** www.somyong.co.kr

값 28,000원

ISBN 979-11-5905-609-3 93910

ⓒ 소명출판, 2021

호숫가에서 재봉 파티를 하는 쇼켄 황후(昭憲皇后)의 궁녀들〈상상도〉. 1893년도 목판화(니시키에).
「교육예지수술(教育譽之手術), 가쓰게쓰(勝月)* 그림」(오반(大判: 니시키에 1매는 37.5×75이며 오반은 이 사이즈 3매로 구성)중 1매)(도쿄농공업대학 과학박물관(東京農工業大學科學博物館) 소장)

* 가쓰게쓰 : 도슈 쇼게쓰(東洲勝月). 생년월일 불명, 메이지 시대의 목판화가(우키요에시, 浮世絵師) 1881년부터 활동을 시작해 서 메이지 20~30년대의 풍속화를 비롯하여 헌법발포, 박람회, 청일전쟁 관련 주제를 그렸다. 우키요에(목판화)는 17세기 후반에 히시카와 모로노부(菱川師宣)가 판본 삽화에서 시작했고 스즈키 하루노부(鈴木春信)가 우키요에의 색상을 10가지 이상 추가하 여 화려한 니시키에(錦絵, 다색 판화)로 발전시켰다. 주제는 미인화, 역사화, 풍경화, 풍속화로 다양하다. 니시키에는 특히 에도 말 기와 메이지 초기 개항장 요코하마(橫浜)를 통해 들어온 서구의 외국인, 외국풍속 등 서구의 근대문물을 상당수 그려 당시의 가 장 일반적인 대중매체 역할을 해냈다.

싱거 미싱사의 홍보용 그림엽서(1920년대 초기)(제공 Paul McAlpine) 앞면. 재봉틀 재봉을 처음으로 연습하고 있다.

건국대학교 아시아콘텐츠연구소
동아시아 모더니티 06

재봉틀과
일본의 근대

소 비 자 의 창 출

FABRICATING CONSUMERS
The Sewing Machine in Modern Japan

앤드루 고든 지음 | 김경리 옮김

일러두기

1. 본 한국어 번역서는 영어 원서와 일본어 번역서를 함께 대조하면서 진행하였다. 역사적인 특정 사건과 시기, 일본인 인명과 지명을 함께 확인하였다.

2. 인명, 장소, 역사적 사건, 문학작품과 대중매체, 고유명사의 표기는 초출일 때 한글 독음과 한자를 병기하고, 그 이후 한자를 생략하고 한국 발음만 적었다.

3. 번역시 문장의 흐름 상 의역을 했을 경우, 원문의 의미가 훼손되거나 전달되지 않을 때는 〔 〕 안에 원어를 병기했다.

4. 미싱이라는 단어는 고유명사일 경우, 그대로 사용했고 제품일 경우에는 재봉틀로 번역했다.
   (예 : 싱거 미싱사, 브라더 미싱, 자노메 미싱공업, 파인 미싱, 일본미싱타임즈, 미싱공업회)

5. 일본 단어인 부인(婦人)은 문맥 상, 부인, 여성, 여자 등으로, 일본 전통의상의 경우에도 화복(和服), 기모노, 전통의상 등으로 표기했다. 일본의 관공서와 직위, '양처현모'와 같이 일본만의 특수한 단어는 그대로 표기하였다.

6. 국산과 우리나라는 '일본'으로 표기했으며 일본 연호는 서기로 통일하였다.

7. 영어 원전의 〔교복, 유희, 지점, 지점장, 직원〕은 일본어 번역서에는 〔제복, 쾌락, 분점, 주임, 종업원〕으로 번역했다. 일본의 근대사에 관한 내용이므로 일본어 번역서대로 표기했다. 제7장에서는 전문 가정주부 (professional housewife)와 전업주부(full-time housewife)는 구분하여 표기했다.

차례

시작하며

최근 10년간 나는 일본에서 가정용 재봉틀의 판매와 구입, 그리고 사용의 역사에 빠져있었다. 이 연구 과제를 진행하고 있을 때 많은 친구들, 또 동료들과 나눈 이야기 속에서 1930년대와 그 이후, 적어도 일본 중산층이 도시에 거주했던 우리 동료들의 부모 세대는 싱거사의 재봉틀을 가지고 있었다는 사실이 어느 정도 일반적이었다는 점이 인상 깊었다. 그리고 준비 단계의 고찰과 조사 결과를 학계와 광범위한 대중들에게 발표하기 시작하면서 재봉틀이라는 것이 이렇게 많은 사람에게 동일한 감정을 불러일으켰다는 점에 더욱 감명받았다.

예를 들면 어떤 동료는 내 이야기를 들은 뒤 편지에 이렇게 썼다. "나는 어젯밤 연구회에서 '재봉틀의 역사'를 무의식중에 내 자신의 역사인 것처럼 받아들였습니다. 엄마는 가끔씩 밤을 새면서 하는 양재 부업으로 집안 살림을 도왔습니다. 지인이나 이웃이 부탁한 것 말고도 근처 상점가 양복점에도 납품했습니다. 조금 더 과장을 하면 재봉틀은 영화 〈시민 케인Citizen Kane〉의 '장미 꽃봉오리'(그 남자의 소년 시절의 썰매 이름)와 같은, 엄마의 추억으로 빠져들게 만드는 물건이었던 것 같습니다."[1]

정확히 누구였는지 기억이 나지 않는 또 다른 동료는 강연이 끝난 뒤 내 연구실로 찾아왔다. 그리고 그는 내 강연 전날 밤, 다음 날 내 강연이 있다는 사실이 무의식에 영향을 준 것인지, 지금은 돌아가신 어머니가 당신이 쓰던 재봉틀 앞에 앉아 있는 꿈을 꾸었다고 했다. 지금까지 20년 이상 나는 주로 남자 공장 노동자의 역사에 관해 글을 쓰고 이야기해 왔지만 이 정도로 급격한 감정의 변화와 연결된 반응을 한 번도 본 적이 없었다. 나는 재봉틀을 사용했던 당사자뿐만 아니라 가족에게도 오랫동안 의미가 있었다는 이유 때문에라도 재봉틀 연구에 진심으로 몰두할 가치가 있다고 깨달았다. 처음에는 성별 차이가 있는 기억의 풍경 속에서 재봉틀의 각별한 울림을 느낀 것은 재봉틀을 직접 사용했던 어머니들의 아들들이었기 때문이라는 인상을 받았다. 그렇지만 그것이 정확하지 않다는 것을 알았다. 그 인상은 단순히 일본 학계 내 대다수의 학자들과 대학생, 그리고 강연을 듣는 청중 대부분이 남자이기 때문이었을 뿐이었다. 재봉틀이 여자에게도 남자에게도 똑같이 큰 의미를 가지고 있었다는 것은 분명했다. 다시 말해 재봉틀을 사용하는 사람과 이를 지켜보았던 가족 모두에게도 마찬가지였다. 몇 년에 걸쳐 그 회상들을 공유해주신 분들, 그리고 이 연구 프로젝트를 위해 조언하고 조사하며 협력해주시고 재정 지원을 해주신 분들 모두에게 감사의 말씀을 드리고 싶다.

오랜 시간에 걸쳐 일본에서는 간사이대학교關西大學, 교토대학교京都大學, 고베대학교神戶大學, 고쿠가쿠인대학교國學院大學, 쇼와여자대학교昭和女子大學, 다치바나대학교橘大學, 도쿄대학교東京大學, 도시샤대학교同志社大學, 그리고 미국과 영국에서는 콜롬비아대학교, 듀크대학교, 하버드대학교, 런던정치경제대학교, 스탠포드대학교, 옥스퍼드대학교와 예일대학교 등, 각 대학교에서 나의 연구 이야기를 듣고 피드백을 보내주신 분들에게 대단히 감사드린다.

　도쿄대학교 고마바駒場캠퍼스의 대학원 지역문화 연구학부와 혼고本
鄕캠퍼스의 사회과학연구소는 2002년부터 2003년까지 1년 동안, 쾌적하
고 활기에 찬 연구 거점이었다. 특히 그곳에서 나를 도와준 고마바의 미타
니 히로시三谷博(1951~)와 사회과학연구소의 니타 미치오仁田道夫(1948~)에
게 진심으로 감사드리고 싶다.(이하 존칭 생략) 나는 몇 년에 걸쳐서 하버드
대학교의 아시아센터와 라이샤워일본연구소Reischauer Institute, 리 앤 줄리엣
포거 기금Lee and Juliet Folger Family Fund에서 연구비를 받았다. 래드클리프연구
소Radcliffe Institute(1879년 설립)가 2007년부터 2008년까지 나에게 준 장학금
은 내 생각을 책으로 정리하는 시간과 자극적인 지적 커뮤니티의 지원을
해주었다는 점에서 더할 나위 없이 소중했다. 우리들의 래드클리프연구
소 라이팅 그룹의 멤버인 캐서린 루츠Catherine Lutz(미국 인류학자), 티모시 루
드Timothy Rood, 프란시스 키슬링Frances Kissling이 초고 원고 각 장에 대해 세심
한 코멘트를 해준 점, 셸론 가론과 사라 A. 고든이 최종 원고 바로 전 단계
의 원고를 열심히 읽고 의견을 보내준 점에 대해 감사를 표한다.

　이 외에 몇 년 동안 계속된 토론 속에서 의견과 조언을 주신 분들, 카
렌 위겐Kären Wigen, 오마키 구니치카大槙邦親, 가미야 아키요시神谷昭慶, 기무
라 겐지木村健二, 캐롤 글럭Carol Gluck, 고이즈미 가즈코小泉和子, 고바야시 나
리오小林成夫, 제프리 존스Geoffrey Jones, 스즈키 준鈴木淳, 나카무라 나오후미中
村尙史, 나리타 류이치成田竜一, 바바라 버만Barbara Burman, 자넷 헌터Janet Hunt-
er, 히로타 마사키, 페넬로페 프랭크스Penelope Francks, 이안 밀러Ian Miller, 요
시미 슌야吉見俊哉, 앤 와수Ann Waswo에게도 감사드린다. 또 에도도쿄박물관
江戶東京博物館과 도쿄농공대학교 과학박물관東京農工大學科學博物館 직원이기

도 한『도쿄미싱타임즈』의 아베 겐지阿部健二는 자료를 찾아내고 이용할 수 있도록 도움을 주셨다. 시간 사용 설문조사의 비교 데이터는 조나단 거슈니Jonathan Gershuny, 낸시 F. 코트Nancy F. Cott, 마야 재서노프Maya Jasanof(역사교수), 헤릭 채프먼Herrick Chapman(미국 사학자), 메리 루이스Mary Lewis에게서 조언을 받았다. 인터넷과 데이터베이스의 키워드 검색을 통해 전 세계의 모든 정보를 이용할 수는 없었기 때문에 연구 조수들인 도요다 마호Toyoda Maho, 손병권Song Byongkwon, 준 황June Hwang, 마쓰다 하루카, 제니퍼 얌Jennifer Yum이 도쿄대학교와 하버드대학교 도서관의 다양한 자료에서 재봉과 재봉틀과 관련하여 참고할 만한 내용을 철저하게 밝혀내거나 경우에 따라서는 자료를 한 장 한 장씩 다루는 옛날 방식으로 작업을 해주어 상당히 큰 도움이 되었다. 제리미 A. 엘렌Jeremy A. Yellen은 그림의 소재를 찾고 게재 허가를 받기 위해 오랜 시간 고생했다. 최종 단계의 원고 완성을 도와준 마고 챔벌레인Margot Chamberlain과 원고가 책의 형태를 갖추기까지의 업무를 담당한 캘리포니아대학교 출판국의 재클린 볼린Jacqueline Volin과 칼리시아 피비로트Kalicia Pivirotto, 리드 말콤Reed Malcolm에게, 그리고 지지해 준 시리즈 편집자분들, 휴-탐타이Hue-Tam Tai, 제프리 와스어스트롬Jeffrey Wasserstrom, 그리고 카렌 위겐Kären Wigen에게도 감사드리고 싶다.

나의 가족, 특히 아내 미에美枝는 나의 연구의 소중한 지지자인 동시에 강박적으로 연구에 집중하는 나에게 기분전환을 할 수 있는 환경을 제공해주었다. 너무 고맙다.

마지막으로 당연한 일이지만 나의 의도와 상관없이 본 연구에 어떤 잘못이 있다면 그 책임은 나에게 있다.

서론

10년도 지난 일이지만 전후 일본의 노동운동을 책으로 쓰기 위해 자료조사를 하고 있었을 때, 나는 가끔 일상생활에서 뜻밖의 한 가지 사실을 우연히 마주쳤고 그것이 머릿속에서 떠나지 않았다. 그것은 1950년대의 일본의 기혼 여성들이 놀랍게도 매일 바느질에 두 시간 이상의 시간을 소비했다는 데이터였다. 그때 본 데이터의 의미를 이해하려는 것에서 시작되어 재봉틀의 역사를 들여다보고자 하는 계획이 결국 이 책을 쓰게 만든 결정적 요인이었다. 그러나 재봉틀에 대한 단순한 호기심을 가치 있는 역사적인 질문들을 통해 전체적으로 정리하는 과정은 쉽게 진척되지 않았다. 도중에 이것저것 새로운 관심이 생겨 바느질의 사용시간 문제는 해결하지 못한 채 뒤로 밀려나 있었다. 시간 사용 연구는 시간 사용 데이터가 처음에 수수께끼이자 도발挑發로 나타난 시기부터 시작될 것이고 그 중요성은 연구하는 과정에서 명확해질 것이다. 문제가 된 데이터는 『가와사키노동사川崎勞動史』*에 실려 있었다. 일본의 정부 기관과 지

---

* 가와사키시의 근대산업 여명기부터 쇼와 후기에 걸친 노동과 산업의 역사를 '전전 편(戰前編)', '전후 편(戰後編)', '자료 편(資料編)'으로 정리했다. 노동자의 운동 측면뿐 아니라 노동의 실태, 노동자 생활, 노동 문화, 산업 활동, 경영자의 노무 관리도 포함한 "노동의 역사"이자 "노동자의 생활사"를 담고 있다. 1987년 3월 발행.

방 자치 단체는 제도사制度史와 향토사鄕土史를 철저하게 수집하고 데이터로 작성하는 것으로 유명하다. 특히 이 책은 그 데이터들 중에서도 내용이 가장 괜찮았다. 편찬차들은 인구가 밀집된 도쿄 근처의 가와사키-요코하마橫浜 공업지대의 노동자층 가정을 대상으로 실시한 1951년의 사회조사에서 발췌한 내용을 실었다. 자료에 따르면 공장 노동자의 아내이며 집 밖에서 일을 하지 않는 87명은 매일 평균적으로 139분을 재봉에 소비했다. 이 시간은 취사에 사용하는 179분이라는 시간과는 큰 차이가 없고 다른 일상 활동에 사용되는 시간과는 간극이 컸다.[1]

매일 재봉에 두 시간 이상이나? 무엇을 했을까? 나는 그녀들이 손바느질에 그 정도의 시간을 사용했다고 추측했다. 이는 가난한 노동자층이 중산층의 소비경제로부터 단절된 채, 가족의 옷을 직접 만들고 옷이 말 그대로 너덜너덜해질 때까지 수선해서 입었음을 보여주는 상징이었다. 그렇지만 한 동료가 실제로는 무언가가 더 복잡한 요인이 있지 않을까라고 귀띔해 주었다.[2] 이 시기까지는 일본에서 재봉틀의 인기가 높았다는 이야기를 읽은 적이 있어서 바느질이 실제로 전부 손바느질이었는지 의심스러웠다. 만약 손바느질이 아니었다고 하면 소비경제와 산업경제 관계는 의미가 달라졌을 것이다.

그래서 나는 이 여성들이 손바느질을 했는지, 재봉틀 바느질을 했는지를 알고자 원래 조사했던 데이터의 전문全文을 찾으려고 했지만 찾지 못했다. 그렇지만 그 과정에서 몇 가지 비슷한 연구를 찾아냈다. 1950년대는 수십 년 동안 자본주의와 공장 노동의 사회적 영향에 관심을 가졌던 국가 및 지방 정부기관, 노동운동, 소규모의 노동 학자단체 등이 근로자의 일상생활을 열정적으로 추적하고 조사했던 시기였다. 1952년 노동성 부인소년국勞動省婦人少年局은 도쿄 지역의 도시 노동자 계층 400가구의 시간 사용 상황을 상당히 공들여 자세히 조사했다. 조사에 따르면 공장 노동자와 결혼을 한 뒤 집 밖에서 일을 하지 않았던 여성들은 주말에는 매일 180분이라는, 덧붙이자면 대부분의 시간을 재봉에 쏟아부었다. 이것은 하루 세 끼를 준비하는 데 사용하는 181분의 시간과 거의 비슷했다. 그런데 놀랍게도 조사 대상 가구의 무려 37%가 재봉틀을 소유하고 있었다.[3]

다른 자료에서도 확인한 사실은 이 시기에 이런 가족들은 자신들이 가지고 있는 재봉틀을 다양하게 활용하여 여성잡지에 실린 최신 옷본으로 양복을 만들기까지 했다는 사실이었다. 당시의 재봉틀 가격은 전형적인 샐러리맨 월급의 거의 두 달 치에 상당했다. 그러나 정부의 사회통계에 따르면 이미 1952년에는 일본 노동자층으로 상정된 사람들 대다수가 모두가 갖고 싶어 했던 이 비싼 "내구 소비"재를 구입하여 사용할 수 있었다. 재봉틀이 두 가지 측면에서의 특징을 모두 가졌다는 사실을 강조하기 위해 "소비재"라고 큰따옴표를 쳤다. 재봉틀의 판매자는 남성이지만 구매해서 사용하는 사람은 여성이었다. 또 재봉틀은 소비자의 욕망의 대상인 동시에 가족뿐만 아니라 주위의 이웃들이나 중개업자에게 판매할 옷을 만드는 부업의 생산재이기도 했다. 나는 재봉틀의 확산을 연구함으로써 20세기의 사회 변용에 관해 무엇인가 가치 있는 것을 배울 수 있다는 것을 실제적으로 깨닫기 시작했다. 이 사회 변용은 일본 사회의 대다수 사람들이 자신은 중산층의 일원이라고 이해하는 것이며 중산층은 어디에서 일하는가에 의해서 뿐만 아니라 무엇을 어떻게 구매하는가에 따라서도 규정된다는 것을 의미했다.

이와 같이 처음에 사회조사에 깊은 관심을 가진 덕분에 장시간의 재봉에는 재봉틀을 밟고 있는 시간도 많이 포함되어 있었다는 점을 확인했다. 그렇지만 거기에서 다시 중요한 의문 두 가지가 생겼다. 재봉 시간은 다른 나라와 시대와 비교해서 정말로 길었을까? 제7장에서 자세하게 언급하겠지만 미국과 서유럽의 시간 사용 연구는 분명 일본 여성들이 바느질에 사용하는 시간이 다른 근대사회의 여성들보다 훨씬 많았다는 점을 뒷받침했다. 그러나 그녀들은 왜 손이나 재봉틀로 그렇게 오랜 시간 바느질을 했을까? 다음 장에서 탐구해가듯이, 해답은 지역적인 관행과 세계적인 관행의 활발한 상호작용에 있었다. 시간 집약적인 특성을 가지는 가정 내 재봉일은 에도 시대(1603~1868)의 물질적인 문화에 뿌리를 갖고 있었다. 메이지 시대明治時代(1868~1912)부터 1950년대에 걸쳐 복장과 재봉의 관행이 일본식에서 서구식으로 옮겨감에 따라, 세일즈맨의 노력과 민간 개혁자와 국가 공무원의 권유, 그리고 수백만 여성들의 필요와 요구가 집에서 옷을 만드는 시간 소모적인 관행을 강화시켰을 것이다.

재봉틀은 세계적으로 자본주의 발전과 상당히 큰 관련성이 있다. 때문에 근대의 이상적인 상황에 관해 아주 중요한 비평가 두 명이 새로운 세계의 상징으로서 재봉틀의 위상에 대해 열정적인 글을 썼다. 칼 마르크스Karl Marx(1818~1883)는『자본론資本論』에서 재봉틀을 "단연코 혁명적인 기계, 즉 양재洋裁, 제화製靴, 봉제, 모자 제작 등과 같은 생산 영역의 셀 수 없이 많은 부분 전체를 동일하게 공격하는 기계"라고 장황하게 헐뜯었다. 한편, 재봉틀은 이 직업들 중에서 '더 나은 환경에 있던 수공업자手工業者'의 임금을 낮췄고 '압도적인 경쟁력은 수공업자의 가장 취약한 부분을 박살냈다. 지난 10년 동안 런던의 우려스러울 만큼 많은 아사자餓死者들의 증가는 재봉틀의 확대와 공존했다.' 다른 한 편, 이 극악무도한 기계는 오직 '어린 소녀와 젊은 여성들'을 집의 아주 비좁은 뒷방으로 밀어 넣었다. 그녀들은 오랜 시간 비좁은 공간에서 '다리미를 뜨겁게 달구는데 사용하는 가스난로가 내뿜는 끔직한 더위 속'에서 어쩔 수 없이 일했다고 한다.[4]

마르크스와 마찬가지로 마하트마 간디Mahatma Gandhi(1869~1948)도 재봉틀을 반대했지만 그것은 "기계 자체가 아니라 기계의 '열광적인 유행'에 대한 반대"였다. "그것은 노동시간과 노력을 줄여주는 기계화에 대한 열광이었다. 기계화를 밀어붙인 끝에 수천 명이 일자리를 잃고 길거리로 내쫓겨 굶어 죽는다" 그렇지만 마르크스와 달리 간디가 말하는 재봉틀은 기계화와 대량생산에 관한 이 비난을 적당히 봐주었다. "나는 지성적인 예외를 둘 것이다. 싱거 재봉틀의 경우를 보자. 그것은 지금까지 발명된, 몇 안 되는 유익한 물건 중 하나이다. 아이디어 자체에 사랑이 있다. 싱거는 아내가 손으로 직접 옷을 만들고 낡은 곳을 수선하는 일로 지긋지긋하게 고생하는 것을 보고 그저 아내에 대한 애정으로 재봉틀을 발명했다. 그러나 그는 아내의 수고를 덜어줬을 뿐 아니라 재봉틀을 살 수 있는 사람 모두의 고생을 줄여준 것이다."[5]

아이작 메리트 싱거Isaac Merritt Singer(1811~1875)*의 배우자에 대한 헌신

---

*   미국의 발명가이자 싱거 미싱사 설립자로서 싱거 재봉틀을 발명했다. 그는 1851년 8월 12일 '싱거' 브랜드로 제1호 실용 재봉틀 특허를 취득하고 매사추세츠에서 'I. M. Singer

이라는 이야기를 꺼낸 것은 간디가 비교적 순진한 것이 아니라 오히려 그 상황을 뻔히 알면서도 전략적으로 발언을 한 것일지도 모른다. 세상에서 가장 성공한 재봉틀 회사의 창업자는 생전에는 난봉꾼으로 유명해 다섯 명의 아내와 애인 사이에서 적어도 19명의 자식을 낳았다. 그러나 재봉틀의 가치를 인정한 간디의 견해는 마르크스의 견해를 뚜렷하게 반박했다. 두 사람은 산업자본주의의 파괴적인 힘에 관한 분노를 공유하면서도 차후에 세계화로서 그려지는 과정이라는 점에서는 서로 다른 개인적인 의견을 피력했다.

마르크스는 자본주의를 압도적인 세력이 전체를 평준화해버리는 힘으로 파악했다. 이는 전 세계 모든 곳을 비슷한 방법으로 변용시켰을 것이다. 지역의 산업과 특이성은 '고정된 채 대부분 동결된 여러 관계들이 오래전부터 인정받아온 편견과 견해를 모두 일소一掃시키고', '견고한 모든 것들이 녹아 공기 중으로 구름처럼 흩어지고 안개처럼 사라짐'에 따라 파괴되거나 평준화될 것이다.[6] 부르주아 혁명이 그 파괴적인 업무를 완수했을 때 비로소 프롤레타리아가 일어나 보다 나은 시대의 도래를 알렸을 것이라고 했다. 간디는 이와는 대조적으로 예전의 일부 관계들이

사'를 설립했다. 싱거 미싱사는 1853년 제1호 제품을 100달러에 발매했고 1855년 파리만국박람회에서는 최우수상을 수상했다. 1858년 경량 가정용 재봉틀, 1859년 가정용 A형 모델, 1865년 뉴 패밀리모델 판매를 개시하면서 가정용 재봉틀 개발과 판매에 중점을 두었다. 이때 싱거의 트레이드 마크인 붉은 색 "S" 여자 로고가 탄생했다. 이어서 싱거 미싱사는 1850년 대 손 재봉틀, 1860년 대 발 재봉틀, 1880년대 전동식 재봉틀뿐 아니라 세계 최초로 지그재그 재봉틀을 개발하여 전 세계 재봉틀 시장을 석권했다. 일본에는 1900년에 상륙하여 고베와 요코하마에 중앙점을 개설했고 1906년 도쿄 유라쿠초(有楽町)에 싱거미싱 재봉여학원을 설립하여 여성들에게 재봉교육을 시작했다. 2000년 (주)싱거해피재팬을 설립하여 가정용 재봉틀의 일본 국내 영업을 이어갔다.

살아남을 수 있으며 남아야만 한다고 주장했다. 그는 작업장보다도 가정과 지역사회에 초점을 맞추고 이야기했다. '인도의 특수한 환경'을 인정하고 하나의 자급자족 공동체로서 '마을의 재건'에 힘을 쏟음으로써 '대대적인 규모의 산업화'를 막을 수 있다고 생각했다. 그리고 몇 가지 '근대적인 기계와 도구' 중, 특히 재봉틀은 착취적이지 않은 방법으로 활용할 수 있다고 느꼈다.[7]

최근의 학문적 연구에서는 산업자본주의와 그것의 전 세계적인 확산에 따른 여러 문제들이 세계화의 한 과정으로 분석되고 있다. 세계화라는 핵심적인 용어를 일부는 마르크스처럼 그 영향력을 가차 없이 전체를 동질화하는 것으로 이해했다. 반면 일부는 간디처럼 세계화의 실질적인 혹은 잠재적인 지역 전개에서 아주 다양한 것으로 이해했다.

근대적 통치성의 '미시 권력'이라는 푸코의 개념을 근거로 미국 '시장제국'의 대서양 횡단의 역사를 그린 빅토리아 드 그라찌아Victoria de Grazia(『유연한 파시즘柔らかいファシズム, market empire』)의 권위 있는 연구는 전자의 진용에 포함된다. 그녀는 소비주의 제국의 확대에 관한 유럽의 반응 중에 상당한 "적의, 몰이해 그리고 충돌"에 대해 기록하고 분석했다. 그렇지만 그녀는 결국 20세기 미국 자본주의, 특히 싱거 재봉틀과 같은 제품의 대량생산 촉진과 상품화의 정신과 관행이 '저항할 수 없는 제국irresistible empire'을 완성시켰다고 논평했다.[8] 이 책에서 '시장제국'은 압도적인 세력을 가진 힘으로 20세기 유럽인들의 시민적 생활과 일상을 미국의 이미지로 변용시키고 다시 만들었다. 즉 유럽이 미국이라는 시장제국에 저항할 수 없었다면 전 세계 어느 나라라도 저항할 수 없었다는 점을 내포하고 있다.

이와는 대조적으로 아르준 아파두라이(Arjun Appadurai(1949~, 미국 인류학자)는 현대세계의 경제와 문화사의 중심은 세계적인 것과 지역적인 것이 공생하는 하나의 과정이라고 설득력 있는 주장을 전개한 논자 중 한 명이다. 아파두라이는 '지역'을 역동적인 것으로 이해했다. 간디와 달리 그는 이전부터 원래 형태로 존재하고 유지해야 할 것으로 인지되는 후세의 지역적 조건들을 보호하려고도, 복원하려거나 회복하려고도 하지 않았다. 그럼에도 불구하고 그는 세계화를 동질화로 인식하지 않는 대신, 세계화를 '매우 역사적이며 불규칙적인 하나의 과정'으로 표현해냈다. 즉 "새로운 사회들은 이런 저런 방법으로 적어도 다양한 대도시의 영향력이 새로운 사회로 유입되는 속도와 방법으로 토착화되어 간다"고 했다.[9]

나는 이 책에서 20세기 초반부터 중반에 걸친 일본 내의 재봉틀 판매와 구입, 사용 연구를 통해 다양한 측면에서 세계화의 평준화 힘을 인식하는 동시에 하나의 "지역화의 과정"으로서 이해했다. 지역화는 사람들이 상품에 대해 어떻게 말하고 썼는지에 관한 담론의 영역과 사회·경제적 관습의 세계 전반에서 발생했다. 이야기 속에서 재봉사와 양재사들의 가내 생산과 같은 상업적 생산이 눈에 띄게 등장했을지라도 사용자 또는 수요자 측의 초점은 공장보다도 가정 내 사용자로 좁혀졌다. 공급자 측 이야기는 싱거 봉제기계회사부터 시작되어 나중에는 일본의 경쟁업체로 옮겨간다. 나는 착취 문제에 대해서는 마르크스보다 덜 비관적이다. 그리고 재봉틀이 보다 인간적인 생산과 소비 시스템에 대한 선도적인 역할을 하게 된 잠재 가능성에 대해서는 간디만큼 낙관적이지도 않다. 내가 무엇보다도 강한 인상을 받았던 것은 이 재봉틀이라는 사물에 부속된 특별하고 다양한 의미와 경험이다. 일본어에서 '재봉틀'이라는 단순한 이름이 이 기계를 산업기술의 상징으로 만들었다. 잘 알려져 있듯 재봉틀은 브로드웨이의 『지붕 위의 바이올린 연주』에서는 재단사 모틀의 중요한 '아이'로 등장하고 일본에서는 『나비부인蝶蝶婦人』의 무대 배경부터 제2차 세계대전의 여파 속에서 생존한 회고록까지 다양한 장면에서 모습을 드러낸다.[10] 재봉틀은 대부분 어디에나 있으면서 많은 흔적을 남겨준 덕분에 우리들은 그것들을 단서로 삼아 재봉틀이 주는 지속적인 잔혹함, 새로운 기회 그리고 새롭게 부과된 규율과 함께 일상생활의 근대적 변모를 연구할 수 있게 되었다.

재봉틀은 근대 세계를 형성하는 역할을 했다. 역사가들은 싱거사를 세계 최초의 성공한 다국적 기업으로 간주하며 재봉틀을 "대량생산과 대량소비의 패러다임을 설정한" 하나의 제품으로 불렀다.[11] 그러나 나는 앞으로의 서술에서 그런 충격이나 영향의 영역을 언급하기는 하겠지만 주된 관심사는 서로 맞물린 인과관계의 원동력으로서의 재봉틀보다는 근대성 경험의 다종다양한 양상을 규명하기 위한 렌즈로서의 재봉틀이다.

이 상품을 판매하는 데에는 분명히 균질화를 추진하는 힘이 어느 정도 있었다. 제2장에서 기술하는 바와 같이 싱거사는 세계 대부분 지역에서 선구적인 할부 판매, 네크워크화 된 점포, 세일즈맨으로 구성된 마케팅과 판매 방법을 실시했다. 그리고 이런 방법들은 싱거사가 전쟁 전의 일본 시장을 지배할 수 있게 만들었다. 판매하는 나라가 다르다고 해도 이런 전략들을 별 차이 없이 유지했다는 점이 싱거사의 장점이자 긍지였다. 싱거사의 경영자들은 1932년 일본 외무성外務省뿐만 아니라 더 많은 대중에게 '싱거 시스템'은 "전 세계적으로 통용되는 보편적"인 것이라고 자랑했다.[12] 그럼에도 예상한 대로 싱거 시스템에 대한 중요한 요소를 둘러싼 상당한 저항과 절충도 있었다. 그것들은 그라찌아가 유럽이 시장제국의 충격을 흡수해가는 과정에서 나타났다고 설명한 '적의, 몰이해 그리고 충돌'과 비슷했다. 일본인 판매원들은 1932~33년 싱거사를 상대로 대대적인 파업을 전개했다. 북미와 영국 출신 경영자들이 싱거사 시스템의 공정함과 보편성을 변호한 것에 대해 이들은 지역에 맞는 변경을 요구했다. 그들은 요코하마 본부를 난폭하게 습격하여 그들이 "양키 자본"이라고 맹비난했던 것을 말 그대로 박살냈다. 분노에 불타오른 세일즈맨들은 그 뒤 싱거사를 떠나 고군분투하던 해당 지역 경쟁업체에 취업했다. 그리고 결국 그들은 일본 안팎에서 싱거사의 유명한 "전 세계 범용적인" 시스템을 계속 이용하면서도 중요한 부분들은 비판적으로 수정한 판매 실천 방법으로 싱거사를 넘어서며 전후 일본 재봉틀 업계를 견인했다.

일본 내 싱거 판매 시스템의 흥망성쇠와 적응에 관한 이야기, 그중에서도 구매자 특히 여성들이 이 상품을 사용하고 이해한 다양한 방법의 이야기는 세계화가 지역화 과정으로 진행되어 가는 모습을 구체적인 이미지로 그려냈다. 세계 어디에서나 그랬듯이, 재봉틀은 근대적인 소비자에게 다가가는, 결국은 그와 같은 소비자를 창출하는 판매 관행을 만들어내는 역할을 했다. 근대적인 소비자는 일반적이며 올바른 신용 사용으로 필요와 요구를 모두 충족시키는 상표화된 물건의 세계에 속해 있는 사람을 의미했다. 이것은 세계적인 추세였다. 그렇지만 일본에서는 재봉틀과 새로운 재봉인 양재는 복장과 일상생활의 문제들과 연결되어 있었다. 따라서 독특한 '일본식' 생활방식과 '서양식' 또는 '미국식' 생활방식을 정의하고 이들 간의 관계를 규정하는, 문제가 많은 과제를 드러내기도 했다. 제3장에서는 일본의 남녀가 재봉틀로 만든 양복과 손바느질로 만든 전통의상(기모노)의 장단점을 둘러싼 문화적 투쟁을 통해 일본이라는 국가를 정의하는 것을 다룬다. 아이러니하게 1920년대 본격화된 이 논쟁은 양쪽 진영 모두 효율성과 합리성이라는 동일한 근대적 미덕을 들고 나왔다. 그럼에도 불구하고 그들은 서양과 일본이라는 뿌리 깊은 이분법을 강조했다. 재봉틀은 다양한 면에서 일본인, 미국인 혹은 서양인이라는 관념, 그리고 이러한 정체성의 문제적인 조합들과 지속적으로 그리고 다양한 형태로 결부되어 있었다.

일본을 포함한 많은 국가에서 20세기의 전 세계적인 역사를 규정하는 특징 한 가지는 소비자가 사회경제적, 정치적, 문화적인 스포트라이트를 받는 장場으로 나왔다는 점이다. 소비자는 재봉틀과 피아노에서부터, 자전거, 시계, 라디오에 이르기까지 수많은 가정용 제품, 즉 근대적인 삶의 진보, 효율성, 그리고 즐거운 삶을 보장하는 제품들의 구매자이자 사용자로서 20세기 전반기 총력전總力戰* 시대에도 여전히 무대의 중

---

* 총력전은 전체전쟁(total war)라고 하며 제1차 세계대전 당시에 독일군의 동부전선 참모장이었던 E.루덴도르프 장군이 1935년 『총력전론-Der Totale Krieg』이라는 저서를 낸 후부터 일반적으로 널리 사용하게 되었다. 군사력만으로는 전쟁 수행이 어려워지자 국가의 정치·경제·군사·사회·심리 등 각 분야의 힘뿐 아니라, 군민(軍民) 전체가 전쟁에 참가함으로써 전국토의 전장화, 병영화를 의미한다. 국가 총동원이라고도 하며 노인이나 부녀자까지 전쟁 물자 생산, 수송, 간호와 같은 군사업무에 동원된다.

심을 향해 한 걸음씩 앞으로 나아갔다. 전후 수십 년 동안 그녀와 '샐러리맨' 남편, 그리고 아이들은 새롭게 등장한 중산층의 밝고 새로운 삶을 즐기는 여주인공과 영웅으로 의기양양하게 나타났다.

일본에서도 분명히 다른 많은 곳과 동일하게 소비의 증가는 "소비자"라는 문화적으로나 정치적으로 눈에 띄는 인물상이 출현하기 전부터 파악할 수 있었다. 18세기와 19세기 도시와 지방에서 모두 서민층이 증가하면서 식품과 다른 상품의 소비 증가세가 현저해졌다.[13] 같은 시기에 이 모든 것들을 구매하는데 돈을 쓰는 것이 손쓸 수 없는 지경이라고 우려하는 목소리도 높아졌다.[영국의 시인 워즈워드가 산업혁명 시기의 물질주의를 개탄한 소네트(1802년쯤의 작품)에 나오는 구절 "getting and spending"이 본보기가 되었다] 이와 같은 추이와 태도는 계속되었기 때문에 19세기 후반부터의 이야기를 과거와의 단절로 제시해서는 안 된다. 그렇게 함으로써 20세기로 바뀌는 시점에 일본 내 소비와 소비자의 위상에 상당한 차이가 드러나기 시작했다는 것을 확인할 수 있다. 따라서 재봉틀의 도래는(싱거는 1900년에 처음으로 고객에게 직접 판매했다) 근대적인 소비자 시대의 서막과 확실하게 겹쳤다.

소비자는 서로 연결된 몇 가지 점에서 새로운 시대를 규정하는 인물상이다. 첫째, 그녀는 과거와는 질적으로 다른 방법, 즉 초국가적이거나 세계적인 방법으로 부를 취득하고 소비를 실천하는 데 참여했다. 에도시대에는 나가사키長崎를 통해 수입된 유럽의 유리그릇과 다른 제품들은 호기심의 대상이자 지위를 상징하는 물건들이었다. 그렇지만 20세기가 되자 국제적인, 서구에서 유입된 상품이 좋은 의미(또는 불안으로)로 이해되는 경우는 특수한 물품에만 그치지 않았다. 특히 미국에서 생산하여 국제적인 근대성으로 간주된 제품은 판매와 광고, 소비자 신용부터 대중적인 정규 교육의 가정학家政學 수업에 이르기까지 다양한 실천의 복합체 그 자체였다. 이것은 브랜드 상품을 갖고 싶어 하는 욕망과 가질 수 있을 것 같은 가능성을 만들어내도록 설계된 복합체였다. 그 상품들은 여성들과 그녀의 가족을 자랑스럽고 당당하게 중산층에 자리를 잡도록 만들거나 또 그 자리에 동참하려는 욕구를 부채질했다. 앞에서 언급한 바와 같이 초국가적 성격은 소비하는 행위가 일본에 대해 무엇이 "일본다움"인지, 무엇이 그렇지 않은지를 정의하는 것과 서로 밀접하게 얽혀있다는 것을 의미했다. 소비생활에서 일본다움을 정의하려는 관심의 항상성과 깊이는 국민성의 차이를 근대적 사고방식의 중심 요소로 각인해 가는 과정에 크게 기여했다.

둘째, 새로운 시대의 소비자의 규정적인 특징은 사회적인 분열과 포섭包攝을 둘러싼 폭넓은 관심과의 연결이다. 사회적 지위와 사회 계층을 구분하는 특정 상품을 소유하고 과시하는 것이 서로 연관되어 있다는 것은 근대에 들어와서 전혀 새로운 일이 아니다. 그러나 예전과 분명히 다르게 보이는 것은 주요한 '사회적 문제'로서의 계급 분열 — 당시 대다수의 사람들에게 확실히 중차대한 현재적 문제였다 — 에 관한 두려움이 서구의 분열적이고 파괴적인 경험을 일본이 똑같이 답습하고 있는 것은 아닐까하는 공포와 연결되어 있었다는 점이다. 가장 중요한 것은 새로운 소비주의의 세계와의 단절이 계층의 소외와 반목을 더 강렬하게 드러낼 수도 있지만, 소비재의 사용 또한 이 사회적 문제에 기꺼이 대답할 수 있는 잠재력을 지니고 있었다. 나는 본론의 3장, 5장, 7장에서 이런 계층 문제와 같은 사회적 문제를 고찰하기 위해 바느질 삯일인 재봉 부업과 이웃의 옷을 만드는 여성부터 자신의 자녀들을 위해 '멋진' 옷을 만드는 여성에 이르기까지 재봉틀의 다양한 사용자를 깊게 분석했다. 대부분의 여성들은 재봉틀을 할부로 샀는데 할부 구입은 세계적으로도 일본에서도 불안한 논쟁을 불러 일으켰다(이 논쟁이 과거에 한정된 것은 아니다). 자신의 지불 능력을 넘어 물건을 할부로 산 소비자가 빌린 돈 때문에 빚에 쪼들리게 되는 것이 아닐까 하는 식이다. 대신, 반론하는 측은 할부 구입은 규율적이며 자금 계획을 세워 한층 더 노력하는 주체성을 함양한다고 주장했다. 재봉틀과 같은 상품의 구매·소유·사용은 다양한 경제적 수단을 가진 가정들이 균등하지는 않지만 서서히 대중적인 중산층으로 점진적으로 통합되어 가는 복잡한 과정의 한 단계라는 사실을 알 게 될 것이다.

나는 소비자를 지칭할 때 의도적으로 여성 대명사를 사용해왔다. 이유는 다른 나라와 마찬가지로 일본도 근대적 소비자 역사의 세 번째 열쇠가 되는 요소가 여성의 출현이기 때문이다. 여성들은 가정을 기반으로 하면서 가끔 그곳을 벗어나 중심적이며 보편적으로 누구나가 인정하는 사회적이며 경제적인 역할로 진출했다. 처음에는 싱거가, 나중에는 경쟁 상대들이 재봉틀을 사용할 필요가 있는 생활을 장려하고자 한 노력과 다양한 반응은 그 발자취에 귀중한 흔적을 남겼다. 따라서 그것들을 정밀하게 조사하면 젠더 역사에 관한 실제로 많은 통찰력을 얻을 수 있다. 마케팅은 눈에 띄게 다양한 여성 역할을 반영하고 형성하는 데 무게를 두었다. 놀랄 것도 없이 판매자는 검소하고 효율적인 가정 관리자 역할의 여성을 강조하기도 했으며 다른 한편으로는 자립적인 생계를 추구하는 여성과 심지어 전시일 때조차 쾌락추구형의 쇼핑에 적극적인 여성도 미화했다. 일본에만 국한된 것은 아니지만 일본 역사가들이 충분하게 인식하지 못한 한 가지 통찰은 근대적 여성이 된다는 것은 여성이 하나의 역할이 아니라 많은 역할에 연관되었다는 것을 암시한다는 점이었다.

다음 각 장에서 재봉틀의 일본 진출과 진출 여정의 흔적을 찾아가면서 구매자와 사용자를 판매자와 제조자에게 연결시키고, 사람들을 이 기계 자체에 연결시킨 다양한 거래를 검토할 것이다. 동시에 이들의 상호작용의 중개 역할을 한 대중 매체와 교육자, 국가의 역할에도 주목할 것이다. 이런 방식의 연구는 재봉틀이라는 작은 대상이 힘과 재산이 있는 유력가부터 지극히 평범하거나 무능한 사람까지 다양한 사람들이 경험한 근대 역사의 중요 측면에 관한 확실한 반응이 있는 접근을 가능하게 했다. 다양한 의미와 용도로 사용하면서 부업의 도구이자 소비자가 욕망하는 상위의 대상이기도 했던 재봉틀과 재봉틀이 가정 내 존재했던 시기는 문화적 이상과 사회적 구성체로서의 중산층의 출현, 그 이후의 번영, 더 나아가 일본 근대의 규정적 표상으로서의 여성 소비자, 그리고 가정 관리를 전업으로 하는 주부 출현의 궤도를 확실하게 추적하고 있다.

제1부

일본에서의
싱거

제1장　　　메이지 시기의 재봉틀

일본 최초의 재봉틀

　1841년 어부 다섯 명이 탄 배가 태풍에 휩쓸려 난파된 채 일본 고향에서 322km정도나 떨어진 작은 섬에 도착했다. 어부들은 그곳에서 6개월을 보내면서 굶어 죽기 직전 미국 포경선에게 구출되어 하와이로 갔다. 그중에서 성姓 없이 만지로万次郎라고 불리는 14살짜리 가장 어린 소년이 호기심이 있고 똑똑해서 눈에 띄었다. 포경선 선장은 만지로를 귀여워했고 1843년 만지로를 적절한 기독교 교육을 받을 수 있도록 매사추세츠주의 포경기지捕鯨基地 뉴 베드포드New Bedford에 인접한 항구도시 페어 헤븐Fair Haven으로 데리고 갔다. 그리고 소년의 이름을 존 만지로(John Manjiro)로 새로 지어주었다. 이 비범한 청년은 공부를 마친 뒤 포경선을 타고 3년간 항해에 나섰고 캘리포니아에서 골드 러쉬Gold Rush 여행을 한 뒤 1851년 일본으로 돌아왔다.[1]

　만지로는 1850년대와 1860년대의 일본의 유사 서구화의 '개국' 초기,

자신의 특이한 경험과 재능을 활용하여 미일관계에서 사소하지만 실제로는 매력적인 역할을 완수했다. 영어 실력과 미국의 생활습관, 산업기술에 관한 지식을 인정받은 만지로는 미국으로 가는 일본의 첫 번째 공식 사절단의 조언자 겸 통역자 역할을 하게 되었다. 도쿠가와德川정권은 1860년, 과거 미국 외교 특사인 타운센드 해리스Townsend Harris(1804~1878)[*]와의 교섭에서 조인한 통상조약 비준서批准書를 교환하기 위해 이 사절단을 파견하였다. 사절단의 여행 모습을 그린 한 장의 삽화는 외부 세계, 특히 바다 건너 온 '남만인南蠻人'^{**} 세계에 상당히 마음을 빼앗겼던 시기의 분위기를(거기에는 분명 공포도 섞여있었음이 틀림없다) 잘 표현했다. 사절단원 몇 명은 워싱턴DC에서 숙박을 한 호텔 안을 돌아다니던 중 세탁실을 발견했다. 『프랭크 레슬리 일러스트신문Frank Leslie's Illustrated Newspaper』(나중에 Leslie's weekly로 변경, 1855~1922까지 출판된 문학 및 뉴스잡지)에 실린 그림(그림 1)은 "윌러드 호텔Willard's Hotel^{***} 세탁실에서 윌러드 앤 윌슨사Willard & Wilson(1905년 싱거 미싱사에 흡수 합병됨)의 재봉틀을 사용하고 있는 소녀를 목격했을 때의 일본인들의 호기심"을 포착한 것이다. 즉 자긍심 높은 사무라이조차 호텔의 이면裏面을 들여다보고 다니고, 미국인들도 이런 일본인

그림 1. 1860년 워싱턴DC에서 재봉틀을 여기저기 자세히 들여다보고 있는 막부견미사절단(幕府遣
米使節團)* 일행. 이 사무라이들이 자국에서는 가정용품에 이 정도의 흥미를 보였을 것 같지 않다. 삽화
는 일본 남자들이 여자들처럼 재봉틀에 마음을 빼앗긴 모습을 잘 보여주고 있고 이런 모습은 세계 어
디서나 마찬가지였다.(Frank Leslie's Illustrated Newspaper[New York], 1860. 6. 9, p.24)

---

* 　에도 막부가 미일수호통상조약의 비준서 교환을 위해 1860년 미국에 파견한 사절단으
　　로 1854년 개국 후 최초의 공식 방문단이다. 1860년 2월 9일 시나가와(品川)를 출발하
　　여 요코하마를 거쳐 2월 13일 출발했다. 그 해 3월 4일 보급을 위해 호놀룰루에 기항했
　　다가 3월 28일 샌프란시스코에 도착했다. 6월 29일 뉴욕을 출발하여 북대서양을 거쳐
　　8월 27일 희망봉을 돌아 11월 9일 시나가와에 도착했다.

의 행동에 뒤지지 않을 호기심으로 그들을 보고 있던 한 시대를 생생하게 묘사했다. 그림에 첨부된 기사에는 "그들의 호기심은 크게 자극받아 훌륭한 기계의 아주 세밀한 조작법까지 지켜보고 조사했다. 그리고 그들은 윌러드 앤 윌슨사의 재봉틀 한 대가 그들이 일본으로 가지고 갈 가장 귀중한 물건 중에서도 가장 뛰어난 제품이 될 것이라고 이해했다."[2] 그렇지만 만지로는 그들 속에 없었다. 미국으로 간 사절단의 일본 동료들은 만지로가 미국 측 스파이가 아닐까하는 의심으로 불안해하면서 그를 샌프란시스코에 남겨둔 채 미 동부로 여행을 계속했다. 호기심 넘쳤던 이 사절단 중 과연 누가 재봉틀을 실제로 일본으로 가지고 갔는지는 모르지만 분명한 것은 만지로 역시 이 뛰어난 기계에 흥미를 가졌다는 점이다. 사절단이 샌프란시스코로 돌아오기를 기다고 있던 만지로는 어머니에게 드릴 선물로 재봉틀을 샀다.[3]

이 재봉틀은 일본에서 많은 사람들이 믿고 있던 것과 달리 일본에 처음으로 들어온 제품이 아마 아니었을 것이다. 타운센드 해리스가 1858년이라는 이른 시기에 쇼군將軍 부인에게 재봉틀을 선물로 헌상했다는 사실을 엿볼 수 있는 증거 사료가 있다.[4] 1858년 일본의 개항장에 거주하기 시작한 서양인 중에 재봉틀을 가지고 온 사람이 있었다는 사실도 거의 확실하다. 개항장의 생활을 그린 1860년대 초기의 목판화에는 코가 큰 서양인 여자 재봉사가 외국인들 모임에 입을 옷을 재봉틀로 만들고 있는 그림이 있다(그림 2).

그러나 만지로가 가지고 온 재봉틀은 뭐니뭐니해도 일본의 일반 가정에 들어온 첫 번째 제품이었다(더 정확하게는 가정에서 거부당한 첫 번째 재

그림 2. 1860년경, 개항장의 다양한 생활 면면을 그린 '이인스고로쿠(異人双六)'(외국인 보드게임) 속의 '재봉' 그림. 일본은 개국 초기에는 재봉틀을 서양여성이 사용하는 기묘한 기계로 표현했다.(요코하마개항자료관(横浜開港資料館))

봉틀이기도 했다).

만지로와 관련된 이 대단한 이야기는 관대한 미국인 지도 교사들과 열심히 배우는 일본인 학생들을 주역으로 만든 향상과 계몽의 역사로서 미일관계를 이야기하는 하나의 내러티브를 만들어냈다. 그것은 또 이 책 전체를 관통하면서 탐색되는 한 과정을 예시로 증명하기도 했다. 즉 쌍방적이지만 비대조적인 교환의 세계에서 재물과 산업기술과의 결합에 새로운 생존 방법과 일상생활에 관한 새로운 사고방식이 유입된 과정이었다.

만지로는 왜 이 재봉틀을 가지고 왔을까. 언뜻 보기에 대답은 간단했다. 부모님을 위한 효도였다. 그러나 그런 정서가 어느 정도 작용한 것이 분명하다고 해도 더 충분하고 흥미로운 대답을 위해서는 효라는 전통적인 개념에 그가 덧붙였을 근대적인 해석을 파악해야만 했다. 만지로는

1851년, 미국의 산업기술을 충분히 이해한 뒤 일본으로 돌아왔다. 어쨌든 만지로는 증기기관과 기관차, 전보電報에 관해 적극적으로 설명을 했기에 실제로 사쓰마 번薩摩藩 번주藩主에 못지않은 존경을 받았다.[5] 그는 기계기술에 대한 미국적인 믿음을 확실하게 받아들였다. 그의 첫 번째 미국 체재 기간 동안인 1851년까지 미국에서도 가정용 재봉틀은 아직 대량 생산되지 않았다. 그렇지만 두 번째 여행 무렵에는 재봉틀 제조업자들이 여성의 가사노동 부담의 경감을 자랑스럽게 노래하는 광고 문구로 제품의 판로 확장에 애쓰고 있었다. "레이디즈 캠페인Lady's Companion"으로 불린 1858년의 재봉틀의 광고 전단지는 "싸게 먹히는 노동력 절약 기계에 대한 주목"을 대중들에게 호소했다. 패밀리 소잉 머신사Family Sewing Machine는 1861년, 자사 제품을 "우리 인류의 위대한 시간 절약자로서의 은인"이라고 불렀다.[6] 만지로가 어머니를 위해 재봉틀을 구입했을 때 아마 이 선전을 보았을 터이고 그 내용이 설득적이라고 생각했음에 틀림없었다.

그렇다면 그가 여행 기념품으로 재봉틀을 사려고 했던 것은 에도 시대 일본의 가정 도덕 때문만이 아니라 물질적인 진보는 인류를 향상시킬 것이라는 근대적인 이념에 마음이 움직였을 수도 있었기 때문이다. 엄마가 이 재봉틀을 선뜻 받아줄 것 같은 믿음은 없었다. 전하는 바에 따르면 만지로의 어머니는 기뻐한 것이 아니라 실망스러운 반응을 보였다고 한다. 재봉틀의 촘촘한 바늘땀이 기모노를 만드는 데는 적합하지 않다는 것을 알았기 때문일 것이다. 기모노는 겉감과 안감 모두 뜯기 쉽도록 바늘땀이 느슨해야 옷을 뜯어서 빨고 다시 만들 수 있기 때문이다.[7]

재봉틀과 익숙한 옷과의 궁합에 관한 의문에 직면한 만지로의 어머니는 의복이라는 일본의 물질문화가 재봉틀 보급의 장애가 된다는 것을 행동으로 보여준 최초의 일본이었다. 그 이후 100년 동안 재봉틀이 기모노 제작에 적합한가의 논쟁은 격렬하게 전개되었다. 기모노는 '화복和服'으로 불렸고 이 신조어는 제2의 신조어인 '양복洋服'과 쌍이 되어 일본 문화에 선명한 대조를 각인시켰다. 그와 동시에 일본식 재봉과 서양식 재봉을 구별하는 '화재和裁'와 '양재'라는 새 단어도 등장했다.[8]

메이지 시대에는 많은 물건과 행위 앞에 '화和' 또는 '양洋'이라는 한 글자를 붙여 일본 제품인지 서양 제품인지를 정의했다. 식품과 음료에서부터 책과 음악에 이르기까지 다양했다. 일본식 의복 제작에서 재봉틀의 적절성을 둘러싼 초기 논쟁은 재봉틀의 큰 장점인 촘촘한 바늘땀이 성긴 바늘땀으로 만들어야 하는 일본의 전통 의복에는 단점이 된다는 점에 아주 상당히 구체적으로 초점을 맞추었다. 그렇지만 이 논쟁은 서구에서 시작된 것으로 이해되는 근대 세계에 가끔 '일본적'으로 새롭게 정의되는 문화적 여러 형태와 행위를 어떤 식으로 위치를 부여할 것인가에 대한 더 큰 언설의 일부로서 수년 간 전개되었다. 이 근대성은 식민지화라는 권력을 가진 서양의 위협으로, 그 위협에 저항할 수 있는 힘의 원천으로, 또는 저항할 수 없을 정도의 매력이 있는 새로운 삶의 방식으로 이해되었다. 일상생활에서 근대성을 언급하는 담론에 기여한 사람들은 앞으로 살펴보듯이 각각 '일본적' 또는 '서양적'이라고 각인된 행위를 결부시킨 "복합"이나 "이중생활"의 공과功過를 서로 토론하면서 만지로의 어머니가 직면한 딜레마를 규명했다.

따라서 재봉틀은 여성의 역할, 진보의 관념, 과학기술, 개인 그리고 국민이 보다 더 나은 미래를 향해 나아가는 과정에서 수행해야 할 역할에 관한 새롭고 때로는 논쟁을 불러일으키는, 일본에 유입된 여러 물건들 중 하나였다. 만지로가 태평양을 건너갔을 시기, 새로운 과학기술과 기계가 세계와 개인의 삶을 보다 더 나은 방향으로 변화시킬 것이라는 생각이 미국문화에서는 분명하게 표현되고 있었지만 일본에서는 아직 광범위하게 확산되지도 깊게 뿌리내리지도 못했다. 20세기가 시작될 즈음, 진보의 긍정적인 가치와 개인은 마땅히 문명과 국민(또는 제국)의 발전에 이바지해야 할 것이라는 필요성이 태평양을 마주 보고 있는 미국과 일본 두 국가에서 충분히 확립되었다. 앞으로 재봉틀은 특히 여성에게 진보의 가능성과 분명하게 연결될 것이다. 일본에서 점점 더 많은 여성들이 재봉틀을 사용하기 시작하면서 이와 같은 사고방식에 인상적이고 때로는 놀랄 정도로 다양한 의미를 부여했다.

황후의 새로운 의상

19세기 말까지 일본에서 재봉틀을 실제로 사용한 사람은 대부분 세 그룹과 장소로 한정되었다. 첫째, 다섯 손가락으로 셀 수 있을 정도의 개항장에 있는 양복점과 양장점이다. 1850년대 말부터 개항장에서는 서양인 무역상과 그 가족이 거주하면서 일을 하는 것이 허용되었다. 둘째, 서양식 유니폼 봉제공장도 생겼다. 봉제공장에서 만든 것은 군복과 근대산업, 특히 철도 직종에 근무하는 소수의 남자용 제복이었다. 셋째는 일본의 귀족 신사와 숙녀로 구성된 도쿄의 엘리트 그룹이다. 그러나 재봉틀이라는 대상물과 함께 유입된 새로운 복장에 관한 관심은 이 세 곳을 훨씬 넘어서까지 확대되었다.

1860년대부터 1870년대 초에 걸쳐 개항장에는 재봉틀을 구비한 양복점과 양장점이 등장하기 시작했다. 초기에는 남녀 서양인이 양복과 드레스를 제작했고 그 뒤로는 홍콩과 상해에서 이주해 온 중국인이 이 일을 이어 받았다. 중국인들은 1868년 처음으로 일본에 들어왔다. 1880년대가 되자 일본인들이 요코하마를 시작으로 양복점을 열고 처음으로 양복과 드레스를 만들기 시작했는데 그들 대부분이 중국인과 서양인 가게에서 견습생으로 일하며 직업으로 기술을 배운 남자들이었다.[9] 일본의 엘리트 남성들도 차츰 맞춤양복 고객으로 가입했다. 메이지 천황明治天皇 (1852~1912, 재위 : 1867~1912)은 1872년 공식 석상에서 서양식 정장을 착용한 모습을 처음 선보였다. 이를 모방하여 '새로운 일본의 지도자들'은 당시 영국과 북미에서 들여온 '실크모자에 검은 모닝코트'라는 근대국가 통치자의 '책임과 자기 규율'을 드러낸 스타일의 양복을 입었다.[10] 1891년 바실 홀 챔벌레인Basil Hall Chamberlain(1850~1935, 1873~1911년 38년간 일본에 체재한 일본 연구가)은 이 남성들을 '영어를 상당히 잘하고 위아래 양복 한 벌을 같은 옷감으로 제작한 실용적인 디또 슈트ᵃ suit of dittos*를 입은', 사

---

* 재킷, 조끼, 바지를 모두 동일한 소재로 만든 남성용 슈트이다. 프랑스에서는 색 슈트(sack suit), 영국에서는 라운지 슈트(lounge suit)라 부른다. 보통 숄칼라와 3~4개의 단추가 있는 허리길이의 조끼와 바지로 구성된다. 처음에는 노동이나 여행 시에 입는 격식을 갖추지 않은 의복이었으나 1870년대 일반 남성용 슈트의 표준이 되었다. 초기에는 재킷, 조끼, 바지 소재가 달랐으나 이후 모두 동일한 소재로 제작하면서 '같은' 의미

무라이의 '근대적 후계자'로 묘사했다.[11]

양장점 직종에 여성들의 수요가 증가한 것은 서양식 드레스가 일본의 귀족 여성들 사이에서 유행하게 된 1880년대 중반으로, 남성복과 약 15년의 시차가 있다. 이 시기는 일본 엘리트층의 남녀가 서양인과 함께 춤을 추는 도쿄 무도회장의 이름을 딴 로쿠메이칸 시대鹿鳴館時代*를 말하며 로쿠메이칸 참석자들의 수요를 충족시키기 위해 도쿄에 일본인 소유 양장점이 문을 열었다. 기록에 따르면 1880년에는 도쿄에 양복점이 34곳, 양장점이 1곳뿐이었지만 1880년대 말이 되자 맞춤 양복점 점포수는 130곳을 넘어섰고 그중 14곳이 여성용 양장점이었다.

미미한 숫자였다. 마찬가지로 재봉틀 자체도 일본에서는 아직 한정된 시장에서만 찾아볼 수 있었다. 세계적으로도 1850년대와 1860년대에는 다른 재봉틀 제조업자를 훨씬 능가할 어떤 재봉틀 제조회사도 없었다. 만지로가 구입한 재봉틀 제조사인 윌러 앤드 윌슨사는 독일과 영국 제조사들과 경쟁하는 몇몇 선도적인 미국의 제조사 중 한 곳이었다. 그

를 가진 '디토'를 붙이면서 디토 슈트가 되었다. 19세기 말 유럽과 미국 남성들에게 가장 인기가 있었으며 남성 기성복의 시초이다.

* 로쿠메이칸은 메이지 정부의 외무경 이노우에 가오루(井上馨)의 서구화 정책의 일환으로 건립한 외국인 접대 사교장이다. 건물 명 로쿠메이칸(鹿鳴館)은『시경』녹명편에서 따온 것이다. 이노우에의 생일인 1883년 11월 28일 1200명을 초대하여 낙성식을 했고 그 이후 국빈 접대, 무도회, 천장절(메이지 천황 생일 11.3), 원유회(園遊會), 음악회, 자선바자회 등 많은 국내행사를 개최하였다. 특히 일본 정부가 고관, 화족(華族), 유럽과 미국의 외교사절단을 서양식 연회와 무도회에 초대하여 구화주의(欧化主義)를 확산시키려고 했던 메이지 10년대 후반(1883~1888년)을 로쿠메이칸 시대라고 하며 로쿠메이칸을 중심으로 시행된 외교정책을 '로쿠메이칸 외교'라고 불렀다. 구미제국과의 사이의 불평등조약을 개정하려는 목적이 있었지만, 1887년 조약 개정 실패로 이노우에가 사직하고 로쿠메이칸 시대도 끝난다.

렇지만 재봉틀 봉제기계회사는 1880년대까지는 아주 인기 많은 상품이자 대항할 상대가 없는 승리자가 되었다. 연간 매상은 80만대로 전 세계 공급량 전체의 3/4을 차지했다.[12]

일본에서는 재봉틀 매출이 저조했고 싱거사는 일본 시장에서 아직 선두를 차지하지 못했다. 일본 내 싱거사의 영업은 인도와 실론 (1815~1948까지의 영국의 식민지였고 현재 스리랑카)부터 일본까지 담당한 벨기에의 대리업자, 에드워드 상Edward Sang(1805~1890, 스코틀랜드 수학자이자 토목기술자)이 맡고 있었다.[13] 이 시기 중국과 일본의 싱거의 판매활동은 산발적이고 내용이 맞지 않는 기록만 남아 각양각색이었다. 이는 싱거사가 에드워드 상과 다른 대리인을 통해 판매한 재봉틀은 아주 소량이었다. 1884년도 보고에는 6개월간의 판매 수량이 요코하마 490대, 나가사키 90대, 효고현의 고베兵庫県,神戸 55대로 총 635대로 기록되어 있다. 그렇지만 날짜가 없는 '사업개략보고-일본과 중국, 1882~1886년'에 기록되어 있는 양국의 총 판매 수량은 1884년에는 불과 117대, 1885년에는 355대, 1886년에는 924대였다. 1884년 보고서의 불일치는 에드워드 상이 뉴욕에 송금해야 할 판매 대금을 자기가 챙기고 매출액을 속였다는 사실이 반영되었을지도 모른다. 1888년 에드워드 상의 횡령행위가 드러나자 싱거는 상과 인연을 끊었지만 그 뒤로 10년간이나 매출은 늘지 않았다.[14] 한 세기가 끝날 무렵까지 독일 제조업자가 소규모 일본 시장에서 가장 큰 시장 점유율을 차지했다. 1890년대 말의 관세 기록을 보면 독일에서 수입한 재봉틀의 수입 총 금액은 미국 수입의 세 배이며, 그 뒤를 이어 3위가 영국이었다.[15]

양복점과 양장점이 그다지 많지 않았고 재봉틀 판매 수량도 한정되어 있던 것에 비해 1870년대부터 세기가 변하는 시기에 걸쳐 재봉틀이 문화에 미친 영향력은 상당했다. 봉제기계 재봉틀sewing machine을 표현하는 일본어의 역사는 동시대 사람들이 말하는 '문명과 계몽'의 신시대를 규정할 때, 재봉틀이 차지하고 있던 중심적 위치를 나타내는 의미있는 증거를 제공했다. 거기에서 언급하고 있는 최초 시기인 1860년대 자료에서는 사실 산문적으로도 한자로 '봉제 도구縫製道具'를, 그리고 가타카나로 영어 발음과 비슷하게 '슈잉그 마시네shuu-ingu ma-shee-nay'라고 불렀다.[16]

그중에서 가타카나 제품명이 자리를 잡았다. 그리고 형용사 바느질은 구어체에서는 '슈잉구'가 탈락하고 '마시네'가 거의 2음절로 축약되어 '미싱ミシン'이 되었다. 이 용어는 1870년대 초 신문 광고란과 기사에 나타나기 시작했고(1872년의 기사에서는 괄호 안에 일본어 해설 표기) 재봉틀은 도쿄의 아사쿠사浅草 6구 환락가에서 손님을 끌어 모으는 오락으로 실연實演되었다.[17] 그리고 일본 가정에 비교적 대량으로 들어가기 시작한 약 30년 정도 전부터 이미 대중의 호기심의 대상이었다. 재봉틀이라는 순수하고 단순한 이름을 붙인 이 기계는 경이로운 산업기술의 새로운 시대의 상징으로 자리매김했다.

20세기 초가 되자 다름 아닌 메이지 천황의 부인 쇼켄 황후昭憲皇后(1849~1914)까지 이 물건을 갖고 싶어 한다는 보도가 있었다. 1905년 9월 『런던 타임즈London Times』의 뉴욕 특파원은 "이 나라에서 만들어진 것 중에서 가장 훌륭한 봉제기계가 싱거 봉제기계회사의 제조 현장에서 지금 바로 완성되었다"고 보도했다. 그보다 앞선 7월, 미국의 육군 장관 윌리엄 하워드 태프트William H. Taft(1857~1930, 미국의 27대 대통령)가 대형 외교 사절단을 이끌고 일본을 방문했다. 당시 루즈벨트 대통령의 20살 난 유명한 딸 앨리스 루즈벨트Alice Roosevelt(아시아 순방 단에 포함되어 1905년 한국도 방문)도 동행했다. 『런던 타임즈』에 따르면 미스 로즈 루즈벨트가 쇼켄 황후를 만났고 그때 황후는 "미국 재봉틀을 갖고 싶다는 바람을 나타냈다"고 한다. 황후의 부탁을 딸에게 전해들은 루즈벨트 대통령은 싱거사에게 이례적인 주문을 했다. 이에 싱거사는 '기계의 각 부품 중 마찰이 생기는 부분을 제외하고는 모든 금속에 도금을 할 것'을 확실하게 주문했고 완성된 재봉틀은 "아마 특사를 내세워 일본으로 운송될 것이다"라고 전했다.[18]

그 이후로 싱거 재봉틀이 쇼켄 황후에게 실제로 전달되었는지에 관한 기사는 『런던 타임즈』에서도 다른 신문에서도 전혀 찾아볼 수 없었다. 그렇지만, 쇼켄 황후가 재봉틀을 갖고 싶어 했다는 이 사실은 이해가 되었다. 오히려 의외였던 것은 그때까지 쇼켄 황후가 재봉틀을 갖고 있지 않았다는 사실이었다. 20년 동안 쇼켄 황후는 적어도 신분과 재산을 가진 여성들에게 새로운 양식의 의복과 양재 기술을 배우도록 장려해왔다. 황후가 양재에 관한 양의적인 표현을 하고 양재를 장려를 한 것은 통치자들이 일본의 근대화 계획이 여성들에게 미치는 일상적인 영향에 관해 깊은 관심을 가지고 있었고 걱정했다는 점을 분명하게 보여주었다.

황후는 자신의 복장과 주위에서 시중드는 궁녀들의 복장을 양장으로 교체하는 데 남편보다도 상당히 충분한 시간을 필요로 했다. 메이지 천황은 1872년 국가행사에 서양 제복을 입고 참석했다. 1873년 포고한 징병령은 전 계층의 젊은 남자에게 징병 의무와 서양식 군복 착용을 부과

했다. 그러나 황후는 1888년대에 들어서서도 여전히 한결같이 일본의 전통의상을 입었다. 예를 들면 도쿄여자고등사범학교東京女子高等師範學校(현 오차노미즈여자대학교お茶の水女子大學)의 부속 유치원처럼 서양식 시설의 개업식조차 계속 일본식 화복 차림으로 참석했다. 역사가 샐리 A. 헤스팅스Sally A. Hastings's는 이런 천황부부를 "조화가 안 되는 한 쌍"이라고 정곡을 찔러 표현했다.[19]

여성들은 점진적이지만 신중하게 근대화의 실천적인 영역 안으로 유입되었다. 1886년 황후는 공식 장소에 양장을 입고 참석했다.* 다음해에는 궁녀들에게도 양장을 착용하도록 지시하는 유명한 「사소서思召書」를 발표했다. 신문과 잡지에 실린 사소서는 귀족사회를 넘어 큰 충격을 주었다.[20] 사소서는 궁중에 있는 궁녀들뿐 아니라 높은 사회적 지위를 열망하는 모든 이들의 행동규범을 규정했다. 오늘날의 독자들에게는 지나치게 느껴질지도 모르는 논리이기도 하지만 이런 변화를 정당화하기 위해 사소서는 고대의 선례先例를 내세웠다. 예전의 7세기까지 거슬러 올라가는 궁정의 복장 규정과 변천은 "오늘날의 복식"을 따르도록 만들었다고 말한다. 왜냐하면 앉아서 인사하기에 적합한 현재의 제복과 비교하여 서양 의복은 일본 고대의 제복과 똑같이 서서 인사하는 데 적합할 뿐 아니라, "신체의 움직임과 걷는 데에도 편리"하기 때문에 새로운 시대에 어울린다고 했다.[21]

복장 변화와 함께 제작 방법도 바꾸려는 호소가 시작되었다. 재봉틀

---

* 김경리, 「대일본제국헌법 발포식 니시키에(大日本帝國憲法發布式錦繪)의 쇼켄 황태후(昭憲皇太后) 표상」, 『일본학보』 105, 2015, 285~301쪽.

은 일본에 들어왔을 때부터 남녀 모두의 양복과 관련성이 있었다. 만지로의 어머니처럼 재봉틀 사용자는 그 후로 계속해서 재봉틀의 촘촘한 바늘땀이 예복이든 평상복이든 일본 옷에는 맞지 않지만 서양 의복에는 안성맞춤이라고 생각했다. 황후의 사소서는 여성들에게 새 옷과 함께 '재봉을 배우는 것은 당연한 도리'라고 알림으로써 의복의 디자인 양식과 재봉 방법과의 연관성을 강조하기도 했다.[22]

그와 동시에 황후는 그 이후 수십 년 동안이나 울려 퍼질 두 가지 교훈적 주제를 내놓았다. 첫째는 국산품 구매이다. "그러나 '복장' 개량에 대해 특별히 주의해야 할 것은 가능한 한 우리 국산을 이용하는 것이다. 만약 국산품을 잘 활용할 수 있다면 제조 기술 향상도 이끌어내고, 또 예술 발전에도 도움이 되며 상공업도 번성할 것이다. 따라서 이 행동의 장점은 오히려 한 사람의 옷에 머무르지 않고 광범위하게 확대될 것이다" 둘째는 검소함이다. "무릇 물건은 옛것을 고쳐 새로운 것으로 바꾸면서 낭비로 인한 지출을 피하고자 하는 것이 가장 어렵다. 그렇더라도 사람들이 서로 본분에 따라 소박함을 지키며 사치로 흐르지 않도록 잘 주의하면 마침내 목적을 이룰 것이다. 이것이 여성의 복장 개량에 대한 나의 생각이며 열망이라고 언급했다."[23]

황후와 그녀의 대필자들은 다른 많은 사람들처럼 위험한 모험을 했다. 한편에서는 국력과 진보를 위해 변화를 주창하고 다른 한편에서는 국내 경제를 보호하면서 또 자신들이 훌륭한 전통으로 인정하고 있는 검소함이라는 미덕을 지키고자 노력했다. 그들은 만지로 어머니의 우려를 되풀이하듯이 서양식과 일본식이라는 두 가지를 병용하는 '이중생활'의 부담에 관한 광범위한 논쟁에서 제1차 세계대전 이후에 나타날 여러 문제들을 제기했다. 황후와 주변 사람들은 또 새로운 '여성스러움' 즉 '양처현모良妻賢母'라는 이념이 근대화가 진행되고 있는 일본에 뿌리내리기 위한 기반을 마련했다. 황후의 향후의 업무 중 한 가지는 이런 이중 부담에 대처하는 것이었다.

역사가 샤론 놀테Sharon Nolte(일본역사 전문가,『현대 일본의 자유주의』저술)와 샐리 헤스팅스는 일본 황실이 의견을 표명하는 기간 동안, 특히 1890년대부터 1911년까지를 ― 싱거사는 정확히 그 중간 시기에 일본에서 본격적인 판매활동을 시작 ― "국가가 산업화 속에서 여성 역할에 관한 공식적인 정의를 단편적으로 표명했던" 시기라고 확인했다.[24] 그녀들은 관료와 동맹자들이 추천하고 권장한 여성의 미덕들이 "단순하게 전통적인 가족제도의 잔재라고 치부해서는 안 된다고 설득력 있게 주장했다. 그들이 말하는 여성의 미덕에는 돈을 벌기 위해 집 밖에서 일하는 것과 근대적인 예금과 저금제도로 저축을 하는 것도 포함시켰다."[25] 여성에 관한 국가정책을 뒷받침하는 두 가지의 새로운 전제는 "가족은 국가구조의 필수적인 구성 요소이며 가정경영은 점점 여성들 손으로 하게 될 것"이라는 점이었다.[26] 양처현모는 교육을 받고 필요하다면 취직을 하고 돈을 벌어 가족과 사회에 봉사한다. 가정 내 역할도 확실하게 해내는 것이 공적인 의무로 이해되고 있었다.

재봉과 재봉틀은 가족과 국민과 제국을 위해 봉사하는 양처현모라는 이상상의 보급과 노력에서 두드러진 역할을 보였다. 하타 린코泰利舞子(1876~1931)·다이쇼大正 (1912~1926)·쇼와昭和(1926~1989, 시기 교육자이자 싱거미싱 재봉여학원 설립자)는 1906년 설립한 싱거미싱 재봉여학원(이하, 싱거여학원)의 초대 원장이자 서양식 재봉틀 재봉의 유명한 제창자였다. 그녀는 싱거여학원에서 교육을 받기에 적합한 '자립할 수 있는' 여자의 사례로서 러일전쟁으로 남편을 잃은 여성들을 추천했다. 그런 학생들이라면 하루 종일 가사 일을 하는 가계 관리자로서 주부, 가족을 부양할 필요에 직면한 여성 모두에게 적합한 근대적인 기술을 배울 것이라고 생각했다.[27] 하타秦는 황후의 열성적인 권고에 동의했다. 황후는 청일전쟁과 러일전쟁 시기에 설립한 일본적십자사日本赤十字社를 지원하고 육군병원(군 야전병원)의 부상병을 위문했다. 그리고 여성들로 하여금 서양식 제복을 입고 간호사로 일하거나 자원봉사를 하도록 격려했다.[28]

이 시기의 대중 미디어 장르는 목판화였다. 목판화는 사람들이 재봉틀에 끌린 점, 그리고 재봉틀이 가진 다양한 의미를 인지한 것을 시각적으로도 전달했다. 또 상징적인 권세를 누리는 황실이 향유했던 '문명과 계몽'의 생활을 그리기도 했다. 많은 사례가 있지만 그중 독특한 아이디어를 모은 1893년의 판화는 황후와 궁녀들이 호숫가에서 재봉 파티를 즐기고 있는 색다른 모습이다(그림 3). 이 판화는 재봉틀을 다양한 덕목과 가능성으로 생생하게 연결시킴으로써 여성들의 다양한 새로운 역할을 대변했다. 즉 재봉틀 바느질은 손바느질처럼 훈련을 반복하는 일도, 다른 사람을 뒷바라지하는 전통적인 여성의 미덕도 함양할 수 있다고 표현했다. 그러나 그것은 여성 복장에서 진행되고 있는 근대적인 변화와도 관련성이 있고 가사일 처리에 포함되는 여러 활동으로, 기계 기술의 확대로도 연결되었다. 이 제품을 사용함으로써 여성들이 국가의 근대화 노

그림 3. 1893년의 목판화 〈교육예지수술, 가쓰게쓰 그림〉(부분), 재봉틀로 양복을 재봉하는 여성을 그린 많은 판화 중 하나이다. 쇼켄 황후의 궁녀들이 호숫가에서 재봉 파티를 열고 있는 장면의 상상도이다. 여성들은 각각 양복과 일본 전통의상으로 다양하게 입었지만 재봉틀 재봉을 하고 있는 여성은 모두 양복을 입었다.(도쿄농공대학교 과학박물관)

력에 참여할 수 있을 뿐만 아니라 참여를 즐길 수 있다고도 했다. 이러한 관심 대부분이 이후 수십 년 동안 일본의 재봉틀에 부여된 다양한 의미 속에서도 중심적인 요소로 계속 존재하게 된다.

싱거 점포 개설

외국에서 들어온 물건과 관습의 세계를 기꺼이 받아들면서 경계심도 갖고 있었던 이는 쇼켄 황후 한 명이 아니었다. 서양의 권력과 관습, 사상, 사람들에 대한 양의적인 태도는 1854년의 불평등 통상조약을 체결했을 때, 일본이 체험한 근대의 핵심이었다. 에도 막부의 교섭자들은 1857~58년에 서양이 지배하는 경제, 정치 질서에 일본을 끼워 넣는 '불평등 조약*'에 서명했다. 이는 일본의 관세 자주권을 포기하고 외국인에게 개항장의 치외법권治外法權 특권을 인정하는 것이었다. 대신 외국인의 상거래, 부동산 소유, 지정된 항구와 거류지 밖으로의 여행과 거주는 금지시켰다. 일본 외교관들이 1880년대 새로운 조약의 교섭을 시작했을 때 이러한 금지 조항은 법적, 경제적 주권을 되찾는 대가로 폐지될 가능성이 있다는 사실이

---

*   고메이 천황(孝明天皇, 1831~1867, 21대, 재위 : 1846~1867)은 미국과의 구로후네 (黑船) 사건으로 1854년 미일화친조약 이후, 1858년 미국, 영국, 프랑스, 러시아, 네덜란드와 불평등조약을 체결했고 구체적으로 미일수호통상조약(1858.7.29), 난일통상 수호조약(1858.8.18), 러일수호통상조약(1858.8.19), 영일수호통상조약(1858.8.26), 불일수호통상조약(1858.10.9)이다. 조약의 주요 내용은 하코다테(函館), 니가타(新 潟), 요코하마, 고베, 나가사키의 개항, 무역 불간섭, 일본 내 미국의 영사 재판권 인정, 협정 관세 원칙으로 일본 입장에서는 불평등 조약이었다.

대중의 격렬한 반대와 폭동에 가까운 소동을 일으켰다.

이 반대론은 1894년 일본과 영국이 조약 개정 합의에 도달했을 즈음에는 어느 정도 완화되어 조용해졌고 그 후로는 다른 여러 열강들과도 동일한 조약이 신속하게 체결되었다. 이 조약들로 인해 '내지잡거內地雜居*'라고 불리는 제도가 실시되어 일본 내부가 개방되었다. 이로 인해 다양한 위기, 즉 서양인이 물질주의, 양성 평등, '국가를 해치는 외래 곤충'과 같은 해악害惡을 퍼뜨리는 것이 아닐까하는 우려에서 표출된 불안감은 분명 남아있었다.[29] 그렇지만 1894년 일본이 청일전쟁에서 승리하고 서구 열강과 비슷한 제국의 지위를 획득(일본은 청에게서 대만을 식민지로 할양 받음)하자 대중들은 열광했고 이런 불안감들은 열광의 파도에 휩싸여 흔적도 없이 사라져버렸다. 1899년 7월 이렇다 할 사건과 소동 없이 '내지잡거' 시대가 시작되었다.

비록 두 가지 사건을 관련지을 결정적인 사료는 없지만 내지 개방이 있었던 덕분에 싱거 미싱사는 대리인에게 의존했던 판매를 중지하고 재봉틀 사용자에게 직접 판매를 하게 된 것은 확실해 보인다. 싱거가 이미 전 세계 대부분 지역에서 눈부신 성공을 거둔 직접 판매 전략을 일본에 시행하기 위해서는 일본 각지의 도시와 도시 대로변에 소매점용 부동산을 구매하거나 임차해야만 했는데 '내지잡거' 금지가 풀리면서 이것이 가능해졌다. 양력陽曆으로 역사적 단락을 짓고 싶어 하는 사람들에게는

---

* 내지개방이라고도 한다. 그동안 개항장에 외국인 거류지를 두어 외국인의 거주, 여행, 외출을 제한했던 것을 폐지하고 일본 국내의 자유로운 거주, 여행, 영업을 허가하는 것이다.

기막힌 우연의 일치였다. 이는 새로운 조약이 발효되는 순간이, 일본에서 재봉틀의 '대량' 마케팅을 향한 첫 걸음이 정확히 새로운 세기의 시작과 때를 같이한다는 것을 의미했다. 그리고 '내지잡거' 때문에 싱거같은 회사가 물질주의를 만연시키고 여성에게 일정한 권력을 주는 것은 아닌가라는 염려는 완전히 잘못되었다고는 할 수 없었다.

싱거가 영업활동을 직접 시작한 때가 정확하게 몇 월 며칠이라고 말할 수는 없지만 일본 내 싱거의 첫 점포가 1900년 여름 어느 날 도쿄에서 개점한 것은 확실했다. 1877년생으로 독일제 재봉틀을 전문적으로 취급하는 도쿄의 재봉틀 수리점 주인의 아들이었던 유비타 간조指田勘蔵는 1947년, "내가 당시 23세였을 때, 싱거가 긴자銀座에 점포를 열면서 나에게 같이 일해보지 않겠냐"라고 물어보았던 것을 기억했다.[30] 여기에는 싱거의 도쿄 개점 시기를 뒷받침하는 사료史料가 세 가지 있다. "싱거 재봉기계 제28종"(가정용 재봉틀)의 일본어 광고용 전단지에는 약간 이상한 방법이지만 "1900년 5월 16일 인쇄, 1900년 9월 1일 출판"이라고 적혀 있다. 가정용 재봉틀의 일본어 안내서 '싱거 재봉기계 사용법'에도 "1900년 5월 16일 인쇄"라고 되어 있지만 발행은 "1901년 3월 9일"이다.[31] 그리고 1900년의 관세 기록은 싱거에게만 국한된 것은 아니지만 미국에서 재봉틀 수입 총액이 전년도에 비해 4배로 증가한 사실을 보여주었다.

때문에 1900년 봄에 진행한 계획이 그 해 여름에 결실을 맺어 공식 개점을 했다고 결론지어도 무방할 것이다. 싱거가 직접 판매를 하도록 결단을 내리게 한 주 요인이 '내지잡거' 시대의 시작이었던 것에 비해, 싱거가 특별히 그 해 여름에 도쿄 개점을 선택한 것은 1900년 5월 거행된 메이지 천황의 아들 다이쇼 천황大正天皇(1879~1926, 재위 : 1912~1921)의 결혼식이 끝난 이후의 시기였기 때문일지도 모른다.[32] 어쨌든 싱거는 도쿄점 개점 이후 1901년에는 요코하마에 '중앙점'을 개설하고 그 이후로는 소매 점포망을 급속하게 확대해 나갔다.

일본 전국의 몇천, 몇만 가정의 여성들이 비교적 광범위하게 구매해서 사용한 재봉틀의 역사, 즉 '대량' 소비재로서의 재봉틀 이야기는 싱거 시대의 도래와 함께 시작되었다. 일본 싱거사의 초창기 역사에서 중요한 인물인 하타 도시유키秦敏之(싱거 미싱사의 극동 지배인)의 파일에 있는 1903년의 보고서는 우리에게 회사 마케팅에서 사용한 소비자용 광고와 그 광고들이 쇼켄 황후가 사소서에서 주창하고 목판화 속 궁녀들의 모습으로 표현된 가치관과 어떻게 연결되었는가를 가르쳐주었다.

하타는 1870년에 태어나 1899년 29세라는 상당히 늦은 나이에 도쿄제국대학교東京帝国大學를 졸업했다. 친구들 대부분 모두 고위 공무원이 되었고 본인은 농상무성農商務省에 들어갔다. 1902년 그는 농상무성 파견으로 미국에 1년간 유학을 갔고 그곳 지도 교관은 하타가 싱거사를 방문해서 그 회사를 배우도록 추천해 주었다. 하타는 이 회사가 미일간의 무역과 우호에 기여할 수 있는 잠재력이 있다는 사실에 매료되었을 뿐 아니라 1903년에는 농상무성을 사직하고 일본의 싱거 경영진의 일원이 되었을 만큼 깊은 인상을 받았다. 그의 열정은 아내인 하타 린코에게도 영향을 주었다. 앞에서 소개를 한 하타 린코는 1906년 싱거 재봉여학원을 설립했을 때 원장으로 취임하여 남편과의 '가족'사업에 합류했다.

하타는 농상무상에 제출한 보고서에서 싱거수출회사의 사장 C. H.

피어스C. H. Pierce가 가지고 있는 사명감을 잘 전달했다. 피어스는 양복이 특히 여성에게 아직 일반화되지 않은 일본 사회에서는 분명 사업에 불리하다고는 해도 재봉틀이 일본식 전통의복을 만드는 데에 적합하지 않다는 생각에는 수긍하려고 하지 않았다. "싱거 재봉틀은 일본의 전통의복 제작에도 사용할 수 있기 때문에 판매 목적을 단순히 양복 바느질용으로 제한하지 않았다"고 했다.

피어스는 기존의 젠더 규범에도 도전하기를 희망했다. 하타에 따르면 피어스는 정열과 확신을 가지고 "현재 일본 여성의 상황은 실로 안타깝기 그지없다. 그녀들은 부모님을 모시고 남편을 섬기며 자녀 양육이라는 모든 집안일을 고스란히 짊어지는 책임을 떠안고 있다. 거기에 느리면서도 번잡한 수작업으로 옷을 만든다. 그래서 국가 발전을 위해 일본 여성들의 부담이 너무 커서 견딜 수 없게 된다. 만약 일본 여성들이 '싱거사'의 재봉틀을 응용하게 되면 기존의 하루치 시간을 소비하는 일도 약반 시간에 끝낼 수 있을 것이다. 때문에 '싱거사'의 재봉틀을 일본에 판매하는 것은 단지 기업의 이익 추구만이 아니라 일본의 물질문명을 위해 공헌하는 바가 적지 않을 것이다"고 논평했다.[33] 싱거는 이런 비전을 서양과 동일하게 다른 비 서양과 식민지적인 환경에도 제시했다. 일본에서도 이것으로 무장한 덕분에 싱거는 자사 재봉틀을 양처현모를 위한 필수품으로 파는 아주 유리한 위치를 차지했다. 바야흐로 양처현모의 사명이 일본을 근대적인 국가 및 제국으로 구축하고 부와 권력이 있는 곳으로 만들기 위해 남편과 가족 모두를 위해 일하는 것'으로 여겨졌기 때문이다.[34] 회사가 내세운 비전은 양처현모에 대한 새로운 이념을 반영하는 동시에 새로운 수익에 도움을 주기도 했다. 그 시기는 황후를 포함하여 정부 공무원들이 양처현모의 역할을 정의하고 명확하게 표현했던 몇 년 간이었다. 싱거는 일본에서 재봉틀의 최고 판매자로 확고하게 자리매김하면서 직·간접적으로나마 근대적인 생활과 소비적인 가계에 대한 실천과 이해를 형성했다. 그리고 어떤 측면에서는 여성들이 규정된 새로운 역할의 경계선을 확대하고자 시도하는 것도 어느 정도 허용했다.

누가, 누구를 위해, 어디에서 바느질을 했는가

한정적이기는 했지만 일본에서 재봉틀이 처음으로 보급되어 재봉과 의복 관습이 변하는 초기 단계는 세계적인 이야기의 일부였다. 재봉틀은 수십 년 동안 전 세계로 빠르게 퍼져나갔고 이런 확산은 눈에 띄게 효과적이고 균일한 판매 시스템을 이용한 단일 회사가 만든 제품이었다. 재봉틀은 어디서나 놀라움과 참신한 영역에서 빠르게 벗어나 공장과 소규모 작업장, 가정에서 옷을 만들 때 중요한 위치를 차지했다. 그렇지만 이 이야기가 대규모적이고 전 세계적이었다고 해도 누가, 무엇을, 누구를 위해 어디에서 바느질을 했는가를 묻는다면, 대답이 장소에 따라 다르다는 점도 사실이다. 우리는 일본에서 재봉틀의 근대적인 사용 형태와 의미가 확정될 때까지의 교섭 과정을 이해하기 위해서는 산업화 이전의 의복 생산과 소비 체제를 비교하고 대조할 수 있는 방법을 간단히 검토해 두어야만 한다.

대략적인 표현이기는 해도 19세기 이전에는 대부분의 의복 제작은 세계 어디서나 집안에서 이루어졌다고 일반화해도 문제없었을 것이다. 유럽에서는 앤 홀랜더Anne Hollander(1930~2014, 미국 역사학자)가 근대·젠더·복장에 관한 연구에서 언급했듯이 "19세기 마지막 30년 전까지 여성용 기성복 패션에서 입을 것이라고는 외투와 모자 종류뿐이고 그 외에는 사실상 전혀 없었다는 점을 항상 염두에 두어야 한다. 주문 맞춤복이 아니었던 옷은 집에서 만들었거나 중고품이었다. 사실 부자건 가난하건 대부분의 여성들은 바느질 방법이나 재봉을 알고 있었다."[35] 이 진술은 자가 맞춤복이 주문복보다 더 큰 비율을 차지하는 비서구사회에도 적용되었다.

홀랜드의 일반론에 나오는 '주문 맞춤복이 아닌 옷'이라는 문구는 결정적으로 중요한 변수 요인을 제시했다. 재봉틀이 일본에서는 서양식 재봉과 의복이 서로 협력하면서 등장한 것을 생각하면 특히 더 그렇다. 재봉틀이 전 세계로 확산되기 이전에는 여러 고객을 위해 맞춤복을 만드는 양복점과 양장점, 나아가서는 옷의 특정 부분을 집이나 작업장에서 만드는 유급 재봉사라는 전문화된 직업의 중요도는 세계 어디나 개별적인 차이가 있었다. 18세기와 19세기에 어떤 전환점이 생겼고 그것이 유럽 대부분과 미국의 식민지, 새로운 국가에도 수용되었지만 일본을 포함한 다른 지역에서는 그렇지 않았다.

전자의 경우, 산업혁명 이전과 당시, 그러나 재봉틀이 보급되기 훨씬 전부터 처음에는 남성복, 그 후 여성복 제작이 가정에서 전문화된 생산자에게로, 즉 양복점과 양장점과 바느질 삯일하는 직공에게로 옮겨갔다.

홀랜드는 장인적인 수작업으로 "많은 사람들이 생계를 꾸려갔다"고 간단하게 기록했다.[36] 영국에서는 19세기 초까지 장인이건 의류공장에서건 가정 밖에서의 의류 생산이 널리 보급되어 있었다.[37] 미국의 양장점과 모자 제작자의 '여성 경제'를 연구한 웬디 갬버(Wendy Gamber, 1958~)에 따르면 이런 장사가 시작된 시기는 1800년경부터 1840년대 사이였다. 거기에 불을 붙인 것은 그녀가 '남북전쟁 전의 소비자 혁명'이라고 부른 것이었다. 1870년까지는 양장점과 모자 제작자의 수는 미국의 여성 직업분야에서 4위를 차지하기까지 되었다. 그리고 비교해보면 중요한 점은 여성들이 '가정 내 기술을 시장으로 옮겨간 것뿐만 아니라 그녀들 대부분이 그 기술을 가정이 아니라 작업장에서 배웠다'는 것이다.[38] 갬버에 따르면, 미국의 의복 생산에 관한 그 이후의 이야기도 계속 가정 밖에 머무르면서 독립된 양재사가 주문복을 만드는 여성복점과 백화점에서 판매되는 기성복의 생산 공장과 작업장 사이의 투쟁으로 전개되었다. 그리고 1920년대까지는 "공장은 여성복점에게 논쟁의 여지가 없는 확실한 승리를 거두었다."[39]

일본에서는 이와는 확실히 대조적으로 1868년 에도 시대가 끝난 이후에도 대부분의 옷은 집에서 만들었다.[40] 리자 달비Liza Crihfield Dalby(1950~, 미국의 인류학자, 소설가, 일본문화연구)는 1860년대 개항장에 양복과 서양인이 출현했을 시기의 일본 상황을 다음과 같이 잘 요약했다. "전통의복은 양복 맞춤집[입는 사람 체형에 맞추어 만드는 주문 맞춤]이 필요 없었다. 포목점 상인이 표준 기모노 폭의 옷감을 팔았고 여성들은 집에서 그 옷감으로 필요한 옷을 만들었다. 집에서 하는 바느질은 여성들이 하는 일 중 중요한 부분이었다. 왜냐면 대부분 직선 박음질이었고 옷감을 맞대서 꿰매는 작업도 아주 적었다. 바느질이 어려운 것이 아니라 바느질감이 끊이지 않았기 때문이다." 그러나 상당히 많은 시간을 빼앗는 것은 '전통의복은 세탁할 때마다 바느질한 솔기를 뜯어 다시 꿰맨다'는 사실이었다.[41] 물론 과학적인 생활시간 사용 조사가 아직 계획되지 않았기 때문에 그 이후의 관행과 다른 장소와 비교할 수 없지만, 재봉은 일본의 근대화 혁명 전에는 분명히 일상생활의 많은 시간을 잡아먹는 요소였다.

집 밖에서는 헌 옷이 비교적 가난한 도시 거주자에게 팔렸을 뿐, 기성복이나 주문 맞춤복과 같은 신제품용 판매가 이루어지는 시장은 전혀 없었다.[42] 1860년대 이후부터 손바느질이든 재봉틀 바느질이든, 화복이든 양복이든 집에서 하는 손바느질과 거기에 소요되는 시간의 중요성의 추적에서 달비의 결론은 매우 중요하다. "옷을 만드는 일은 직업 활동이 아니었기 때문에 논리적으로는 당연히 양복을 제작하는 쪽으로 전환될 수 있었을 기존 그룹이 전혀 존재하지 않았다. 재단사[여기에 양장점도 추가하면 좋지만]라는 직업은 토대가 전혀 없는 상태에서 만들어져야만 했다"고 언급했다.[43]

양복이 1870년대 특히 남성들 사이에서 유행하기 시작하고 또 재봉틀도 일본에 들어오면서 의류의 생산조직이 상당히 크게 변했다. 변화의 방향이 초기의 조건들을 반영했던 것은 놀랍지 않으며 더구나 의복 생산과 소비에 중요한 새로운 젠더 분화가 나타나기까지 했다. 앞에서 살펴본 바와 같이 메이지 정부의 관공서와 근대적인 사업체에서 일하는 남성들은 1870년대와 1880년대라는 이른 시기에 서양식 슈트로 갈아입었다.

양복은 일찍부터 군대 제복으로 채택되고 남성 공장 노동자용으로도 더 많이 도입되었다. 1880년대까지는 서양식 바지, 즉 통이 좁은 남자용 바지나 스커트와 비슷한 하카마袴 같은 전통적인 남성용 의류를 완전히 대체했다.[44] 집에 있는 여성들은 서양 남성복을 만드는 도구도 없었고 기술을 배울 수도 없었다. 때문에 19세기 말쯤에는 전원이 집 밖에서 일하는 남성들만의 활동 영역인 재단사라는 새로운 직업이 완전히 정착되었다. 그와 동시에 말단 사무직원과 그 외의 사람들을 위한 기성복을 만드는, 이것 역시 남성만이 일하는 소규모 작업장에서 양복 생산 체계를 갖추었다.[45]

여성용 이야기는 의류 생산 측면이나 그녀들이 화양和洋 어떤 스타일을 선호하는가라는 측면에서도 남성용과는 전혀 달랐다. 아주 소수의 여성들이 집 밖에서 생산하는 여성복 제작 사업에 뛰어들었고 그 숫자가 1890년대까지 도쿄에서는 14명(남성복을 제작하는 양재사 포함)으로 실제 100명을 여유롭게 넘어선 남성복 재단사 집단과는 비교도 되지 않았다.[46] 앞에서 양장점의 물결은 주목해야 할 예고로서 언급했지만 1890년에는 2천 만 명 가까운 여성인구를 보유하고 있던 나라에서는 상당히 적은 숫자였다. 평범한 여성들의 양장은 1900년대 초부터 1920년대에 걸쳐 처음에는 어린 소녀, 학생, 그리고 젊은 '일하는 여성'들에게도 서서히 확산되었고 1930년대에는 소수의 성인 여성들에게도 전파되었다. 그러나 '일본식 의복'으로 불리는 관습적인 복장 스타일은 현재 그 의미가 축소되어 '화복'으로 불리며 여성 대다수가 여전히 좋아하며 계속 입고 있었다. 그리고 이런 화복은 과거에 그랬듯이 집안에서 만들어졌을 뿐 아니라 상당한 지지자를 얻은 서양 의복까지도 똑같이 여성들이 여성들을 위해 집안에서 제작했다.

때문에 19세기 말부터 20세기에 걸쳐 아주 일반적으로 눈에 띈 것은 남자 재단사가 집 밖에서 사업으로 만든 옷을 남성 고객이 직장에 입고 갔다. 그에 비해 여자는 집안에서 자신과 아이들을 위해 일본식 의복, 경우에 따라서는 서양식과 일본식 옷을 같이 만들고 세탁하고 바느질하는 식이었다. 이런 일은 만약 그녀가 부유층이라면 가정부가 해야 하는 일 중에서 많은 시간을 잡아먹는 요소였다. 성별에 따라 의류를 생산하고 소비하는 시스템을 전문화, 상업화, 기계화하고 과학적으로 국내와 세계 패션의 추세에 맞춰가는 남성용 의복의 근대화된 세계와 아마추어로서 집안에서 바느질하는 여성용 의복의 전통적인 영역의 분할로 지도화하는 것은 상당히 유혹적이기는 했다. 그렇지만 이처럼 양분화되어 버린 관점은 전적으로 오해의 소지가 있다. 오히려 근대화의 도상에 있던 일본에서 재봉이 차지하고 있던 장소는 남성에게는 집 밖이고 여성에게는 집 안이라는 식의 성별 구분이 있었지만 재봉의 실천 형태에서는 그런 구별이 없었다. 양복점에서 그랬던 것처럼 그 이후 재봉틀과 새로운 형태의 재봉과 의복 생산은 직업적 훈련과 가정 경제라는 새로운 과학, 시장지향의 기계화된 의복 생산과 같은 형태로 근대적 생활을 집 안으로 불러들였다. 그것은 또 근대적인 가정 소비자의 책임자로서 여성의 역할을 창출하는 데 도움이 되었다.

제2장   미국식 판매법

싱거 미싱사는 1900년 일본 시장에 본격적으로 진출했을 무렵 "세계 최초로 성공한 다국적 기업"[1]으로서 반세기에 걸친 경험을 제안했다. 1851년 아이작 메리트 싱어가 설립한 이 회사는 처음부터 세계 시장과 가정용 재봉틀 이용자를 대상으로 삼았다. 1864년에는 수출이 재봉틀 매출의 40%를 차지했고 1880년에는 세계 재봉틀 시장의 거의 절반을 제패했다고 호언장담까지 했다. 그 해 전 세계의 판매량은 50만 대를 돌파했다. 제1차 세계대전 전야까지는 미국의 뉴저지주, 스코틀랜드, 러시아 공장에서 제품을 출하하기 시작하면서 가정용 재봉틀은 미국 시장의 60%, 외국 시장은 대략 90%를 점유하게 되었다.[2]

경제사학자들은 이 놀랄만한 가치가 있는 회사에 당연히 흥미를 느꼈다. 그들은 싱거의 성공 이유를 설명하면서 설득력 있는 일치된 합의에 도달했다. 싱거사가 세계 시장에서 차지한 독보적인 지위는 제품의 고가高價 전략에서 비롯되었다. 기술력이 뛰어난 것도 아니었다. 오히려 미국의 다른 회사나 독일의 재봉틀 회사 제품들이 더 뛰어났다. 또 선두

그룹 재봉틀 제품의 외관 디자인은 거의 비슷했기 때문에 싱거의 디자인이 매력적이거나 홍보 효과가 뛰어난 것도 아니었다. 싱거사의 성공 비결은 바로 '세계 곳곳의 사람들을 직접 찾아다니며 판매하는 직접 판매 조직'이었다.[3]

싱거사는 미국에서 창업했기에 본사도 미국에 있다. 1908년 문을 연 뉴욕 아래쪽에 있는 맨해튼의 41층짜리 사옥은 당시로서는 세계 제일의 고층 빌딩이었다.[4] 싱거는 미국에서 성공을 거둔 유명한 판매 시스템을 1900년 일본으로 가지고 들어왔다. 이 판매 시스템은 대서양을 건너고 국경을 넘은 경험의 산물로서 이미 확고한 형태를 갖추고 있었다. 회사는 영국에서 얻은 경험을 바탕으로 그 유명한 가정방문 시스템을 고안하고 독일인 매니저를 대거 러시아에 파견하여 싱거의 초기 사업을 운영하도록 했다. 이런 배경에 비추어보면 20세기 초 싱거가 일본에서 재봉틀을 매우 콧대 높게 전 세계적인 문명의 선두에 선 상품으로 선전하면서 "유럽과 미국 사람들은 신분에 상관없이 모두 가정에서 재봉틀을 사용하고 있다"고 역설했던 것도 놀랍지 않다.[5]

싱거는 일본에서 영업활동을 시작하면서 자신들의 판매 시스템을 놀라울 정도로 거의 수정하지 않았다. 10년도 채 안 되는 사이에 싱거의 점포수는 일본 전국으로 확산되었다. 싱거는 일본에서 1930년대 초까지 표준 글로벌 모델을 판매하며 상당한 성공을 거두었다. 가정용 재봉틀의 연간 판매량은 1911년에는 2만 대에 달했고 1920년대 초에는 매년 거의 5만 대로 늘어났다. 1910년대까지는 싱거는 일본의 가정용 재봉틀 시장의 80% 이상을 차지하는 등 시장에서 적수가 없었다.[6] 다른 곳과 마찬가지로 초석을 아주 단단하게 다진 탓에 상표명이 전기청소기 후버Hoover처럼 제품 자체의 이름으로 바뀌었을 정도였다. 1920년대 말에는 싱거의 종업원 수는 약 8천 명이었다. 이들은 성과급으로 일하는 세일즈맨부터 "여교사女敎師(이하 여자 강사)"라고 불리는 젊은 여성 기술지도원, 본부와 물류창고의 유급직원까지 다양했다. 싱거의 경영진은 상당히 완벽에 가까울 정도로 현지 화되어 있었다. 본국을 떠나 현지 임원으로 일하는 사람들은 미국인, 캐나다인, 유럽인이었으며 어느 시기라도 기껏해야 12명 정도였다. 직원 숫자로 보면 싱거는 일본에 진출한 가장 큰 외국 기업이었다.

구매욕이 지불 능력을 훨씬 앞선다고 해도 싱거 재봉틀은 1920년대까지는 주로 일본 도시 가정, 즉 주로 도시에 거주하며 스스로를 일본 사회의 새로운 중산층이라고 규정하는 일부 사람들이 너무나 갖고 싶어 하는 살림살이 중의 하나가 되었다. 그것은 노동자층의 일부였던 여성들에게도 똑같이 실용적이면서 괜찮은 소유물이었다. 본 장과 다음 장은 세기가 바뀌는 시점부터 1930년대 초에 걸친 수십 년 동안의 싱거의 판매노력, 미국식 방법, 그리고 미국식 판매방식에서의 싱거가 해낸 역할을 검토할 것이다. 싱거가 일본에서 실질적으로 바꾸지 않고 실시한 소매판매 시스템은 대서양 건너편에서 거듭되는 시행착오를 거치면서 만들어진 것이었는데도 일본에서는 완전히 미국식 방법으로 받아들여졌다. 싱거 시스템은 새로운 사회적 역할과 규율을 만들어 내는데 도움을 주었다. 공급 측면에서는 판매원으로서의 남성과 교사로서의 여성에게, 수요 측면에서는 할부금 대출자로서 아내와 남편들에게 있어서의 규율이었다. 이와 동시에 싱거는 특히 가정 관리자로서 소비자인 여성들을 위해 미국 그 자체이며 근대적인 것이라고 인식된 삶의 방식을 장려하고 육성하기도 했다. 심지어 싱거사와 싱거 제품이 일상생활에서 '일본적' 특징을 유지하는 문제가 많은 복합적인 것이라는 믿음을 일깨웠다.

일본 내의 싱거 시스템

싱거사는 전 세계에서 그랬듯이 일본에서도 여러 계층으로 구성된 피라미드형 조직을 완성했다. '일본 제국'의 경우 본사가 소수의 '중앙'점을 감독하고 중앙점이 지역구 영업점과 '분점' 네트워크의 조정 역할을 했다. 각 중앙점 밑으로는 대여섯 개의 지역구 영업점이 있어서 분점으로 불리는 다수의 소매점을 관리하고 소매점들은 고객에게 제품을 직접 판매했다.[7] 중앙점과 지역구 영업점은 경리와 재고 관리, 제품과 부품 유통, 소매점 관리를 담당하는 유급 직원을 고용했다. 이 지역의 소매점들은 주임 한 명, 주임이 담당하는 판매원들, 또 각각의 개별적인 그룹을 이루는 할부 수금원, 젊은 여자 강사, AS 담당자, 운송인을 채용했다. 분점 주임, 판매원, 수금원의 보수는 정액 수수료뿐이었다. 여자 강사들은 급여를 주급週給으로 받았지만, 재고용 조건으로 매출을 올리는 대대적인 광고를 하라는 요구를 받았기 때문에 제품 판매에 따른 수수료를 받을 수 있었다. 1922년, 한 싱거 점포 앞에서 많은 직원이 모여 촬영한 사진 한 장이 이를 잘 설명해 준다(그림 4).

하타 도시유키는 1902년 농상무성에 제출한 보고서에서 싱거 조직의

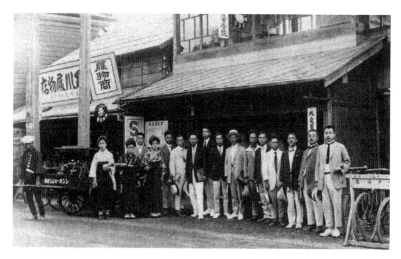

그림 4. 1922년 도쿄에서 북쪽으로 약 2시간 기차를 타고 가는 싱거 재봉틀 미토분점(水戸分店) 앞에서 촬영한 기념사진이다. 다양한 직무의 많은 종업원이 있는 비교적 충실한 점포다. 왼쪽에서 오른쪽 순서로 운송인, 젊은 여자 강사 세 명, 판매원과 월부 수금원을 포함한 남성 열세 명, 중앙에 모자를 쓴 남성이 분점 주임에 틀림없다. 판매원 이직은 심했다. 오른쪽에서 두 번 째의 판매원 뒤로 보이는 세로 간판에는 '판매원'이라는 글자만 보이지만 아마 보이지 않는 아래 부분은 "모집 중"일 것이다. 점포 2층은 재봉학교로 사용했다. 모치즈키 요시마사(望月芳正)

비용 대비 효율성을 격찬했다. 그는 싱거가 대중들에게 직접 판매 방식을 개척한 미국 제조업체들의 선두주자라고 주장했다. 그 이후로 적어도 1세기 동안 제기된 논쟁들을 예상하면서 일본의 대형 제조업체가 싱거처럼 몇 단계나 되는 유통업자와 소매상인들을 건너뛰고 직접 판매할 수 있다면 "최신 발명품을 가장 싼 값으로 제공할 수 있다"고 설명했다.[8]

하타는 싱거가 효과적인 판매 시스템을 고안했다고 결론내린 것은 맞지만, 그것을 비용 대비 효율적이라고 부르는 것은 잘못되었다고 했다. 미토시의 소매점 앞에서 사진 촬영용 포즈를 취하고 있는 직원(그림 4) 대부분은 재봉틀을 판매하거나 월부금을 수금했을 때만 보수를 받았다고 해도 싱거의 판매망은 비용이 비싸게 먹혔다. 많은 임대 점포, 거기에 중앙점과 지역구 영업점의 많은 유급 직원은 전체적으로 상당한 고정 비용을 증가시켰다. 앤드류 고들리Andrew Godley는 미국에서 "미국 전체를 점포와 판매원, 수금원으로 채우는 것은 대단히 비싸게 치이는 판매 방법이었다"고 서술했다.[9] 그의 싱거 판매 시스템의 국제적인 비교 분석은 판매조직이 "이익보다 오히려 판매를 최대한으로 늘리"는 쪽으로 치우진 경향이었다고 결론지었다.[10] 다른 곳과 마찬가지로 일본에서도 싱거는 비교적 고비용임에도 불구하고 시장에서 압도적인 우위를 자랑했다. 단순히 재봉틀을 팔기 위해서만이 아니라 구매자에게 사용법을 가르치고 신뢰할 수 있는 유지 관리와 AS를 제공하기 위해 구석구석까지 확대된 네트워크를 구축함으로써 우위에 섰던 것이었다.[11]

싱거의 일본 본사는 아마 부두와 세관이 아주 가까운 곳에 있는 요코하마에 설립되었을 것이다. 본사는 1923년의 관동대지진 이후 1924년 고베시로 이전했지만 격렬한 노동쟁의 끝에 1933년 다시 요코하마로 되돌아온다. 1920년대까지 싱거는 요코하마, 고베, 오사카大阪와 경성京城(서울)에 중앙점을 두었다. 고베 중앙점은 그 이후 대만을 포함한 아시아 서쪽 전 지역을 감독하고 오사카 중앙점은 일본 중부 전역을, 요코하마 중앙점은 관동 북부 지역 영업점을 담당했다. 경성 중앙점은 조선과 만주의 신장 영업 활동을 지휘, 감독했다.

싱거는 1900년 여름 도쿄에 제1호점을 개설한 이후 이 네트워크를 감탄할 정도의 속도로 구축해나갔다. 실제의 점포 명단은 부분적이었지만 확대되는 경로는 확실했다. 하타의 보고서에 따르면 싱거는 1903년까지 8개 도시에 점포를 열었다. 요코하마와 도쿄에는 분명히 몇 개 점포가 이미 있었던 것 같고, 나머지는 오사카, 고베, 나고야名古屋, 나가사키, 시즈오카静岡, 마에바시前橋였다.[12] 타자기로 기록해서 날짜는 없지만 거의 확실하게 1904년의 서류라고 생각되는 전 세계의 "감독기관 하의 점포 요람"에는 일본의 51개 점포가 기재되어 있었다. 1906년 요람부터는 싱거의 일본 점포 망이 북쪽은 삿포로札幌부터 남쪽은 가고시마鹿児島까지 71개의 소매 점포 수를 자랑하고 있다는 것을 알 수 있다(도쿄에는 8개이며 나머지 각 도시에는 1개씩). 이 시기에 대만은 일본의 식민지였지만 싱거는 이미 이전부터 점포 한 곳을 가지고 있었다. 1906년 당시 조선은 일본의 보호령保護領으로 식민지는 아니었기 때문에 조선에 있던 점포 세 곳은 별도 명단에 있었다.[13] 판매 실적은 다른 곳과 동일한 상승세를 따라가 신뢰할 만한 데이터를 이용할 수 있는 첫 해인 1903년 6천 529대가 팔렸다. 그 이후 1906년에는 1만 2천 895대, 1911년에는 2만 대 이상으로 증가했다. 1920년대 말까지 회사는 일본에서 약 800개의 점포와 8천 명의 종업원 규모의 영업활동을 자랑했다.

싱거 시스템의 핵심 인력은 판매원 즉 외판원이었다. 1951년 이후의 회고적인 설명에서 십중팔구, 싱거의 고참 세일즈맨의 증언은 전쟁 전 시기의 외판원의 일과와 효율적인 전략과 지원 인력에 대해서 다음과 같이 간단하게 요약했다.

우선 월간 100대를 목표로 판매점이 설치되고 판매점장 밑에 판매원, 그 밑에 판매원 보조자 조수가 있다. 판매원은 판매점장이 자신의 경험과 통찰력으로 언급한 주택지가 있는 구역의 각 가정을 방문한다. 이 때 필요한 각

사항을 기입한 카드를 가지고 가서 고객의 정보를 잘 듣고 기입한다. 판매원은 오전 중에는 이 카드 몇 장인가를 검토한 뒤 판매점장에게 보여준다. 판매점장은 이것을 하나하나 확인하면서 그중에서 내용이 충실한 카드를 꺼낸다. 그리고 오후에는 전날 방문한 각 가정에서 작성한 카드 중에서 잘 된 것을 골라서 그 집을 방문한다. 그리고 여러 가지 상황을 맞춰 제품을 추천한다. 그 사이에 판매가 유력시되는 카드의 집이 어느 정도 모이면 경험 있는 여자 강사가 그 집에 재봉틀을 가지고 가서 실제 사용하는 시범을 보여주면서 판매에 마지막 박차를 가하는 식이다. 여자 강사가 일주일 정도 가르치면 여성들은 일반적으로 재봉틀을 구입했다.[14]

이 설명은 싱거 판매방법의 근간을 이루는 몇 가지 특징적인 면을 언급했다. 이것은 세일즈맨이 현물거래를 하는 것이 아니라 고객과의 장기적인 관계를 구축해가는 것이다. 성공하기 위해서는 고객의 사회적인 생활권에 관한 깊은 이해가 필요하다. 또 거기에는 남성 판매원이 파악하기 어려운, 여성 고객들의 삶과 욕망에 관한 이해도 포함되어 있다. 야마모토 도사쿠山本東作는 1932년부터 1933년까지 싱거 종업원 노동쟁의勞動爭議를 이끈 싱거 세일즈맨이지만 1947년의 좌담회에서 그가 싱거사에 있었을 시기(1917~1933)에는 대부분의 판로는 경제적으로 풍족한 가정이 대상이었다고 회상했다. "우선 현관문을 열고 일본 신발인 게타下駄(나무로 만든 나막신)의 상태를 보고 이 집에 딸이 셋인지 넷인지 대충 짐작을 하고 이 상태라면 재봉틀을 몇 년 뒤에 팔 수 있는지를 파악하고 나갔습니다." 야마모토는 "싱거 판매는 힘들었습니다. 수요자가 여성이기 때문에 특히 더 힘들었습니다. 기계에 대한 어떤 지식도 없이 손바느질을 하던 시기의 여성들에게 싱거 재봉틀을 판매하려고 했기 때문이죠"라고 푸념을 했다.[15] 좌담회에 참석한 세키네 하루키치關根春吉가 한 가정에 재봉틀을 팔기 위해 4~8년에서 10년까지 걸렸다고 회상하자 야마모토는 "재봉틀 한 대를 팔기 위해서는 고양이에게도 알랑거려야만 했기 때문이죠. 고양이라 한들 만만하지 않았어요. 고양이를 조금이라도 발로 차면 그 뒤로 거래는 취소되었거든요"[16]라고 덧붙였다.

이미 재봉틀을 가지고 있던 사람에게 글로벌 시스템의 일부였던 싱거의 공격적인 보상 판매 정책은 결정적이었다. 19세기 말 쯤, 미국의 한 광고는 오래된 재봉틀을 보상 판매한다는 싱거의 의지를 강조했다. "불완전한 경쟁자들의 기계는 어쩔 수 없이 사라져야만 합니다. 그러기에 우리 싱거사는 모든 종류의 재봉틀을 유리한 조건으로 싱거의 개량된 최신 제품으로 교환해드리고자 제안합니다. 보상 판매로 회사에 들어온 구식 기계는 우리들이 폐기할 겁니다"라고 자신 있게 말했다.[17] 싱거사는 일본에서 이런 방법과 풍부한 부품 재고를 무기로 사용했다. 그리고 본격적인 영업을 시작하기 전까지 일본 시장에서 우위를 자랑하고 있던 경쟁사, 특히 독일 제조업체를 말 그대로 박살내버렸다. 일본에서 싱거가 제작한 초기 리플렛은 어떤 우수한 상표의 중고 재봉틀도 보상 판매할 용의가 있다는 점을 요란하게 내세웠다. 야마모토와 싱거의 다른 고참들은 독일의 어떤 재봉틀 제품이라도 보상 판매를 하고, 경쟁 상대를 위한 예비 부품의 어떤 공급원도 다른 이차적인 유통 시장이 만들어지지 않도록 완전히 파괴해버렸다고 회상했다.[18] 보상 판매한 제품을 팔려고 하면 잘 팔렸을 테니까, 엄청난 자본력을 가진 회사만이 이렇게 값비싼 경쟁 전략을 감당할 수 있었다.

1947년의 좌담회에서 특별히 언급되며 싱거의 바겐세일 광고 전단지에 대단하게 내세운 시용試用을 위한 무료 대출이 또 다른 결정적인 시장 진입 전술이었다. 이 무료 시험용도 풍부한 부품 재고와 보상 판매용 재봉틀 폐기와 똑같이 싱거의 판매 시스템이 비용을 지불했다. 또 다른 잡지 기사는 앞에서 인용한 1951년의 회상 정도로 낙관적이 아니라 더 믿을 만한 설명을 했다. 그에 따르면 세일즈맨이 "방문한 집에 재봉틀 현품을 가지고 가서 시범적으로 사용하게 하고 주문을 받는다. 여섯 대부터 열 대정도 시연하면 그중 두세 대가 팔렸다."[19] 이것은 적시 재고 시스템 [just in time: 필요한 물건을 필요한 때에 필요한 양만큼이라는 도요타의 생산방식에 기인]이 아니다. 싱거는 시용자들에게 재봉틀을 제공하기 위해 각 소매점에 월간 전체 최종 판매 수량을 상회하는 재고를 갖고 있도록 했다.

시간이 지나면서 가정용 재봉틀과 이 재봉틀을 집에서 사용하는 사용자가 의류 공장이나 대로변 양복점과 양장점보다 일본 내 싱거 시장의 점유율 대부분을 차지하게 되었다. 이런 가정용 판로는 팀으로 시행되었고 이런 노력은 사용법이 아직 잘 알려져 있지 않은 제품의 수요 창출을 목적으로 삼았다. 남성 판매원도 여자 강사도 때로는 초조해하면서도 스스로 판매에 관한 근대과학을 주입받았다. 그와 동시에 그들은 물건을 사고 돈을 쓰는 새로운 세계의 스타일에 익숙해지도록 고객들을 가르쳤다.

일본의 세일즈맨 계급의 형성

판매는 자본주의에서 본질적인 것이다. 이 진술은 분명하지만 그래도 영업맨에 관한 사회문화적 연구는 상품을 만드는 노동자 연구보다 훨씬 적다. 한 가지 예외는 월터 A. 프리드먼Walter A. Friedman(비즈니스, 노동 및 경제 역사 전문)이 최근에 쓴 『세일즈맨의 탄생The Birth of a Salesman』이라는 미국의 판매 기법을 다룬 역작이다.[20] 프리드먼은 이 책에서 초기 실무자들이 시스템과 성과 모두 부족한 것으로 악명 높았던 판매 직업에 관해 싱거 재봉틀의 판매원이 업무 체계와 일정한 평판을 가져다주는 중요한 역할을 했다는 것을 보여주었다. 그는 이런 변화가 1880년대부터 1900년대 초에 걸쳐 일어났다고 분석했다. '농작물의 각 가정 방문 판매와 상품의 묶음 판매'라는 요란한 광고 전략과 문화에서 '더 새롭고 공격적이며 또 고도로 관리된 판매 기법의 형태'로 옮겨갔다. 이런 전환기에 앞장섰던 사람들이 대량생산을 하는 제조업자들이었다. 그들은 '자사가 고용한 세일즈맨 그룹을 만들기 시작하고 그 사이에 최초의 근대적인 판매 전략을 발전시키며 그 뒤로 계속되는 수십 년간, 여러 회사에 규범이 되는 형태를 완성했다.'[21]

근대적인 미국식 세일즈맨을 탄생시킨 싱거사와 다른 대기업의 노력의 중심에 있었던 것은 하나의 표준화된 시스템을 만들고 그것을 판매의 과학으로 간주되도록 적용하는 것이었다. 이것보다 더 유명한 혁명이, 프레더릭 윈즐로 테일러Frederick Winslow Taylor(1856~1915, 미국의 기계 공학자)가 개척한 산업 생산의 "과학적 관리"[테일러 시스템]와 유사한 과정에서 일어났다.[22] 프리드만은 미국의 '과학적인 판매 관리' 분석을 싱거사와 싱거 재봉틀이 처음으로 "재봉틀 판매는 다른 고가 제품, 또는 복잡한 기계제품을 위해 길을 개척했다"고 말했다. 진공청소기부터 자동차까지 20세기 초기의 제조사들도 역시 방문 판매를 하는 판매자에게 의존했다. 그들은 자신들의 상품이 고가라는 사실이 정당하다는 것을 고객이 납득하도록 노력하면서 정보와 교육과 신용 담보를 제공했다.[23]

싱거는 일본에서도 체계화된 판매 '과학'에 있어 선두 주자였다. 회사는 세일즈맨에게 예의에 맞는 행동거지와 복장 교육을 시키고 커뮤니케이션과 심리학을 가르쳤다. 그러나 산파역들 중에서도 싱거의 경우, 일본에서 세일즈맨의 탄생은 노동자층의 탄생과 똑같이 관리 규율의 부과에 대한 상당한 긴장과 저항을 볼 수 있었다는 특색이 있다. 근대 자본주의라는 중심에 서 있는 세일즈맨들 중에서 싱거의 월등하게 큰 판매 세력을 포함하여 시장 논리, 특히 미국식 사업 방식으로 인식되는 제반 요소에서 중요한 양가적 감정이 교착되는 반응이 발견되었다.

일본에서 싱거 세일즈맨의 업무 조건은 다른 업무와 마찬가지로 엄격했다. 외판원은 재봉틀 한 대가 팔릴 때마다 12%의 수수료를 받았다. 현금 판매는 수수료 전액을 바로 받을 수 있었지만 신용 판매는 판매계약이 성사되고 계약금을 받았을 때 10%의 수수료를 받을 수 있었다. 나머지 2%는 월부 수금이 잘 끝나기를 기다렸다가 3개월 뒤에 받았다. 싱거 수금원은 수수료가 7%이며 이것 역시 고객이 분명하게 지불했는가에 달려 있었다. 일본에서 외판원의 개별적인 수입 기록은 거의 남아있지 않다. 총 합계로 대충 계산해 봐도 외판원과 수금원 대부분이 적은 보수의 얄팍한 월급 봉투를 집에 가져갔을 것이 틀림없다. 1920년대 후반 회사가 고용한 사람은 외판원, 수금원과 판매 성적으로 보수가 결정되는 분점의 분점 주임 외에 유급사원 직원과 여자 강사까지 포함하여 전부 7천 명에서 8천 명 사이였지만 연간 비용은 최고 300만 달러, 직원 1인당으로는 거의 450달러였다. 만약 회사의 현지 경비가 거의 모두 인건비뿐이었다고 해도 1달러=2엔의 환율로는 평균 수입은 80엔에도 미치지 못해 당시 남자 사무직원의 거의 초임 정도의 수준이었다. 그러나 물론 '경비' 카테고리(유감스럽지만 세분화되어 있지 않지만)에는 임대료, 운송과 창고 비용, 광고, 수도·광열비가 포함되었기 때문에 싱거 직원의 평균 순 수익은 그 시대의 전형적인 샐러리맨들의 수입보다 훨씬 적었다. 1932~33년에 일으킨 파업에서 용기를 낸 직원 한 명이 자신의 수입과 지출을 표로 자세히 정리한 리플렛을 만들었다. 그가 기록한 구체적인 숫자는 영업비용 전체의 약 50%가 인건비였다고 가정하면 대략 이 총 금액의 계산과 거의 일치했다. 도쿄에 본사를 두고 수수료로 일하는 수금원의 실질 월수입은 46엔이었다.[24]

이 수치들을 고려하면 종업원 이직률이 높았던 것도 놀랍지 않다. 판매원의 세계에는 두 그룹이 있었다. 한 그룹은 성적이 우수하여 입신출세한 소규모 그룹이다. 예를 들면 정열적인 야마모토 도사쿠는 2년 동안 두각을 나타내며 일본 전체에서 가장 성공한 분점의 주임이 되었다. 또 다른 그룹은 들어가자마자 바로 그만두는 대규모 그룹이다.[25] 미토점의 사진(그림 4)에는 '외판원 모집 중'이라고 쓰인 나무 간판이 보이지만 그것은 싱거의 메시지를 한 집, 한 집에 전하는 신입 인원이 만성적으로 필요하다고 여겨졌던 사실의 시각적 증거이기도 했다. 1932년 회사에 항의한 직원들은 높은 이직률의 원인이 가혹한 고용조건이라고 탓하며 그 증거로서 요코하마 시내 점포에서는 사원이 '정원이 아홉 명인데 1년 반 동안 31명의 사원이 교체되었다'는 사실을 들었다.[26]

판매원들의 불만 요소는 적은 수입에 그치지 않았다. 판매 실적이 좋은 판매원들조차 고용 불안정과 불공정한 규율 관행 때문에 좌절했다. 발군의 승진을 한 야심가 야마모토조차 결국은 싱거와의 분쟁에 나섰다. 싱거는 회사를 손해로부터 지키기 위해 세계 각 지역에서 강제적인 '신원 신용보험'을 사용하고 있었지만 이 보험은 싱거 외판원과 수금원에게 연간 5엔 내지 10엔의 할부금을 부과하여 강한 비판을 불러 일으켰다. 예를 들면 고객이 할부금을 내지 못하는 사이에 재봉틀을 가지고 도망간 경우, 5백 엔부터 1천 엔까지의 손실 금액을 보전하는 구조였다. 게다가 싱거는 자구책을 겹겹이 강구하여 고객 때문에 발생한 손실을 판매원 책임으로 돌려 판매 수수료에서 미리 공제했다. 추가적으로 판매원 1인 당 2백 엔을 회사에 맡겨두게 하고 그 금액에서 벌금을 인출하도록 했으며 판매원 한 명당 손실에 대한 연대책임 보증인 두 명을 세우도록 요구했다.

종업원은 몇 겹이나 되는 자구 시스템으로 회사는 막대한 이익을 얻고 있다고 주장했다. 그리고 신용보험 할부금이 정말로 보험회사로 넘어가는지를 의심스러워하며 각 종업원에게 할부금 영수증과 보험증서를 교부하도록 요구했다. 세일즈맨들은 또 판매원, 수금원, 분점 주임의 수수료에서 공제되는 부과금에도 지속적으로 강한 불만을 제기했다. 고객이 금액을 다 지불하지 않은 재봉틀을 가지고 도망간 경우만이 아니라 할부 계약을 도중에 파기하거나 또는 미지불 잔고를 기한 내에 현금 할인 계산으로 완납한 경우라도 싱거는 판매원과 수금원의 수수료는 할부에 따른 수익에 포함해서 지급했기에 그 수입이 사라진 이상, 그에 상당하는 부분을 수수료에서 공제했다.[27]

이 정책들로 인한 불만에 동요된 싱거 직원은 1920년대 두 번의 소규모 파업에 나섰다. 한번은 1925년 3월 도쿄에서 일어났고 다른 한 번은 1925년 12월부터 다음 해 1월에 걸쳐 오사카지역구 모든 분점의 종업원이 주도했다. 계속해서 1932년 9월부터 다음해 1월에 걸쳐 대규모 투쟁이 발생했다.[28] 1932~33년 쟁의가 있던 시기까지는 직원조합은 스스로를 회사와의 반목의 '30년의 역사'의 계승자라는 성격을 부여할 정도로 분노와 적의가 심화되었다. 직원조합의 말에 따르면 회사가 일본에서 영업을 시작한 이후 고용 조건에 관한 크고 작은 노동쟁의가 거의 30건이나 발생했다고 한다.[29]

이런 불만들이 때로는 위험한 지경까지 분출되었기 때문에 1920년대는 미국인과 영국인, 캐나다인 각 한 명이 포함된 싱거의 일본 내 임원 경영진들은 다음과 같은 몇 가지를 주장하면서 더 효과적인 규율을 강제하고자 했다. 즉 직원의 대우는 이치에 맞을 것, 판매원이라는 직업은 사회의 도움이 되는 동시에 힘든 업무에 실질적으로 맞는 보수를 제공할 것, 그리고 어떻게든 전 세계적으로 시도된 순수한 싱거 시스템은 변경할 수 없다는 것 들이었다. 싱거가 1932년 11월 일본 외무성에 제출한 아주 긴 '성명'은 "우리들의 사업은 일본에서 수천 명이나 되는 남녀에게 유리한 고용을 제시해왔던" 것에 더해 "재봉틀로 하는 재봉을 여성교육에서 빼놓을 수 없는 일부가 되도록 만들고" 딸들이 "새로운 가정을 만들고", "국가의 미래의 엄마" 역할을 맡을 수 있도록 해왔다고 역설했다.[30] 1933년 1월 초, 설날 연휴가 끝나갈 무렵 오사카 중앙점의 감독, E·L 베스트E. L. Vest는 그의 관할 구역에 있는 200개의 분점 주임들에게 편지를 보냈다. 편지에서 과학적 판매가 무엇인지, 자신이 어떻게 받아들였는지를 확인할 수 있었다. 그는 전반적으로 사업 경기가 좋아졌기 때문에 오랫동안 자녀 교육을 위해 재봉틀을 사고 싶어 했던 많은 가족이 앞으로는 그렇게 할 수 있을 것이라고 했다. 이런 고객에게 다가가기 위해서 에너지 넘치는 가정 방문 판매는 필수적이다. 그 때문에 새해 일찍부터 '지역구[담당자 판매 영역]를 역동적이고 질서 있게 담당하는 것'보다 좋은 방법은 없다. 세일즈맨은 "매일 체계적이고 적절한 순서대로 자신의 지역구를 돌아야만 하는 것은 말할 것까지도 없다. 왜냐하면 우리들이 이것을 이해한대로 하루의 판매가 다른 판매를 촉진시키므로 만일 완전하고도 증명된 권유 방법이 충실하게 계속되면 판매는 무제한으로 늘어날 것이기 때문이다"라고 했다.[31]

전간기戰間期에 출판된 세일즈맨(그리고 소수 세일즈우먼)을 위한 많은 "how to"와 관련된 책들은 싱거가 적절한 판매 심리와 행동을 함양하려고 한 시스템과 사회 발전을 이끌어내는 데 대표적이었다는 것을 보여주었다. 이 분야의 초기 출판물로서 1916년 출판된 『학리적 상략법學理的商略法 – 판매원과 판매기술(이하, 학리적 상략법)』은 3년 전에 일본어로 번역된 테일러의 『과학적 관리법의 원리』를 떠오르게 하는 책 제목이다.[32] 이 안내서들은 미국에서 세일즈맨용으로 출판된 설득적이고 교육적인 책자와 구분할 수 있는 내용이 거의 없고, 미국의 자료와 일화를 자유롭게 이용했다. 책 속의 조언은 일본에서 지방의 특색에 맞춘 판매 시스템을 채용할 필요는 전혀 없다고 한 싱거의 입장을 반영했다. 그들이 전형적으로 시행한 구별은, 그때까지의 퀴퀴한 냄새가 나고 매력 없는 행상인의 체계 없는 판매 방법과 문명과 진보라는 대 사업을 전진시키기 위한 새롭고 정직하며 존경할 가치가 있는 과학적 노력이라는 구별이었다. 예를 들면 『학리적 상략법』의 제1장 제1절은 '판매원의 임무'라는 제목으로 판매원은 '문명복음文明福音의 광고주'라고 되어 있다.[33] 세일즈맨은 '손수레 대신에 자전거를 공급하고 깃털 펜 대신에 만년필과 타자기를 공급하며 행등行燈 대신에 가스전등을 공급하고', 또 '재봉 바늘을 재봉기계로' 교체하도록 사람들을 설득했다. 저자는 이 근대적인 살림도구들이 처음에는 보통 사람들에게 어느 것 하나 분명한 가치와 유용성을 제시하지 못하고 '세상 사람들은 있는 힘껏 이것을 우롱하고 조소하며 냉대했다.' 또 세일즈맨의 설득력 없이는 사회는 진보의 피리와 북소리에 맞추어 진군하지는 않는다고 말했다. 20년 뒤 구라모토 조지倉本長治가 이 주제의 여운을 떠올리며 '문명에 대한 욕구를 불러일으키는' 세일즈맨들의 노력 없이는 미국의 초기 사용자들이라고 해도 지금은 유용성이 입증된 재봉틀 같은 제품을 사용하기를 꺼려했을 것이라고 주장했다.[34]

소책자들의 계속 반복되는 이런 이야기들을 읽다보면 세상 사람들에게 핵심적인 메시지가 전혀 전달되지 않는다는 초초함이 느껴진다. 1925년 이시카와 로쿠로石川六郎는 사람들이 세일즈맨이라는 사람을 대체적으로 멸시했지만 이 전문 판매자의 업무는 존경할 가치가 있다고 논평했다.[35] "어떻게 팔 것인가"라는 소책자를 가장 많이 저술한 사미즈 마사미 清水正巳는 1925년 '오래된 행상은 처음부터 신용이 없었다. 그렇지만 방문 판매는 신용을 제일로 여긴다'면서 이시카와와 똑같은 사실을 주장했으며 이 책의 1937년 증보판에서도 기본적으로 이 주장을 반복했다.[36] 전쟁 전의 일본에서 판매원이라는 사람을 회사와 국가 공무원, 사무실의 유급 간부와 동등한 명예로운 직업이라는 것을 판매자와 고객 모두에게 설득하는 것은 어려운 일이었다. 시간이 상당히 지나 사무직원과 공장 노동자를 위한 고용관계를 체계화하고자 하는 노력과 함께 많은 회사들이 판매원들에게 세일즈맨 정신과 규율을 효과적으로 신장시키게 되었다. 그때서야 비로소 판매원도 자신의 고용조건이 결코 완전하지는 않지만 평판이 나쁘지 않다는 생각을 예전보다 기꺼이 자연스럽게 받아들였다.

자립적인 "여자 강사"

재봉틀이라는 친숙하지 않은 제품의 사용자 교육과 수요 창출을 위해서 남성 판매원들과 수금원의 영업 군에 소수의 일하는 여성 간부 집단이 가세했다. 그녀들을 편하게 여자 강사라고 불렀다. 세일즈맨이 20세기 초의 새로운 중산층을 표현하는 남성 상징인 샐러리맨으로 비유된다면 이 여성들도 역시 더 큰 범위, 즉 전간기에는 가시적인 존재가 된 '직장 여성'을 대리 표상했다. 그녀들을 지칭하는 여자 강사라는 단어에는 현재의 일본어 표현에서는 어딘지 경멸하는 평가가 있지만 당시에는 자립과 근대성이라는 세련된 상징이었다. 1932년의 파업이 있었을 때 도쿄 각 점포에서 일하는 여자 강사들이 제출한 청원서에는 회사의 대우가 여자 강사라는 '아름다운 이름'을 배신했다는 불만이 기록되어 있었다.[37] 1922년 미토지점 사진(그림 4)에는 가게 앞에 자랑스러운 듯이 서 있는 여자 강사 세 명이 보인다. 당시 여성들은 최신 패션의 하카마를 입고 있지만 그때까지 하카마는 남성용이었다. 그녀들은 대부분 도쿄의 싱거재봉여학원에서 교육을 받은 뒤 대부분 각 지역 소매점 2층에 있는 더 작은 규모의 싱거재봉학교에서 수업료를 받으며 기술을 가르쳤다. 기술 교육 이외에 재봉틀 구매 고객에게 무료 출장 수업도 제공했는데 횟수는 재봉틀 가격에 따라 일정 회수가 정해져 있었다.

여자 강사들은 함께 일하는 남성들과 동일한 정도의 기동성이 있었다. 그 이전 시대의 여성 역할에서는 근거가 없었던 것과 다름없는, 전혀 모르는 사람 집에 들어가는 행동을 할 권한을 세일즈맨이나 수금원보다도 더 큰 폭으로까지 갖고 있었다. 그녀들은 또 에도 시대와 메이지 시대 초기에는 볼 수 없었던 여성의 자립을 둘러싼 언설의 초점이기도 했다. 이러한 뛰어난 이상향은 아버지나 남편에게 경제적으로 의존적인 모습이 당연하다고 생각하는 그 시대의 중산층 또는 상류층의 일본 여성에 관한 구시대적 통념을 반박했다. 오히려, 20세기 초 여성은 필요할 때에 자립할 수 있다고 인식되었다.

하타 린코는 싱거재봉여학원의 초대 원장을 역임한 것은 물론 1908년 학생을 위한 학습서 『미싱재봉독학ミシン裁縫獨學』도 썼다. 이 책은 일반 도서 시장에서도 베스트셀러가 되었다. 그녀는 증보판에서 자신이 이 책

을 쓴 첫 의도를 "러일전쟁 이후 갑자기 급증한 전쟁으로 남편을 잃은 부인들과 불행한 유족 부인들을 위해 적당한 직업을 제공하는 것이었다"고 말했다.[38] 당시 도쿄 싱거 중앙점 점장이었던 하타 도시유키와의 결혼이 그녀를 그 자리에 있게 하는데 도움을 준 것은 분명하지만, 족벌주의가 주요 원인은 아니었다. 하타 린코는 도시유키와 결혼하기 전 일본에서 최고의 여성교사 양성기관이었던 도쿄여자고등사범학교를 졸업했다. 그리고 싱거사에서 그 직위를 맡기 전까지 출산과 육아로 휴직 기간을 보내면서 세 곳의 다른 사립·공립여학교에서 수업을 했다.[39] 그 이후 새로 승진했을 때는 31세의 경험이 풍부한 교사였다.

싱거재봉여학원의 사명을 노래한 학칙 제1조는 경제적 독립을 여러 목표 중 하나로 제시했다. "본 원[의 목적]은 이미 한 가정의 주부이거나 나중에 주부가 되려고 하는 사람, 자선사업에 종사하는 여성, 또는 자립이 필요한 여성에게 꼭 필요한 학문적 지식과 도덕 관념들을 가르친다"고 했다. 여기에서 자립은 좀 더 순수하게 가정적인 역할부터 아마도 상류층 박애정신의 보다 폭넓은 공덕심 영역까지, 일연속체의 한 끝에 놓여 있었다. 또 제1조는 학원의 사명과 재봉을 할 수 있는 여성을 보다 큰 근대화 계획의 선봉에 세웠다. "특히 재봉틀 재봉을 가르쳐서 여성의 시간과 노력을 경제적으로 사용하고 가계 경비를 절약하며 또 시대의 진보에 수반되는 의복 제작 교육을 목적으로 한다"고 했다.[40]

학원은 다양한 교과과정을 제공했다. 직업코스도 있고 가족을 위한 재봉에 관심이 있는 주부코스도 있었다. 입학등록 기록은 거의 남아있지 않지만 1919년 파일에 보존되어있는 재인가再認可 '실지조사서實地取調書'

에는 재적 학생 수가 300명이며 그 중 절반이 기숙사에서 살았다고 기록되어 있었다.[41] 졸업생 대부분은 싱거재봉여학원의 기술 강사로 들어갔다. 그리고 1920년대까지는 직업코스와 주부코스를 준비해서 사업을 시작한 재봉학교가 계속 증가했고 최종적으로 여자 강사가 되기 위한 훈련과 일자리를 제공했다.

싱거재봉여학원의 경제적 독립의 홍보 키워드는 자립이었다. 이것은 20세기 초 수십 년 동안 일본 여성에게 자주 요구되었던 덕목이었다. 개교한지 얼마 안 된 싱거재봉여학원이 입학 희망자를 대상으로 한 광고에 "자립의 길을 찾고 계시는 여성분들에게 알림"이라는 문구가 등장했다 (그림 5). 광고 본문은 본 학원 졸업 예정자들에게 가정 및 학교 재봉교사로 고용하고 싶다는 신청이 너무 많이 쇄도하고 있어서 현재 졸업생으로는 이 수요를 감당할 수 없다. 졸업생 전원은 취직이 보장된다는 취지를 설명하는 내용이었다.[42]

스기노 리우가 이 호소를 잊지 않은 한 명이자 학칙에서 노래했던 여성상에 정확히 일치했다. 몇 년 뒤 그녀의 겸손한 명성은 이런 식의 광고에 확실히 설득력이 있었다. 스기노 마고시치杉野孫七는 가난한 생활에서 성공하여 청일전쟁에서 하사관이 되었다가 러일전쟁에서 사망했다.* 해군은 그의 영웅적인 행동을 인정하고 부인 리우에게 통상적인 유족 부조금을 초과한 하사금을 수여했다. 그녀는 하사금 일부를 남편의 동상 건

---

* 스기노 마고시치(杉野孫七, 1867~1904) 여순항 작전에서 침몰하는 배와 운명을 함께한 해군이다. 전쟁 이후, 지휘관이었던 히로세 중위(広瀬中佐)와 함께 문부성 창가(文部省唱歌)로 칭송받았다. 스기노 리우가 아내이다.

그림 5. 『부녀신문』 1906년 11월에 실린 광고이다. 도쿄 중심부인 유라쿠초에 위치한 웅장한 3층짜리 학원빌딩을 보여주며 교재비용과 학비를 자세하게 설명하고 있다. 학비가 가장 싼 '보통과'의 한 달 비용 1엔은 당시 남자 회사원과 공무원 첫 월급의 거의 하루치에 맞먹는 금액이었다.

립에 사용했고 나머지는 세 명의 자녀 양육과 교육에 사용했다고 한다. 그녀는 싱거재봉여학원 제1기생 중 한 명이었다. 1907년에 졸업하자 남편 고향인 미에현三重県에 있는 여학교의 재봉교사로 취직했다. 스기노 리우가 경력을 추구하게 된 복합적인 여러 이유를 자세하게 밝히는 것은 어려운 일이다. 남편을 기념하는 동상을 세우기 위해 국가가 준 하사금의 일부를 내놓았다는 것을 보면 아주 궁핍 한 것 같지는 않았다. 이런 점으로 보아 그녀가 재봉교사가 되려는 결단을 한 것은 경제적인 필요성보다도 사회에서 의미 있는 역할을 하고 싶은 욕구가 훨씬 강하게 반영되었던 것임에 틀림없다.[43]

싱거재봉여학원 제1기의 두 번째 예는 아주 멀리 있는 남쪽 규슈九州에서 온 학생이었다. 히로오카 기요広岡キヨ는 이미 일본식 재봉교사로서 지방 학교에서 근무하고 있었다. 하타가 학생들을 적극적으로 광범위하게 모집하고 있었던 것은 분명했으며 지인인 베테랑 재봉교사를 통해 히로오카를 알게 되어 양재를 배우러 도쿄로 오도록 격려했다. 싱거사는 도쿄의 학원을 개원한지 채 1년이 되지 않는 사이에 간사이關西지방의 수요에 부응하기 위해 고베에 학교를 설립하고 히로오카를 그곳에 채용했다. 히로오카는 계속해서 새로운 학교 설립을 도왔고 1909년에는 자신의 고향인 나가사키에서 학교를 열었다. 그리고 2년 뒤 고향으로 돌아가 그 곳에서 결혼을 한 뒤, 남편 성姓을 따라 오치미즈 재봉여학원落水裁縫女學院이라고 이름붙인 자신의 학교를 열었다. 여성이 자립할 수 있는 기능을 배울 수 있도록 한 하타의 의도가 훌륭하게 결실을 맺은 성공 사례였다. 그리고 히로오카도 하타의 목표를 자신의 학원 취지서에 분명하게 기록

하여 주부들에게 자기 자신의 사업을 시작하기 위한 지식과 기술을 제공하고 싶다고 했다.[44]

자신의 수입과 이동성을 가진 여자 강사들 —회사가 경영하는 학교나 일반 가정에서 기술을 가르치는 싱거 직원 혹은 기타 사립재봉학원 교사들 —은 여자에게 부과되는 적절한 역할에 대한 기대치에 어느 정도까지 도전했던 것일까? 조던 샌드는 1920년 월간지 『주부지우主婦之友』에 실린 '쓰루코つる子'라는 서명이 들어간 짧은 글을 거론하며 설명했다. 내용은 잡지사 기자들이 다양한 새로운 집을 방문하여 건축과 근대적인 생활의 최신 경향을 보여주는 연재기사의 일부였다. 나는 그녀의 견해가 설득력이 있다는 생각이 들었지만 샌드에 따르면 기자이면서 주부이기도 한 쓰루코의 기동성, 가정을 낭만적으로 표현하는 방법, 그리고 낯선 사람에게 다가가 그 사람 집안으로 들어가는 대담함은 "자신의 욕망의 대상을 추구하고 그것을 시각적으로 파악하여 자기 것으로 만드는, 당시의 '주부'로서는 이례적인 자세였다"고 언급했다.[45] 최근 15년 전에 싱거의 보호 하에 등장한 여자 강사도 나에게는 똑같은 유형의 사람들로 보였다. 분명히 쓰루코의 욕망의 대상도(샌드가 일부러 써서 남겨놓은 것처럼), 싱거 기술지도원이 가르친 과목도 당시 여성이 거주했던 전형적인 장소인 가정의 영역 밖에 있었거나 대립하고 있던 것도 아니었다. 비록 그렇다 할지라도 이런 여성들의 이동성과 수입은 남성의 특전과 권력, 또는 적어도 그와 같은 권력에 대한 남성의 의식에 도전할 잠재력을 가지고 있었다.

인쇄 매스미디어를 보면 이런 방법으로 사회로 진출하는 젊은 여성에 대한 불안의 흔적을 실제로 확인할 수 있었다. 1932년 한 인기 있는 여성잡지는 대만에 사는 야망을 가진 젊은 일본 여성이 재봉사업을 시작해서 성공한 사례를 격찬했다. 그녀는 1929년 싱거의 여자 강사로 첫 경력을 시작했지만 부모가 자신이 밖에서 일하려는 것을 반대하자 가정 기반 양복 생산과 판매 형태로 변경했다고 한다.[46] 정확히 4개월 뒤 "'재봉틀의 울림' 사실은 공산주의의 선전-재봉틀 교사 등 검거"라는 한 신문의 헤드라인이 아주 대대적으로 세상의 이목을 집중시켰다. 여성 재봉 교사 네 명이 자신들의 업무를 위장하여 공산주의와 관계를 맺고 최근에 금지된 피복노동자조합 부활을 기도했다는 혐의로 검거되었다.[47] 어떤 보수적 논평가 그룹은 모든 종류의 여자 강사들에게 칼끝을 들이대고 3회에 걸친 '여자 강사의 문제'에 대한 비평론을 쓰면서 여자 강사 같은 패거리는 자기 자식보다도 월급을 사랑하는 것을 배우게 될 것이라고 개탄했다. 물질주의가 가정에 파고들어 일본의 가족제도는 붕괴될 것이라고 말했다.[48]

기동적이며 자립력있는 재봉(그 밖의) 교사에게 이 정도의 위협을 느끼며 머리에 피가 솟구치는 반응을 했던 것은 특별하게 기록할 만한 중요성이 있을지라도 상대적으로 고립된 것이기는 했다. 여자 강사는 두려워하거나 모욕당하는 것보다도 칭찬받거나 부러움을 받는 경우가 많았기 때문이다. 여자 강사에 대한 반응이 비교적 차분했던 가장 중요한 이유는 '만일의 경우에 대비한'이라는 핵심 문구에 있는 것 같았다. 즉 자립은 전형적 부양자인 남자가 죽거나 다른 이유 때문에 부양의 의무를 다하지 못했을 '만일의 경우에 대비한' 중요한 덕목으로서 칭찬받았다. 20세기 초의 수십 년 동안은 여자 강사와 다른 비슷한 여성들이 이런 인습적인 가정생활의 한계를 허물게 되는 것이 아닐까하는 두려움보다도 여성을 가족과 국민과 제국의 적극적이며 자립적인 지지자가 되도록 훈련시키고 싶다는 욕망이 더 컸었다.

소비자 신용이 약속하는 것

싱거사의 일본인 지배인들이 여자 강사들의 가정 방문을 회사의 판매 활동의 전체 무기고 중에서 가장 중요한 새로운 계획으로 간주한 것도 무리가 아니었으며 이는 할부 신용 제공과 연동되어 있었다. 주마다, 달마다 하는 '무료' 수업은 재봉틀 구매자가 수금원에게 할부금을 계속 내도록 하는 강력한 자극제가 되었고 수금원이 달마다 하는 가정 방문은 싱거와 고객 사이의 개인적인 접촉의 새로운 장을 마련했다. 하타 도시유키는 1903년 싱거의 세계적인 성공은 분할 납부에 크게 기인한다고 말했다. "할부 판매 방법은 다음과 같다. '싱거' 제조회사 소재지의 누군가에게 '싱거' 제품을 구매해서 받을 때 먼저 제품 가격의 일부분으로 아주 소액을 지불한다. 그리고 잔액은 매주 또는 매달 많거나 적게 지불하면서 몇 년간 제품의 총 금액을 모두 변제한 뒤 최종적으로 기계 소유권이 구매자에게 넘어가는 시스템이다. 이는 자금력이 충분하지 않은 사람도 기계가 필요하다고 느끼면 아주 소액을 지불하고 바로 기계를 사용하고 소유할 수 있는 편리함이 있다."[49] 하타가 이런 장황한 설명을 어떻게든 해야만 한다고 느낀 것은 이런 관행이 당시 얼마나 거의 알려지지 않있는지를 잘 보여주었다. 동시에 하타가 할부 판매를 표현하면서 통상적이지 않은 부금賦金이라는 용어를 사용한 것도 아직 확실한 어휘가 정해지지 않았다는 사실을 보여준다.

하타가 이 용어를 사용했을 무렵에는 농촌사회에서는 계절적인 신용이나 리볼빙 방식의 상호부조적인 대부고(講)로 불림*라는 다양한 제도가 오랫동안 사용되고 있었다.[50] 도시에서는 상인들이 단골손님에게 매달 또는 매년마다 결제하는 외상판매를 실시했다. 그렇지만 근대적인 소비자신용 ─빌리는 사람(또는 그 남편)에게 주급이나 월급 수입이 있어서 정식으로 계약을 맺고 "부금" 지불을 할 수 있음을 전제조건으로 삼은 신용─은 시작된 지 아직 얼마 안 된 새로운 아이디어였다. 1880년대와 1890년대 칠기漆器산업의 지역 판매상은 그때까지 농촌가정에서 수십 년이나 해 온 외상판매를 계절적 신용에서 할부 신용으로 변경했다. 이 사업은 가구, 침구, 다다미, 의류와 같은 가정용품을 추가 판매하는 '월부 백화점'으로 발전했다.[51] 판매자들은 1880년대 미국에서 퍼진 이른바 '값싼 가구점'처럼 외관에만 신경을 쓴 조악한 제품으로 비교적 가난한 고객의 시선을 끌었다.[52]

1900년경 내셔널금전등록기사(일본NCR주식회사, 영어 명은 NCR Japan, Ltd.)와 엔사이클로페디아 브리태니커사Encyclopædia Britannica를 포함하여 외국의 몇몇 회사도 예상대로 할부 신용을 제공하기 시작했다. 그 중에서도 싱거가 가장 유명하고 가장 창의성이 풍부한 대부업자로 중산층

---

* 　신불 참배를 위해 모인 집회, 그 이후 각 지역의 마을의 경제조직, 계로 불림.

에서 상류층 도시가정의 새로운 고객층, 특히 여성에게 분할납부 구매를 추천하고 권장했다. 일본의 할부 판매자와는 달리 싱거는 상세한 서면 계약서를 활용했다. 상품 가격은 비싸고 지불 기간은 길고 신용 할부금은 적당했다. 1900년경부터 1950년대까지 싱거 재봉틀은 일반적인 보통 월급쟁이 남성 세대주의 거의 두 달 치 월급에 상당하는 가격이었다. 1924년에는 현금 지불 112엔짜리 재봉틀이 2년간 분할 납부를 하면 총금액이 140엔이 되는 거의 연 이율 12%짜리였다. 월부 백화점이 외상 판매한 상품에 추가로 붙인 금리는 대충 20%였다.[53] 전 세계가 그랬던 것처럼 일본에서도 할부 판매는 싱거가 일본 시장을 지배하도록 만들어 근대적인 소비자를 형성하는 결정적인 실천이 되었다.

싱거는 일본 시장에 본격적으로 진출한지 7년이 지난 1907년까지 기다렸다가 할부 신용을 시작했는데 이처럼 늦어진 이유는 분명하지 않다. 우선 싱거는 일본 본사에 충분한 자금을 축적하고 광범위한 점포망을 충분히 구축할 필요가 있었고 아마도 충분히 훈련된 판매 진을 양성할 필요도 느꼈을 것이다. 외판원에게는 할부 지불을 하지 못할 위험이 있는 구매자는 계약을 신청하지 못하도록 교육을 시켜야만 했다. 수금원은 매일 돌아다니며 수금한 돈을 회사에게 확실하게 납입할 것이라고 신뢰할 수 있는 사람을 고용해야만 했다.

싱거가 일본 판매원들의 마음과 정신을 통제하는 것이 열악해서 걱정이 되었지만 할부 판매는 처음부터 인기를 끈 것이 분명했다. 회사의 판매 보고에 따르면 1909년부터 1913년까지 일본 내 재봉틀 판매 대수 중 할부 판매 제품이 거의 60% 가까이 되었다.[54] 연체는 한번은 큰 문제가 안 되었지만 이 연차 보고서에 있는 단편적인 증거는 싱거 고객의 신뢰성이 시간이 지나면서 증가하고 있음을 보여준다. 1909~13년 동안 일본의 할부 고객의 4%부터 12%가 1개월부터 3개월 간의 연체 기록이 있는 연차 보고서에서도 3개월 이상의 장기 연체는 1%를 넘지 않고 대부분 1년에 0.5% 이하였다. 그 기간 이후 유일하게 부분적으로도 비교 가능한 데이터가 남아있는 것은 1928년이다. 이 해의 할부 계약은 일본 전체 매출의 약 63%, 그리고 심지어 1~3개월짜리 단기 연체인 것조차 전체 미결제 계좌의 1% 이하였다. 장기 연체는 보고서에 실리지 않았지만 아마 너무 미미해서 적을 것까지도 없었을 것이다. 시간이 지나면서 싱거 고객이 규정을 지키면서 할부 신용을 이용하게 된 것인지, 아니면 회사가 누구에게 팔 것인지에 신경을 쓴 것인지, 아니면 양쪽 다 일지도 모른다. 실제로 싱거는 지나치게 신중해졌을 정도였다. 일본 국내의 경쟁자들이(이 부분은 제4장에서 논의) 그다지 부유하지 않으며 약간의 위험성이 큰 고객층에게서 시장을 발견했기 때문에 즉석에서 새로운 신용 형식을 만들었다.

싱거는 일본 고객에게 재봉틀을 소유하는 효용성을 계속 설명할 정도로 회사와 고객 모두에게 편리하면서도 행복한 진보의 행진에 참가하는 길이라고 할부 신용의 가치를 홍보했다. 1912년경 제작된 리플릿에는 "전반 세기 중 일본의 모든 일반적 진보는 인상적으로 발전했고 현재는 이 재봉틀로 집안의 바느질에 관한 가사家事 경제는 완전히 개혁되었습니다. 구미사람들은 지위고하를 불문하고 각 가정에 재봉틀을 갖추어 놓고 사용하고 있습니다. 싱거 미싱회사의 할부라면 어떤 가정이라도 경제적으로 뛰어난 이 제품을 구매할 수 있습니다. 싱거 28종 고급 손 재봉틀은 매달 3엔 씩, 16개월간의 할부, 즉 하루에 10전이라는 엄청나게 저렴한 가격으로 구매할 수 있습니다. 이렇게 하면 누구라도 일생동안 유용한 투자를 할 수 있습니다"[55]라고 되어 있었다. 월부로 구입한 재봉틀은 이렇게 각 개인의 경제를 투자뿐 아니라 국민적 긍지와 진보와도 깔끔하게 연결시켰다.

싱거가 어느 나라에서나 회사 광고에서 할부 신용을 이렇게 열정적인 언어로 홍보했다는 사실은 놀랍지 않다. 그렇지만 이것 역시 의외가 아닌 것은 다른 사람들은 아직 벌지 않은 돈, 또는 갖고 있지 않은 돈으로 물건을 사는 것이 경제적으로나 도덕적으로 위험한 모험이라고 보았다. 역사학자 렌돌 칼더Lendol Calde(1958~)에 따르면 미국에서조차(혹은 아마도 특히 미국에서) 소비자 신용업자는 주급을 받는 공장 노동자와 사무직원을 주 고객으로 하는 할부론 형태로 공포와 모멸의 시선을 받았다. 미국에서 1880년대부터 20세기 초에 걸쳐 할부 판매가 광범위하게 보급되고 있었을 무렵, "가난한 사람과 이민자, 그리고 계산에 약한 여자를 따라다니는 추종자들이라는 평판을 얻었다."[56] 그러나 칼더는 할부 판매 보급 초기 당시조차도 모든 형식의 소비자론이 비난받았던 것이 아니라는 사실도 지적했다. 그의 설명에 따르면 어떤 복잡한 '도덕적 지형도'가 있고 거기에는 "어떤 종류의 빚은 정당화할 수 있지만 그렇지 않은 빚도 있다"고 했다. 기본적인 차이는 '생산적'인 빚인지(좋음), '낭비적'인 빚인지(나쁨)의 구별이었다.[57] 또 그의 연구는 시간이 흐를수록 거의 모든 종류의 소비자 신용에 관해 더 많은 관용과 지지가 있었음을 보여주었다.

일본의 근세는 검소와 검약, 저축과 투자를 널리 칭찬하고 기렸던 시기로 알려져 있다. 그런 내용은 문학작품뿐만 아니라 여성이나 농민, 상인용 교훈서에서도 소비를 비난하며 억누르고자 하는 정부의 대단히 열정적인 정책에서도 엿볼 수 있다. 이런 배경에서 보자면 일본의 근대 경험은 소비자 신용에 관한 두려움, 그리고 싱거와 같은 공급자에 대한 비난으로 기울어지는 경향이 특별히 강했던 것처럼 생각될지도 모른다. 분명히 그런 두려움이 있었다는 증거는 있다. 1929년 도쿄상공회의소東京商工會議所는 일본에서 할부 신용의 근대적 실천을 시작하고 조사한 『월부판매제도月賦販賣制度』를 출판했다. 이 책은 미국과 영국, 일본의 상황을 보고한 것이다. 일본에서도 다른 곳과 마찬가지로 할부 판매 초기에는 조악한 물건을 고가로 판매하고 유가증권의 할부 판매에 사기성 수법을 사용한 악폐를 볼 수 있었다고 언급했다. 할부 신용은 당연히 '일반 대중'들 사이에서 나쁜 평판을 얻었다. 많은 사람들이 이런 방법으로 물건을 사는 것은 부끄러워해야 할 일이며 이런 방법으로 물건을 파는 것은 유명 백화점과 같은 평판 좋은 판매자의 품위를 떨어뜨리는 것이라고 생각했다. 그 백화점들은 실제로 할부 신용 실시를 준비하고 있었다.[58]

언어 사용에서도 할부 판매의 비판적 견해의 흔적을 찾을 수 있다. 1900년대 초기 무렵부터 사용되었다는 고로아와세語呂合わせ*에 고리대금을 사칭한 소비자 금융을 얼음과자(빙수)로 부른 것이 있다. 또 다른 한 가지는 음료와 관련된 낱말놀이로 1920년대 정착된 것으로 월부 쇼핑에

---

* 속담이나 속어 등 어떤 글자에 다른 음이나 뜻을 중첩하여 의미가 완전히 다른 글을 만드는 언어유희. 에도 시대 후기에 유행했다.

"라네무"라는 별명을 붙였다.[59] ('레모네이드'라는 서민적인 탄산음료 이름이 일본어화된 것으로 1870년대 사용)

그렇지만 할부 판매가 20세기 초 수십 년 동안 자리를 잡기 시작했을 즈음, 나는 소비자 신용에 관한 문화전쟁의 탐색을 위해 대중과 지식인을 아우르는 신문과 잡지를 철저하게 조사하며 찾아봤지만 그러한 비난의 목소리가 상대적으로 없었다는 것이었다. 미국과 비교해서 확실히 전혀 신랄하지 않았다. 당시의 여성잡지는 때때로 교훈적이며 도덕군자인 척하는 말투로 기사를 채우고 있었다. 그렇지만 기사들 대부분이 싱거가 홍보하는 문구에 동조하여 할부 신용은 편리할 뿐만 아니라 개인과 가족과 국가를 위해 도움이 되는 진보적이며 진중한 역할을 한다고 반복했다. 그리고 분할납부로 물건을 산다는 것은 질서가 있고 경제적이며 투자 지향형 생활의 일부를 만든다고 설득했다. 예를 들면 1920년 1월호 『부녀계婦女界』에서 어떤 여성 칼럼니스트는 독자들에게 '가정생활의 대개혁'을 시작하기 위해서는 "우선 제일 먼저 주부와 가정부의 효율을 높이기 위해 많은 아이들의 일상복을 단호하게' 양복으로 갈아입혀야만 한다고 권장했다. 이 목적을 달성하기 위해 "재봉틀을 가정에 꼭 갖출 필요가 있습니다. 재봉틀도 최근 들어 아주 소액의 월부 판매법도 나왔으니 일반 가정에서 구비하는 것은 그리 어려운 일은 아닐 겁니다"라고 말했다.[60]

싱거사와 여성 월간지에 의견을 보낸 싱거 지지자들은 소비자 신용에 대해 1920년대 미국과 일본의 경제학자와 실업가들에게 확산되었던 ― 더 일반적인 이해 ―즉 무절제와 낭비로서의 유혹이 아니라 규율과 경제성의 한 형식으로 간주되는 이해를 선취했고 또 거기에 공헌도 했다. 미국 내 선구적인 옹호자는 콜롬비아대학교의 경제학자 에드윈 로버트 앤더슨 셀리그만Edwin Robert Anderson Seligman(1861~1939, 미국의 경제학자)이었다. 그는 제너럴 모터스사General Motors Corporation로부터 소비자 신용의 확대와 많은 비판을 받았던 소비자 신용 제공에 대한 찬부양론의 검토를 위탁받았다. 의뢰인이 이 문제의 이해충돌 당사자의 입장이었음에도 불구하고 1927년 셀리그만이 출판한 책은 시간의 시련을 견디고 여전히 소비자 신용의 적극적인 가치를 설파한 고전적 저술로 여겨졌다. 그는 "분할 납부는 소비자가 자신의 미래를 미리 상당히 신중하게 예측하게 만들고 보다 높은 지성으로 자신의 경제 계획을 세우도록 촉구한다. 그렇지 않으면 미래 수입과 지출 계획을 세우려는 계획을 거의 하지 않거나 전혀 세우지 않을 것으로 생각되는 대다수 사람들은 사실상 분할 납부 방식의 구매를 통해 요컨대 개인적 예산이라고 부를 수 있는 것을 짜게 되었다"라고 논평했다.[61]

2년 뒤 거의 이 책과 동일하게 분량이 많은 도쿄상공회의소 보고서가 산업 경영 '합리화'라는, 당시 경제 관료와 실업가 엘리트 사이에서 폭넓은 관심을 모으고 있던 주제를 거론하며 비로소 그 중요성을 주장했다. 그리고 그와 같은 문제로 가계 경영의 '합리화'를 역설했다.

오랜 불황에 허덕이는 우리 재계를 다시 재건하기 위해서는 경영 조직을 합리화하고 능률을 높여 경비를 절약하고 생산비를 절감함으로써 산업 발달을 촉진하는 것이 무엇보다 급선무이다. 최근에는 경영의 합리화를 역설하면서 부득이하게 생활의 합리화 제창도 더욱 강조하기 시작했다. 단 소비 경제를 개선하여 소비 능률을 높이고 낭비를 줄여 생활비를 절약함으로써 생활을 합리화하는 것이 결국에는 우리 국민의 경제 발전을 조장하는 이유가 되기 때문이다. 월부판매는 매월 수지 예산을 세워 규칙적인 생활을 하는 데에도 아주 편리할 뿐만 아니라 보편적인 방법으로는 살 수 없는 고가 제품까지 살 수 있어서 생활의 향상을 도모할 수 있다. 요컨대 월부 판매는 이 방법을 현명하게 잘 사용할 때는 생활과 경영의 합리화에 기여하는 바가 적지 않다. 특히 이 판매제도가 근로자층을 상대로 하는 장사에서는 시대적인 요구에 가장 부합한 것이라고 할 수 있을 것이다.[62]

이 보고서를 작성한 도쿄의 필자들은 셀리그만의 저서를 꼼꼼하게 읽었고 아마 그 책에서 힌트를 얻어 한 단락을 썼을 것이다. 그러나 할부 신용에는 합리화와 규율화 기능이 있다고 강조하는 그들의 자세가 셀리그만보다 더 명확하기까지 했다는 점이 주목을 끌었다. 그들은 이 통찰을 책의 서문 전면에 넣었지만 셀리그만은 중반 이후에 넣었다.

그 후, 싱거는 20세기 초반부터 남녀 모두를 위한 세계적인 근대성의 가치를 더욱 더 반영하고 강조했던 미국식 판매와 구입 법을 몇 가지 경로를 통해 일본으로 가지고 왔다. 미국식 방법이라고 해도 재봉틀 구매자 대부분이 이용한 할부 신용은 도덕적으로 위험한 모험이라고는 여기지 않게 되어 자본주의적인 거래의 양단에서 도덕적 해이보다는 규율의 힘으로 이야기되는 경우가 많아졌다. 구매자는 매달마다 예산을 세우고 그것을 지켜야만 했다. 외판원은 지불 체불의 위험이 높은 고객과는 판매계약을 하지 않아야 했다. 그것은 회사를 위해서일 뿐만 아니라 외판원, 특히 수금원이 수수료 전액을 확실하게 보장받기 위해서이기도 했다. 여자 강사는 고객이 편리함과 능률적인 세계를 만나서 도덕적으로 성실한 가정의 관리자가 되는 것을 도울 뿐 아니라 여자 강사 자신이나 학생들의 자립정신을 함양했다. 세일즈맨은 무지몽매함을 개척하기 위한 과학과 시스템을 사용하여 교육적인 계획을 선도했다. 그리고 여성의 어깨에 얹힌 '비참한' 가사업무 부담을 덜어 낸 이후로 문명이라는 '복음'에 대한 욕구를 창출했다.

싱거의 일본 내 대차대조표

언뜻 보기에 싱거사는 일본에서 사업을 시작한 초기 수십 년 동안은 성공한 것처럼 보였다. 1900년부터 1920년대까지 점포 망과 판매는 순조롭게 늘어나고 점포 영업은 이익을 냈다. 그러나 싱거의 판매방법과 미국식 생활로 이해된 것들이 아무리 판매자와 고객 모두에게 시장경제를 유지하는 데 필요한 규율과 욕망을 불어넣는다고 해도 회사는 하나의 큰 장벽을 도저히 뛰어넘을 수 없었다. 싱거사가 재봉틀 사용자의 최대 그룹인 성인 여성들로 하여금 양복을 입도록 결심하게 만들거나, 재봉으로 화복도 만들 수 있다고 설득을 할 수 없다면, 재봉틀이 그녀들의 관심을 끌기에는 상당히 제한적이었다.

일본 제국 전 지역에서 싱거의 가정용 재봉틀 판매는 연간 5만 대부터 8만 대에 달했으며 년도별로 상당한 변동이 있었다(그림 6). 유감스럽게 싱거나 다른 관찰자가 이 변동을 어떻게 이해했는지를 설명할 수 있는 자료는 남아있지 않지만 변동의 대부분은 논리적으로는 거시경제 흐름에서 나온 결과였다. 제1차 세계대전 중일 때와 그 직후의 스파이크파형波形은 일본의 특별한 전시戰時 경기를 보여준다. 1920년부터 1921년 사이의 급격한 하강은 전쟁이 끝난 뒤의 불황이 반영되었다. 전체 중 최고점에 도달한 1924년의 매출은 아마 도쿄—요코하마 지역의 수천 명이나 되는 고객이 1923년의 관동대지진으로 불타버린 재봉틀을 지진 후의 '부흥 경기' 기간에 재구매하여 교체한 것을 포함했을 것이다. 1930년부터 1931년에 걸친 처참한 결과는 세계불황의 여파 탓인 동시에 1932년 여름부터 다음해 1월까지 판매활동을 중단시킨 노동쟁의 탓이기도 했다. 그리고 그 뒤로 이어지는 몇 년 동안의 증가는(제4장에서 보듯이 증가 폭은 더욱 커질 수 있었을 테이지만), 일본이 불황에서 일찍 회복했다는 것을 반영했다.

이 사업 활동은 어느 정도의 수익을 올렸을까? 로라 L. 카스텐센Laura L. Carstensen(스탠포드대학 교수)에 따르면 20세기 초의 회사 목표는(적어도 러시아에서의 목표, 그러나 아마 전 세계 모두 동일한 목표) 일본에서 드는 비용 — 점포와 사무소 임대료, 수수료, 임금 그리고 창고, 광고처럼 지구 영업점과 중앙점에 드는 비용 — 의 합계를 총 매상고의 45% 이하로 유지하는 것이었다.[63] 나머지는 공장의 생산과 출하, 거기에 회사 본사의 비용과 이윤을 충당하기 위해 필요했다. 싱거의 연말 세계 보고서는 회사가 사업을 시작한 국가(그리고 식민지)마다의 총 매상고와 총 경비를 계산했다. 대부분의 해에는 이 계산서를 준비한 사원 자신이 각국 또는 지역 각각의 총

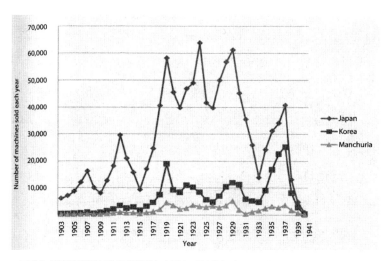

그림 6. 동북아시아의 싱거 판매 대수, 1903~1941년.(일본 전쟁 패배 기록물, box148, 폴더5, 싱거미싱컬렉션, 위스콘신주립 역사회)

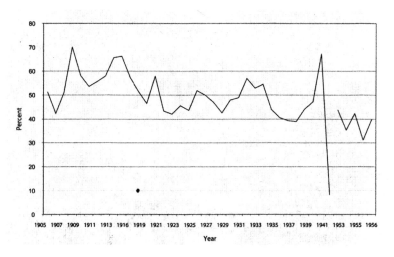

그림 7. 일본에서 싱거의 매출액 대비 경비 비율.(싱거 연례 세계보고서 1905~1941년, 싱거미싱컬렉션, 위스콘신주립 역사회)

경비를 총 매상고로 나누고 별도 란에 그 비율을 기록했다. 다만, 이 숫자가 남아있지 않은 해는 우리들이 비율 계산을 할 수 있었다.

싱거가 일본 내 영업을 세계적인 표준까지 끌어올리기 위해서는 시간이 필요했다. 싱거는 일본에서 본격적인 영업을 시작하고 나서 첫 20년간, 거의 매년 경비를 매출의 45% 이하로 낮추는데 실패했다. 그러나 싱거의 일본 내 사업은 1921년부터 총력전 전야까지, 즉 1920년대 말부터 1930년대 초에 걸친 국지적이며 세계적인 불황 시기인 최악의 몇 년간을 예외로 두고 대체적으로 세계 전체의 기대치에 부응하는 실적을 거두었다(그림 7). 좋은 성적과 나쁜 성적이 뒤섞인 이런 상황을 성공으로 여길 것인지의 여부는 평가 기준에 따른다. 카스텐센은 러시아에서 45%라는 표준은 '충족시키기 위해서는 버거운' 수치였다고 지적했다. 싱거는 러시아에서 1880년대 직접 판매활동을 시작했지만 "1908년 이후에야 비로소 러시아 · 싱거사는 [이 최소한도의 수치]에 근접하거나 초과하게 되었다."[64] 마찬가지로 고들리가 실시한 싱거의 전 세계 판매 성적의 비교 분석은 1881년부터 1914년까지 전 기간 동안 회사는 좀처럼 이 목표를 달성하지 못했다는 것을 보여주었다. "전체적으로 이 기간 중의 판매 경비는 수입의 58%를 훨씬 상회했다."[65] 이 비교 분석을 기준으로 삼는다면 시련을 견디어 낸 싱거 시스템은 일본에서도 다른 회사와 마찬가지로 훌륭하게 기능했다.

그러나 고들리가 밝혔듯이 싱거 시스템은 이윤보다도 판매 총 수량과 시장 개척을 최대화하기 위해 조직되었기에 이 기준들에서 보면 회사는 일본에서 더 잘될 수도 있었다. 1903년부터 1935년까지 다시 말해, 일본의 제조사가 상당한 수량의 재봉틀을 판매하게 된 첫 해 동안, 싱거는 일본 본토에서는 거의 95만 대의 가정용 재봉틀을 팔았다. 일본의 추정 가구 수 1천 350만 대를 분모로 삼아 단순히 나누면 가구 보급율이 7% 가 된다. 이것은 기계 소모를 계산에 넣지 않아 소비 대수는 알 리 없지만 재봉틀들의 평균 이상의 내구성을 고려한다면 판매량이 적은 것은 분명 하다. 고들리의 분석과 데이터를 조정하기 위해 가구가 아니라 인구 비율로 계산하면 이 경우도 소모에 따른 추가 판매를 계산에 넣지 않았지 만 1924년까지 거의 인구 1천 명당 재봉틀 1대 비율(1%)이다. 1935년에 는 1천 명당 15대로 필리핀, 남아프리카공화국, 오스만 제국 보급률에는 상당히 뒤쳐졌고 실론[스리랑카]의 보급률과 거의 비슷했다. 오스만 제국 령의 싱거 판매는 제1차 세계대전이 시작되기 전까지 인구 1천 명당 14 대에 가까워 일본이 이 수준에 도달하기보다 20년이나 앞섰다. 1914년 일본의 1인당 재봉틀 수입이 오스만 제국을 능가했다는 사실에도 불구 하고 말이다.[66]

요컨대, 전쟁 전의 일본 내 싱거사는 경비를 줄이고 이익을 낸다는 측 면에서는 그런대로 성과를 올렸다. 그렇지만 회사는 1930년대 중반까지 세계경제의 선진적인 핵심을 벗어난 중간 또는 후발시장과 비교해 이렇 다 할 수량의 재봉틀을 판매하지 못했다. 이러한 완만한 보급률을 설명 하기 위해서는 먼저 −그렇지 않으면 아무리 그들을 납득시키려는 노력 에도 불구하고− 일본 사용자들이 양복과 양재와 재봉틀이 긴밀하게 연 결되어 서로 강화하거나 구속하는 하나의 운명공동체로 인식하게 되었 다는 사실이다.

이 결합은 만약 양복이 시류를 잘 통제했다면 물론 서로 보완할 수 있는 존재가 되었을 것이다. 이무라 노부코井村延子가 1920년 어떤 여성잡지에 기고한 작은 기사에서 이 논리를 파악할 수 있다. 월부라면 재봉틀을 사기 쉽고 그렇게 되면 아동복을 더 '효율적인' 양복으로 교체할 수 있다고 했다.[67] 그리고 실제로 1920년대 내내 특히 가정용 재봉틀 구입 가능성이 가장 높을 것 같은 도시의 중·상류층에서 서양식 아동복이 점점 보편화되어 갔다. 그러나 성인 여성들이 자신의 복장 습관과 효율성에서 비슷한 변화를 보이거나 재봉틀 사용에 대한 생각을 바꾸기 전까지 시장은 한정적이었다. 싱거는 분발하여 삼자 일체관을 없애려는 노력을 거듭하여 우리 회사의 일반 가정용 재봉틀은 양복과 똑같이 화복 제작에도 도움이 된다는 광고를 했다. 1920년의 『부녀계』에 실린 광고는 싱거의 재봉틀은 "양복과 화복 모두 사용할 수 있다"는 점을 홍보했다. 그리고 8년 뒤 문부성이 개최한 가사과학전람회家事科學展覽會에 싱거 재봉틀이 출품되었을 때 회사는 "재봉틀 재봉에 관한 설명서"에서 다음과 같이 주장했다.

화복의 재봉틀 바느질에는 별표에 표시한 것과 같이 밑실과 윗실의 굵기를 달리하여 각각의 옷감에 적당한 실을 사용한다. 또 바늘땀의 장단(長短), 실의 시침 정도, 기계 조절, 바늘 굵기 등을 적당하게 조절해서 연습하면 손바느질과 다르지 않다. 다만 옛날 손바느질과 뜨는 방법[의 차이]에 주의를 필요로 하는 것은 윗실과 밑실을 잘 보고 정해서 반드시 밑실을 윗실의 긴장력 정도에 따라 당겨 왼손의 '잡아 당기는' 방법에 익숙해지는 것이다. 이와 같이 하면 결과가 손바느질보다 훨씬 뛰어나다. 특히 시간을 절약하는 것은 문명 제국에서의 가정용으로 널리 애용할 수 있는 이유이다.[68]

설명에서 은연중에 드러나듯이, 세탁을 하기 위해서는 화복을 뜯어야만 했고 이러한 번거로운 복잡성은 기본적인 재봉틀로 뜯기 쉬운 느슨한 바늘땀을 만들 수 있다고 고객을 납득시키는 어려움(결국 불가능)을 넌지시 드러냈다.

싱거는 이론상으로는 일본 고객에게 다가갈 또 다른 대안인 체인스티치(chainstitch)* 재봉틀을 가지고 있었다. 세상에 처음 나온 재봉틀은 실한 가닥을 사용한 체인스티치의 바늘땀이었다. 체인스티지는 손바느질과는 거의 똑같을 정도로 실을 옷감에서 쉽게 뜯어낼 수 있다. 록스티치 lock stitch** [위아래 실 두 줄로 박는 본 바느질] 재봉틀이 거의 모든 목적에 부합하는, 전 세계 모든 시장에서 환영받는 발명품으로 등장해 바로 승리했다고 해도, 체인스티치 재봉틀은 지금도 여전히 저가 완구로도, 특수 전문분야에서 사용되는 고성능 기종으로도 생산되고 있다. 그렇지만 싱거가 가정에서 화복을 바느질하기 위한 체인스티치 재봉틀을 시장에 내놓으려고 시도했거나 고려한 증거조차 없다. 상상하건데 자사의 가정용 재봉틀은 전 세계 어디서나 인기가 좋다는 자부심 때문에 회사는 이 방법

---

* 재봉틀에서 밑실에 루퍼가 들어가고 아래, 또는 위가 체인형식으로 나오는 재봉 방식이다. 체인스티치 오버 록과 체인스티치 인터 록, 쌍침(双針), 단춧구멍, 더블 체인스티치 등이 있다.

** 재봉틀에서 밑실이 들어가고 아래위가 같은 모양으로 나오는 가장 일반적인 재봉 방식이다. 주로 일반 재봉, 쌍침, 단추 구멍 재봉, 지그재그 재봉에 사용한다.

을 선택하고 싶지 않았을 것이다. 게다가 싱거는 양복용과 화복용으로 재봉틀 두 대를 소유하는 비용을 고려한다면 고객이 재봉틀 구매를 주저할 것이라고 생각한 것도 무리는 아니었다.

그래서 싱거는(나중에는 경쟁 상대인 일본 제조사들도) 록스티치 재봉틀이 화복과 양복 재봉 모두 사용할 수 있다는 주장을 계속 펼쳤다. 1920년대 초 디자인에 공을 들인 소책자는 싱거 재봉틀로 자수를 놓은 우아한 실크 기모노 그림 한 장을 신고 있었다. 이것은 1922년 도쿄박람회東京博覧会에 출품된 기모노였다(그림 8).[69] 그러나 싱거가 일본에서 영업을 시작한 초창기 30년간은 성인 여성 중에는 재봉틀로 화복을 만들 수 있다는 주장을 받아들인 사람도, 스스로 양장으로 바꿔 입은 사람도 거의 없었다. 화복 재봉에 재봉틀을 사용하라고 권장한 싱거의 노력을 지지한 사람들조차 1919년 발행한 『부인세계婦人世界』에 재봉틀로 화복을 만들 수 없다는 '오해'를 덮으려는 기사를 기고한 저자처럼 "현실적으로 도쿄에서는 화복 재봉에도 약 10% 정도는 재봉틀을 사용하게 되었습니다"라고 주장할 수밖에 없었다.[70] 재봉틀을 보급하는 데 있어서 일본 여성의 의상과 재봉에 관한 기호는 무시할 수 없는 장기간의 병목현상이 계속되었다. 나중에 살펴보듯이 이 병목현상은 아주 미미하지만 1930년대, 약간 완화되기 시작했고 전쟁이 완전히 끝난 뒤에 결국 풀리기 시작했다.

싱거사는 일본 본토와 제국 전역에 수백 개의 점포를 열었을 때 기존 판매 시스템을 거의 조정하지 않았다. 여성들 사이에서 양장의 더딘 유행이 재봉틀 보급을 제약했다고 해도 싱거는 여성들이 '나의 재봉틀'이

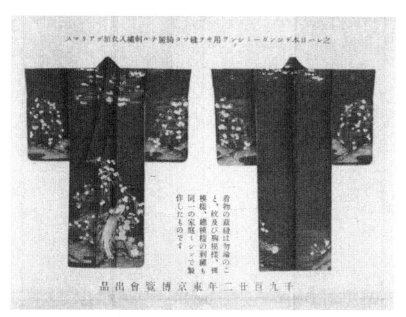

그림 8. 1922년 도쿄박람회에 출품된 기모노이며 싱거의 판매촉진용 소책자에 실렸다. 설명에는 바느질은 물론 문양과 모양을 만드는 자수 모두 동일한 가정용 재봉틀로 제작했다고 기록되어 있다. (에도도쿄박물관)

아니라 '나의 싱거'라는 표현을 썼을 정도로 기존에 존재했던 재봉틀 시장을 완전히 점령했다. 그런 의미에서는 싱거사의 일률적인 '원 사이즈 핏츠 올(one-size-fits-all)' 글로벌 모델은 진정한 성공이었다. 싱거의 1930년대 초의 상승과 그 이후의 몰락을 통한 일본에서의 경험은 세계 자본주의의 실천이 특정 지역에 뿌리를 내릴 때 변혁적일 뿐만 아니라 때때로 저항을 받으며 어느 정도 변용을 겪는 것에 대한 통찰을 보여주었다. 1920년대를 관통하는 주제는 전환을 만들어 내는 신구新舊의 충돌이었다. 싱거는 세일즈맨이라는 근대적인 직업과 여성의 자립이라는 새로운 이념의 형성과 촉진, 그리고 소비자 신용의 확산에 중요한 역할을 했다. 그러나 직원과 그들이 가진 기대와의 긴장 관계는 1920년대 내내 몇 가지 소규모 노동쟁의로 표면화되었다. 그렇지만 이것은 회사의 "전 세계 범용적인" 판매 시스템의 전도前途에 성가신 문제가 놓여있다는 경보였고 그 문제는 1932년의 격렬한 노사분쟁으로 한꺼번에 분출되었다. 또 재봉틀은 특히 여성들의 일상생활의 구조를 바꿔놓았지만 사실상 재봉틀이 모든 가족이 원하고 소유할 수 있는 대상이 되는 데는 수십 년이 걸렸다. 또 복잡한 절충과 상호 이해를 거치면서 일본의 독자적인 의미를 획득하기까지의 과정은 평탄하지 않았다.

제3장

근대적인 생활을
판매하고 소비하다

싱거사는 새로운 세기가 시작되는 첫 20~30년간 일본에서 제품명이
부착된 브랜드 상품을 대량생산하고 판매하는 선구자로 자리매김했다.
그 사이에 싱거의 판매부서와 재봉틀 사용자들과 잡지 편집자, 교육자,
그리고 이들의 관계를 아우르는 국가 공무원들을 포함한 싱거사의 고객
들은 제 각각 재봉틀에 다양한 의미를 부여했다. 그들은 재봉틀을 여성
복장관습의 변화, 가정 및 보다 더 광범위한 경제 분야에서 여성 역할의
변화와 결부시켰다. 그들은 여성이 진보와 근대적인 국가에 어떻게 공헌
할 것인가를 둘러싼 논쟁 위에서 재봉틀을 논의했다. 다양한 중재자는
각기 다른 견해를 가지고 있었다. 일부 재봉교사는 손바느질의 교육과
연습은 젊은 여성에게 여자의 미덕을 함양할 것이라고 주장하기도 했다.
다른 교사들과 공무원들은 재봉틀을 개인의 자립과 국민 번영으로 이끄
는 수단이라고 주장하는 잡지 편집자들과 뜻을 같이 하기도 했다. 그럼
에도 불구하고 많은 이들은 상업광고에서 재봉틀을 현대적인 행복을 가

져다주는 도구로 인식했다. 이러한 대화들은 여성의 다양한 근대적 가치와 새롭게 검증된 역할과의 다채로운 확산에 힘을 실어주었다. 또 이 논의는 젠더 이슈를 그 시대의 다른 중요한 문제들과 결부시켰다. 한 가지는 계층화에 대한 불안이었고 다른 한 가지는 일본식 근대화를 규정하면서 서구적 근대화, 다시 말해 대부분 미국적 근대화를 이해하려는 욕구였다.

양처현모 마케팅

싱거사가 1900년대 초 인쇄 광고물에서 호소한 핵심적인 한 가지 요소는 1902년 C. H. 피어스가 하타 도시유키에게 처음으로 전달한 메시지에 그대로 드러나 있다. 메시지에는 싱거 재봉틀이 '일본의 진전과 물질적인 문명의 발전을 위해' 여성의 가사 노동 부담을 덜어줄 것이라고 쓰여 있었다.[1] 인기 여성 월간지 『부녀계』 1910년 2월호 판 싱거 광고는 기모노를 입고 머리는 리본으로 묶은 서양식 헤어스타일을 한 젊은 여자가 손 재봉틀을 사용하고 있는 이미지를 실었다. 이미지의 광고 문구는 "20세기 가정은 20세기 재봉 상자가 필요하며, 20세기 재봉 상자가 바로 싱거의 재봉틀입니다"라며 다시 한 번 진보를 외치고 있었다[2](그림 9). 이 광고는 큰 글자로 "할부 대 판매"를 선전했으며 같은 시기의 광고 전단지도 역시 동일하게 미래지향적인 가정 경제의 중요성을 강조했다. 이 전단지의 네 모퉁이 구석에는 10전짜리 동전을 배치하고 "월 할부 금액 3

그림 9. 젊은 여성의 재봉교육은 재봉틀이 반짇고리를 대신하는 신세기와 연결되었다는 싱거의 광고이다. 자사 재봉틀이 "화양복(和洋服) 겸용"이라고 강조하면서도 진보라는 이상을 호소하고 있다.(『부녀계』 1910.3, 앞에 붙은 광고, 1-1페이지)

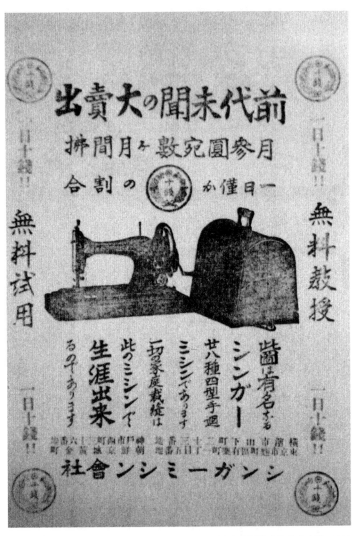

그림 10. 싱거의 1912년 판매 전단지. 전형적인 할부계약의 하루치 비용에 해당하는 10전 동전 몇 개를 배치하여 재봉틀의 투자 가치와 구매 용이성의 편리함을 강조했다.(도쿄농공대학교 과학박물관)

엔, 즉 하루 10전"이라는 문구 위에 "전대미문의 대 매출"이라고 적혀 있었다(그림 10). 광고 본문은 "유명한 싱거 28 재봉틀만 있으면 평생 동안 모든 가정용 재봉 일을 할 수 있다"고 강조했다.[3] 잡지 『부인세계』는 1914년 4월부터 "'싱거 재봉틀은' 어떤 가정 형편이라도 구매하실 수 있습니다. 가정의 모든 바느질을 할 수 있으며 또 시간과 노력과 돈을 절약하게 됩니다"라는 근검절약을 호소하는 메시지를 실은 싱거 광고로 가정들을 계속 공략했다."[4]

2개월 뒤 『부인세계』에 실린 두 번째 광고는 첫 번째 광고에 이어 재봉틀 마케팅의 또 다른 중요한 포인트를 꺼내놓았다. 바로 즐거움의 호소였다. 재봉틀에서 얻을 수 있는 기쁨은 아동복과 여성복의 최신 유행에 뒤쳐지지 않는 것이었다. "지금은 집에서 여름옷을 만드는 시기입니다. 가장 행복하고 저렴한 방법이 바로 싱거 재봉틀을 사용하는 것입니다."[5]

싱거사는 제1차 세계대전 무렵 당시 방문 판매원들의 고객 설득력과 판매 능력을 신뢰하게 되면서 인쇄물 광고에 비용을 쏟아 붓지 않기로 했지만 잠재 고객들의 집에 남아있던 소책자들을 통해 싱거사의 직접 판매 전략을 엿볼 수 있었다.[6] 앞선 시기의 흥미로운 한 사례는 1912년쯤의 소책자에 싱거의 가정용 재봉틀을 사야할 11가지 이유들을 자세하게 설명한 문구가 빼곡하게 적혀 있었다.[7] 머리말에는 "지난 반세기 동안 일본에서 모든 분야의 진보가 완성되었고 특히 산업 발전이 두드러졌습니다. 일본은 현재 세계의 뛰어난 산업 국가들 중 하나입니다"와 같은 '가정경제 연구'에 관한 호소가 국력과 국가 자부심이라는 친숙한 함축으로 장식되어 있었다. 싱거는 '60년 이상'에 걸친 발명과 그 이후의 개선이

'일본 가정이 재봉틀로 인해 완전히 변화되었다'는 것을 의미하기에 산업 발전의 결과물이 일본 가정 내에 자리 잡을 것이라고 예상했다. 서양에서 재봉틀은 '신분에 상관없이' 가정에서 사용되었다. 전 세계의 수요는 연간 300만 대에 이르렀고 그 중 싱거가 2/3를 제조·판매하고 있다는 사실은 싱거의 품질을 가장 잘 보여주는 사실이었다. 싱거가 현재 일본 제국 전 지역에서 300곳 이상의 점포와 수십 개나 되는 학교와 강좌를 운영하고 있다는 주장은 잠재 고객에게 이미 주변의 많은 가정들이 이 메시지에 주의를 기울이고 있다고 알리고 있었다.

세 번째 이유는 약간 조심스럽지만 —'어떤 신분의 여성에게도 적합하다' —는 여성의 경제적 독립이라는 대의명분을 싱거의 주장에 덧붙였다. '사정 상 사회에서 혼자 힘으로 살아가야 할 길을 개척해야만 하는 여성'이 싱거 재봉틀을 사용하면 수입을 크게 늘릴 수 있다. 재봉틀을 사용해야 하는 마지막 이유는 경제적 논리를 보다 일반적인 표현으로 다시 서술했다. 할부 방식은 '누구나 쉽게 구매할 수 있다'는 것을 의미했다. 예를 들면 하루에 불과 10전이라는 '말도 안 되는 싼 가격으로' 싱거 모델 28종 4형 수동 손 재봉틀을 살 수 있다 —"일생 도움이 되는 투자"라는 식으로 말이다. '말도 안 되는 싼 가격'이라는 것은 과대선전이라고 해도 월급을 받는 중산층이 못 살 정도는 아니었다. 월 할부 금액 3엔이라는 비용은 일반적인 20대 사무직 노동자의 약 이틀치분이다. 경제적 자립을 추구했던 이 시대의 적어도 일부 여성들에게도 이 정도의 금액은 지불 가능했다.

싱거사가 일본 여성층 공략을 위해 세련된 경제학 어휘를 사용했다

그림 11. 1922년경 싱거의 판매용 소책자에 실린 그림. 교복으로 보이는 세일러복을 입은 예쁜 여학생이 길가의 멋진 벽돌담을 따라 걸어가는 모습을 그렸다. 이런 종류의 옷을 집에서 만들면 재봉틀 구입비를 '감가상각'할 수 있다며 근검절약하는 마음에 호소했다.(에도도쿄박물관)

는 사실은 주목해야 할 일면이었다. 거의 10년 뒤에 제작된 소책자에 맵시 있는 세일러 블라우스와 스커트를 입은 여자 아이 이미지와 이 옷 한 벌용 옷본의 일람표 사이에 다음과 같은 광고가 끼어 있었다. 화려한 붉은 글씨로 "댁에서 싱거를 사용하시면 몇 달 안으로 재봉틀 금액을 분명 상환 받을 수 있습니다"[8](그림 11)라는 문구가 써져 있었다. 키워드는 "상환(변제)"이다. 광고 문구를 쓴 사람은 재봉틀 구입에 사용한 돈을 재봉틀로 "되돌려 받는다"는 의미를 전달하는 몇 가지 선택지에서 논쟁의 여지 없이 전문 용어를 선택했다. 상환은 두 가지 경로를 의미했다. 이는 소책자에서는 암묵적이었지만 잡지 기사에서는 자주 논의되었다. 다시 말해 여성은 가족 구성원의 옷을 양장점이나 백화점에서 구입하는 대신 직접 만들면 돈을 절약할 수 있다(이 광고에서는 이 문구가 좀 더 실현가능한 방법이었다). 혹은 주변 사람들 옷을 만들거나 중개업자에게서 바느질거리를 받아서 돈을 버는 것이었다. 싱거는 회사 고객인 근대 여성들에게 미래를 위해 합리적인 투자 논리를 받아들일 것과 기술적 용어로 표현된 논리를 이해하는 것 모두를 기대했었다.

소책자는 합리성, 규율, 검소에 대한 호소를 자유와 즐거움의 세계로 초대하면서 능숙하게 녹여냈다. 당시 많은 사립여학교에서 세일러 블라우스에 스카프를 맨 교복을 채택했다. 그렇지만 책자 속 모델이 걷고 있는 거리는 일본이라기보다는 고상한 유럽의 도시풍경을 떠올리게 했다. 그 옆 페이지에서는 젊은 여성용 모자 패턴을 보여주었다. 세일러복과 마찬가지로 백인처럼 보이는 여성 두 명이 다양한 모자를 쓰고 있는 모습이다. 이런 이미지와 함께 '양복을 입으면 활동이 아주 자유로워집니다'라는 설명이 붙어 있었다.

싱거의 실제 할부 계약서는 미국에서 시작한 권위 있는 관행에 당신도 참가하지 않겠습니까?라는 강력한 유혹이 되었다. 싱거사의 거의 모든 직원 그리고 모든 방문 판매원뿐만 아니라 대다수의 고객들이 일본인, 조선인, 중국인, 대만인이었다. 그럼에도 불구하고 이와 상관없이 할부 계약서는 한 면은 영어로, 다른 한 면은 일본어로 인쇄되어 있었다. 앞뒤면 두 개 언어로 인쇄된 양면 계약서는 처음에는 비용 절감 때문이었을 것이다. 이런 형태의 계약서라면 일본에 거주하는 서양인 고객용으로 별도의 영문 계약서를 따로 준비해 둘 필요가 없었을 것이고 북미나 영국에서 온 최고위급 간부가 계약서를 읽을 수도 있기 때문이다. 그러

그림 12. 〈그림 11〉과 같이 1922년 소책자에 실린 그림이다. 재봉틀을 다다미와 창호지문이 있는 일본 전통식 방에 전통적인 대가족을 배치한 지역색을 판매하려는 듯하지만 〈그림 13〉과 비교해 보면 더 복잡한 양식이 보인다. 이것은 근대가족의 현지 판(現地版)이다. (에도도쿄박물관)

나 그것만이 아닐 것이다. 전쟁 전의 일본에서는 여성의 법적·경제적 권리는 매우 제한적이었지만 지금 남아있는 실제적인 문서가 확실하게 보여주듯이 여성들은 본인 이름으로 계약서에 서명할 수 있었고(남성 보증인의 연대서명이 필요하지만), 실제로도 그렇게 했다는 사실을 확실하게 보여주었다.[9] 계약서에 자신의 이름을 서명하고 그 후 재봉틀의 팔 부분에 Singer라는 금색으로 반짝이는 영어가 새겨진 재봉틀을 사용하고 있을 때 그녀들은 이런 말을 들었다. 이것이 바야흐로 전 세계로 뻗어 나가는 경제의 근대성이라고 하는 메이드 인 아메리카 관행입니다. 당신도 거기에 현명하게 그리고 행복하게 참가할 수 있다고.

싱거사는 1900년대부터 1920년대까지 다른 곳과 동일하게 일본에서
도 재봉틀을 합리적인 투자의 표상으로, 다른 한편으로는 자유, 생활 스
타일, 서양과 관련된 즐거움의 추구라는 근대성의 상징으로 광고를 하면
서 팔기 시작했다.[10] 전 세계 어디서나 일관되게 추진한 이 방법에 비춰
보면 언뜻 정말 이상하게 느껴지는 것이 있다. 싱거사가 양복의 '자유로
움'을 계속 누리면서 재봉틀의 비용을 '되찾을'수 있다고 여성들에게 약
속한 똑같은 1922년의 팸플릿 안에 언뜻 보기에 너무나도 전통적인 일본
장면을 배치했다는 점이다. 그림은 격식있는 도코노마床の間(일본 전통 방
의 상좌에 바닥을 한 층 높게 만든 장식 공간)가 딸린 화실和室(일본 전통식 방)에서
딸에게 재봉을 가르치는 엄마 주변으로 기모노를 입은 대가족이 모여 있
는 모습이다(그림 12). 화가는 이 근대적인 기계를 전통적인 의상, 건축, 여
성의 헤어스타일, 그리고 3대 가족이라는 무대 장치 속에 배치하고 그 안
에서 젊은 여성이 예전부터 내려오는 여자의 기술을 배운다는 장면을 설
정함으로써 재봉틀을 토착화하려는 것처럼 보인다. 그러나 그림 원본에
는 미국인이 나오므로 이는 잘못된 해석이다(그림 13). 원본은 일본인들
에게 20세기 초 미국 중산층 가족의 이상적인 모습을 도상학적 해석으로
보여주었다. 또한, 원본 그림은 싱거사가 적어도 10여 년 전부터 미국에
서 재봉틀 광고에 두루두루 사용했던 '첫 번째 재봉 연습'의 모습으로 이
장면은 비슷한 구도와 장면으로 여러 국가에 맞춰 "다시 그려진 것이었
다."[11]

　일본가족을 그린 그림 중앙에는 매우 근대적인 인물상인 양처현모가
있다. 제1장에서 논의했듯이 양처현모는 당시 일본문화에서 상당히 새

그림 13. 1913년 싱거사가 제작한 그림엽서이다. 상당히 부유한 미국인 가정에서 딸(손녀가)이 재봉을 '처음 연습'하는 장면이다. 싱거는 그 이후로 몇 년 동안 이와 똑같은 광경의 그림을 일본을 비롯한 다른 비 서양권 여러 나라와 식민지의 생활환경에 맞추어 제작했다. 그리고 이런 근대가정의 이미지를 자사의 싱거 재봉틀과 수출했다. 두 가지 번역판이 스미스소니언자료센터의 워셔컬렉션에 보존되어 있다(box3, Folder6). 제작년대는 Grace Rogers Cooper, *The Sewing Machine: its invention and Development*(Washington, DC : The Smithsonian Institution Press, 1976), p.152에 표시되어 있는 것에 따름.(Warshaw Collection, Archives Center, National Museum of American History, Smithsonian Institution)

로운 모습이었다. 미국과 일본의 그림 모두 글자 그대로 20세기 초기의 양처현모는 전통적인 일본적인 상이 아닌 국제적인 근대 여성상이었다는 점을 잘 보여준다. 아버지도 서양식 헤어스타일에 수염을 길렀다. 에도 시대의 비교적 신분이 높은 집안으로 벽에 미술품을 장식한 이런 고상하고 우아한 집에서 생활하는 아버지였다면 딸의 교육 감독에 이 정도로 친근하게 관여하는 경우는 보통은 있을 수 없었을 것이다. 마찬가지로 교육자로서의 어머니도 메이지 시기의 '좋은 어머니'라는 이상理想의 새로운 요소였다. 마지막으로 이 정경도情景圖에는 친근한 "일가단란一家團欒" 유지에 높은 가치를 둔 점이 잘 표현되었다는 사실을 지적하고 싶지만 그것 역시 1880년대 이후에야 비로소 일본의 담론에서 두각을 나타낸 근대적인 미덕이었다.[12] 일가단란도一家團欒圖는 교육과 규율이 있는 근대적 생활과 여성을 포함한 가족 구성원 각자가 자기 계발을 통해 만족감이나 즐거움까지 찾아낼 수 있는 생활 전반을 촉진하기 위한 수단이었다.

"실제 경험담實話"을 읽는다

양처현모로서 일본의 근대화라는 진보적인 계획 실현에 좋은 아내, 현명한 어머니로 참가하라는 이 열성적인 권유를 여성들은 어떻게 생각했을까? 또 일본 여성들은 싱거사와 협력사들이 신중한 합리성, 경제적 독립, 그리고 즐거움 추구와 같은 다양한 면을 가졌다고 주장하는 미국식 생활방식을 어느 정도로 광범위하게 희망하고 실천해 보였을까? 또 그것을 받아들여 경계를 넓히거나 아니면 변화시키고 심지어 저항하기까지 한 것일까?

여성용 월간지라는 대중적 장르는 이런 질문들에 대한 해답을 찾는 데 많은 정보를 제공했다. 물론 제한적이기는 했지만 공적 논의의 장을 만든 이 출판물들은 자신이 생각하는 바를 발언하는 여성들을 끊임없이 보여주었다. 일반적으로 남성들이 편집했지만 평판이 좋은 기사는 여성이 쓴 것과 남성이 쓴 것도 있고 독자의 특별 기고도 자주 실렸다. 때문에 월간지들이 어떻게 읽혔는지, 그리고 우리들은 그것들을 어떻게 읽을 것인가라는 문제는 토론할 가치가 충분했다.

1920년대까지는 여성잡지의 월간 판매 부수는 100만 부를 넘었다. 1·2차 세계대전 기간 동안 가장 많이 읽힌 잡지는 『주부지우』, 『부녀계』, 『부인구락부婦人俱樂部』* 세 종류였다. 세 잡지 모두 각각 20만 부를 넘는 발행 부수를 자랑했다. 잡지 한 권을 가족과 친구들 사이에서 돌려 읽는 경우도 종종 있었는데 비교적 수명이 짧았던 잡지 『부인계』의 1909년 창간호(그림 14) 표지는 이 사실을 실제로 잘 보여주었다. 창간호 표지는 여성 세 명이 머리를 맞대고 잡지 한 권을 즐겁게 같이 읽고 있는 이미지이다.[13] 일본의, 특히 도시 성인 여성들의 상당 비율이 이런 발간물들을 접했던 것은 분명했다.[14]

이 잡지들이 인기를 얻은 것은 어느 정도 독자와 직접적인 교류를 도모한 덕분이었다. 『부인세계』는 1908년 화복에 보이지 않는 주머니를 다는 가장 좋은 방법이라는 주제로 대회를 열고 독자에게 응모하도록 호소했다. 이 대회에 3천 명이 넘는 독자들이 각자가 스케치한 디자인 안案을 보냈다고 한다. 잡지사는 참가 작품 심사 위원으로 싱거재봉여학원의 유명한 하타 린코 원장을 비롯한 여성 전문가 세 명을 선정했다.[15] 이런 대회는 그 이후로도 인기가 높았고 입상자에게는 수익성이 있었다. 1920년

---

* 1920년 10월에 대일본웅변회(현재의 고단샤(講談社)출판사)가 창간한 일본 잡지이며 1988년 휴간되었다. 전쟁전과 전쟁 후 동안의 일본의 4대 여성잡지에 속한다. 초기 잡지명은 『부인 클럽』이었다가 1921년 1월호부터 『부인구락부』로 변경했다. 캐치프레이즈는 "여자의 기쁨, 아내의 행복"이다. 1952년에는 『주부의 벗』, 『주부와 생활』, 『부인생활』과 함께 전후 4대 여성잡지로 불리며 발행부수가 50만 부를 넘었다.

그림 14. 『부인계(婦人界)』 1909년 5월의 창간호 표지. 세 명 모두 유행하는 기모노를 입고 인쇄가 잘 된 책을 열심히 보고 있는 모습으로 이 잡지를 친구들과 함께 즐기도록 구매자와 독자들에게 호소하고 있다. (도쿄대학 메이지신문지문고(東京大學明治新聞誌文庫))

7월의 『부녀계』는 "집에서 필요 없는 물건의 재활용 경험"이라는 주제의 현상 작문에 입선한 네 작품을 발표했다. 도야마富山에 거주하는 '스미코'라는 여성이 재봉틀로 "남편의 낡은 옷을 딸아이 외투로"라는 내용으로 상금 7엔의 1등상을 수상했다. 내용은 재봉틀로 '갈색을 띤 황록색의 얇은 라사羅紗 춘추복'과 '감색 서지serge 양복'을 어린 딸 코트로 만들었다. 또 옷깃과 소맷부리 장식에 '치리멘縮緬(주름진 실크 원단)과 같은 유포지有布地'를 사용했다고 말했다.[16]

이러한 이야기들은 수십 년 동안 여성잡지에서 두드러지게 등장한 "실화(實貨, 실제 경험담. 이하 실화)"라는 장르에 포함되었다. 여성들이 자신의 경험을 모범 사례 혹은 주의 사례 그것도 아니면 양쪽 모두의 사례로 적은 일인칭 시점 이야기들은 실제로 재봉틀을 사서 사용하고 있는 사람들의 증언들 중 하나였다. 잡지 편집자는 일반적으로 잡지를 판매할 목적을 가지고 있었지만 어떤 경우에는 계몽도 있었다. 그들은 독자의 흥미를 끌 것으로 예상되는 이야기, 그리고 여성들에게 어울리는 태도와 가치에 대한 그들 자신의 견해를 반영하는 이야기를 선정했다. 물론 그 이야기들을 '현실 생활'을 있는 그대로 보여주는 이야기로만 읽을 수만은 없다. 그러나 편집자는 실화를 이야기한다는 것은 모험과 비슷해서 이야기가 전형적이거나 일반적인 경험에서 약간 벗어나더라도 말하는 사람 특유의 생활 상황이 드러난 그럴듯한 이야기이어야만 한다는 점을 이해하고 있었다. 그리고 현상 작문을 모집하기 위해서는 편집자는 독자에게 관심이 있는 화제를 언급할 필요가 있었다.[17]

응모전에 관한 열띤 반응은 물론, 바느질 삯일을 하는 여성들의 실화를 듣고 싶어하는 준비된 가정 내 재봉가가 많았다는 증거는 국가 공무원과 사회 개량가들의 관찰들이 말해주었다. 1921년 2월 신설된 지 얼마 안 된 오사카시사회국大阪市社會局이 '여가시간' 사용 실태를 조사했다. 이는 통계적 샘플링이라는 근대적인 방법을 사용한, 아마 일본 최초의 일상생활에 관한 설문조사일 것이다. 청년층과 노동자층이 자유분방하고 방탕한 게 아닐까하는 걱정이 특히 심했지만 결과부터 보자면 쓸데없는 걱정이었다. 이 연구는 오사카시에 거주하는 1천 5백 명의 시민들을 대상으로 삼아 다음과 같은 범위에서 무작위 추출되었다. 구성은 초등학교 남녀 학생(200명씩), 중·고등학교 여학생(100명), 남녀 공장 노동자(200명씩), 기타 '회사원과 은행원', '상인'그룹이었다. 설문조사는 '여가시간'을 보수를 받는 노동과 수면 외에는 모두 포함하는 광의적인 의미로 정의했다. 가사와 재봉도 그 속에 포함되었다. 간단한 설문지에는 세 가지 질문이 있었다. "당신은 어제의 여가시간을 어떻게 보냈습니까? 당신은 업무가 끝난 뒤나 휴일을 어떻게 보냅니까? 여가활동으로 한 달에 약 얼마 정도의 비용을 지출합니까?" 이 조사는 안타깝게도 나중에 재봉에 투자한 시간을 분 단위로 집계한 조사와 직접 비교하기 어려웠다. 그러나 이 여성들은 상당히 많은 시간을 재봉에 할애하고 있었다. 중·고등학교 여학생은 '공부'와 '독서' 이외의 어떤 활동보다도 재봉 활동 빈도가 높았다. 여성 공장 노동자들 사이에서 가장 공통된 여가시간 활동이 재봉 일이었고 다른 항목과 큰 차이를 보였다.[18]

잡지에 실린 실화가 믿음을 주기에 충분히 흥미로운 이야기로 그녀들에게 강한 인상을 주었다는 것을 보여주는 확실한 증거는 개혁 지향적인 일본도서관협회가 1934년에 실시한 '근로여성의 독서경향 조사'에서 찾아 볼 수 있다. 여성들의 독서습관을 보다 잘 파악하여 유익한 잡지를 선택하는 데에 보다 좋은 안내자가 되기를 희망하여 협회는 도쿄 내 7개의 백화점과 체신성 보험국에서 일하는 여성들을 대상으로 설문조사를 실시했다. 6천 6백 명 가까운 여성 중 거의 네 명 중 세 명(72%)이 조사에 응했고 다섯 명 중 네 명(81%)이 18세부터 24세 사이의 젊은 여성들이었다.

응답자들의 교육 수준은 높은 편이었다. 다섯 명 중 세 명이 의무초등교육 이상의 학력이었고 다섯 명 중 두 명이 여자고등학교를 졸업했다. 여성 응답자들은 열성적인 독자였으며 그녀들이 읽은 잡지의 총 권수는 응답자 수를 웃돌았다. 인기가 있던 『부인구락부』, 『주부지우』, 『부인공론婦人公論』 세 종류의 잡지가 설문 응답 여성들이 읽은 전체 잡지의 73%를 차지했다. 1920년에 최상위 세 잡지 중 하나로 알려진 『부녀계』는 내리막길로 고전을 면치 못하고 있어서 도쿄의 젊은 여성들 중 오직 102명의 독자만 읽었다고 답을 해 7위에 그쳤다.

이 잡지들은 모두 비슷한 기사를 실었다. 우리들의 목적을 달성하는 데 있어서 잡지 간의 상대적인 인기도를 측정하는 것은 그다지 중요하지 않았다. 오히려 여성들이 일반(즉, 남성 독자용) 잡지보다 여성용 잡지를 명확하게 선호하고 있었다는 사실을 확인하는 편이 더 중요했다. 소수의 설문 응답 여성들만이 일반 잡지에서 가장 인기가 있던 『개조改造』(종합잡지, 1919~1955)와 『중앙공론中央公論』(월간 종합잡지, 1887~)을 읽었다(『개조』 34명, 『중앙공론』 24명). 어떤 기사를 좋아하는가에 대한 질문의 답변도 선호 잡지의 답변과 비슷한 양상을 보였다. 조사보고를 한 저자들은 '과학적인' 주제를 담은 기사가 인기가 없었던 것에 비해 '음악, 영화, 오락'(17.8%)과 같은 글이 인기가 가장 많았다고 신랄하게 지적했다. 그 다음으로는 '요리, 재봉, 기타 비슷한 주제'(16.8%)가 인기 있었다. 어떤 종류의 기사를 더 실었으면 좋겠는가라는 질문에는 2천 580명이(서양과 일본) 문학을, 2천 252명이 재봉을, 2천 193명이 요리 기사를 더 희망했다.[19]

우리들은 재봉틀을 추적하면서 일본 가정으로, 광범위하게 유통되면서 매력을 떨쳤던 이 잡지들을 여성의 삶으로 들어가서 정부와 일간지와 정부, 그리고 기업의 보고서 자료를 조사함으로써 양처현모가 무엇을 표상하며 당사자들은 이것을 어떻게 이해하고 있었는가에 대해 많은 것을 배울 수 있었다. 양처현모는 사회적, 문화적인 장소에서 새로운 개념일 뿐만 아니라 역동적이고 복잡한 존재이기도 했다.[20] 일상생활의 언설言說과 사회적 실천이라는 양 방향에서 20세기 초의 일본 여성들은 결코 서로 조화를 이루지 못했던 다양한 역할을 떠안고 있었다.

현명함과 즐거움의 추구

재봉틀은 홍보 담당자뿐만 아니라 사용자들에게도 절약과 투자라는 가치와 밀접하게 관련되어 있었다. 기쿠코菊子라는 『부녀계』의 여성 독자는 근대적인 현명한 어머니가 가져야 할 미덕들을 보여주었다. 그녀의 13 살 난 딸은 학교에서 재봉을 배운 뒤, 집에서도 계속하고 싶어 했다. 기쿠코는 예전에는 자신을 위해 재봉틀 구매를 단념했지만 싱거 외판원의 권유에 마침내 넘어가고 말았다. 이야기 내용 속에서 오직 현금 가격(165엔)만 거론되는 것으로 봐서 그녀는 재봉틀 금액을 전액 현금으로 지불한 것으로 보였다. 아무리 여유가 있는 그녀라도 돈은 신중하게 사용했다. 그녀는 재봉틀이 1년 이내에 원금만큼의 가치를 가져다 줄 것으로 기대했다. 그녀가 말한 바에 따르면 아마 싱거사의 방문 교사로 추정되는 재봉교사의 지도로 딸은 자기 옷을 만들기 시작했고 실제 그 덕분에 백화점 옷과 비교하면 한 벌 당 7엔을 절약(그녀 계산대로라면 약 70%)하게 되었다고 한다. 결국 그녀는 재봉틀은 좋은 투자이면서 멋진 취미라고 결론 지었다.[21]

소비자 신용은 합리적인 근대적 재봉으로 절약을 이야기하는 글에서 아주 성실한 주부의 표현으로 자주 등장했다. 사실, 소비자 신용을 낭비와 절제를 하지 못한 것에 관한 유혹이 아니라 규율의 한 형식이라고 예상한 일부 여성들도 있었다. 미국의 E. R. A. 셀리그만과 도쿄상공회의소와 같은 경제학자, 사업 지지자들은 시간이 훨씬 지나고 나서 이런 견해를 털어놓았다. 이무라 노부코는 1920년 1월 그녀가 쓴 실화에 주부들이 '가정생활의 대대적인 변화'의 필요성을 느꼈다고 썼다. "제일 먼저 과감하게 아이들에게 [서양식 의복]을 입혀 주부와 가정부 일의 효율성을 높여야만 한다. (⋯중략⋯) 그러기 위해서는 재봉틀이 반드시 필요하다. 최근에는 '최소한의 비용으로 구매하는 할부 판매'도 있기 때문에 일반 가정에서도 재봉틀을 구입하는 것이 결코 어렵지 않다."[22] 헌옷 재활용에 관한 가정경제 작문 공모전에 당선된 '도야마의 스미코'는 "재봉틀이 상당히 고가이기는 하지만 아주 손쉽게 할부로 살 수 있는 방법이 있다"고 언급했다.[23] 불과 몇 달 뒤 도쿄에서 그리 멀지 않는 우지노미야宇治宮시의 한 기고가는 현재 매월 할부금 3엔으로 재봉틀을 살 수 있어서 여름과 겨울철 의류 비를 절약할 수 있다. 양말도 패턴 본이 있기 때문에 만들 수 있고 자녀용이나 선물용으로 귀엽고 작은 액세서리나 선물도 만들 수 있다고 설명했다.[24]

소비자 신용을 분석하여 추천한 도쿄상공회의소의 책이 출판된 다음 해인 1930년, 『부녀계』의 실화란에 실린 이야기 한 편은 이 책의 관점을 잘 보여주었다. 요코하마의 아오노 미도리青野綠는 남편이 은행원이며 남편은 월급 100엔에 1년 상여금 400엔으로 1년 총 1천 600엔을 받는다. 아오노는 이 수입으로 살림을 잘 꾸려나가는 절약 전략을 자랑스럽게 밝혔다. 이제 막 재봉틀을 샀기에 앞으로는 아이들에게 입힐 옷은 전부 본인이 만들어서 상당한 돈을 절약할 생각이라고 했다. 아오노는 할부 구입에 상당히 신중했다. 재봉틀을 3월에 선불금 100엔을 주고 구매한 뒤 2개월간은 월 5엔의 할부, 그리고 6월에 남편의 상여금으로 잔금을 완전히 해결하기로 했다.[25]

잡지들은 이러한 투자 중심적인 글들과 함께, 재봉틀을 세련과 패션의 세계에 참가하는 기쁨과 자부심의 원천으로 홍보하는 싱거사의 입장에도 영향을 미쳤다. 이러한 접근은 다른 수입 재봉틀사의 잡지광고에서도 보였고 특히 재봉틀 재봉학교 광고에서도 두드러졌다. 스웨덴 제조사인 허스크바나Husqvarna(재봉틀을 포함한 스웨덴의 실외 전력제품 제조업체)는 『부녀계』에서 우리 회사의 재봉틀은 "문화생활의 마당에 피는 꽃"이며 재봉틀과 함께 "행복이 당신을 찾아갑니다"라고 광고했다.[26] 미국 제조사인 홈 미싱사Home Machine는 1930년대 초기 여러 편의 광고에서 '편리한 할부 프로그램'을 제공했고 '재봉틀의 가정 이용자들은 편리함과 행복의 혜택을 누릴 것'이라고 약속했다.[27] 일반 대중서적도 여성들이 이처럼 재봉틀을 소유할 수 있게 해준 유망한 할부 방식 구입과 위험 두 가지를 모두 기술하면서 이런 식의 접근을 홍보했다. 시원시원하게 쓰인 『바로 도움이 되는 월부 판매법』이라는 1930년대의 책은 할부 구입을 다음과 같이 장황하게 주장했다. 할부 구매는 가족들로 하여금 지출 예산을 세워 안정적인 가계 운영을 가능하게 한다. 그 뿐만 아니라 '대중이 상품을 구매할 수 있게 하고, 인생의 즐거움을 공평하게 얻도록 하며, 부질없는 계급 간 분쟁을 완화시킬 것이다', '가난한 지식층'일지라도 100엔짜리 축음기를 현금이 아니라 할부로 살 수 있기에 할부라는 관행은 '삶의 질을 높여줄 것'이라고 했다.[28]

이런 광고는 합리화를 지향하는 근대성을 강조하기 위해 행복과 편리성과 즐거움을 불러내 균형을 잡는 감언이설을 구사했다. 이와 비교하면 1920년대와 30년대 초 여성잡지에 실린 대부분의 실화들은 기쁨의 논리보다는 현명함, 계획성, 투자에 기반을 둔 진지한 태도를 강조했다. 이 실화들의 '진실'이 할부를 이용하는 여성들의 마음속에서 온전한 진실이었는지는 의심스럽다. 실화의 진지함은 출판사와 편집자의 신중하고 보수적인 도덕 기준을 반영한 것이 아니었을까?[29]

근대성과 여성의 삶의 변화에 대한 논의는 위험하고 경쟁이 심한 곳에서 일어나고 있으며 이것은 신중한 편집 경향을 설명하는 데 일조가 되었다. 예를 들면 『부인구락부』 1926년 5월호에 실린 일본 여성에 관한 무조건적인 일갈을 생각해보면 된다. 필자는 화재和裁 교육자이자 도쿄여자전문학교東京女子專門學校(현 도쿄가정대학의 전신) 교장으로 알려진 와타나베 시게루渡邊滋이다. 와타나베는 "재봉틀을 살까, 채권을 살까"라는 제목의 글에서 가정에서 재봉틀을 사용해서 얻을 수 있는 장점인 고품질의 옷과 저가 제작비 모두 사실과 다르다고 주장했다. 그는 이 주장을 뒷받침하기 위해 '여성 대 기계' 대결을 벌였고 각각 다섯 명의 여성이 손바느질과 재봉틀 바느질로 홑겹 면 기모노를 만든 뒤 다시 뜯는 시간을 측정했다. 재봉틀 바느질 팀은 평균 3시간 40분으로 손바느질 팀의 3시간 55분보다 조금 빨랐지만 실을 두 배나 사용하는 결과가 나왔다. 그렇지만 이를 두고 와타나베는 재봉틀이 '가정에 푸념 거리'를 뿌리고 있다고 주장했다. 그는 일본 여성들이 현명하지 못하거나 아무 생각 없이 일상을 보내면서 재봉틀이 경제적이라고 잘못 광고된 유행 상품에 지나지 않는다는 사실을 직시하지 못하고 있다고 신랄하게 비판했다.[30]

싱거사의 세일즈맨으로서 현장의 최전선에 있었던 엔도 마사지로(遠藤政次郎, 1894~1950)도 똑같이 일본 여성들의 재봉틀 사용법이나 재봉틀을 제대로 사용하지 못하는 것 때문에 곤혹스러워 했다. 그래서 싱거사의 요청으로 재봉틀 구매자 사용 현황 조사를 했고 자수에 흥미를 가진 여성이 재봉틀을 구입했지만 장식에 관한 관심이 사라지자 재봉틀을 사용하지 않고 방치해 놓은 사실을 알고 당황했다. 재봉틀 구매자들은 재봉틀을 다른 목적으로 사용하는 법을 배우지 않았다. 엔도는 나중에 그가 조사한 사람들 중 불과 3%만이 재봉틀을 활발하게 사용하고 있다는 사실을 회고했다. 엔도는 만약 일본 여성들이 고가의 재봉틀에 쓸데없는 돈을 쓰고 전혀 도움을 받지 못했다면 '재봉틀 확산은 단순히 미국 회사의 배를 불려줄 뿐 일본에 백해무익하다'라고 우려했다.[31]

엔도의 이야기 중 다음 단락은 신빙성이 부족한 것처럼 들리지만 그럼에도 불구하고 중요하다. 당시에도 그 후로도 널리 유행한 이야기이기 때문이다. 이러한 우려에 엔도는 나미키 이사부로並木伊三郎와 손잡고 전전 그리고 전후의 일본에서 가장 성공한 재봉학교의 한 곳인 문화재봉여학원文化裁縫女學院(나중에 문화복장학원文化服裝學院으로 개칭)*을 설립했다. 그는 재봉틀을 구매한 여성들이 실제로 재봉틀을 사용할 수 있도록 교육하는 것이 조국을 위한 것이라고 생각했다. 와타나베 역시 비슷하게 여성의 부실한 투자 문제에 대해 실제적인 접근법을 취했다. 먼저 가격을 형편없이 깎은 뒤에 한걸음 양보해서 재봉틀을 집에서 현명하고 효과적으로 사용한다면 재봉틀에 대한 투자가 합리적인 소비가 될 수 있을 것이라고 인정했다. 그러나 그는 다음과 같이 말했다. 상당히 많은 여성들이 재봉틀이 없으면 이른바 '문화적인 생활'의 영향을 받을 수 없다고 믿었고 이웃사람들에게 뒤처지지 않으려고 유행처럼 재봉틀을 산다. 거의 사용하지도 않는데 어리석게도 160엔이라는 쓸데없는 돈을 쓴다. 그 돈으로 채권을 사는 편이 훨씬 낫고 또 그 편이 정말로 여성이 해야 할 행동이라고 말했다. 이것은 그에게 개인의 문제가 아니라 '중차대한

---

* 　일본 도쿄 시부야에 있는 복식학교. 1919년 나미키부인아동복재봉점을 경영하던 나미키 이사부로가 설립했다. 나중에 엔도 마사지로로 경영에 참가한 뒤, 싱거미싱 재봉여학원 재봉과를 거쳐 문화재봉학원, 그리고 1923년 사립학교령에 따라 문화재봉여학교로 개칭했다. 1936년에 현재의 학교명인 문화복장학원이 되었다.

국가 문제'였다.[32]

와타나베와 엔도는 여성이 현명한지 아닌지에 관한 문제를 '국가의 문제로 인식'하였다. 즉 여성과 재봉틀에 대한 논의가 '근대적'이라는 것이 어떤 것인가라는 정의를 다투는 논쟁의 일부로서 전개되었다는 사실을 분명하게 보여주었다. 그리고 근대적이라는 것은 대다수에게 신중한 투자자를 의미했으며 일부에게는 행복과 교양적인 삶을 추구하는 사람을 의미하기도 했다. 그렇지만 이 논의는 또 여성다움 그리고 일본인다움이 어떠해야 하는지, 그리고 변화하는 세계 속에서 사회질서를 어떻게 유지할 것인가와 같은 문제를 둘러싼 논쟁에 불을 붙이기도 했다. 미리암 R. 실버버그Miriam R. Silverberg(1951~, 미국 저술가)는 『주부지우』의 다양한 글을 진지하게 읽은 후 세 종류로 분류하고 각각 "국가가 선언하고 학교가 가르치는 공식 이념에 도전하고 있다"라고 논평했다. 이상적인 반려자의 선택, 가정 내 불화, 그리고 근대 일본 여성을 일본 밖으로 내보내는 동시에 근대적인 것을 집안으로 가지고 들어오도록 장려한다는 것, 이 세 가지였다.[33] 재봉틀을 구입해서 사용하는 사람들의 실화는 세 번째 범주에 정확히 들어맞는다. 이 범주는 가정 생산의 시비(중간 상인 혹은 주변 이웃들에게 판매하는 가정 기반 생산품), 재봉 교육, 더 일반적으로는 여성교육의 장점, 양복과 화복의 장단점의 비교에 관한 글을 포함했다. 실화 속에 등장하는 여성들이 근대적인 생활을 가정으로 끌고 들어오고 가정에서 하는 재봉 일을 보다 넓은 세계와 연결시키면서, 여성은 확실하게 자신을 억누르고 가정과 국민이라는 타자에게 기분 좋게 봉사하는 존재라는 양처현모의 전통적인 이해의 틀을 확대시켰다. 그러나 가족의 주된 이데올로기는 아무리 힘들어도 뚝 끊어지지 않고 뻗어나갈 수 있다는 점을 입증했다.

자립을 위한 재봉과 사회질서

일본에서 1920년대는 국제적인 문화의 개화를 목전에 둔 시기로 대략적으로 재즈와 할리우드영화, "모던 걸"이 시대적인 특징이었다. 그리고 전형적으로 "다이쇼 데모크라시"의 정치적 시류와 결부되었다. 1918년부터는 선출된 정치가와 그 정당이 내각을 구성하고 1925년에는 선거권이 모든 성인 남자에게로 확대되었다. 또, 여성의 참정권 요구, 노동자·농민 조합들의 운동이 활발해진 시대에 이런 관계는 이해가 된다. 의회·정당 정치와 함께 일상생활의 성격이야말로 이 시대의 문화적 동요動搖의 핵심 부분이었다.

당시 매체가 매우 화려하게 구가한 근대적인 생활은 전형적으로 미국식으로 인식되었다. 근대적인 생활은 뚜렷하게 성별 화되었고 또 그곳에 사는 사람들의 원형은 관공서, 미쓰비시三菱 또는 미쓰이三# 재벌 계열의 회사에 근무하면서 생활하는 '샐러리맨' 남편들이었다. 그러나 근대적인 생활에서 여성이 해낸 일련의 역할들이 적어도 남성과 평등했다는 점에서 같은 수준의 관심을 끌었다. 여기에는 요리와 재봉 수업을 듣고 최근 대도시에 생긴 고층 백화점에서 본인과 자녀들의 최신 유행 옷을 구매하는 도시 중산층의 특권을 가진 전업주부들이 포함되었다. 추가

적으로 적지만 계속 늘어나는 양재사, 미용사, 타이피스트, 교사와 같은 직업군에 상근으로 일하는 여성들도 포함되었다. 그러나 가장 많은 주목과 적지 않은 비판을 받은 이들이 바로 "모던 걸"로 알려진 여성들이었다. 그녀들은 일본식과 서양식이 섞인 복장으로 도쿄 거리를 돌아다녔고 이런 모습들은 사진으로 찍혀 풍자만화 속에서 비웃음을 당하기도 하고 사회평론에서는 비난받거나 칭찬받기도 했다. 그리고 문학에도 등장했다. 다니자키 준이치로谷崎潤一郎(1886~1965)*의 인기소설『바보의 사랑痴人の愛』의 주인공 나오미는 카페 여종업원이었다. 그의 소설에서는 좀 더 일반적으로 언론에서 말하는 것처럼, 여종업원들은 자신의 여성성을 대담하게 과시하고 스스로 자신의 파트너를 선택함으로써 인습을 타파했다. 그런 점에서 그녀들은 매춘부 이상으로 사회의 위험한 인물로 여겨졌다. 1920년대 말까지 도쿄에서는 여종업원의 숫자가 정식 허가를 받은 매춘부 숫자를 넘어섰고 이에 따라 관계 당국과 중산층 개혁가들의 만만치 않은 걱정거리가 되었다.[34]

변화는 도처에서 일어났으며 특히 여성들을 위한 변화는 임계점에 다다르고 있었다. 이러한 상황에서, 여러 물건과 활동들 중에서 특히 재봉과 재봉틀에 관한 논의가 여성, 그들의 가족, 그리고 국가를 위한 근대

---

* 일본의 소설가로서 메이지 말기부터 쇼와 중기, 즉 제2차 세계대전 직후까지 집필 활동을 했다. 일본 국내외에서 예술성이 높은 평가를 받았으며 근대일본문학을 대표하는 소설가 중 한 명이다. 초기에는 탐미주의로 시작되었지만 작풍과 소재, 문체, 표현은 생애 동안 다양하게 변화했다. 『바보의 사랑(痴人の愛)』(1924년, 오사카아사히신문 연재, 장편), 『춘금초(春琴抄)』(1933년, 중앙공론 발표. 중편)가 있으며 『세설(細雪)』(1941년, 한신칸 모더니즘 시대의 생활문화사를 그린 장편)은 쇼와 천황(昭和天皇)에게 헌상되었다. 이 작품들은 통속성과 예술성을 잘 융합시킨 순문학의 수작으로 평가받았다.

적 생활의 유망성과 위험성에 관한 담론과 굳건하게 연결된 것을 발견할 수 있었다. 이 논쟁은 여성의 자립과 사회질서와 사회계층을 전면에 내세우기도 하고 다른 한편으로는 일본적인 것, 일본인처럼 사는 것이 무엇을 의미하는지에 관해 서로 다른 견해들을 내놓기도 했다.

여성에게 '부업'의 문제는 계층과 성별 각자의 안정된 질서를 모두 확보하고자 하는 경우의 딜레마를 선명하게 해소시키는 하나의 쟁점이었다. 부업을 하는 여성들은 많은 잡지 기사 속에서 자신들의 노력을 여러 차례 증언했다. 그 중에서도 특히 『주부지우』는 독자들 마음 속 한 구석에 있는 사업가의 꿈에 다가가는 낙관적인 이야기를 열성적으로 내세웠다.[35] 일찍이 1918년 10월, "월수입 45엔의 재봉틀 부업 – 결혼 전 여성을 위한 가장 이상적인 선택"이라는 제목의 글 한 편이 실렸다. 도쿄의 후지코라는 필자는 이렇게 설명했다. "나는 외동딸이라서 만일의 경우를 대비해 직업을 갖거나 기술을 배우는 것이 필요하다고 생각했습니다. 그래서 작년에 여학교를 졸업한지 얼마 지나지 않아 학생의 본분을 유지한 채, 싱거재봉원 우에노上野지점의 3개월짜리 속성반으로 재봉틀 자수를 배우러 다녔습니다." 후지코는 유용한 기술을 배우기에는 3개월이 너무 짧았기에 한 학기를 더 다닌 뒤 기술을 활용할 수 있는 부업을 찾기 시작했다. 그때 그녀는 몇 명의 중개인을 경험한 탓에 공임이 싼 하청업체 일과 대형 도매업자에게서 일감을 직접 받는 일을 정확하게 구분했다. 그녀는 아버지가 '다방면으로 알아봐준' 덕분에 마침내 '니혼바시구 하세가와초日本橋區長谷川町 근처의 후지쓰네藤常'라는 장식용 깃 도매점에서 일감을 직접 받아서 일하기 시작했다.[36]

후지코의 이야기는 인명과 지명까지 매우 자세하게 구체적으로 적혀 있었기 때문에 사실처럼 느껴졌다. 그 뒤로 재봉틀 자수 일을 할 수 있는 다른 장식용 깃 도매점으로 옮겨 질적인 측면에서 중개인의 기대를 채울 수 있을 만한 수준의 일을 배운 사정을 알려주었다. 그녀는 부업에서 최고 수준이었다. 옷감 소재인 치리멘은 상당히 고가(1반反에* 200엔이나 했는데 이는 당시 대기업 중간 관리직 월급 2개월분에 해당)였기 때문에, 도매점은 하청업자가 옷감을 도둑질하거나 일감을 가지고 도망가지 않을 사람이라고 신용할 수 있어야만 했다. 도매점에 출입하기 위해서는 소개가 필수였고 또 '상당한 보증금'이 필요했다. 도매상은 하청업체끼리 서로 얼굴을 익히면서 공임을 이야기하는 등, 본인 역할이 없어질 것 같은 '안 좋은 상황'을 방지하기 위해 서로 신분을 철저하게 숨겼다. 그녀의 이야기에서는 본인을 상당한 패션과 비즈니스 감각을 겸비하고 그 계통의 지식과 기량을 가진 젊은 여성으로 부각시켰다. 그녀는 자립하기까지 1년간(재봉원 6개월 포함) 매일 아침 8시 반부터 오후 5시 반까지 일하는 '보통 아닌 고생'을 한 뒤 한 달에 45엔의 수입(그녀 나이 대의 남자 사무직원 초임 급여 수준)을 올리게 되었다.[37]

6년 뒤 『부인구락부』에 실린 실화 한 편은 '우리 집의 저축법'을 다룬 일련의 글들 중 기혼 여성의 성공 사례였다. 이 이야기는 '우리 집의 저축법'이라는 글 몇 편을 모은 지면에 실려 있었고 화자는 5인 가족의 어머니였다. 다행히 '어떤 관청에 근무하고' 있는 남편의 월급으로 생활비를

---

* 반(反)은 피륙을 세는 단위이다. 1반은 길이 2장 6척(길이 10m, 폭 36cm) 이상으로 1반이면 성인 옷 한 벌을 제작할 수 있다.

충당했고 자신이 부업으로 받은 수입은 모두 저축할 수 있었다. 덴쿄 미쓰코天鐘光子라는 허세 부린 필명에도 불구하고 글쓴이는 겸손한 중산층 어머니의 이상적인 모습을 보여주었다. 그녀는 밤일로 건강을 해치는 것도, 아이들을 소홀하게 돌보는 것도, 가족의 화목을 희생하는 일도 결코 없을 것이라고 결심했다. 때문에 부업은 집안일 틈틈이 보통 하루에 서너 시간, 때로는 대여섯 시간이 최대 한도였다. 1921년 그녀는 싱거 재봉틀을 3년 월 할부 5엔으로 구입했다. 그리고 비공식 모임인 '가정직업연구회'에 가입하여 아동복 만드는 법을 배웠다.[38] 한 중개인으로부터 하복과 동복 일거리를 받아서 과중한 노동을 하지 않고도 한 달에 10엔을 벌수 있어서 재봉틀의 월 할부금 5엔을 지불하면 5엔의 순이익이 남았다. 이 돈을 현지 은행의 적립예금에 넣었다가 남편의 조언에 따라 그 동안의 적금 전액과 이자 200엔으로 조선식산은行朝鮮殖産銀行*의 채권을 사들였다. 이 채권은 연이자 8%의 정부 보증채였기에 부부는 채권 구입이 이자 늘리기에 대단히 좋을 것이라고 생각했다. 그녀는 현재 재봉틀의 할부금을 완납했고 향후 5년 내에 1천 엔의 저축 목표액 달성을 바라보고 있다.[39]

각고분투의 노동이 현명한 투자로 이어진다는 이 이야기의 행복한

---

* 일제강점기 조선의 척식사업에 관한 장기 금융을 주목적으로 세운 특수은행이다. 1918년 조선식산은행령이 발포되고 이에 따라 기존의 조선 각지에 있던 농공은행(農工銀行)들이 합병하여 조선식산은행이 설립되었다. 본점은 경성 남대문통에 있었으며 50여 개의 지점을 보유했다. 불입 자본금의 10배까지 채권을 발행하는 특권을 가지고 있었다. 그리고 산미증식계획도 지원했다. 1943년 행원 수가 498명이었고 그중 150명이 조선인이었다. 1947년 폐쇄기관으로 지정되었지만 조선에 남은 은행명을 한국식산은행으로 변경하여 존속했다. 1954년에는 한국산업은행법에 따라 한국산업은행이 되었다.

결말에는 일본 제국이 등장하고 실제 잡지의 독자층은 식민지 개척자의 가정 안까지 파고들었다. 『부녀계』는 1932년 여성 기업가 특집에 실화 다섯 편을 실었다. 재봉 사업에 관한 이야기 두 편 중 한 편은 대만에 사는 알뜰한 가문의 미요시 히사에三好久枝라는 젊은 여성의 이야기였다. 그녀의 최종 학력은 고등소학교(현재의 중1, 중2에 해당) 졸업이었고 아버지는 우산 판매원이었다. 미요시는 졸업을 한 뒤 재봉을 배워 1929년 1월 집 근처의 싱거 지점에서 아마 여자 강사 일을 했을 것으로 추측된다. 그렇지만 어머니는 그녀가 밖에서 일하는 것을 싫어했기 때문에 집에서 옷을 만들어 이웃들에게 팔기 시작했다. 그녀의 명성은 입소문을 탔고 그녀의 실화를 실은 바로 그 잡지를 읽으면서 유행에 뒤처지지 않으려고 노력한 덕분에 한 달에 대략 30엔을 벌 수 있었다. 미요시는 최근 아주 바빴던 달의 지출과 입출의 세부 목록을 자랑스럽게 싣고서 이대로 가면 자신의 결혼 비용은 스스로 충당할 수 있을 것 같다고 했다.[40]

우리는 여성이 사업에 성공하기 위해서는 이 잡지가 꼭 필요하다는 메시지를 담고있는 이야기 속 주장에서 거품을 약간 빼고 읽어야만 할 것이다. 일본 제국으로 다가오는 전쟁의 심상치 않은 기운이 뚜렷하게 모습을 드러내고 있는 다른 실화에서의 실상은 더 어두웠다. 1934년 나카이 야에코中井八重子는 다음과 같이 썼다. 공무원인 남편이 고향에서 오카야마岡山의 지방 도시로 전근을 가게 되었다. 몇 년 뒤 아이들이 중학교에 갈 무렵 그녀는 남편 근무지로 이사를 가서 함께 생활하기 시작했다. 고향에서는 농작물 가격 하락으로 궁핍했던 마을 사람들처럼 그녀의 가족도 가지고 있던 땅을 처분할 정도였다. 처음으로 아무것도 없는 도시

생활을 하게 된 그녀는 부업을 위해 매일 신문광고를 들여다보며 좌절의 시간을 보냈다.

나카이는 싱거 재봉틀을 갖고 있었다. 그리고 드디어 1932년 12월 애국부인회愛國婦人會* 지역 사무소를 통해 재봉 일거리를 찾았다. 동네의 오래된 양복점이 육군과 계약을 맺어 방한장갑 제작 하청을 맡고 있다고 했다. 공임은 장갑 한 켤레에 10전이었다. 하루에 20켤레 정도는 만들 수 있을 것이라고 들었다. 그렇지만 처음에는 하루에 고작 두세 켤레밖에 만들지 못해 첫 20켤레를 완성하는데 꼬박 한 달이 걸렸다. 작업 속도가 올라가기 시작했지만 손가락을 다쳐 2월 대부분은 통원 치료를 받았다. 그 뒤 얼마 지나지 않아 일거리가 없어졌다. 그러나 반년 뒤인 1933년 9월 양복점은 다시 일거리를 가져다주었다. '국가의 요청 사항을 염두에 두고 매우 꼼꼼하게 작업을 해야 했기에' 공임은 4배로 올랐다. 1933년 9월부터 1934년 2월까지 상세하게 기록된 나카이의 결산표를 보면 1천 800켤레의 장갑으로 135엔의 순이익을 남겼다.

나카이는 대단한 노력을 필요로 하는 업무 일과를 다음과 같이 생생하게 묘사했다. 하루에 오전 3시간, 오후 3시간, 밤 4시간, 총 10시간을 일했다. 연말처럼 바쁠 때는 새벽 3시까지 일하기도 했다. 그렇지만 그녀는 12월 막바지에 12월의 순이익이 37엔 50전이나 된 것에 '정말 뭐라고 형용할 수 없는 기쁨'을 느꼈다. 1918년 자수로 월 45엔의 수입을 번 운 좋

---

* 전전 국방과 전사자의 유적, 부상병을 돕기 위해 1901년 2월 24일 설립된 단체이다. 설립 당시의 목적인 전몰병사 유족의 구호 외에 1917년 다른 구호사업도 시작했다. 1923년 관동대지진 후의 구제, 여성의 직업 소개, 신부 소개 등 폭넓은 활동을 했다. 기관지 『애국부인(愛國婦人)』을 발행했다.

은 후지코와 비교하면 다소 적은 금액이지만 더 믿음이 가는 금액이기는 했다. 나카이는 번 돈을 집의 신불 단에 공손하게 바쳤다. 그녀 이야기의 초점은 국가가 아니라 '아이들 장래에 대한 희망'을 가질 수 있는 기회를 얻었다는 것에 관한 감사라는 경건한 말로 마무리되었다.[41]

나는 여러 자료를 찾아보았지만 부업 노력이 완전한 실패로 끝난 실화는 단 한 건도 발견하지 못했다. 이것은 분명히 독자에게 희망을 불어넣는 것으로 잡지를 팔았던 몇몇 회사 월간지의 공통된 편집 방침이 반영된 결과였다. 그렇지만 의심할 여지없이 부업을 하는 대부분의 여성들은 나카이보다도 더 곤란한 상황이었고 수입은 더 적었기 때문에 노력을 단념하기에 이르렀다. 이것저것 두려움과 희망을 가진 한 무리의 독자들이 눈에 띄었다. 경찰관과 학교 교사의 부인들, 그리고 철도원과 은행원의 아내들이었다. 그녀들은 남편의 실직이나 퇴사, 질병 혹은 사망과 같은 재난이 닥쳤을 때 빈곤층으로 떨어지지 않을까 두려워하고 있었다. 그녀들은 스스로 '자립'하는 여자로서 확실하게 일어서기를 희망했다. 행운의 기회를 얻어 열심히 일을 하면 미래의 유망한 중산층의 새로운 생활로 한 단계, 두 단계 올라갈지도 모른다고 꿈을 꾸기도 하고 믿기도 했다.

이러한 희망 속에서 여성들은 비록 권고가 섞인 현실적인 불안감이 있음에도 불구하고 국가와 기업들의 격려를 받았다. 1890년대부터 1910년대까지 관찰자들은 부업을 주로 도시 빈곤층 중에서도 가장 가난한 사람에게는 생존전략이라고 묘사했다.[42] 그러나 1920년대 사회문제를 과학적으로 생각하고 조사하여 해결하려는 새로운 노력의 일환으로서 실시된 부업에 관한 몇 가지 공식적인 조사는 이 음울한 도식에 제한을 두기 시작했다. '사실 부업자는 영세계층인 최하층에서 상대적으로 적고, 한 가정을 꾸린 사람들에게 많다는 사실이 매우 주목할 만한 가치가 있는 현상이라고 해야 할 것이다'라고 기록했다.[43] 이 조사들은 1920년대까지는, 그리고 아마 더 이전에도 많은 부업자들이 자신들을 성장하는 신중산층의 일부로 간주했고 그런 지위에 있는 자신들의 구매력을 강화하고자 했던 것을 분명히 밝혔다.

도쿄시사회국의 1925년 조사에 따르면 재봉틀 재봉은 공임이 제일 좋았기 때문에 가장 선호하는 부업이었다. 재봉틀 부업자 수는 2천 638명, 일을 공급하는 중개업자는 64명이었다. 부업자 1인당 한 달 공임은 평균 8엔으로 다른 부업보다 수입이 상당히 괜찮았다.[44] 이것도 다른 보고도 부업에 서로 상반되게 잠재하는 가능성과 위험에 대해 양의적인 태도를 보여주었다. 도쿄시사회국은 '가정생활의 중심인물'인 주부가 부업을 하면 가사일이나 아이들 교육과 인성교육이 소홀해진다. 부업자 가정에서는 모두 풍부한 문화적인 생활을 "즐길 여유도, 일가단란의 즐거움도, 교외 산책, 기타, 연극, 극장과 같은 오락" 시간도 전혀 없다고 비난했다.[45] 그러나 사회국 보고자들은 이런 문제를 열거하면서도 시 당국이 부업 장려를 하나의 경제적 구제책으로 수산소授産所(부녀자나 실업자의 직업소개소이며 수산장이라고도 함)"를 이용하여 실시할 것을 고려중이라고 기록했다. 부업을 장려해야만 한다면 당연한 결과로 다음과 같은 시책을 반드시 짚고 넘어가야 한다고 했다.[46] 부업으로 가정생활을 위협받고 있던 것은 당시 일본 제국 수도에 불기 시작한 중산층 가정이었다. 이러한 관료주의적 관점에서 주부는 자녀에게 '교양'을 쌓게 하고 주말에는 온 가족이 모여 외출하는 것을 포함하는 근대적 의무에 모든 시간을 쏟아야 할 사람으로 여겨졌다. 문제는 부업이 이런 생활에 참여하기 위해서 필요한 돈을 약속하는 동시에 가족의 결속과 건강을 파괴시킬 위험이 있다는 점이었다.

고용자측은 그렇게까지 이견이 있지는 않았다. 1915년 도쿄시의 전화와 전보 서비스를 담당하는 도쿄의 동부체신국은 하급직 남자 직원과 그 아내를 대상으로 '부업 장려'라는 소책자를 발행했다. 저자가 크게 불만을 가졌던 것은 2천 800명의 근로자 가구 중 "불과" 494 가구만이 가장 일반적인 부업 형태인 재봉을 비롯해 107종류의 부업에 종사하고 있는 것에 지나지 않다는 것이었다.[47] 체신국은 부업을 하지 않는 아내들을 부끄럽게 만들어 사회국의 예산 난을 완화하고자 했다. 저자는 솔직했다. 그는 남자 직원의 급여 인상은 다른 문제이다. 책임을 지고 부업을 해야만 하며 부업이 빈곤의 부끄러운 증표라는 편견은 극복해야만 한다고 말했다.[48] '부업의 장점'은 다양했다. 가계 부담을 덜어준다는 점, 예기치 못한 재난에 대처하기 위한 저축을 할 수 있다는 점, 낭비되는 여가시간을 쓸모 있는 시간으로 바꾸면서 근면함을 장려한다는 점, 아내들에게 돈의 가치를 가르쳐 준다는 점, 즉 돈 버는 것이 얼마나 힘든지를 알게 된다면 사치스러운 옷에 돈을 낭비하는 경향이 줄어든다는 점, 일반적으로 너무 많은 용돈을 '군것질'이나 '만화영화'에 썼던 아이들에게 부업으로 경제관념이 높은 엄마가 용돈을 효율적으로 관리함에 따라 절약의 가치를 알게 된다는 점, 남는 시간을 쾌락적인 곳에 쓸 유혹을 없앤다는 점, 남편과 아내 모두 근면하고 가정 중심적이 되면서 가정 내 불화가 사라진다는 점 등 다양한 장점을 나열했다. 따라서 국가는 일본 생산 상품made in japan 시장이 성장하는 과정에서 이익을 볼 것이라고 했다.[49] 이 비논리적인 신탁託宣의 메아리는 사실, 다른 사람들이 가정을 파괴한다고 두려워했던 바로 그 부업을 훌륭하게도 가정을 소중히 여기는 것으로 인식했다. 그렇지만 만약 가계가 그만큼 힘들었다면 어머니들이 쇼핑과 아이들 용돈에 사용하는 돈을 도대체 어디에서 짜내고 있었다는 것인지 의문이 들 수밖에 없었다.

저자는 또 비장의 카드로서 서양 문명을 꺼내기도 했다. 유럽에서는 그때 야만적인 제1차 세계대전이 격전을 벌이고 있었다. 독일 같은 나라에서 여성들이 자수와 뜨개질을 하는 것은 전혀 부끄러운 일이 아니었다. 자수와 뜨개질로 만든 생산품을 수출하여 국가의 부를 증진시켜 전쟁을 지원했다. 상당한 지위와 수입이 있는 사람조차 찾아올지도 모르는 힘든 시기를 준비해야만 했다. 그리고 "남자든 여자든 또 가장이든 가정의 일원이든 그리고 부유하든 가난하든가에 상관없이 우리 모두는 국가의 일원으로 국가를 부강하게 만들 의무를 지고 있었다."[50]

이 소책자는 꾸준한 흐름을 타고 세상에 나온 부업 장려 도서의 효시를 만든 한 권이었다. 책자에는 어떤 직업을 구해야 하며 어떤 함정을 피해야 하는지에 대한 실제적인 조언과 함께 여성은 강력한 국민경제를 쌓고 가정생활을 윤택하게 만든다는 기우장대氣宇壯大한 권고가 담겨있었다. 여성의 부업을 장려하는 물결이 처음으로 최고조에 달한 것은 제1차 세계대전 직후였다.[51] 문부성, 국철國鐵, 경시청警視廳의 부업 장려자들이 몇 만 명이나 되는 직원들의 아내에게 강력한 실천을 촉구했다고 전해진다.[52] 재봉이 여성에게 가장 적합한 분야이므로 부업은 여성에게 가장 규율 있는 생활을 하도록 가르칠 것이라고 여겼다. 이를 주장하는 사람들은 일본 여성들이 규율적인 삶과 떨어져 있다고 믿었던 셈이었다.[53] 관공서와 기업의 분석가, 그리고 부업 옹호자들은 때로는 동일한 문서에서 부업에 관한 다른 견해를 제시하기도 했다. 사회 질서와 도덕을 훼손하면서 본인의 품위를 떨어뜨리는 업무로서의 끔찍한 측면과 사회 문제의 한 가지 해결책, 여성과 가족에게 자립으로 더 나은 생활에 도달하는 방법의 첫걸음으로서 부업이 갖는 장밋빛 전망 모두를 언급했다. 결국 부업은 이 논의에서는 국가와 가족의 번영을 보증하고 사회 질서를 유지하기 위해 최선은 아닐지라도 반드시 필요 불가결한 실천으로서 자리 잡았다. 노동자층과 중산층 구분을 넘어 부업을 하는 여성들은 집안 일만을 담당할지라도 자신과 가족을 경제적으로 지탱해야 할 기회와 의무가 있었다. 생산 노동과 재생산 노동 요구의 균형을 맞추기 위해 부업자들이 떠안고 있던 어려움이 무엇이든 간에 상업 매체, 국가, 고용주들의 강력한 부업 권장은 부업의 지위를 부끄러워해야 할 빈곤의 각인으로부터 벗어나 중산층 여성이 추구해야 하는 존경받을 만한, 결국 명예로운 일로 격상시키는 것을 목표로 삼았다.

"일본인다움"을 바느질해서 입는다.

이와 같은 경제적 자립, 사회적 계급 그리고 사회 질서의 논의와 함께 서로 얽히면서도 전개되고 있던 것이 '일본인다움'의 정의와 옹호를 둘러싼, 불안으로 가득찬 성별 간 날 선 논쟁이었다. 이런 관심은 근대보다 훨씬 이전까지 거슬러 올라가 당시 서양의 힘과 문화가 호기(好機)와 위협이라는 두 가지의 원천으로 찾아오기 전까지 일본의 '잊을 수 없는 타자'[54]는 중국이었다. 1870년대가 되자 중국을 대신하여 서양, 그 이후로는 미국이 큰 의미를 가진 '타자'가 된 근대 세계에 '일본적'이라고 스스로 선언하는 여러 관습이 마땅히 그래야 할 위치를 차지하기 시작했다. 이것은 1890년대 잡지『일본인日本人』에 기고한 젊은 사상가들에게서도, 오카쿠라 덴신岡倉天心(1863~1913)[*]이 1900년대 초기에 일본, 아시아, 서양의 미술에 관해 쓴 글에서도, 그리고 더 나중에는 가정과 가족부터 일, 교육, 음식, 복장으로까지 화제의 폭을 점점 넓혀 간 논의에서도 파악할 수 있다. 이 배경에 비추어 양재와 양복 두 가지로 동일시되었던 재봉틀을 추천하고 장려한 사람들은 재봉틀이 사실 전통적인 일본식으로 이해되는 여러 관습에 적합하고 결국은 그것들을 지지한다는 것을 역설할 필요

---

[*] 일본의 사상가이자 문인이다. 후쿠이번(福井蕃) 무가(武家) 집안으로 요코하마에서 태어나 1871년 도쿄로 이사했다. 도쿄미술학교(東京美術学校, 1887 현 도쿄예술대학 미술학부의 전신) 설립에 크게 공헌했고 나중에 일본미술원(日本美術院)을 설립했다. 근대 일본의 미술사학 연구의 개척자로서 영문 저작을 출판한 미술사가, 미술평론가이다. 본명은 오카쿠라 가쿠조(岡倉覚三)이고 덴신은 호이다. 유명한 저서『동양의 이상(東洋の理想)』은 1903년 영국 런던에서『The Ideals of the East-with special reference to the art of Japan』으로 출판되었다.

를 느꼈다. 그들은 크고 작은 화제를 언급하면서 이 관행들을 정의하는 것에 힘을 실었다.

하타 린코는 싱거재봉학원 설립 외에도 베스트셀러가 된 교과서 한 권을 썼다. 이 교과서는 학원에서 사용되면서도 1908년 초판부터 1930년대의 제3판까지 200회 이상이나 증쇄를 거듭하며 수십만 명에게 팔렸다. 책 내용 대부분이 양복에만 초점을 맞춘 것 치고는 의외의 선택이었다. 저자는 1933년의 제3판 서문에서 영미간의 미터법이 최근 국가의 공식 기준으로 채택되었음에도 불구하고 이를 사용하기보다 에도 시대 이후의 화복용의 경척鯨尺(피륙을 재는 자의 일종으로 37.8cm)을 유지할 것이라고 기술했다. 미터법에 반대하는 목소리가 '여전히 높았고' 이것은 "일국의 문화의 진전 상에서 중대한 영향을 미칠 우려가 있기 때문에, 당분간은 예전부터의 십진법에 준하는 일본의 전통적인 측량 단위를 채택했다"고 말했다.[55] 이와 같은 관습은 본질적으로 일본식 일처리 방식의 일부라는 생각을 재봉틀 설명서가 강화시켰고 여기에 일본 여성의 전통적인 신체적 특성에 대한 고정관념을 담았다. 1920년대에 엄청나게 팔린 또 다른 재봉틀 입문서 한권은 1930년대까지 66쇄를 거듭한 소다 사토루宗田覚의 저서이다. 이 책에서 저자는 "일본 여성의 민첩하고 정확한 손재주는 분명 자랑할 만하다"고 주장했다. 소다의 책을 지지하는 사람들은 이 주제를 그대로 따라했다. 『지지신보時事新報』는 이 안내서가 "손기술이 좋은 일본 여성을 위해 재봉틀 사용을 권장했다"고 하면서 『오사카아사히신문大阪朝日新聞』은 이 책이 "일본 여성의 탁월한 손 기술을 기계에 응용하도록 하라"라는 취지로 쓰여진 것이라고 언급했다.[56]

재봉교육에서 다른 지도적인 인물들이 계속 추측했듯이 여성에게 일본인다움은 숙련된, 재주있는 솜씨를 가진 것 이상의 의미를 가지고 있었다. 1903년 양재는 공·사립여자고등학교의 정부인가 재봉교육과정에 도입되었지만 재봉 수업에서는 제일 먼저 화복과 일본 재봉기술을 가르쳤다. 3학년에는 단 1학점짜리 '재봉틀 사용법' 과목이 배정되었고 4학년에는 1학점짜리 셔츠와 바지 재봉법을 가르친 정도였다. 제2차 세계대전 이전까지 40여 년이 넘는 시간 동안 가정과家政科 교육과정에서 양재에 배정된 시간은 거의 없었다고 할 정도로 늘지 않았다. 그러나 학교 밖에서 양재와 양복에 관한 관심이 높아지면서 교육가들은 책, 잡지, 공개강연회, 정부 지원의 생활개선 운동 등에서 자신들의 교육법이 지향해야 할 적절한 목표에 대한 복잡하며 때로는 아주 치열한 논쟁에 뛰어들었다. 대립의 한 축은 특히 일본다움의 옹호와 정의에 관련되었다. 재봉교육을 여성의 덕성 함양의 핵심 요소로 생각하는 사람과 시장성 있는 기술의 실용적 가르침에 있다고 보는 사람의 대립이었다.

재봉을 도덕적 사명으로 지지한 20세기의 몇몇 교육자는 그것이 일본식 재봉에 깊은 뿌리를 두고 있다고 이해하고 있었다. 1910년대부터 1960년대까지 오랜 경력을 가진 우시고메 치에牛込ち系(1886~1975)는 "재봉을 잘하고 못하는 것으로 여자 한 사람의 가치를 결정하는 풍토가 지방에서는 '1910~20년대'까지 지속되었다. 어린 시절 나는 재봉과 서예를 싫어하고 잘하지도 못 했기에 '너는 안 돼, 여자가 아니야'라고 집에서 야단을 자주 맞았다. 내가 혼이 난 이유는 단순히 재봉기술 자체의 평가가 아니라 재봉도裁縫道라고도 하는 기술 연마를 통해 배양되는 덕성, 즉 교

육적 가치에 있었다."[57] 라고 회고했다. 이런 배경에도 불구하고, 우시고메의 교육법은 전통주의보다는 개혁주의에 가까웠다. 그녀는 1928년부터 1930년까지 미국에서 가정 경제학을 배웠다. 미국에서 재봉교육은 더 광범위한 '피복被服' 교육과정의 일환이며 의상교육은 의복 디자인과 제작부터 사회적으로 적절하고 위생적인 복장 습관, 옷의 구입과 가지고 있는 의상 관리와 같은 경제적인 면까지 가르친다는 사실을 알았다. 따라서 우시고메는 1931년 재봉과를 '피복과被服科'로 개명하고 범위를 확대할 것을 주장하기 시작했다(즉각적인 성과는 없었다). 여기서 주목해야 할 점은 개혁자인 우시고메조차 재봉을 일본의 양처현모들에게 '풍부한 가정애家庭愛'를 함양한다는 근본적인 목표를 위해 가르쳐야 할 기능으로 이해하고 있었다는 점이었다.[58]

우시고메는 이와 같은 시각에서 교육학적인 뿌리뿐만 아니라 제도적인 뿌리도 가진 가정 중심적 재봉과 직업적 재봉의 구분에서 전자를 옹호했다. 제도적인 격차가 절대적인 것이 아니었지만 1920년대가 되자 비교적 더 새로운 상업적인 재봉학교가 몇 개 더 설립되었다. 그곳에서는 여자 직업으로 재봉, 특히 서양식 재봉교육에 상당히 큰 중점을 두었다. 새로 설립된 학교들은 공·사립의 초등학교와 고등여학교 그리고 기존의 상업적 재봉학교와도 달랐다. 이들은 주로 일본 방식의 재봉을 가르치고 재봉을 집안의 아내와 어머니 역할에서 여자가 배워두어야 할 하나의 "길(재봉 도)"로 간주하고 있었다.[59]

나리타 준成田順은 우시고메보다 1년 늦은 1887년에 태어나 1920년대부터 1960년대까지 재봉 교육자로서 중요하면서도 대중적인 역할을 했다. 나리타는 교토부립사범학교京都府立師範學校를 졸업하고 도쿄여자고등사범학교에서도 공부했다. 졸업 후에는 도쿄여자사범학교부속 초등학교와 고등여학교에서 교편을 잡고 1926년부터 2년간의 영국 유학을 거쳐 도쿄여자고등사범학교 교수로 취임했다. 1920년대 초, 학생들이 서양 패션에 매료되어 있다는 것을 실감하면서 자신의 양재기술 부족을 후회한 것이 영국에서 기술 습득에 힘쓴 동기였던 것 같았다. 나리타는 학생에게 스스로 자신의 양복을 디자인하여 제작하는 '즐거움'을 가르치는 것으로 재봉에 대한 애정을 주입시키기 시작했다. 그러나 양재와 양복을 장려한 그녀조차 재봉의 가치는 가정을 본거지로 삼는 여성의 기술적 지위에 있다고 믿었다.[60]

나리타와 우시고메와 같은 입장을 지지하는 사람들은 근대 서양의 맹습에 반대하며 일본다움을 지키고자 하는 보수적 전통주의자가 아니었다. 1920년대에 나리타는 양복 제작법을 가르치면서 재봉교육을 실용적이거나 직업적인 목적보다 오히려 덕성 추구로서 지속적으로 정당화하는 교육자들 편에 서기도 했다. 동료들은 양처현모 교육에서 인격 전체 함양의 필요성을 강조함에 따라 자유주의적인 서양 교육학 이론을 근거로 삼았다. 그 지도자들 중 한 명이 우시고메와 나리타보다 1세대 앞선 1872년생 기노시타 다케지木下竹次였다. 기노시타는 교육학 전반과 특히 재봉교육에 관한 저서가 많다. 또 나라여자고등사범학교와 부속고등여학교에서 교사로서, 그리고 부속초등학교 교장으로서 권위 있는 강단에 서기도 했다. 그는 우시고메와 나리타와 함께 기술에 중심을 두는 방법을 뛰어넘어 '재봉 정신'(혹자는 '재봉하는 마음'이라고 할지도 모른다)을 가르치고 싶은 희망을 가지고 있었다. 기노시타에게 이와 같은 정신의 중심은 협동뿐 아니라 자유의 가치에도 있었다. '재봉하는 마음'에는 기억과 관찰, 상상력을 자극하는 지적 차원과 미를 경험하는 동시에 자신감으로도 연결되는 정동적 차원, 더 나아가서는 결단력과 동기 부여를 높이는 '의지적인' 차원이 있다고 했다. 기노시타에게 재봉은 양재와 재봉틀 이용도 포함하고 있었지만 직업훈련에 한정되는 일은 결코 없었다.[61] 그와 동료들은 개인 지향이라는 시민 의식의 이상을 강조하는 덕성교육을 제창했다.[62] 그들의 교육학은 여성이 무엇보다도 좋은 아내이자 현명한 엄마가 되어야 한다고 단언했다. 그러나 그들은 이것을 근대에 저항하는 일본문화가 아니라 근대를 흔쾌히 받아들이는 일본문화의 특징이 되는 미덕으로 여겼다.

교실 밖에서는 일상생활과 소비자 선택에서 일본의 정체성을 정의하거나 옹호하는 노력들이 흔히 '이중생활'로 불리게 되는 것에 대한 위협이나 전망을 지향하는 경우가 많았다. 이 용어는 음식과 주거와 의복 영역에서 '서양적인' 것, '일본적인' 것으로 묘사되는 물건과 관습이 동시에 병존하는 것을 의미했다. 신문, 특히 여성용 잡지 그리고 건축과 가정 경제학 분야의 전문가를 위한 더 많은 학술적인 출판물들은 다다미와 의자 어디에 앉을 것인지 그리고 화복과 양복 어느 것을 입을지에 대한 생활 습관의 장단점에 관한 찬반 토론으로 넘치고 있었다.[63]

일본은 '이중'생활과 일상생활에 대한 논의를 좀 더 일반적인 틀 속에서 수용하고자 했다. 일본 내에서 제1차 세계대전의 직접적인 여파를 받아 분쟁이 많은 사회의 질서를 보강하고자 국가의 노력을 확대 전개할 즈음, 공무원들은 중산층 개혁자들 그리고 재봉과 가정학을 포함한 다양한 분야의 전문가와 동맹을 조직했다. 내무성內務省과 문부성의 공무원들이 1919년 생활개선동맹회生活改善同盟會라는 선도적인 조직의 발족에 중요한 역할을 했다. 이후 동맹회는 몇 년에 걸쳐 출판물과 전시회, 그리고 강연회 등에서 공무원들을 합리적이고 과학적인 주거와 음식, 의복에 관한 여러 위원회에 소속된 외부 전문가 및 활동가와 연결시켰다.[64]

재봉 분야에서 중심적인 개혁자 그룹은 일본복장개선회日本服裝改善會였다. 1921년 설립된 이 모임은 지도역할을 하는 멤버 중 두 명인 오자키 요시타로尾崎芳太郎와 오자키 겐 부부의 저서를 출판했다. 여성을 주 독자층으로 삼은 『앞으로의 재봉 - 경제 개선是からの裁縫一經濟改善』이라는 제목의 이 책은 거의 500페이지에 가까운 두껍고 방대한 저서로 7만부나 팔렸다.[65] 책 제목은 글자 그대로 서양 옷을 일본인의 몸에 보다 잘 맞도록 리폼해서 '이중'생활의 부담을 없애려는 것이었다. 그런 옷을 보급시키기 위해서는 재봉틀이 있든 없든 가정에서 재봉을 할 수 있을 정도의 단순한 옷이어야 되고 옷감 사용도 경제적이어야만 했다. 그리고 옷을 입은 상태에서 활동이 자유로워야 했다. 1920년대의 생활개선 운동가들이 선택한 기능적이고 복합적인 복장 디자인들 중 일본 농촌 여성의 '몸빼'라고 불리는 작업복 개량 판이 있었다. 당시에 빛을 보지 못하고 자연스럽게 사라진 이 아이디어들은 1930년대 후반에 비슷한 합리화 정신으로 다시 거론되었다.[66]

하타 린코는 그녀의 재봉 교과서 제2판의 1924년도 서문에서 "최근 여성과 어린이들 중 양복을 입는 사람이 눈에 띄게 증가하고 있습니다.

초반에는 환영할만한 일이라고 여겨졌지만 만약 이것이 일정한 방침도 없이 그저 유행을 따라하는 것뿐이라면 굉장히 개탄스러운 일입니다. 의복의 이중생활이 여성들에게까지 광범위하게 영향을 미쳤을 때의 국가 부담은 생각하는 것만으로도 두렵습니다"[67]라고 이중생활에 관한 우려를 보였다. 그녀는 '화복을 전혀 만들지 않게' 되면 부담은 없어질 터이지만 '일본 여성이 화복을 결코 영원히 잊을 수는 없을 것이 때문'이라며 경제적 고통을 완화시키는 몇 가지의 선택지를 내놓았다. 이는 화복를 예복으로만 한정하고, 양복은 먼저 근무복부터 시작한 다음에 점진적으로 외출복으로 옮겨가는 것이다. 그것도 아니면 '원피스'처럼 유행하는 양복이라면, 화복과 비슷하고 입기 편하고 재봉질도 간단해서 이것도 포함했다.

하타는 오랜 시간에 걸쳐서 일종의 문화전쟁을 치러왔다. 1907년 그녀가 "재봉틀 재봉이 일본 가정에 어울리지 않는다는 어리석은 생각"[68]이라고 했던 것에 대한 전쟁이었다. 재봉틀은 '화복과 양복 다 사용할 수 있다'는 싱거의 판매에도 불구하고 하타는 양복이 화복보다 바느질하기 쉽다는 것을 잘 알고 있었거나 적어도 사용자들이 재봉틀로 양복 만들기가 정말 쉽다는 것을 믿고 있었다는 사실도 인지하고 있었다. 싱거미싱 재봉여학원 원장이자 싱거사의 고위 임원의 아내로서 이런 사실에 관한 그녀의 이해와 관심은 확고했다. 여성들이 양복으로 옮겨감으로써 이중생활 문제를 해결하는 것은 빠르면 빠를수록 좋았다. 이러한 이해와 관심에도 불구하고 하타의 신중하고 방어적인 서문은 의복이 특별히 여성에게 있어서 변화하는 세계 속에서 문화적인 정체성을 명확하게 드러내는 무거운 짐을 어떻게 지고 있었는지를 유창하게 풀어나갔다. 1924년이 되어서도 그녀는 고군분투했다. 다시 말해 복장선택이 국가와 문화 관점에서 이해되는 하나의 세계가 있는 한편, 동시에 양재사와 주부의 재봉틀 사용의 혁혁한 증가가 일본 여성의 양복 채용을 희망하고 더 나아가 양복 수용이 재봉틀 재봉의 자진 수용을 요구하는 하나의 세계가 병존하다는 현상 속에서 조화를 찾는 고군분투였다.

하타가 1920년대 계속해서 이 딜레마와 싸우고 있었을 무렵 다니자키 준이치로와 같은 일본의 정말 유명한 작가들은 근대적이며 서양적인 것의 무비판적인 수용 때문에 전통적 생활양식으로 간주했던 것들이 사라져가는 것을 향수로 담아 글을 썼다.[69] 문학작품도 하타의 상업적 옹호도 모두 상식적인 이항대립의 다층적인 배열에 근거를 두고 있었다. 일본식 재봉, 손바느질, 기모노, 그리고 "전통"이라는 한 쌍과 비교해서, 서양식 재봉, 재봉틀 바느질, 양복, "근대"라는 다른 한 쌍이 존재했다. 그러나 재봉교육을 둘러싼 논쟁과 좀 더 전반적으로 생활개선을 겨냥한 노력의 경우처럼, 재봉과 복장 양식의 논쟁을 '일본의' 전통과 '서양의' 근대라는 투쟁으로 단순하게 파악하는 것은 심각한 오해를 낳았다. 거의 모든 진영은 일본적임과 동시에 근대적이라고 이해되는 생활, 즉, 속도와 효율, 자유로운 움직임, 때로는 선택의 자유까지 포함하는 여러 가치를 수용하는 사회에 더 적합한 관습들을 주장하고 있었다.

예를 들면, 1921년 고베여자고등기예학교神戸女子高等技藝學校의 한 교사가 주부를 대상으로 열성적으로 제시한 시간절약 기법을 생각해보면 된다. 교사는 재봉틀 바느질보다도 빠르고 효율성이 높은 손바느질 법을 언급했다. 그녀는 같은 해에 오사카시에서 실시한 여가시간 사용조사 연구에 동조하면서 일본 여성이 가사에 터무니없는 시간을 사용하고 그 중에서 재봉에 너무 많은 시간을 소비하고 있다고 지적했다. 때문에 일본 여성들은 서양 여성들에게 뒤처지고 또 학교에서도 재봉 수업에 많은 시간이 할애되기 때문에 다른 과목 공부가 소홀해진다. 그래서 그녀가 해결책으로 내놓은 것이 "재봉틀보다 빨리 꿰맬 수 있는" 독특한 손바느질 기술이었다. 그녀가 제시한 손바느질의 유효성을 입증하기 위해 그녀의 학생과 재봉틀 전문직공에게 코트와 하오리羽織* 제작을 경쟁시켰더니 학생의 손바느질이 빨랐다고 한다.[70]

학교 학생들이 양복으로 전환하는 형태도 성인 사회처럼 시기적으로 성별 차이가 컸다. 그러나 성인 여성이 서양식 블라우스와 스커트를 입게 된 몇십 년 전부터 여학생들 다수가 서양식 '세일러'형 교복을 입기 시작했다. 때문에 교복 선택이 불러일으킨 논쟁은 국가적으로 정의된 의복 문화에 대한 반복되는 장기간에 걸친 논쟁 중의 초기 반복에 해당했다. 시작은 1886년 서양화를 추진한 문무대신文部大臣 모리 아리노리森有礼 (1847~1889)가 남자중학교 학생에게 군대식 체조를 요구한 것이었다. 새로운 형태의 신체 운동과 함께 서양화된 군복 스타일 교복으로 옮겨가는 움직임이 시작되었다. 이런 스타일 교복은 제2차 세계대전이 끝날 때까지도 공립학교에서 사실상 어떠한 변화도 없이 착용했고 현재도 착용하는 일부 사립학교가 있다. 여학생 교복은 종잡을 수 없는 방향으로 흘

---

* 길이가 짧은 기모노의 일종이다. 방한과 예복 용도이며 가장 겉에 입는다.

러가면서 많은 논쟁을 불러 일으켰다. 특히, 청일전쟁(1894~1895)부터 러일전쟁(1904~1905)에 걸친 10년간, 남자 학생들에게 실시했던 군대식 체조가 국가의 장래 어머니들인 여학생들에게 확산되면서 교복의 변혁을 요구하는 소리가 높아졌다. 그렇지만 정부의 초기 대응은 서양식 복장이 아니라 에도 시대의 전통적인 남자용 스커트를 수정한 '여자 하카마'를 도입하는 것이었다.[71]

하카마는 20세기로 들어가는 시기에 유행한 여학생 교복의 상징이 될 정도로 널리 퍼졌지만 이러한 유행을 추구하는 현상은 열띤 논쟁을 만들었다. 개혁자들은 남성들이 그랬던 것처럼 여성들도 남성과 함께 경쟁해야 할 새로운 시대에 자유로운 활동성을 보장하는 교복의 필요성을 역설했다. 이에 반대하는 사람들은 퇴폐와 자기주장이 급격하게 번지는 것이 아닐까 두려워했다.[72] 여학생들이 새로운 교복에 열광했기 때문에 개혁자들이 승기를 잡았다. 지지자들에게 하카마는 여성의 몸을 해방시키면서 미적인 관점에서도 괜찮았다. 하카마식 스커트는 새롭게 젠더 화된 각인과 함께 '여학생'이라는 특권적 신분 표시라는 하나의 계층 표시를 보여주게 되었다.[73]

이러한 획일적인 교복 패션이 1900년대 초 뿌리를 내리기 시작했을 무렵, 『가정지우家庭之友』와 같은 초기 여성 월간지들은 서양식 아동복 의상의 사진과 재봉법에 관한 해설서를 붙여 중산층 독자들에게 홍보하기 시작했다.[74] 그 이후 20년 동안 교사, 여학생, 학교 관계자 및 공무원들 사이에서 활발한 논의가 일어났다. 논의는 일본식 복장을 계속해서 근대적으로 개선해야만 하는지 아니면 그것에 맞서서 양복으로 전환해야만 하는지 각각의 장점을 둘러싼 논쟁이었다. 토론자들 모두 기본적인 목표인 편리성, 위생, 경제성, 활동의 편리성과 같은 근대적인 장점과 함께 여성의 미적 감각을 키우는 중요성 부분에서는 일치된 의견을 보였다. 제1차 세계대전 동안 문부성은 옷단을 짧게 만들어 활동성을 높인 개량 하카마 보급을 지속적인 목표로 삼았다. 그리고 전후의 일상생활을 개혁하자는 생활개선 캠페인이 주장한 근대적이지만 일본식 스타일의 교복에 대한 요구에도 주의를 기울였다.[75]

그러나 결국, 남성이 유럽식 군복을 모방한 제복을 입은 지 거의 40년이 지난 1920년대에 여학생의 '세일러'형 교복이 사회 분위기를 압도했다.[76] 이 새로운 스타일은 여학생들 사이에서 크게 유행하기 시작했다. 초등학교를 졸업하고 고등여학교로 진학하는 젊은 여성의 숫자가 1914년 약 9만 명에서 1926년에 32만 6천 명으로 급증했기 때문이다. 교복 선택에 문부성 공무원이 관여했다고는 해도 법령으로 강제한 것이 아니어서 교사와 학부모뿐만 아니라 학생들도 선정 과정에 참여했다. 일부 학생들이 서양 스타일의 교복을 채용할 것을 졸랐지만 수용해줄 수 없는 경우도 있었고 일부는 교복이 여성의 미적 판단 능력을 저해한다고 주장하기도 했다. 동양여자학원東洋女子學院의 소녀들은 교사에게 서양 스타일의 교복 채용을 건의했다가 서양 패션에만 함몰되어 본인들의 "동양" 근본을 잊고 있다며 크게 야단맞았다. 세일러 스타일 교복으로의 전환은 다양한 갑론을박이 무성했지만 부모, 교사, 여학생, 학교행정 담당국을 포함한 연구그룹과 위원회가 참여한 매우 공개적인 과정이었다.[77]

1920년대 이 논쟁이 잠잠해질 무렵 때마침 성인 여성의 화복과 양복의 시비를 둘러싼 지속적인 논쟁이 재 점화되었다. 1924년 하타가 서문에서 언급했던 우려에도 불구하고, 재봉틀의 주 사용자였던 성인 여성들은 이중생활 수용과 거리를 둔 채 대부분 기모노를 입고 생활했다. 일본 도시의 일상생활을 기록한 유명한 민속학자 곤와 지로今和次郎(1888~1973, 일본 민속학자, 민가와 복장, 건축 및 주거 관련 디자인 연구)가 1925년 최초로 공공장소의 복장 조사를 실시했다. 도쿄의 긴자에서 양장을 입은 여성의 숫자를 세어보니 딱 전체의 1%였다고 한다.[78] 당시 복장 논쟁에서 분명하게 볼 수 있었던 불안은 실제로 달성된 변화보다도 앞으로 일어날 변화의 전망에 대한 반응이었다. 아주 흥미로웠던 점은 양쪽 주장의 근간에 '근대적' 생활의 가치들 — 한편으로는 효율성, 경제성, 편리성, 다른 한편으로는 규율이 있는 틀 속에서 자유와 유희 — 이 자리잡고 있었다는 점이다.

초기의 한 사례로 『부인구락부』가 1923년 4월 "일본 여성의 양장洋裝과 화장和裝의 우열"을 주제로 한 특집을 실었다. 의견을 나누었던 18명의 유명한 남녀 중 양장 추진파는 특히, 학생과 어린이에게는 활동하기 쉽고 속도가 빠르다는 점에서 양복이 가장 좋다고 주장했고 공공장소와 활동에 적합하며 시간과 비용 두 가지 측면에서 경제적이라고 밝혔다. 소수의 양장 반대자들도 동일한 경제적 논리를 들고 나왔다. 이중생활을 하기 위한 금전적인 부담을 고려하면 서민이 갖고 있는 의복에 양복을 추가하는 것은 너무 무리라고 주장했다. 또 어떤 논자는 양장 변화가 완전히 또는 더디게 진척되는 이유를 일본 여성의 '왜소한 체격'에서 찾았다. 그러나 이 점에서도 장기 목표는 일본 여성의 신체가 서양인과 비슷한 체격으로 '향상'될 것이기 때문에 언젠가는 이런 변화가 이루어질 것이라고 했다.[79] 몇 개월 뒤 1923년 관동대지진으로 양장이 안전성이라는 장점을 가진다는 주장이 촉발되었다. 기모노를 입은 여성은 긴급사태가 발생했을 때 제대로 도망가지 못할 위험이 컸다.[80]

다음해 봄, 『부녀계』가 이 논쟁에 뛰어들어 일하는 여성의 복장 좌담회의 생생한 의견들을 게재했다. 잡지는 비슷한 이유로 양복을 지지하는 쪽에 손을 들었다. 활동하기 쉽고 세탁이 간편하며 시간과 비용을 절약할 수 있다는 점이었다. 좌담회 자리에서 교육자 한 사람이 자신의 학교는 양장으로 교체한 뒤 깨진 창문의 수리비가 증가했다는 사소한 유머를 더했다. 체육수업 시간에 신체 활동성이 좋아진 만큼 투구 위력이 세져서 유리창을 깬 공이 늘어났다는 것이었다. 그녀는 또 지금처럼 일본식 바느질 교육에 오랜 시간을 할당하는 것은 개탄스럽다고 여겼다. 여학생들은 재봉 수업으로 일주일에 6시간 내지 10시간을 소비하고 있었기 때문에 공부 면에서 남학생에게 뒤진다고 주장했고 다른 이들도 이 점에 동의했다. 재봉틀로 양복 제작법을 가르치면 수업 시간을 주당 2시간은 줄이고 나머지 시간을 구체적으로 어느 교과목인지 특정하지 않았지만 주요 교과목에 할애할 수 있었다고 전했다.[81]

다른 사람들도 근대적 논리에 기대어 그들의 주장을 펼쳤다. 화양 각각의 복장의 이론적 장점이 무엇이든 시간과 돈의 효율적인 사용은 실제로 여성이 어떤 양식에 익숙한지에 달려있다고 했다. 화복을 입고 성장한 사람은 화복을 만들거나 입는 것이 편하다고 생각한다. 기모노 추천파의 남자 한 명은 분명히 에둘러서 말하기는 했지만 쾌락의 가치에 호소하며 화복 편을 지지했다. 그는 남자의 시선으로는 기모노를 입은 여자가 더 아름답고 매력적이라고 말했다. 반면에 양장이 잘 어울린다고 생각하는 사람도 있을 것이다. 그렇지만 아무래도 여성이 자신의 '개성'을 희생하지 않는 한, 자신의 외모에서 기쁨을 얻고 젊었을 때 아름답게 보이는 옷을 입는 즐거움을 느낄 수 있어야 한다고 주장했다.[82]

좌담회의 남성 참가자들 생각 속에는 분명히 잘못된 맥락에서 복장이 성적 관심을 불러 일으켜 사회 질서를 무너뜨릴지도 모른다는 우려가 자리잡고 있었다. 한 사람은 일본의 기모노가 너무나 유혹적이라고 했다. 기모노차림은 남성에게 분별력을 없애므로 화복을 입은 여성은 직장에서 안전하지 않다고 주장했다. 그렇지만 다른 한 남성은 스커트 입은 여성도 기모노와 같은 정도의 유혹적인 경우도 있을 수 있다고 반론했다.[83] 이와 같은 의견 속에서 흥미로운 점은 의상이 남성에게는 관찰자로서의 즐거움을, 여성에게는 세련된 멋쟁이로서의 즐거움을 줄지 몰라도 이 두 남자의 관심은 모두 질서를, 그리고 분명히 직장 내의 생산성을 강화하는 복장을 장려하는데 있었다.[84] 여성의 신체와 복장 선택, 남성의 성적인 시선, 그리고 효율적인 행동거지의 가치에 대한 관심이 공공의 언설로 드러난 경우 중 가장 특이했던 것이 1932년의 시로키야白木屋(도쿄 니혼바시 소재 백화점으로 현 도큐東急백화점의 전신)백화점의 화재였다.* 이 화재

---

* 시로키야 백화점은 당시 니혼바시에 있던 최고급 백화점이었다. 1932년 12월 16일 백화점 4층 완구 매장 전열기 접촉부근에서 발화된 화재는 일본 최초의 고층빌딩 화재였다. 여직원 한 명이 5층에서 로프로 피난하던 중 기모노가 열리는 것을 걱정해서 한 손으로만 로프를 잡아 추락사했다. 이 화재로 사망자는 백화점 직원 13명, 매장 파견지원 1명으로 총 14명이고 중상자 45명, 경상자 80명의 대형화재로 일본 고층건물 재해사에

로 13명의 사망자가 발생했고 그 중 7명이 여성이었다. 타다 남은 불씨가 채 꺼지지 않은 사이에 건물 위층에서 기모노 때문에 도망가지 못한 여직원들이 사망했다는 출처가 불분명한 소문이 시내를 떠돌아다녔다. 기모노는 일반적으로 속옷 없이 입기 때문에 여성들은 지상에 모여 있는 군중들에게 알몸이 드러나는 것을 두려워했다. 따라서 한 손으로는 기모노 옷자락을 잡아 누르고 있었고 남은 다른 쪽 손만으로 창문에 매달린 탈출용 로프를 잡았기 때문에 몸을 지탱하지 못하고 떨어졌다고 한다. 이 비극 이후로 소방서 공무원과 시로키야 백화점 전무가 여점원과 고층 건물 방문 여성 고객들에게 서양형 '드로어즈drawers(여성용 팬츠)'를 입도록 조언을 했다고 보도되었다. 다른 매장도 직원들에게 드로어즈를 입을 것을 요구했다고 알려졌다.[85]

의복은 생산성과 안전성을 높이는 것이어야만 한다는 광범위하면서도 때로는 충격적일 정도의 관심에도 불구하고 여성의 업무용 복장의 실제적인 변화 속도는 여학생의 교복 변화처럼 남성보다 훨씬 느렸다. 19세기 말까지 공장이나 사무실에서 일하는 대부분의 남성은 서양식 바지와 셔츠를 입었다. 그렇지만 수십만 명의 근로자가 근무하는 가장 근대적인 방직공장에서조차 여직원의 작업복이 서양식으로 교체되는 것은 아주 더디게 진행되었다. 고용주 혹은 개혁자들은 분명히 양복의 효율성에 관한 이해와 관심을 갖고 있었다. 그렇지만 그들은 이 목표와 여성의 문화적 역할과 의무에 대한 본인들의 이해의 균형을 맞추고

남을 참사였다.

자 크게 고심했다. 1917년 여성 노동자용 최초의 노동조합 출판물에서 초기의 한 사례를 찾아낼 수 있었다. 필자는 위생적이며 안전한 작업복의 필요성을 설파했다. 작업복은 몸을 따뜻하고 청결하게 유지하며 노동자를 부상으로부터 지켜야 한다. 또 그와 동시에 업무부터 더 공적인 자리까지 다양한 자리에 어울리게 입을 수 있어야만 한다고 했다. 그녀가 제시한 사례는 모두 화복을 개량한 종류였다.[86] 이와 비슷한 언설은 1920년대 이후로도 계속되었다. 노동과학 분야의 개척자인 이시하라 오사무石原修(1885~1947)[*]는 1922년 출간한 『노동위생勞動衛生』에서 서양식 의복이 일본식 의복보다 바람직하다고 기술했다. 그런데 그는 당시의 일반적인 경향을 의식해서 여성은 어쨌든 옷소매가 기계에 걸리는 것을 막기 위해 양복처럼 소매통이 좁은 통소매 기모노를 입도록 권장하는 데 그쳤다.[87]

1920년대부터 1930년대에 걸쳐 『아사히그래프*Asahi graphic*』[**]와 같은 상업잡지나 『노동勞働』과 같은 노동조합 출판물에 실린 사진을 보면 1920

---

[*]   일본의 산업 위생, 노동 위생의 선구자. 후쿠오카의과대학 졸업 후 도쿄제국대학과 내무성으로 옮겨 '공장위생조사'를 위촉받고 1913년 위생학상에서 본 여공의 현황을 발표했다.

[**] 아사히신문사가 1923년부터 2000년까지 발행한 일본 최초 일간 사진 신문이다. 일본에서의 사진 잡지의 개척자와 같은 존재로 수많은 역사적인 보도, 그 시기의 대표적인 뉴스와 풍속 특집 기사를 다수 게재하여 자료적 가치가 높다. 1923년 1월 25일 창간호가 발행되었지만 그해 9월의 관동대지진으로 휴간했다가 11월 14일 주간 화보지로 복간되었다. 1952년 8월 6일 일본에서 처음으로 히로시마 원폭 피해 사진을 지면에 실어 화재가 되었다. 2000년 10월 15일 시드니올림픽 총 편집을 마지막으로 휴간하면서 77년의 역사를 끝냈다. 2010년 대 이후 『주간아사히』 임시 증간 형태로 『긴급 복간 아사히그래프』가 부정기적으로 발행되고 있다.

년대 말까지 요업窯業, 차의 선별과 포장, 양조장釀造場, 성냥공장, 고무공장, 화장품공장, 과자공장에서 일하는 여성 대부분이 화복을 입고 있었다는 사실을 알 수 있다.[88] 그러나 1910년대부터 1930년대 초까지 주요 분야의 고용주들은 점진적으로 양복이 화복보다 더 생산적이며 안전한 선택지이며 미적으로도 충분히 만족스럽다는 결론에 이르렀다. 동양방적東洋紡績은 1910년대 통소매 화복 작업복을 상의와 스커트로 교체하고 1920년대 말에는 연한 청색 하복 유니폼을 채용하여 '공장 안은 도라지꽃이 핀 것 같았다'라고 한다.[89] 1934년 교토와 오사카의 공장 12곳에서 여공복女工服의 출품을 받아 실시된 이른바 산업 패션쇼와 같은 연구 간담회의 보고 소책자에 따르면 여성 근로자 작업복에 관한 관심은 전년도에 오사카에서 공장 내 안전과 효율과 복장을 주제로 개최된 전국 집회 이후로 대단히 높아졌다. 상황을 고려하지 않은 디자인 결함 때문에 발생하는 사고가 상당히 많아진 것은 인정되었지만 문제는 처음에 얼핏 본 것보다 더 복잡했다. 여성의 경우, 의복 디자인은 단순히 안전하고 효율적일 뿐 아니라 '여성적인 우아함'을 놓치지 않으면서 미적으로도 만족할 수 있어야만 했다. 소책자에는 12개 공장의 여공 작업복 사진과 설명이 실려 있었는데 대부분 섬유산업과 관련이 있었다. 어느 공장이나 점점 서양식 유니폼을 채택했지만 몇몇 곳은 최근 1, 2년 사이에 교체했다.[90]

복장 논쟁이 여학생과 근로 여성에게서 모든 여성에게로 확대됨에 따라 논의의 무대도 여성잡지나 노동조합 출판물에서 전국적인 유력한 언론 매체로 옮아갔다. 1925년 『도쿄아사히신문東京朝日新聞』은 "가정부인家庭婦人 양장의 찬성과 반대"라는 신문지상의 토론을 6회에 걸쳐 연재했

다. 독자들은 많은 원고를 기고했고 찬성과 반대는 거의 반반으로 균형을 이루었다. 찬성파가 강조한 의견은 지금은 반복하여 익숙해진 표현인 경제성과 편리한 활동성이었다. 도쿄 오기쿠보荻窪의 히라타 우타코平田歌子는 양복은 특히 시 전철市電을 타고 내릴 때 허벅지가 보이는 일이 없다고 했다. 도쿄 우시고메牛込의 우치다 아키코内藤照子를 비롯한 반대파는 화복이 '이중생활'의 경제적 부담을 피할 수 있다고 했다. 재봉틀이나 양재 훈련을 할 필요가 없기 때문이다.[91] 또 기모노 추천파의 논의에는 경제뿐 아니라 개량이라는 근대적 미사여구가 포함되어 있었다. 가나자와 쓰야코金澤つや子는 화복이 혼잡한 근대생활에 어느 정도는 불편하다고 인정했다. 하지만 이러한 단점은 일본식 복장을 포기하는 것이 아니라 외국 여성들조차 화복의 진가를 알아볼 수 있도록 개량하는 것으로 해결할 수 있다고 주장했다.[92]

이 간담회에서도 다른 곳에서도 근대적인 가치 수용의 논리를 정면으로 반대했던 한 가지 주제는 일본 여성의 체격과 일본적 복장의 미학이 서로 잘 어울린다는 것을 근거로 화복을 옹호함으로써 다니자키 준이치로의 향수와 결을 같이 했다. 그러나 그런 의견이 이런 점만을 근거로 삼고 있는 경우는 좀처럼 드물었다. 다카하시 세쓰요高橋せつよ는 『도쿄아사히신문』 포럼에서 화복이 일본 여성의 신체와 미적 감각에 가장 잘 어울리고 육체노동에도 상당히 적합하다는 두 가지를 모두 주장했다. 여배우 사쿠라기 후미코櫻木文子도 마찬가지로 화복의 경제성을 미적 장점의 주장과 결부시켰다. 양장에는 액세서리가 많이 필요해 비용이 많이 들어가므로 일본 가정에도, 일본 여성의 미에도 적합하지 않다고 했다.[93] 손

바느질과 재봉틀 바느질의 시비, 복장에서의 이중생활의 공과를 어느 정도 활발하게 논의한 공무원, 민간 전문가, 시민 기고자와 같은 사람들은 효율과 합리성의 가치, 때로는 자유와 개성의 가치를 의심없이 받아들였다. 그들은 동시에 근대의 불가피하고 불가역적인 출현 사실, 그리고 근대에 있어서 일본다움 또는 그 도덕적 차원을 검토하지 않고 근대를 말하는 것은 불가능하다는 점도 확인했다.

활발한 논쟁에도 불구하고 여성 복장의 양장화 움직임은 여전히 한정된 상황 속에 있었다. 싱거사가 1903년부터 1930년 사이에 일본에서 판매한 50만 대의 가정용 재봉틀은 실제로 소유한 사람들에게는 작은 발판을 마련했고 문화적 상상력 면에서는 훨씬 큰 존재감을 형성했다. 적은 할부금액으로 구매할 수 있는 수단임에도 불구하고 1930년대까지 재봉틀의 보유 비율은 전체 가구의 3~4%에 지나지 않았다. 그렇지만 광고, 잡지 기사들, 입소문, 그리고 너무나도 많은 곳에서 보이는 싱거사의 판매원들로 인해 재봉틀은 소유하거나 사용해 본 물건이 아니라 존재 자체가 유명해져서 선망의 대상이 되었다. 이런 의미에서 여기까지는 주로 문화사의 이야기였다. 이는 다음에 나올 극적인 사회적 변화의 바탕을 만들 이미지의 확산에 관한 것이다.

싱거사와 출판계의 동료들은 재봉틀을 양처현모와 딸에게 꼭 필요한 살림으로 묘사했다. 재봉틀의 구매와 사용은 미래지향적 합리성과 현재 중심적인 유희의 추구라는 두 가지 모습으로 근대적인 생활에 참여할 기회를 보장했다. 또 재봉틀은 여자들에게 자립할 수 있는 경제력을 가질 수 있다는 희망을 보여줬다. 여성은 가정 경제의 합리적인 경영자가 될 수도 있고 즐겁거나 심지어 방탕한 쇼핑객 뿐 아니라 자랑스럽게 자립을 추구하는 사람도 될 수 있다. 따라서 재봉틀은 사적, 공적 영역 모두에서 여성의 새로운 역할을 인정했다. 이 역할들은 논쟁에 불을 붙였고 여성들에게 열린 다양한 가능성을 확대시켰다. 그렇지만 1930년 초까지 남성의 권력, 또는 대부분의 가정에서 여성의 종속적 지위를 근본적으로 변화시키긴 못했다. 확대된 여성의 영역은 오히려 남녀관계의 지대한 변용을 사전에 차단하는데 도움이 되었다. 또 이러한 가능성의 영역은 계층을 투쟁의 운명을 가진 대상이라기보다는 이동이 가능한 대상으로 보는 견해를 발전시키기도 했다.

그리고 재봉틀은 근대 세계에 일본과 일본인다움의 위상에 관한 격렬한 논쟁에도 모습을 드러냈다. 이 논쟁을 재봉틀, 양재, 양복이라는 서양과 근대와 동일시되는 새로운 기술과 새로운 관습, 그와 반대로 일본식 재봉과 화복처럼 전통과 일본인다움으로 동일시되는 오래된 관습에 맞선 싸움으로 이해하는 것은 유혹적이기는 했다. 그럼에도 불구하고 재봉틀이 때때로 이렇게 인식되었다고 해도 일본의 전통 옹호자들은 근대적 가치에 일본의 전통을 결부시킴으로써 자신들의 주장을 빈번하게 그리고 가장 효과적으로 이어나갔다.

어떤 사람들은 의복에서 이중생활의 결론을 내는 것의 어려움을 덜기 위해 일본 의상과 서양 의상의 가장 좋은 점만을 취하는 이종혼합 형태에 기대를 걸었다. 그렇지만 그들의 그러한 주장은 일상생활에 거의 영향을 미치지 못했다. 전반적으로, 복장 논쟁은 '서양식'과 '일본식'으로 규정된 두 스타일 사이의 괴리감을 한층 더 분명하게 만들었을 뿐이었다. 일본식 복장에서 벗어나기 시작한 일부 여성들은 멀어지면 멀어질수록 전문가가 디자인한 화양절충의 개량복을 입지 않았다. 그보다 오히려 1920년대 가장 인기가 있던 여성복은 아파파apppappa*로 불린 수수한 하복용 짧은 통소매의 간단한 여름 원피스였다. 이 옷 명칭의 유래는 확실하지 않지만 민소매 상의를 강조한다는 측면에서 '위쪽upper part'이 어원일지도 모른다. 아파파는 오사카 지역에서 먼저 유행되었고 입소문과 평판, 『부인지우』와 같은 잡지 홍보로 더 확산되었다. 1920년대 말에는 아주 흔한 광경이 되었고 고급 교외 지역보다도 대도시의 저·중산층 지역에서 많이 보였다.[94] 아파파의 최대 장점은 다양한 스타일에 있었다. 서양식 디자인이지만 일반적인 드레스와 달리 직선을 따라 재봉할 정도로 간단해서 재봉틀 없는 사람들도 쉽게 만들 수 있었다. 세탁도 간단했으며 옷감도 비싸지 않은 편이었으며 활동하기 편했다. 이와 함께 주목할 점은 이 옷의 유행이 아래에서 위로, 밖에서 안으로 즉, 간사이에서 도쿄로 확산되었다는 점이었다. 근대적 생활 관습은 여러 경로를 통해 확산되고 생산되었다.

---

* 여름용 간단한 원피스이다. 시어서커(seersucker) 면으로 만든 원피스로 간이복 또는 청량복(淸凉服)으로 불렸다. 옷 사이즈가 큼지막하고 넉넉했으며 허리를 묶지 않는 디자인이 특징으로 1920~1930년대 유행했다. 1929년 도쿄에서는 40년 만의 무더위로 청량복으로 판매된 아파파가 유행했고 이로 인해 여성의 양장화에 기여한 옷으로 해석되기도 한다.

제4장

양키 자본주의에 저항하다

1932년의 늦여름부터 겨울에 걸쳐 싱거 미싱회사의 직원들은 두 번에 걸쳐 노동쟁의를 조직했다. 두 번째 노동쟁의에서는 폭력사태가 발생하고 공격의 초점이 미국으로 '좁혀진 탓에'『뉴욕 타임즈』가 크게 다루면서 전쟁 전 일본의 노동쟁의로서는 전례 없는 취급을 받았다.[1] 유급 직원들이 선두에 서서 첫 행동을 주도했다. 그 중 일부는 몇 명의 싱거 지구 영업점 감독·판매원과 함께 규모가 훨씬 큰 두 번째 쟁의에도 가담했다. 그러나 두 번째 노동쟁의 항의자들의 핵심부는 도쿄, 요코하마, 오사카, 그리고 고베의 분점 주임, 세일즈맨, 할부 수금원으로 구성된 판매전략 부대였다. 이 남성들의 업무는 성과급제로, 경기 침체로 수입이 줄어들었고 그에 따른 그들의 고충은 급여 감소에 따른 불만을 훨씬 넘어서는 수준에 이르렀다.

노동쟁의는 분점 주임과 판매원이 주도적인 역할을 했다는 점, 사실상 판매 제품인 재봉틀의 실질적인 횡령 전략을 세웠다는 점, 그리고 고충에 불씨를 부채질한 민족주의적 분노를 보였다는 점에서 눈에 띄었다. 직원들은 싱거사의 재산권에 이의를 제기했고 많은 사람들이 가지고 있던 그들의 고용조건이 합법적이라는 신념에 대해 의견을 냈다. 자신들의 자본주의 제도가 더욱더 일본만의 독특한 것으로 인식되길 원하는 욕구가 강해진 시기의 일본에서는 그것들이 정당성 있는 확신이었다. 그들의 투쟁은 완전한 패배로 끝났지만 장기적으로 회사는 그 이상의 더 큰 손실을 입었다. 싱거는 전 세계에서 유효성을 입증해온 단일 판매 시스템을 강력하게 옹호했다. 이는 싱거사의 제품을 베꼈지만 판매자와 구매자 모두에게 적합한 판매 시스템 부분에서 더 효과적인 아이디어를 내어 정당성을 얻고자 한 일본 경쟁업체에게 길을 열어준 셈이 되었다.

서곡

싱거사는 1932년의 파업 당시, 직원들과는 32년에 걸쳐 원만한 관계를 유지한 역사가 있다고 주장하면서 파업에 가담한 노동자들을 과격한 불평분자의 소규모 파벌에 지나지 않는다고 설명했다. 간사이종업원연맹關西從業員聯盟은 "사실은 이런 종류의 쟁의는 과거 30년간의 영업활동 중 오사카에서도 9번이나 발생했고 다른 지역인 도쿄를 포함하면 사실 20번이 넘는다"라고 반박했다.[2] 전쟁 전 일본의 다른 시대와 장소에서도 그랬지만 쟁의라고 해도 쟁의의 정의가 아직 정해져 있지 않아 논의의 대상이었고 노사가 대립하는 국면이 모두 언론에 보도된 것도 공식적인 통계로 포착된 것도 아니었다. 그러나 과거에도 노동쟁의가 있었다고 하는 직원 측 주장은 남아있는 몇몇 기록들을 통해 부분적으로 얼마간은 확인되었다.

1925년 3월 도쿄에 본거지를 두었지만 오사카에서도 지원을 받는 종업원제도개혁기성동맹회從業員制度改革期成同盟會는 '가격 인하'(아마도 재봉틀 가격)와 고용계약의 변경을 요구했다. 파업이 계속되는 동안 동맹회원 중 5, 60명 정도의 직원은 영업활동을 계속 하고 있었지만 재봉틀 판매와 할부금 수금으로 생긴 수입을 회사에는 입금하지 않았다.[3] 쟁의가 발생하기 전의 자세한 현황이 불분명하므로 3월 2일 싱거의 외국인 임원 한 명과 종업원조직 대표 여섯 명이 체결한 14개항의 '합의서'에서 직원 측이 얻은 것이 무엇인지 확실히 알 수 없다. 그러나 고용 조건이 노사 쌍방에게 교섭과 조정 대상이 되어 합법적인 쟁점으로 간주되었던 점은 분명했다. 회사 측은 할부 수금원의 상여금 계산과 기타 유사한 문제에 관한 규정(신규인지, 종래대로인지는 불분명)을 열거하며 '퇴직 수당에 관해서는 회사에서 연구고려할 것'과 '유급직원 대우와 관련하여 동맹회가 희망하는 바를 잘 살펴볼 것'을 약속했다.[4]

9개월 뒤, 제도혁정동맹회制度革正同盟會라는 이름을 내세운 한 단체가 오사카의 25개 분점 중 실적이 부진한 5개점 폐쇄를 결정한 싱거에 항의하며 쟁의에 나섰다. 19명의 성난 분점 주임이 이끄는 이 동맹회는 "우리들은 젊어서부터 나이 들어서까지 회사를 위해 거의 헌신적으로 일한 사람들이므로 회사는 우리들에게 상당한 퇴직 수당을 주어야 한다"는 성명서를 냈다. 분점 주임들은 근무연수가 1년부터 2년인 직원에게는 퇴직

수당을 100엔, 15년 이상인 사람에게는 1만 엔이라는 단위가 다른 금액을 요구했다. 게다가 점포 폐쇄에 따른 보상금 지불을 요구했다.[5] 항의자들은 지난 봄 도쿄쟁의 때와 마찬가지로 갖고 있던 재고 재봉틀을 판매하고 할부금은 평상시처럼 계속 수금하면서 이 돈은 모두 제3자 신탁에 맡김으로써 싱거에게 압력을 가했다. 그렇지만 회사는 이번에는 지난번보다 강경 노선을 취하며 19명의 분점 주임을 해고했다. 이를 계기로 회사를 비난하는 전단지 뭉치가 빗발치듯 쏟아졌다. 전단지는 '양키 자본가의 잔학'한 방법이 '일본 입헌 법치국'에 중대한 문제를 일으켰다고 하면서 '우리 일본 제국 전 동포'에게 동정과 지지를 호소했다.[6]

1926년 1월 19명의 분점 주임이 오사카지방법원에 제기한 소송은 싱거의 재산권에 도전하는 한편, 노동쟁의 전술의 강력한 정신을 반영했다. 12월 노사협상이 진행되는 동안, 분점 주임들은 회사가 고용한 폭력배들이 자신들을 가게와 집에서(분점 주임은 가게 안쪽에 있는 방에서 생활하는 것이 일반적이었다) 우격다짐으로 쫓아냈다고 고발하는 소송을 제기했다. 분점 주임은 회사에 소속된 직원이 아니라 대리업에 관련된 상법을 따르는 독립적인 대리인임을 주장하며 회사에게 소유권 침해 및 영업 활동권 방해 명목으로 고발하여 1만 엔이 넘는 손해 배상을 청구했다.[7] 동맹회의 요구나 소송 결과에 대한 기록은 전혀 남아있지 않다. 그러나 만약 승소했거나 요구가 관철되었다면 1932~33년 분쟁에서 비슷하게 제기된 요구들을 정당화시키는데 언급되었을 것이다. 이런 점으로 봐서 패소하고 일자리를 잃은 것은 확실해 보인다.

이러한 충돌은 황폐해질 대로 황폐해진 그 이후의 투쟁, 즉 퇴직금과 고용계약 개정 요구에서도 점포 탈취 전술에서도 반미적인 미사여구를 '일본 입헌 법치국'에 어울리는 질서 옹호와 연결짓는 방법에서도 예견되었다. 나중에 격렬한 쟁의에서 터져 나오게 될 직원들의 불만은 뿌리도 깊었고 문제도 훨씬 심각했다. 그렇지만 이들의 단기적인 쟁의의 첫 사례에서 싱거가 보여준 교섭 자세는 나중에는 두 번 다시 볼 수 없게 된다.

세일즈맨의 파업

1932년 쟁의가 발생한 시점에 일본 제국 내에 몇 개의 점포와 몇 명의 종업원이 있었는지 정확한 숫자는 모른다. 그러나 양 진영 모두 싱거사의 800개의 점포와 8천 명의 종업원이라는 대략적인 표현을 사용했다. 쟁의가 시작되었을 때, 싱거의 일본 본사는 고베, 중앙점은 고베, 오사카, 요코하마, 조선 경성에 있었으며 각각 거의 200개의 분점 활동을 조정하고 있었다. 그들이 직면한 주요 장애는 환율의 잦은 변동이었다. 1929년 11월 일본 정부는 엔화 통화 시스템에서 금본위제로 환원했지만 세계가 전무후무한 불황에 돌입한 시기였기 때문에 이것은 부적절한 조치였다. 2년 뒤 화폐 재료인 금의 미증유 유출을 막기 위해 당국은 금본위제를 포기할 수밖에 없었다. 1931년 12월 중순, 달러 가치는 불과 2주 동안 50센트에서 39센트로 급락했다. 노동쟁의 직전인 1932년 8월까지는 1엔은 불과 23센트의 가치밖에 없게 되었다. 8개월 동안 싱거 재봉틀의 수입 가격은 배 이상으로 폭등했다.[8]

회사는 소매가격의 인상을 억제하려고 노력했다고 주장했다. 가장 일반적인 가정용 발 재봉틀의 현금 지불 소매가격을 1932년 1월부터 8월까지 35%(185엔에서 250엔으로) 인상했다. 그에 대해 싱거종업원연맹은 회사가 재봉틀 가격을 인상했기 때문에 구매자가 생기지 않았다고 반론했다. 실제로 매출은 급감했다. 처음에는 1930~31년의 국내 물가와 임금 폭락 그리고 실업 증가 탓이었고 이어서 1932년의 엔화절하 영향이었다. 재봉틀 수량이나 달러의 수입 총액을 봐도 일본을 포함한 일본 제국 전체에서 1932년도 실적은 한창 때였던 1929년 성수기의 절반 또는 그 이하였다.[9] (93페이지 그림 6 참조)

7월, 싱거는 이 사태를 해결하기 위해 뉴욕의 극동담당 임원을 일본에 파견했다. 1933년 2월까지 일본에 머무른 리차드 맥러리Richard McLeary는 요코하마의 뉴 그랜드호텔New Grand Hotel을 작전 기지로 삼고 먼저 임금 삭감, 정리 해고, 중앙점의 정리 통합을 시작으로 고정 비용을 삭감하기로 결정했다. 8월을 시작으로 모든 유급 직원에게 10%의 임금삭감을 통지했다.[10] 이 통지를 받은 고베 본사와 오사카 중앙점의 80명의 직원이 이에 대한 대응으로 일본에서 최대 노동조합이었던 일본노동총동맹日本勞動總同盟의 지원을 받아 쟁의단을 결성하고 임금삭감 철회를 요구했다. 그들은 싱거사 본사에서 집회를 열고 시위를 시작했지만 9월 11일 합의점을 찾으면서 파업으로 이어지진 않았다. 월 100엔 이상의 급여를 받는 사람은 10% 삭감을 수용했지만 75엔 이상부터 100엔 미만인 사람은 5% 삭감만을, 그 이하의 사람은 현행대로라는 결론이었다.[11] 합의 후 몇 주 동안 경성 중앙점의 직원들도 비슷한 요구를 내세웠고 비슷한 결과를 얻었다. 이 뉴스는 한국어 신문에 큰 승리로 실렸다. 직원들 대부분은 한국인이었고 그들은 미국회사 못지않게 일본인 상사에게도 불만을 갖고 있었다.

회사가 고베와 경성 두 곳에서 유급 노동자 대표들과의 면담과 협의에 응해 최종적으로 임금삭감 타협을 한 것은 노동자들이 오랫동안 가지고 있던 불만을 새롭게 다시 꺼내는 결의를 부채질하게 되었다. 그들의 행동은 10월에 본격화되었다. 이 쟁의는 일본의 만주 침략에 대한 불쾌감으로 이미 긴박해진 미일관계를 더 악화시킬 가능성이 있었기 때문에 사례를 찾아보지 못할 정도로 다양한 관점에서 상세하게 기록되었다. 일본의 신문들은 대대적으로 보도를 했고 폭력이 발생했을 때에는 미국의 신문들도 주목했다. 일본 외무성은 이 쟁의에 관해 대략 1천 페이지나 되는 자료를 수집했다. 거기에는 외무성이 작성한 보고서뿐 아니라 쟁의의 경위에 대해 현縣의 지사와 경찰 관료가 내무성에 제출한 100통이 넘는 더 중요한 보고서도 포함되어 있었다. 나는 이 정도로 수집한 자료에서 전쟁 전 일본에서 유별나게 길고 격렬했던 노사분규에 관해 보통 이상의 상세하고 다각적인 견해를 도출할 수 있었다.

격렬했던 노사분규의 부분적 이유는 양측 지도자의 인품에 있었다. 1933년 1월 폭력 사태 이후, 과거에 리처드 맥러리를 옹호했던 미국 대사관의 공무원들은 일본의 경시총감警視總監에게 그를 '융통성이 부족'해서 오늘과 같은 이 사태를 악화시킨 '일부 책임'이 있는 인물로 평가해서 보고했다고 한다.[12] 직원 측 최고 지도자인 야마모토 도사쿠는 그때까지 도쿄의 중심부이자 일본의 최고 백화점들이 몰려있는 니혼바시구日本橋区

지역의 중요 지점의 지점장이었다. 야마모토도 맥러리와 막상막하로 융통성이 부족하고 감정적인 성격으로 판단력을 잃기 쉬운 남자였다.

야마모토를 이상화시킨 그의 전기傳記에 따르면 그는 1932년 7월 급여체계 개혁을 요구하기 위해 종업원 조직을 만들고자 은밀하게 노력했다. 그런데 아이러니하게도 회사가 만든 도쿄 분점 주임회에서 다른 주임들의 도움을 받았다. 이들의 노력이 세상의 이목을 끌게 된 것은 9월 하순, 간토關東지방의 약 20명의 분점 주임과 세일즈맨이 정치 집회장으로 잘 알려진 간다神田 오가와초小川町의 마쓰모토테松本亭*에 모여 요코하마와 도쿄에서부터 도호쿠東北 방면까지의 직원을 대표하는 '전 일본 싱거재봉틀사원 간토연맹'의 설립 계획을 발표했을 때였다. 바로 뒤이어 같은 목적으로 오사카와 고베를 중심으로 한 간사이연맹이 발족했다.[13] 수백 명의 직원이 집회에 참가한 성대한 '결성대회'가 도쿄에서는 10월 9일, 오사카에서는 10월 21일 거행되었다. 그 사이인 10월 11일에는 야마모토 도사쿠가 동서합동의 종업원연맹의장 자격으로 싱거사 임원인 맥러리와 워커에게 요구서要求書를 전달했다. 워커는 즉시 '그 어떤 요구 사항도 수용할 수 없다'는 의사를 분명히 밝혔다.[14]

종업원연맹은 11월, 56페이지나 달하는 상세한 내용을 담은 자신들

---

*   1890년에 설립된 가시세키(貸席 : 회합이나 식사를 위해 요금을 받고 빌려주는 방, 또는 그런 집)이다. 일본 근대의 대표적인 발자취인 자유민권운동(自由民権運動, 1874), 쇼조직소사건(正造直訴事件, 1901, 일본 최초의 공해사건인 아시오광독사건 직소) 대역사건(大逆事件, 1910), 호헌운동(護憲運動, 1912), 5 · 15사건(5 · 15事件, 1932), 나카노 세이고 할복사건(中野正剛割腹事件, 1943) 등이 이곳에서 시작되어 일본 정치와 사상사의 무대가 된 곳이다. 당시 주인은 마쓰모토 후미(松本フミ)였다.

의 요구를 팸플릿으로 제작하고 등사판으로 인쇄해서 배포했다. 제1항은 싱거 재봉틀의 가격을 인상 전 수준으로 인하하라는 요구였다. 거기에는 분점 주임과 판매원들의 구체적이며 치밀한 영업상의 노하우와 회사의 사업전략에 자신들도 발언권을 가지고 있다는 주장과 함께 자본주의에 대한 분노를 담은 비판이 반영되어 있었다. 종업원들은 싱거 재봉틀과 부품 가격을 경합하는 각 회사의 가격과 비교하여 이렇게 말했다. 세계 최대 재봉틀 회사는 당연히 규모의 경제 효과를 기대할 수 있을 터이고 비록 가격을 인하해도 그것이 판매와 수익 증가를 촉구하는 수준이니 충분한 이윤을 얻을 수 있을 것이다. 그렇게 하는 것을 거부한다는 것은 '최상층의 자본가가 혜택을 가장 많이 받고 최하층에서 일하는 사람이 가장 적게 받는다'는 '자본가의 악습'이라고 말했다.[15]

두 번째 요구인 '즉각적인 퇴직수당 제도 제정'은 일반적으로 악으로 여겨진 자본주의가 아니라 특수한 미국적 자본주의로 비난의 화살이 바뀌었다. 종업원은 경영이 힘들면 해고를 하는 자본주의 논리는 수용했지만 실직에 즈음하여 일본 특유의 관행으로 간주되었던 사항을 요구했다. 1920년대까지 일본의 대기업 대부분은 직원에게 근속 연수에 따른 퇴직수당을 제공하고 있었다. 정부는 1926년, 이 관행을 성문화하는 방향으로 작지만 의미 깊은 한걸음을 내딛었다. 그 해 개정 공장법(기존 공장법은 1911년 제정)이 발효되었다. 거기에는 고용자는 대부분의 경우, 해고될 직원에게 적어도 2주일 전에 해고를 예고하고 또 2주일분의 퇴직금을 지불하라는 새로운 규정을 담았다.[16] 직원들은 "미국에는 이 제도가 없다고 하지만 일본에서 점포를 내고 일본인을 고용하고 일본 법률에 따라 상행위를 하는 이상, 일본의 모든 회사와 동일한 제도를 만들고 이것을 시행하는 것은 당연한 것이라고 주장했다."[17]

세 번째 요구인 '고용계약 개정'은 제2장에서 서술한 분점 주임, 판매원, 할부 수금원을 위한 수수료 제도의 징벌적인 조건 변경을 요구했다. 직원들이 반대한 것은 할부 계약을 한 고객이 재봉틀을 가지고 도망가 버리거나 잔금 상환 전에 재봉틀을 반환하거나 잔금을 예정보다 빨리 현금으로 지불했을 경우에 그들의 월급에서 공제되는 몇 가지 형식의 '조정금調整金'에 관한 것이었다. 고용계약에 관한 추가적인 불만은 할부 수금원에게서 나왔는데 그들은 수금율이 높은 경우에 받을 수 있는 보너스 제도에 불복했다. 보너스는 수금원뿐 만 아니라 그들의 감독자도 받았다. 그래서 감독자들은 보너스를 확실하게 받을 수 있도록 하기 위해 고객이 지불을 연체했을 경우, 수금원에게 자비로 메우도록 해서 수금이 완전히 이루어진 것처럼 보이도록 했다. 이 때문에 많은 수금원이 돈을 빌렸다. 직원들은 모든 '조정금'의 폐지를 요구한 것이 아니라 벌금을 더 인하하든지 더 유연한 부과방법을 요구했다.

네 번째 요구는 역시 제2장에서 설명한 분점 주임, 판매원, 수금원을 대상으로 한 강제적인 신원 신용보험이다. 회사는 이 보험으로 직원으로 인해 발생하는 어떤 손실에서도 피해를 입지 않았다. 직원들은 네 겹으로 중첩된 보호 장치(또는 불신)가 불필요하다고 주장했다. 이미 손실이 난 경우의 급여 삭감액과 고용 시에 싱거에 예치한 종업원보장 공탁금과 손실에 대한 공동 책임을 지는 두 명의 보증인이라는 세 겹의 자구책이 있었기 때문이다. 이들의 구체적인 요구는 싱거가 실제로는 보험에 가입하지 않았으면서 직원에게서 받은 보험금을 가로채는 것이 아닐까 의심하는 직원에게 보험증서를 발급하라는 것이었다.

오랫동안 계속되는 요구 이후, 팸플릿 마지막에 소론小論 네 개가 보충으로 실렸다. 이 글은 세일즈맨 한 명중 고야마小山라는 이름을 가진 할부 수금원과 도쿄여교사부東京女教師部의 직원들, 물류부 직원들이 쓴 것으로 이 요구들의 근저에 깔려있는 일시적인 감정을 생생하게 엿볼 수 있다. 세일즈맨은 유급 훈련이라는 약속에 혹해서 입사했지만 시간이 지나자 그것은 향후 받을 수수료에서 차감되는 선불금이었다고 말했다. 고야마는 보너스를 받을 수 있는 기록을 유지하라는 압력 때문에 자신도 중간 수금원도 200엔부터 1천 엔이나 되는 외상을 지는 처지가 되고, 또 궁지에 몰려 재봉틀을 훔치게 된 사람도 있다고 설명했다. 물류창고 노동자는 스스로를 일회성 남성이라고 표현했다. 경기가 나쁠 때는 쉽게 해고를 당해 싱거의 '시대착오적인' 태도를 반영하는 비인간적이며 차별적인 취급을 받았다고 했다.[18]

쟁의에 가담한 직원 중에 여자 강사들은 극히 일부이지만, 여성들의 주장을 항상 경계해왔던 신문과 경찰 보고서에서 이들의 존재는 확실하게 기록되어 있었다. 그녀들은 '청원서請願書'에서 특히 달변가의 모습을 드러냈다.

우리들은 입사할 때 여자 강사라는 근사한 이름으로 입사했습니다. 그런데도 불구하고 한 달에 '재봉틀' 한 대 이상의 책임 판매를 요구받았습니다. 그 외에 바늘, 기름, 책과 같은 부속품 판매를 강요당했습니다. 그리고 이 책임량을 해내지 못할 경우에는 아무리 기술이 뛰어나도 반드시 해고를 당하게 됩니다. 퇴직 수당은 10년, 12년 근속자라도 1문文도 받은 경우가 없습니다. 근무 시간도 회사 규정은 오전 8시부터 오후 5시까지이지만, 고객 상황에 따라 근무 시간 이외나 일요일에도 교육을 했지만 그런 경우에도 전혀 인정받지 못합니다. 이른바 무임금으로 일했습니다. 회사가 아주 바쁠 때는 대여섯 집도 가르치고 한가해지면 판매를 못한 직원부터 해고하기를 매년 계속하고 있습니다. 추석이나 연말 보너스는 전혀 꿈도 꾸지 못했습니다. 이와 같은 온갖 인정 없고 가혹한 사정이 20년 전부터 현재까지 전혀 반성 없이 시행되고 있습니다.[19]

싱거 임원은 10월 내내 결사(結社) 대표 자격으로의 직원과의 면담은 거부했지만 단순 직원의 자격일 경우에는 가끔 만나기도 했다. 10월 25일 그런 비공식적인 만남이 있었을 때, 맥러리는 수금원 두 명에게 수금 규칙에 약간 수정할 계획이 있다고 알렸다. 파업기간 동안, 그가 이런 유연성을 보인 것은 이 때 뿐이었다. 수금원 두 명은 일부 쟁점만 해결하는 것은 아무 의미가 없고 모든 요구에 응해주어야만 한다고 대답했다.[20] 이 교착 상태에서 간토와 간사이연맹은 10월 25일 도쿄, 요코하마, 나고야, 교토, 오사카, 고베의 여러 도시를 중심으로 『요미우리신문読売新聞』이 직원의 "총 파업"이라고 이름붙인 것을 시작했다. 참가자 대부분은 급여를 수수료로 받는 직원(분점 주임, 판매원, 수금원)들이며 거기에 여자 강사와 물류창고 노동자 일부가 가세했다. 지방 영업점과 판매원은 중앙점의 유급 직원들과 함께 회사와 동료 직원들 사이에서 이러지도 저러지도 못하는 모습이었다.[21] 『도쿄아사히신문』은 "경성을 제외한 도쿄, 요코하마, 나고야, 교토, 오사카, 고베 6대 도시의 종업원 2천 명이 노동총동맹의 응원으로 일제히 파업하기에 이르렀다"고 보도했다.[22]

이 행동을 '파업'이라고 부른 것은 잘못되었고 다음날 발행된 『요미우리신문』의 "교묘한 지구전. 수금과 기계를 무기로. 재봉틀 파업을 하면서 장사"라는 헤드라인 쪽이 정확했다. 1925년 노동쟁의 때와 똑같지만 다른 한편으로 직원은 더 대규모적이며 더 오랫동안 싱거의 점포, 재고품, 할부 계정을 자신들의 관리 하에 두었다. 분점의 분점 주임과 종업원은 지속적으로 재봉틀의 개별 방문 판매와 할부 수금을 했고 이 때 들어온 돈을 종업원연맹이 관리하는 은행계좌에 '신탁'했다. 도쿄에서만 이 행동에 가담한 42개 점포가 소매가격으로 30만 엔 이상이 되는 1천 500대의 재봉틀 재고와 그보다 1백만 엔 이상의 미결제 잔액이 있는 훨씬 더 가치 있는 1만 명의 할부 고객 계정을 관리했다.[23]

간토와 간사이연맹은 '통제부統制部'를 두고 엄격한 규칙과 절차를 정했다. 이는 재봉틀과 자금을 적절하고 확실하게 취급하기 위해서였고 그 안에는 임시 영수증 발행도 포함되었다. 수금원은 연맹이 작성한 임시 영수증에 기입을 하고 그것을 감사관을 통해 통제부에 제출하면 통제부가 수수료를 지불했다.[24] 규칙이 어떻든 싱거는 재고와 할부금을 종업원이 '관리'하는 것을 불법적이며 위협적인 행동으로 간주했다. 11월 중순 회사는 대도시의 분할 지불 고객 전원에게 남은 할부금을 수금원에게 지불하지 말고 요코하마의 싱거 우편 사서함에 우편환으로 직접 송금하라는 엽서를 발송했다.[25] 그리고 분점 주임들에게는 모든 기계와 부품 그리고 제3자 신탁에 거치된 금액을 바로 회사로 변제하지 않는 사람은 해고하고 또 고소한다는 협박성의 편지를 발송했다.[26] 회사는 계속해서 남은 할부금과 재봉틀 기계를 되찾기 위해 구매 시에 보증을 섰던 보증인에게 법적 조치를 취할 것이라고 위협하는 똑같은 편지를 보냈다.[27]

종업원연맹은 이에 대해 우리 연맹의 가맹원들은 합법적이며 책임감 있게 행동하고 있다고 반박했다. 그리고 다시 지방의 여러 점포와 직원뿐만 아니라 유급 직원도 끌어들이려고 했다. 사실, 도쿄, 요코하마, 고베, 오사카의 상당수의 유급 직원이 대도시의 판매원, 수금원, 분점 주임 대부분과 같은 목적으로 파업을 지지했다. 그러나 대도시 이외에서는 홋카이도北海道와 가라후토樺太(현 사할린)의 지구 영업점 감독, 분점 주임, 판매원, 수금원만이 쟁의를 지지한 것에 그쳤다.[28]

유급 직원의 다수파를 조직하거나, 일본과 식민지 전 지역의 판매 세력을 동원할 수 없었다고 해도 노사분규에 참가한 노동자는 전략적이자 상징적으로 중요한 일본의 도시들에서 자체 기반을 가지고 있었다. 그들은 또 당국의 중립적인 자세에 힘을 얻기도 했다. 당국은 회사를 지지하는 일은 자제했고 경우에 따라서는 직원들에게 민족적 혹은 민족주의에 뿌리내린 공감을 어느 정도 나타낸 적도 있었다. 쟁의그룹의 대표자들은 노동 문제를 통상적으로 취급했던 내무성과 경시청 같은 같은 정부의 관공서를 도는 것뿐 아니라 외무성의 무역과貿易課와 육군성陸軍省까지 방문하면서 자신들의 입장을 변호했다.[29] 가나가와현神奈川県 지사가 보고서 서두에서 요코하마 중앙점의 총지배인 앨빈 K. 오렐Aurell의 정치적 견해를 비평한 내용을 보면 일본이 싱거를 의심하고 있다는 것을 느낄 수 있

다. 오렐은 미국의 예비역 장교이므로 "그의 언동을 항상 주의할 필요가 있다"고 평가했다.[30]

12월 2일 맥러리와 워커, 그리고 오렐은 자신들의 재산권을 지키기 위해 일본인 변호사를 동반하고 사법성司法省을 방문했다. 그들은 '사원 중에는 기계를 회사에 반납하지 않고 대금을 챙긴 자가 있다'는 사항을 특별히 내세우며 정부에 이들의 '강력한 처벌'을 요청했다.[31] 정부는 별다른 반응을 보이지 않았다. 경찰은 직원의 행동을 위법이라고도 인식하지 않았고 그만두게 하려고도 하지 않았다고 알려졌다.[32] 『재팬 애드버타이저The Japan Advertiser』지[1890년 창간한 영자 신문으로 1940년 『재팬 타임즈』와 합병]에 따르면 상공성, 사법성, 가나가와현청, 경시청의 공무원들은 싱거를 격분하게 만들었다. 왜냐면 직원의 회사 창고의 재봉틀 압수, 파업 단체의 할부금 수금과 신제품 판매에 대해 단호한 조치를 취하도록 여러 번 요청했는데도 그들은 그 청원을 거부했기 때문이었다. 공무원들은 이 전술들을 "단순히 '파업의 일부'에 지나지 않는다고 생각했고 경찰은 몇 번이나 회사에 '파업자들과의 타협'을 노력하라고 했다고 한다.[33] 영자 신문이 싱거에게 호의적이었던 것만큼 일본의 신문은 적대적이었다. 『주가이상업신보中外商業新報』(일본경제신문日本經濟新聞의 전신)는 싱거가 외무성에 도와달라고 요청하면서 '울며 매달렸다'라고 비웃었다.[34]

이런 압력에도 불구하고 싱거의 기세는 여전히 꺾이지 않았다. "우리들은 타협하라는 말을 들었지만, 타협을 하면 회사 장래는 치명적일 것이다. 정말 불가능하다."[35] 회사는 11월 중순, 파업으로 일을 태만히 한 유급 직원 56명, 물류창고 종업원 28명, 교사 24명을 해고했다.[36] 11월 하순에는 파업에 참가한 직원 전체를 해고하고 고베와 오사카의 중앙점을 폐쇄하여 사무와 경영관리 업무를 모두 요코하마로 이관했다.[37]

새해가 되어도 여전히 진전이 없자 파업 중인 직원들 사이에서 분열과 후퇴하는 기미가 나타났다. 1월 12일 가나가와현 지사는 내무대신內務大臣에게 직원들은 패배가 불가피하다고 생각해 체념하고 있는 것 같지만 적어도 일부 요구라도 인정받을 수 있도록 협상을 시도하고 있는 상황이라고 보고했다.[38] 다음날, 그들의 사기와 연대감에 큰 타격이 찾아왔다. 종업원연맹 '수금 부'의 멤버 세 명이 지금까지 고객에게서 받은 돈을 니혼바시의 제일은행第一銀行에 맡겨왔는데 그날은 몰래 은행에 가서 8천 엔을 인출한 뒤 자취를 감추어 버렸다. 결국 드러난 사실은 그들은 회사 측으로 돌아섰고 요코하마 중앙점이 준비한 숙소에 머물고 있었다.[39] 이 사건의 재밌고도 웃긴 설명이 그날 『요미우리신문』에 실린 3인조 중 한 명인 60세의 수금원 가토 간타로加藤貫太郎의 '실종' 전말기顚末記였다. 처음에 가토는 경찰 다섯 명이 동행을 요구하여 집을 나선 것처럼 보였다. 그렇지만 밤이 되도 귀가하지 않자 아내가 경찰서에 가보니 경찰관은 그를 체포도 구금도 하지 않았다. 경찰이 조사한 바로 가토는 파업을 하는 동안 할부금 1천 200엔을 수금했는데 회사의 보복이 두려워 초짜 연극을 한 것이 들통난 것을 알았다. 싱거와 논의해서 '문제의 사원에게 거짓 형사사건을 만들어주고', 스스로를 '연행'시킨 것이다. 이렇게 하면 동료 종업원들이 그를 자발적인 배신자로 간주하지 않을 것이라고 생각했다.[40]

대단원

서로 고함을 치고 창문의 유리를 두드려 깨며 종업원 13명이 체포되는 소동을 일으킨 폭력 사건들은 파업이 있던 몇몇 지점에서 발생했다. 회사는 충성파 종업원과 재고를 지키기 위해 '대일본정의단大日本正義團', '요코하마토목신흥단橫浜土木信興團'이라는 조직 패거리를 고용하기도 했다.[41] 폭력 사태가 비등점을 넘어선 것은 1933년 1월 18일이었다. 수금원 세 명의 변절로 노발대발한 도쿄의 직원 70명이 소그룹으로 나뉘어 요코하마로 향했다. 야마모토 도사쿠를 선두로 그들은 점심시간에 거의 비어 있던 회사 사무실로 난입했다.[42] 그 뒤로 『재팬 애드버타이저』가 묘사한 바로는 '인정사정없는 파괴'의 난폭한 행패가 계속되었다. 난입한 사람들은 "타자기를 내려치고 의자와 테이블을 때려 부수고 심지어 전기 조명기구까지 떼어냈다. 서류 수납 서랍을 비틀어 열고 귀중한 기록물은 나중에 불태우든지 갈가리 찢어 근처 수로水路에 버리려고 들고 나왔다. 사무실은 순식간에 완전히 난장판이 되었다."[43] 회사 경비원과 직원들은 회사 재산을 지키려고 점심을 먹다가 달려왔다. 그 이후 계속되는 난투극으로 아홉 명이 중상을 입어 병원으로 가고 경찰은 40명 이상의 직원을 체포했다.

이 공격이 전환점이 되었다. 요코하마의 싱거 수뇌진은 양보는커녕, 일본 내 사업을 완전히 정리할 것이라고 위협했다. 뉴욕의 싱거 본사는 이 사실을 지지하고 일체의 양보를 해서는 안 된다, 종업원조합을 인정하는 것도 만나는 것도 거부하라고 일본 지사에 명령했다. 그리고 그 사실이 전략적으로 신문과 경찰에 누설되어 이 파업의 첫 번째 반 공식적 성명이 되었다. 뉴욕 본사는 또 파업 참가자일지라도 쟁의단에서 빠져 나오는 사람이라면 개별적으로 재고용할 의사가 있다고 발표했다.[44] 한 편으로는 도쿄에서는 조셉 그루Joseph Grew(1880~1965, 미국 외교관이자 외무부 장관, 1927~1932 주일본대사) 대사가 외무대신外務大臣에게 항의했고 다른 한편으로는 미국 국방장관 헨리 L. 스팀슨Henry Lewis Stimson(1867~1950, 미국 정치가, 1929~1933 국무 장관)은 워싱턴에서 주미 일본대사에게 이 문제를 꺼내들었다.

이와 같은 배경을 고려하여 요코하마를 관할하는 가나가와현 경찰이 해결을 위한 조정에 나섰다.[45] 멜로드라마와 협상의 최종일인 2월 9일 자정 무렵, 쟁의단은 사실상 모든 요구를 포기했지만 약간 체면이 설 정도의 양보는 얻어냈다. 회사가 수수료와 기타 고용 조건을 6대 도시 전체 직원에게 동일하게 적용하는 것에 동의했다. 즉 본질적으로는 도쿄의 직원과 같은 수준으로 인상하는데 동의했다. 그리고 전년 10월에 처음으로 요구가 제기되었을 때 회사가 유일하게 받아들인 신용보험 보험료 증명서 발행도 약속했다. 해고자의 재고용은 '범죄 행위가 있는 자' 이외는 면접을 본 뒤 회사 재량으로 채용하는 것에도 동의했다. 이것에 대해 부대합의서는 재고용 시 고려해야 할 사항으로 판매원과 수금원이 파업 중에 수금한 자금 전액을 10일 이내로 회사에 넘길 것, 그것이 이루어진다면 회사는 법적 조치를 하지 않을 것을 명시했다. 싱거로서는 아무래도 수용하기 어려웠고 글자 그대로 마지막 순간에 합의를 무산시킬 뻔 한 쟁점은 쟁의단의 소송 비용과 경찰서에 수감된 직원과 그 가족의 재정적

지원을 제공하기 위해 회사가 쟁의단에 거액의 돈(7천 500엔)을 지불할 것에 대한 합의였다 ─ 이것은 당시 일본 상황에서는 노동쟁의의 표준적인 관행이었다.[46]

놀랄 것도 없이 한동안 양측에는 대단히 불쾌한 감정이 응어리로 남았다. 싱거사는 상당한 수의 직원 퇴사라는 타격을 입거나 또 어쩔 수 없이 수용했다. 도쿄의 인원 감소는 특히 심각했다. 회사가 재고용한 사람은 물류창고 노동자 37명 중 불과 6명, 여자 강사 45명 중 11명(이것은 회사가 도쿄 중심의 싱거미싱 재봉여학원을 영구히 폐쇄한 탓이기도 했다), 할부 수금원 76명 중 42명이었다. 파업에 가담한 200명의 판매원 중 회사가 재고용한 사람은 '일부 소수'이지만 시내의 파업 참가 분점 주임 42명의 정확한 운명은 3월 말에 최종적인 경찰 보고서가 작성된 시점에서도 여전히 매듭을 짓지 못한 채였다. 13명의 분점 주임은 고용계약 조건을 위반한 이유로 이미 해고된 한편, 16명은 '비교적 충성심이 높다'고 판단되어 재고용되었다. 전달받은 바에 따르면 나중의 13명은 복귀에 대한 조건을 싱거와 계속 논의했지만 그 사이에도 그들은 다른 선택지, 예를 들면 소련에서 재봉틀을 수입하거나 일본제 재봉틀을 판매하거나 또는 중고 재봉틀 거래 등을 모색했다고 한다.[47]

"국가의 관행國情" VS "전 세계 범용" 시스템

200명의 분점 주임과 많은 지역구 영업점 감독까지 포함한 싱거의 종업원들은 몇 가지 점에서 자본주의 전반을 공격하고 있었다. 그들은 환율 변동이 가격 상승의 정당한 이유가 된다고는 여기지 않았다. 그들은 수수료가 고객이 지불하기로 약속한 금액보다 오히려 실제로 지불받은 금액에 연동시켜 조정되는 것을 불공정하다고 매도했다. 그들은 재고와 할부 지불금을 탈취함으로써 회사의 재산권에 정면으로 도전했다. 이와 같은 견해와 행동은 비슷한 정책을 취한 회사들에서도 똑같이 작동했을 것 같은 직원들의 한 가지 도덕적 경제 감각을 반영했다. 그리고 만약 상대가 일본 회사였다면, 정부는 1945~46년의 생산시설 탈취 사건 때처럼 일본의 자본가 편에서 노동자를 반대했을 것이다.

그러나 이번 사건은 노사 간의 일반적인 분규 이상이었다. 아무래도 쟁의 참가자들의 분노, 그리고 국가의 동정同情을 확실하게 강화시킨 것은 적의敵意 비난의 화살을 특수한 '미국'적 자본주의로 전환시킨, 피아彼我의 대비에 근거한 경제생활의 이해 방법이었다. 사적인 교섭 자리에서 파업단체 대표들은 맥러리와 오렐 밑에서 일하는 고위 일본인 감독들의 '매국노적인 태도'를 조롱했다. 이 일본인은 "부하 사원을 위협하고 국민 정의情誼를 억제하며 그로 인해 일신의 보전에만 급급해했다"고 말했다.[48] 당시의 신사참배는 노동쟁의 행동의 레퍼토리에 들어가지 않았지만 이 사건으로 쟁의단 멤버 50명은 야스쿠니 신사靖国神社와 메이지 신궁明治神宮 두 곳에 성공을 기원하러 갔다.[49] 쟁의단이 낸 전단지와 성명은 싱거를

'양키 자본주의' 회사로 규탄하고 그곳에서 일하는 노동자를 민족적, 계급적 억압의 이중 희생자로 만들어 냈다.[50] 직원들이 자포자기하면서 그들의 미사여구는 더욱 표독스러워졌다. 싱거는 "이 숭고한 야마토大和민족에게 모욕적인 언동을 했고, 회사를 지지하는 일본인 감독들은 나라의 역적, 매국노, 배신자, 국가라는 충직한 몸속 기생충이라고 하면서 이런 자야말로 일본 제국에서 단호하게 매장해야만 한다"고 말했다.[51]

싱거 직원이 말하는 인종적, 민족적 언급은 자신들의 위치가 얼마나 불안했는지를 보여주었다. 그들이 보기에는 일본인을 억압하고 있는 서양과 그들보다 아래로 보이는 유색인종 사이에 일본인으로 있다는 것의 거북함이었다. 10월 22일 회견에서는 쟁의단의 어떤 대표는 맥러리와 오렐을 향해 "직원 전체를 흑인(니그로)처럼 보는 그릇된 시각을 고쳐라, 세계에서 일본의 현재 위치를 분별하고 있는가"라고 쏴붙였다.[52] 요코하마 중앙점 사무장인 나카이 류노스케中井留之助는 41명의 유급 사원 중의 리더 격이었다. 그렇지만 그가 어느 순간 파업 단체에 가담했다가 바로 빠져나왔다는 풍문이 돌았다. 격분한 42명의 쟁의단원이 중앙점으로 몰려 들어가 나카이를 '일본인이면서도 외국화된 미국의 스파이'라고 규탄했다. 그리고 내근직 사원들에게 종업원연맹에 재가입 하도록 강요를 해 나름의 성과를 얻은 것 같았다. 나카이는 나중에 "우리들은 연맹에 가입하는 것을 좋아하지 않았지만 일본인으로서 가입해야만 하는 사정에 몰려 할 수 없이 가입한 것"이라고 말했다.[53] 1932년 9월의 경성 중앙점 쟁의*에서

---

*　『동아일보』, 1932.9.21. 노동쟁의-싱거미싱회사사건. "米國 씽거미싱會社 中央分店員 總動搖, 全朝鮮店員 千餘名結束, 導火線은 俸給減額, 神戶支配部에 照會中, 回答이 와

"일본인들이 우리를 대하는 방식은 받아들이기 어렵다. 그렇지만 서양인이 우리를 대하는 사실보다 더 화가 나는 것은 서양인 밑에서 일하는 [일본인] 감독들의 처사"라는 조선인들의 발언에서도 이 3자 간의 인종 정치학이 부각되었다.[54]

민족적 혹은 인종적인 긍지를 미국 자본주의에 대한 모멸과 연결짓는 레토릭과 개념의 복합체가 일본의 "국정國情"이라는 관념이었다. 외국인 경영자는 '일본 정서를 제대로 인식하지 못하는 야만인'으로 묘사되었다. 싱거 종업원들이 "국정"의 깃발을 내걸고 말했던 것은 고용주가 따랐으면 하고 기대하는 일본의 관습적인 방식의 실체였다. 그들은 연공에 따른 퇴직 수당을 요구했는데 이것이 일본의 대기업 사무직과 생산 노동자 모두에게 더 일반적이 되고 있으며 어느 정도는 법제화되었다는 점을 잘 알고 있었다. 이 요구를 꺼낸 즈음에 그들은 반복해서 싱거는 "일본의 법률에 준거하여 재봉틀 사업을 하는 이상, 일본 내 여러 회사와 동일한 제도를 만들어 퇴직금을 지급하는 것이 당연"하다고 주장했다.[55] 그리고 실제로 3년 뒤에는 일본의 법률 자체가 이 관행을 완전히 따르게 되었다. 1936년 제국의회帝國議會는 50명 이상의 직원을 가진 모든 기업에게 근속 연수에 맞는 퇴직금 지급을 요청하는 법안을 가결했다. 장기근속 직원에

야 處理 「에취 에취 뻑」氏談 : 내용 중 점원 측 이야기—진정서에도 자세히 쓴바와 가티 우리의 대우는 말할수업는 대우입니다 서양인이 우리를 그러케 취급하는 것 보다도 그 미테잇는 고급자 몃명이 그러하니 더욱 분합니다 임금을 나리우는 것보다도 조그만 감정으로 함부로 취급하며 시키는 등 또는 병으로 하로쯤 안드러와도 하로치를 제하고 월급을 줍니다 여하간 오늘 四시까지 원만히 회답이 업스면 최후의 수단을 취하려고합니다."(당시 신문 원문)

게 퇴직금은 괜찮은 연금 정도가 되었다. 이 법률을 둘러싼 논쟁에 불을 붙인 것은 기업과 국가는 일본의 사회 정책을 '적절하게' 설계할 책임이 있다고 하는 이념이었다.[56]

노동쟁의에 참가한 직원은 싱거에서 일하고 있는 이상, 안정된 임금과 고용 보장은 당연하다고 기대했다. 그들의 주장은 1920년대 일본 노동자들 사이에서 지속적인 세력을 얻었던 이념을 반영했다. 근대 자본주의에서는 남녀 모두 피고용자는 최악의 사업 부진의 경우를 제외한 고용 보장을 포함하여 당시 표현대로 '은혜에 대한 권리'를 갖는다는 이념이었다.[57] 싱거의 여자 강사들은 기술지도 의무 외에 추가 부과되는 판매할당을 완수하지 못하면 해고되고 퇴직 수당은 10년, 20년 근속자일지라도 한 푼도 못 받았다'며 분노를 드러냈다.[58] 남자 외판원들은 싱거의 보증금, 보험, 보증인 제도와 같은 복잡한 구조는 회사 사정에 맞게 해고할 수 있도록 의도적으로 만들어졌다고 규탄했다. 채무를 이행하지 못한 고객이 생겼을 경우 이 조직은 담당 세일즈맨이나 수금원을 해고하기 위한 비도덕적 동기를 제공했다. 왜냐면 그들을 해고하면 '막혔던 대금이 한꺼번에 회수되기' 때문이다. 이 시스템에서는 '직원이 실수를 해주는 편이 오히려 회사에는 이익이 되도록 구성되었다'고 한다.[59]

퇴직금 요구와 손해보상 정책 및 노동계약에 관한 비판은 일본의 "국정"을 존중하지 않는 싱거가 반일적反日的이라고 단죄한 직원들의 레토릭에 실질적인 근거를 제공했다. 이런 논리에 맞서서, 리처드 맥러리와 일본 내 임원들은 뉴욕 본사의 지지 하에, 그들의 완고한 입장을 정당화시키기 위해 전 세계에서 항상 보편적으로 통용되는 싱거 시스템의 보편성을 일관되게 주장하는 합창을 반복했다. 회사는 아주 긴 영어 문서를 외무성에 제출하고 일본어 번역본을 직원과 언론에 배포했다. 마찬가지로 오랜 시간 직원 측의 고충 신청 성명서에 응답하여 '싱거 시스템이 뛰어난 시스템이라는 사실의 증명은 그것이 보편적으로 세계 어디서나 통용된다는 사실이다'고 응답했다. 또 계속해서 '우리들 조직에 들어오는 사람들 모두가 퇴직금 제도가 없다는 사실도, 이 사실이 일본뿐 아니라 세계 어느 나라에서도 타당하다는 점도 충분히 알고 있다. 현행 커미션 계약을 변경을 하는 문제를 말하면서[쟁의에 참가한 직원] 그들은 계약의 다양한 조항이 갖는 광범위한 여러 원칙을 무시했다. 사실 그 원칙들을 기반으로 우리들 사업이 이렇게 장시간에 걸쳐 성공적으로 유지되었다.' 때로는 개별 점포의 책임자에 따라 시스템이 오용된 경우가 있어도 '그것이 시스템 전체를 비난하는 이유는 될 수 없다. 또 회사가 일본에서 계속해서 현재 시스템으로 사업을 지속한다면 지금 유효한 노무 계약 전체를 그대로 유지해야만 한다'[60]고 했다.

이들의 주장은 분명히 강력하고 오랫동안 일관된 입장을 반영했다. 이미 1890년대 싱거 사장인 프레드릭 본Fredrik Born은 싱거 판매 시스템의 '제 원칙과 운영 관리의 단순 명쾌함'을 칭찬하며 바로 그 덕분에 '모든 문화권의 수천만 명의 사람들, 대부분이 그때까지 미국식 사업의 진행 방법을 몰랐음에도' 그것을 효과적으로 받아들이고 실천했다고 말했다.[61] 왜냐면 이 주장들은 싱거가 어딘가 다른 곳에서는 직원이 자사의 정책에 반대했을 때, 결국은 그 지역의 여러 조건에 임기응변으로 대응하고 타협을 한 태도에 비추어보면 도저히 납득이 가지 않았다. 싱거는

19세기 말과 20세기 초에는 영국과 러시아를 포함한 수많은 국가에서 판매원과 수금원을 따로 두는 시스템에서 세일즈맨이 재봉틀을 판매하고 수금도 하는 시스템으로 옮겨갔다.[62] 인도에서는 1901~1902년에 싱거 부사장이 영업전략 부장에게 회사의 판매 관행을 '한 글자 한 글자, 글자 그대로' 해석하지 않아도 된다고 말했다.[63] 1906년 러시아에서는 직원들의 불만을 눈치 챈 싱거 경영진들은 보증인, 신용보험과 고용계약의 제 원칙에 적용되었던 엄격한 규정을 변경하여 '구조상의 유연함과 절차에 관련된 조정력'을 실제로 증명해보였다. 싱거의 최우선 목표는 러시아의 영업 총감독으로 성공한 독일인 알프레드 플로르Alfred Flohr의 말을 빌려 "사업을 가능한 한 크게 발전시키는" 것이며 그것이 비록 싱거의 이름을 내세운 시스템을 조절하는 것을 의미해도 상관없었다.[64] 제정 러시아에서 아메바처럼 퍼져나가는 회사의 영업 활동은 가는 곳마다 노사분규와 직면했다. 그 중에서도 대서특필할 만 사건은 1905년과 1907년 사이에 바르샤바에서 일어난 파업이었다. 이 사건에서 플로르는 '커미션 구성에 심각한 불평등'이 있다는 사실을 인정하고 '커미션과 업무 절차' 수정에 동의했다.[65] 앞에서 봤듯이 일본에서조차 1925년의 첫 쟁의에서는 싱거는 퇴직금 제도를 진지하게 '고려'한다고 직원들에게 약속했다. 그렇지만 7년 뒤에는 전혀 고려하는 기미조차 보여주지 않았다.

노동조합의 전국 규모의 연합체와 연결된 조직화된 직원의 존재는 1932년 가을, 회사에게는 분명히 문제 해결의 장애였으며 그것이 싱거사의 고집을 다소 심화시켰다. '조직의 개별적인 멤버로 회사에 신청해야 하는 제언, 불만, 또는 탄원이 있는 사람은 누구라도 개인 자격이라면 자유롭게 해도 좋지만 어떤 종류의 단체 대표로는 허용되지 않았다.'⁶⁶ 그렇다고 해도 싱거는 1925년에는 도쿄와 오사카에서 그리고 1932년 여름의 쟁의의 제1회전에서는 경성과 오사카에서 조직된 직원과의 교섭에 나서서 응했다. 그 해 여름, 오사카의 종업원은 일본노동총연맹 산하에 있었고 또 싱거는 총연맹뿐만 아니라 경성의 종업원조합과도 협상을 했다. 그리고 마지막으로는 1933년 2월 싱거는 회사 변호사가 총동맹 회장인 마쓰오카 고마키치松岡駒吉(1888~1958)*와의 협상을 통해 최종적인 해결을 도모하는 것을 허용했다. 반노동조합주의가 싱거의 유연성이 결여된 접근을 강화한 것은 확실하지만 그것이 전부는 아니었다.

또 보수에 개별적인 상한을 두지 않을 수 없는 제약이 있었던 것도 싱거의 비타협적인 자세의 주된 원인이 아니었다. 1932년 여름, 임금 인하를 밀어붙인 뒤 회사는 직원과 타협하여 태도를 약간 수정했다. 두 단체 사이에서 쐐기를 박으려고 했던 것이 아닐까하는 생각이 들었지만 맥러리도 어떤 기회에 판매원이 아니라 수금원용의 규칙만을 약간 수정할 마음이 있다는 것을 넌지시 말했다. 싱거는 판매진의 보수에 퇴직금을 포함하여 얼마간의 고정된 요소를 제안하는 변경을 회사의 '전 세계 범용' 시스템에 추가하는 것을 절대 용인하려고 하지 않았다.

입수할 수 있는 한 증거를 찾아봐도 이 완고함을 확실하게 설명할 수 있는 사람은 찾지 못했다. 어쩌면 그 불황의 구렁텅이가 몸에 밴 방식에

---

* 일본의 정치가이자 노동운동가로 돗토리현(鳥取県)출신이다. 제39대(1947.5.21~ 1948.12.23) 중의원 원장을 역임했다. 전후 일본노동조합 총동맹을 재건하여 회장에 취임하고 또 일본사회당 결성에도 참가했다. 전후 일본의 우파 노동운동의 대표적인 존재이다.

전례 없을 정도로 필사적으로 매달리게 했는지도 모른다. 나는 수십 년이나 계속된 세계 제패가 오랫동안 증명된 관행을 조정하려는 예전의 의지를 점점 더 약화시킨 것이 아닐까 생각했다. 이유가 어떻든 자사 시스템에 대한 싱거의 자신감은 확고한 믿음으로 굳어졌다. 이러한 투쟁 뒤에 또 다른 믿음이 모습을 드러냈다. 쟁의에 참가한 직원들이 성장 중인 자국 경쟁업체에 가담하여 싱거 재봉틀의 복제품을 만들었지만 싱거 시스템에는 수정을 하기 시작했다.

반 양키 자본주의 투쟁에서 싱거 시스템 채용으로

노사분규가 해결된 지 얼마 되지 않아 리처드 맥러리는 자신의 열정적인 적수인 야마모토 도사쿠에게 "싱거는 이제 일본에서는 안 됩니다"고 말했다고 한다. 그리고 요코하마 거주 외국인들에게 "외국 기업은 노사분규가 있으면 반드시 패배할 것이고 이기더라도 시간이 지나 반드시 망할 것"이라고 설명했다고 한다.[67] 이 언명들은 가끔씩 과장이 눈에 띄는 야마모토의 전기에서 인용한 것이므로 사실이 아닐지도 모른다. 그러나 싱거는 1930년대 후반에는 시장 점유율을 실제로 잃었다. 싱거가 일본에서 몰락하는 모습은 새로운 지역 경쟁 상대의 재봉틀 판매량과 비교해보면 확실해진다(187페이지 표 참조). 장시간 계속된 파업이 전혀 없었던 조선에서의 싱거의 급격한 확대에 비해 일본 내의 싱거의 완만한 회복은 분쟁이 사업에 상당히 큰 영향을 주었다는 점을 시사했다. 일본 내

에서는 매년 4만대부터 6만대의 싱거가 팔렸지만 파업 이후 판매는 1920
년대 수준을 회복하지 못했다. 그렇지만 1929년 1만 2천대 선의 정점에
육박했던 조선 내 판매가 절대적 및 상대적인 수치 모두에서 새로운 신
기록을 세웠다. 1937년의 총 판매 대수는 1929년 판매량의 두 배로 상승
했다. 조선의 판매 수량이 일본 제국의 전체 매출에서 차지하는 비율은
1936년과 1937년에는 전체의 1/3 이상에 달했다. 일본 본토의 싱거 판매
의 정체는 수요 부족을 드러낸 것이 아니었다. 오히려 역으로 사실 최근
몇 년 동안 젊은 직장 여성과 나이든 성인 여성이 양복을 점점 더 많이 입
으면서 재봉틀에 대한 욕구는 천정부지로 높아졌다. 그러나 성장하는 재
봉틀 시장 대부분을 미쓰비시, 파인-자노메Pine-Janome*, 브라더Brother**(야
스이미싱 이후)와 같은 일본 제조사에게 빼앗겼다. 1933년이 되어서도 여

---

*   파인-자노메 미싱사는 1921년 재봉틀 제조 기술자였던 가메마쓰 시게루(龜松茂), 도
    비마쓰 긴이치(飛松謹一)와 자금을 제공하고 영업과 경영을 담당한 오세 요사쿠(小瀬
    与作)가 도쿄에 '파인재봉기계제작소'로 설립했다. 소형 재봉틀 제조로 시작하여 1929
    년 본바느질 재봉틀 개발을 완성했다. 1935년 회사명을 '제국미싱주식회사'로 변경했
    다. 이 때 자사 브랜드를 '자노메 미싱'으로 변경하고 제조 판매했다. 자노메는 '뱀의 눈'
    이라는 의미로 실을 감고 있는 실패(bobbin)가 마치 뱀의 눈을 닮았다고 해서 붙여진
    이름이다. 1929년 '자노메식' 가정용 본바느질 재봉틀을 개발해서 1949년 브랜드명을
    그대로 회사명 자노메미싱주식회사로 변경했다. 1926년 두 아들이 함께 야스이미싱형
    제상회로 상호를 변경했다.
** 1908년 야스이 겐키치(安井兼吉)는 야스이미싱상회(安井ミシン商会)를 설립하고 주
    로 수입 재봉틀을 수리했다. 아버지 사후 두 아들이 이 회사를 물려받아 1926년 야스이
    미싱형제상회로 상호를 변경했다. 1928년 상표명 브라더(BROTHER) 제품 시판을 개
    시했는데 이것이 '브라더' 브랜드의 시작이다. 1932년에는 가정용 재봉틀 제1호의 국
    산화에 성공했다. 1934년 일본미싱제조주식회사를 설립하고 1941년 국내 판매회사로
    서 브라더미싱판매주식회사를 설립했다. 1962년 회사명을 브라더공업주식회사로 변
    경하였다. HP: https://global.brother/ja

표. 싱거와 일본 제조업체의 일본과 조선 내 가정용 재봉 판매량, 1933~1940년

HOUSEHOLD MACHINE SALES BY SINGER AND DOMESTIC MANUFACTURERS
IN JAPAN AND KOREA, 1933–1940

Year	Singer: Japan Sales	Singer: Korea Sales	Domestic Makers: Japan Sales	Domestic Makers: Korea Sales
1933	13,820	4,742	5,000	—
1934	24,259	8,591	12,000	—
1935	31,085	16,810	12,301	—
1936	34,014	22,628	40,924	3,720
1937	40,694	25,246	53,133	7,240
1938	13,024	8,106	104,204	6,069
1939	4,450	2,824	132,997	10,810
1940	971	370	154,402	11,201

SOURCE: Singer Annual World Results, 1933–40, Singer Sewing Machine Archives at Wisconsin State Historical Society and Janome mishin shashi hensan iinkai, ed., *Janome mishin sōgyō 50 nenshi* (Tokiwa shoin, 1971), p. 809.

싱거 연간 세계 결과, 1933~40. 위스콘신주립 역사회의 싱거 기계 기록원과 자노메미싱사사편찬위원회 편, 『자노메미싱 창업 50년사』(자노메미싱공업주식회사, 1971), p.809.

전히 무시할 정도의 존재밖에 되지 않았던 회사들이 1936년에는 각 회사의 매출을 합하면 싱거의 일본 내 매출을 넘어서기에 이르렀다.

1937~38년에는 재봉틀의 경쟁 시장이 바뀌었다. 1937년 9월의 수출입통제 조치법과 그것에 연이은 1938년의 새로운 외국환 관리령外國為替管理令에 따라 일본 정부는 수입품 및 외화 취득을 전면적으로 통제하게 되었다. 정부는 1937년 말부터는 군복·군화 제조와 같은 군수물품용 재봉틀 수입만 허가해주었고 모든 외화를 석유와 같은 전략 물자 수입으로 전용轉用했다. 달러도 파운드도 손에 들어오지 않게 된 싱거는 어떤 목적으로든 새로운 재봉틀이나 부품 수입을 할 수 없었다. 1938년 이후 판매는 전무후무한 수준까지 곤두박질쳤다. 회사는 남은 재고를 천천히 처분하고 대부분의 점포를 닫고 거의 모든 직원을 해고했다. 일본의 제조

업체들은 기다렸다는 듯 싱거의 뒤를 따랐다. 1940년대 들어 전쟁이 아시아대륙에서 더욱 치열해질 무렵, 일본 제조업자는 전체적으로 싱거가 1920년대 전성기에 팔았던 재봉틀의 2배 가량을 팔았다.

얼마 전부터 일본의 재봉틀 기술자들은 재봉틀 수리, 중고 재봉틀의 수입과 수리, 재봉틀의 부품 생산, 그리고 수량은 적지만 완성품 제조를 할 수 있는 수백 개나 되는 소규모 기업으로 일본 재봉틀 산업을 위한 기반을 지속적으로 만들어왔다. 성장 잠재력의 가능성을 보여주는 한 가지 표시가 윌란스키 골드버그 상사Wilansky Goldberg and Company의 수상한 이야기였다. 싱거의 노사분규가 종반전에 접어들었을 무렵, 오사카부 지사는 소문 하나를 들었다. 뉴욕시 서쪽 25번가에 본사를 둔 중고 재봉틀 판매업자인 윌란스키 골드버그사의 M. 골드버그란 사람이 일본에 들어와 쟁의단을 지원하기 위해 중고 재봉틀을 공급하고, 쟁의단은 공급받은 재봉틀을 싱거 재봉틀 대신 팔았다고 한다. 추가 조사한 바로는 이 풍문은 오해의 소지가 있는 것으로 밝혀졌다. 개정판 내용에 따르면 골드버그는 이재에 밝은 '전형적인 유태인'에 지나지 않았다. 그의 회사는 1930년대에 오사카에 사무소를 개설하고 1932년까지 한 달에 약 3만 엔의 매출을 올리는 사업을 하고 있었다. 싱거의 종업원연맹은 자신들이 파업을 하는 동안 이 회사 제품을 팔고 싶다고 그에게 제안했지만 명쾌한 대답은 듣지 못했다. 윌란스키 골드버그사는 중고 재봉틀을 전매하기 위해 일부 수입을 하긴 했지만 일본에서의 주요 사업은 일본제 재봉틀의 부품 수출이었다. 골드버그사는 엔화 가격 인하에 주목하여 수출 사업 쪽을 성장시키기 위해 최근 일본을 찾았다.[68]

이 에피소드에서 1920년 후반과 1930년 초반에 제조업 기반을 근거로 일본 몇몇 제조사들이 자체적으로 소량의 재봉틀을 생산하고 판매하기 시작했다. 가장 유망한 회사로 손꼽힌 곳이 미쓰비시, 야스이安井(브라더 미싱의 전신), 그리고 파인(나중에 파인과 자노메로 분리)이었다. 미쓰비시전기는 어떤 일본인 재봉틀 기술자에게서 특허권을 사서 1931년 재봉틀을 생산하기 시작했다. 야스이 미싱의 창업자는 1905년부터 나고야에서 재봉틀 수리를 했으며 아들 두 명('브라더'라는 명칭이 여기에서 유래) 1925년 이후 재봉틀 부품을 제작했다. 실제로 절묘한 타이밍으로 그들은 1932년 말에 첫 재봉틀을 생산하고 다음 해에는 공장을 설립했다.[69] 파인사는 1921년에 창립했다. 회사명 파인은 창업자 두 사람의 성씨에 "소나무 松, Pine"라는 글자가 들어있던 것에서 시작되었다. 몇 년이나 되는 시행착오 끝에 드디어 1929년 첫 번째 재봉틀의 시험 작동에 성공하고 다시 몇 년에 걸쳐 효과적인 대량생산 방식을 연구해냈다. 그렇지만 파인은 일본 회사들 중 영업과 마케팅에서 가장 창의력이 풍부한 일본 회사 중 한 곳이었다.[70] 그 사이 창업자끼리 의견 충돌이 있어 한 명이 "파인"이라는 회사 이름을 가지고 회사를 떠났다. 그 이후 회사는 유명한 자노메 모델로 극적으로 성공했고 결국 자노메라는 브랜드명이 회사명이 되었다.

이 회사들은 싱거의 분쟁 전부터 재봉틀 무대에 모습을 나타내기 시작했다. 그렇지만 장기화되는 파업사태는 그들의 강력한 경쟁상태의 힘을 일시적으로 약체화시키는 것 이상을 제공했다. 노동쟁의는 '국산 애용'이라는 감정을 불러 일으켰고 싱거 종업원은 자신들의 전문 기술과 에너지를 회사에게 타격을 입히는 방향으로 쏟아내기 시작했다. 파업을 하는 동안 골드버그에게 중고 재봉틀 구매에 관한 타진을 했던 것만은 아니었다. 싱거의 세일즈맨들은 일본 제조사의 재봉틀 부품을 팔아서 하루에 1인 당 평균 2엔 내지 3엔이라는 고만고만한 이익을 올렸다고 한다.[71] 12월 말에는 오사카에서 '싱거 종업원 쟁의지원단'이라고 이름을 내건 단체가 파업이 계속되고 있는 동안 싱거 제품 판매 거부 운동을 호소하는 전단지를 뿌렸다. 다른 도시에서도 똑같이 보이콧을 했다고 보도되었다.[72] 야마모토 도사쿠는 파업 이후에 국내 제조업으로 방향을 전환한 가장 유명한 싱거 직원이었다. 나고야에 본거지를 둔 야스이 형제가 판로를 넓히기 위해 그를 고용했다. 처음에 야마모토는 야스이의 재봉틀을 "일본 재봉틀"이라는 제품명으로 도쿄에서부터 일본의 북부 시장까지 내놓았다.[73] 이 재봉틀(그림 15)은 싱거 가정용 재봉틀(그림 16)을 그대로 복제한 것이었고 야마모토 역시 싱거에서 배운 판매 방법을 야스이 미싱사에서 그대로 사용했다. 야마모토 덕분에 브라더는 1930년대 말에는 일본에서 가장 성공한 제조사 중 한 곳이 되었다.[74]

분명히 브라더와 미쓰비시, 파인-자노메와 같은 회사라면 언젠가는 분명히 더 자연스럽게 싱거와 경쟁하기 시작했을 것이다. 그렇지만 1932년에는 이 제조사들은 여전히 작고 부실했다. 싱거의 노사분규가 제공한 기회가 없었더라면 재봉틀 시장의 세력을 얻기에는 아마 시간이 더 오래 걸렸을 것이다. 싱거에 대항할 수 있는 일본의 재봉틀 산업을 구축한다는, 이미 가지고 있던 굳은 의지가 이 노동투쟁으로 촉발된 애국심 또는 반미反美 감정으로 인해 고조되었다. 이런 국면을 생각하면 일본 생산자들이 왜 싱거 판매 시스템의 핵심 요소들을 단순히 받아들이는 것이 아

그림 15. 브라더 미싱사의 초창기에 야마모토 도사쿠가 판매한 최초의 '일본 미싱'의 제품 사진이다. 이것을 동일한 시기의 싱거 가정용 재봉틀의 사진(그림 16)과 비교해보면 브라더가 암 헤드에 인쇄 도안과 회사명 서체까지 싱거 디자인을 그대로 베낀 것이 분명하다.(도쿄농공대학교 과학박물관)

그림 16. 이 디자인의 싱거 가정용 재봉틀이 1920년대 말부터 1930년대 초에 걸쳐 일본에서도 세계에서도 광범위하게 판매되었다.(도쿄농공대학교 과학박물관)

니라 창조적으로 수정하려고 결심했는지를 설명하기 쉬워진다.

자노메도 브라더와 마찬가지로 싱거 재봉틀을 그대로 베끼고 판매방법의 관행 대부분을 채택했다. 그렇지만 자노메는 싱거 시스템을 일본용으로 수정한 것을 크게 자랑스럽게 드러내기도 했다. 그것은 레토릭 상의 모험이었다. 회사가 바란 것은 싱거를 완전히 넘어서서 자사 상품을 일본식 근대생활에 빼놓을 수 없는 제품으로 자리매김하는 것이었다. 그럼에도 불구하고 자노메는 자사 제품이 미국 브랜드 제품과 깊게 연관되어 있다는 것을 인지했다. 1930년대 중반 자노메는 광고에서 자사 재봉틀을 '싱거 15종과 동일형'이지만 '반값'이라고 홍보했다(그림 17).

자노메는 싱거와 같은 방법으로 분점 주임의 판매망을 구축하고 세일즈맨은 고객 카드로 담당 지역을 '블록'으로 나누었다. 자사 내의 사사社史 편집자가 '싱거의 엄벌주의적인 사상'의 '어두운' 유산이라고 말했던 것처럼 자노메도 월부 판매의 채무 불이행에 따른 손실을 모두 완전히 분점 주임 책임으로 떠넘겼다.[75]

그러나 파인-자노메는 임금체계에 큰 변화를 시도했다. 이것은 회사가 고용한 몇 명의 싱거 세일즈맨의 불만에 관한 전략적인 대응으로 이해되어야 할 것이다. 회사는 완전히 수수료만의 보수를 없애고 고정급에 수수료를 추가하는 지급 방식을 택했다. 1930년대 중반, 회사는 도쿄, 요코하마, 오사카의 세일즈맨에게는 매월 15엔, 그 밖의 지역 사람에게는 10엔의 고정급에 수수료를 추가 지급했다. 이런 조치를 나쁘게 말하는 사람이 없었던 것도 아니다. 자노메의 도쿄 아사쿠사 지점의 세일즈맨이었던 사람의 회고담에 따르면 '월 15엔의 고정급이 최저 생활을 보장했

그림 17. 『아사히신문』(1934.2.26, p.5)에 게재된 파인 미싱사 자노메형 재봉틀 광고이다. 이 광고를 보면 파인-자노메가 미국의 경쟁 상대의 권위를 이용하는 동시에 스스로를 일본 제품으로서 자랑스럽게 내세우려 하고 있다는 것을 알 수 있다. 가장 우측에는 "외국 제품의 반값"이라고 적혀있고 중앙의 "국산"이라는 글자를 "자노메"라는 모델명 앞에 두었다. 가운데 큰 박스에는 "정부 보조"가, 그 옆에는 "싱거 모델15와 같은 대형 자노메 유형"이라고 강조했다.(자노메미싱공업주식회사, 『아사히신문』)

기 때문에 그것에 낚여 입사한 세일즈맨 대부분은 적극적인 의욕이 부족한 사람들뿐이었다. 월 10대의 판매 성공 계약이 판매 기준이었고 따라서 열심히 하면 누구라도 판매할 수 있는 기준량이었다. 그렇지만 세일즈맨이 15명 정도 있어도 한 명당 평균 월 4, 5대 파는 것이 고작이고 그래도 한 달 급여가 40엔 전후는 되었다. 분점에 지원하러 오는 세일즈맨은 싱거에서 이직한 팀이 있었고 다른 한편으로는 불황 때문에 실직한 사람과 장사에 실패한 중년들이 많았다.[76] 회사는 이 판매 부서를 훈련하는 데에 상당한 노력을 기울이고 영어로 "Our Salesmanship"이라는 제목의 구체적인 안내서를 만들어 전 직원에게 읽도록 요구했다. 예를 들면 안내서에는 여자가 사용하는 물건에 돈을 지불하는 것을 내켜하지 않는 남편들을 어떻게 설득할 것인가와 같은 문제에 대한 힌트가 쓰여 있었다. 재봉틀이 있으면 가족의 옷과 가계 살림에 크게 도움이 될 것이라고 설명하라고 되어 있었다.[77] 회사는 착실하게 성장하여 1937년에는 6천 대, 다음해인 1938년에는 약 9천 대, 1939년에는 1만 4천 대를 판매했

다. 거기에는 대 아시아 수출과 남미로 가는 일본인 이민용 수출도 약간 포함되었다.[78]

싱거와 마찬가지로 자노메 매출도 대부분 할부 방식이었다. 그러나 자노메가 싱거 시스템을 자사 실정에 맞게 바꾼 두 번째 중요한 내용은 그다지 부유하지 않은 고객을 대상으로 하는 새로운 신용 판매 방식이었다. 다른 국내생산 회사의 국수적인 지도자들과 파인의 초대 사장인 오세 요사쿠小瀬與作는 싱거가 잠재적 구매자를 소홀히 하고 상대하지 않아 오만하다는 평판을 생기게 만들었다고 생각했다. 싱거의 할부 신용이 요구하는 조건이 저소득 구매층에게는 엄격했기 때문이었다. 오세는 그가 '서민층'이라고 부른 사람들을 구매자로 만들기 위해 '일본 상황'에 적합하다고 여기는 변형 월부 방식을 만들어냈다. 선불 계약금을 지불할 여유가 없는 고객은 재봉틀을 '예약'하고 달마다 5엔의 적립금을 6개월 동안 부으면 재봉틀을 가져 갈 수 있었다. 그때는 파인에 계약금이 납입되었기 때문이다. 그 다음 고객은 세 가지 지불 방법 중 한 가지를 선택할 수 있었다. 남은 대금을 일괄 현금으로 지불하든지 잔액을 통상적인 이자를 붙여 월부로 지불 변경을 하든지, 현금 지불과 비교해서 비교적 싼 특가로 예약 구입 방식을 유지하면서 할부를 다 결제한 이후에 비로소 재봉틀을 받는 방법이다. 세 번째 선택지는 사실 2년 이상 걸려 파인에 적립한 돈에 이자가 붙는다.

파인은 처음에 이 예약 구매=할부 방식을 1930년 12월에 '월부 예약' 제도라는 이름으로 판매하기 시작했다. 그러자 대장성大蔵省은 파인의 판매 방법이 은행의 저축과 비슷한 행위로 은행법에 저촉될 우려가 있다고 경고했다. 그렇지만 보도에 따르면 오세는 국민적 이익에 호소하여 법률이 이러쿵저러쿵하면서 골치를 썩이기보다 일본의 재봉틀 산업을 육성하는 것이 더 중요하다고 주장하며 곁에서 말참견을 했다고 한다. 유능한 세일즈맨에서 나중에 사장이 된 시마타 다카야嶋田卓彌(1901~1983)는 파인은 '사회의 피라미드의 저변'을 개척하고 '포대기로 어린아이를 업고 시장에 가는 뒷골목 연립주택에 사는 엄마들'과 같은 '서민 대중들'을 중요 고객층으로 삼았다.[79] 파인-자노메는 또 이 방식을 특히 여자 어린아이가 있는 가정 대상이라고 광고했다. 아이가 태어났을 때 할부를 시작하면 재봉을 배울 나이 정도가 되었을 무렵에 가족이 재봉틀을 가지게 되기 때문이라고 말했다.

이런 창의력 있는 금융 전략은 제조사에게 현금 유입이라는 장점을 제공했고 선불금이 계속되는 할부 신용을 기본적으로 제공했다. 선불주문은 또 회사가 미래의 수요에 맞추어 생산 계획을 조절하는데도 도움이 되었다. 그리고 정기적으로 지불을 하도록 훈련받은 고객은 본질적으로는 낭비하는 사람이 아니므로 월부 의무를 확실하게 계속 할 것 같았다. 그렇지만 이 방식이 아무리 창조적이고 효과적이었다고 해도 전부 일본 특유의 것은 아니었다. 미국에서는 1920년대 초부터 포드와 쉐보레chevrolet automobile가 이미 제공하고 있었다.[80] 그러나 중요한 것은 파인이 자사의 '월부 예약'을 '고'와 무진無盡(상호신용금고)이라는 일본의 전통적인 집단의 상호부조를 채용한 것으로 설명했다는 점이다. 지금보다 조금 더 앞선 시기에 일본부동산은행日本不動産銀行이 '고'와 '무진'에서 아이디어를 얻은 융자 방식을 시작했다. 그 다음에는 오세가 거기에서 아이디어를 얻어 자신의 방식을 발전시켰다.[81] 오세가 미국의 선례를 알고 있었는지 여부는 중요하지 않다. 그는 자신의 방식을 다른 유례가 없는 '일본적'인 것으로 만들어냄으로써 그것이 당시의 국수적인 분위기 속에서 사람들의 마음에 강력하게 호소할 것을 의도했다. 파인-자노메의 분점 주임들은 자사의 판매 시스템이 싱거보다도 일본인 판매자와 구매자 쌍방의 기대와 수입에 잘 맞는다고 이해하고 있었고 또 그와 같이 설명하기도 했다.

또 한 가지는 국가 지원이 재봉틀 제조업의 일본 국내 생산능력의 상승을 지지한 요인이었다. 분명히 수입과 외화 획득을 제한하는 1937~38년의 법률은 멀게는 전쟁이 끝난 이후 계속되는 견고한 보호벽을 구축했다. 그리고 그 이전에 국가는 국내 제조사의 치어리더 역을, 때로는 재정적 지원자 역을 맡았다. 1930년대의 파인의 광고는 그림 17에서 보듯이 큰 활자로 쓴 '재정 보조'를 자랑했다. 보조는 현금 보조금 외에도 상공성商工省이 우량 국산품에게 수여하는 상장과 트로피를 가리켰다.[82] 이와 같은 추천 행위는 1928년 상공성이 118개 항목의 '장려 국산품' 목록을 발표했을 때 시작된 '국산품 애용운동'의 일환이었다. 이 운동의 정점은 1930년이었다. 상공성은 '국산품 장려' 팸플릿을 몇십만 부나 배포하고 '선정품' 목록을 312개 품종으로 확대했다.[83] 이와 같은 공식적인 품질 추천과 장려, 국산품을 사고자 하는 호소가 어느 정도 영향을 미쳤는가를 평가하는 것은 어렵다. 잠재적 고객 중에는 자노메의 재봉틀이 유사한 싱거 모델보다도 저가라는 점이 중요하다고 생각하는 사람이 반드시 있었을 것이다. 그래도 일본의 재봉틀이 비록 꽤 싸다고 해도 살 만한 가

그림 18. 1935년 10월, 미토시의 모치즈키(望月) 재봉틀점 사진. 상공성이 파인–자노메 회사에게 수여한 트로피와 상장을 기념하여 파인과 싱거 두 회사의 "대 특별 판매"를 시작했을 즈음 촬영되었다. 앞줄 가장 왼쪽 첫 번째 남자가 액자에 넣은 표창장을 들고 있고 그 옆의 남자는 트로피를 안고 있다. 예전에는 싱거 전용이었던 점포가(점포 소재지도 경영지도 제2장의〈그림 4〉의 가게와 동일), 경쟁 브랜드의 재봉틀도 판매할 것을 싱거가 인정했다는 점은 주목할 만하다. (모치즈키 요시마사(望月芳正))*

"각종 재봉틀 및 부품
모치즈키 재봉틀점
파인/싱거 재봉틀 2종 대 특가 경품 매출 11월 21일부터 12월 10일까지"

---

*   모치즈키재봉틀점은 현재 (주)모치즈키재봉틀상회(미토시(水戸市) 이즈미초(泉町) 3-7-30).

치가 있는 품질인지의 여부로 고민한 사람도 있었을 것이다. 그런 사람들에게는 국가의 확실한 보증이 상황을 전환시켰을지도 모른다.

경쟁이 심해지면서 싱거는 마침내 약간의 유연성을 보이며 비 배타적인 판매 대리점 계약을 용인하게 되었다. 이 사실은 1935년의 기념사진(그림 18)을 보면 확실하다. 쇼윈도 위에 내걸린 큰 플래카드는 예전에는 싱거 제품만을 취급했던 이 점포가 지금은 싱거와 파인-자노메 두 회사의 제품을 판매하고 있음을 보여준다. 그래도 이것은 보호적인 조치로 보이고 너무 사소해서 쓸모가 없었다. 싱거의 추락하는 속도와 확산은 1930년대 자신의 글로벌 시스템을 고집스럽게 지키려는 것 때문에 가속화되었다고 결론지어도 무방할 것이다. 직원의 불만에 더 유연하게 대처를 했다면 기술 유출이 경쟁회사에 그 정도 속도로 넘어가지는 않았을 것이다. 특히 성인 여성들 사이에서 양복 인기가 높아지기 시작했을 무렵이었던 만큼 신용판매 조건을 완화했다면 더 폭넓은 고객층에게 손길이 닿았을 것이다. 만약 그런 대책이 국내 도전자들의 출현을 늦추었다면 싱거는 1937~38년의 일본에서 더욱 번창하여 자사 재봉틀이 군부에게 전략 물자로 평가받아 새로운 외화 교환제도 하에서도 특별 케이스로 취급받았을지도 모른다.[84]

물론 사실과는 동떨어진 이런 사례의 가설에 너무 깊게 빠지는 것은 금물이다. GM과 포드에게 했듯이 정부는 결국 전쟁 총동원체제에 들어갔을 때에는 비록 싱거가 비교적 유례가 없는 전략 물자를 제공해서 괜찮았다고 해도 일본의 경쟁자인 어느 곳인가와 합병하도록 압력을 넣었을 것이다. 그렇게 되면 회사는 1941년이 되기 전에 틀림없이 수세에 몰렸을 것이다.[85] 현실에서는 싱거는 1937~38년 실질적으로 추방되기 몇 년 전부터 조선 이외에서는 판매 기반을 서서히 상실해갔다. 싱거는 조선에서는 노동쟁의로 시달림을 받지도 않았고 민족적 울분을 토로하는 편에는 서지 않았기 때문이다. 싱거가 쇠퇴한 이유는 1932~33년 스스로 자초한 추진력 상실과 기술 유출, 그리고 바로 그 직전부터 시작되었던 자노메와 기타 다른 회사의 새로운 아이디어가 있었기 때문이었다.

세일즈맨이 노사분규를 주도하는 것은 이례적인 일이었다. 세일즈맨은 자본주의의 가장 진정한 신봉자 그룹에 속한다고 여겨졌다. 그들은 월터 프리드먼Walter Friedman이 말하는 미국 세일즈맨 이야기에서는 이 경제 시스템을 '악덕과 미덕 전부를 지구 구석구석까지 강요한' 사람들이었다.[86] 그렇지만 싱거 미싱사의 세일즈맨들은 자본주의의 선교사도 무비판적인 신봉자도 아니었다. 그들은 일본의 전전 역사에서 가장 오랜 기간 노사분규를 주도했으며 그 정도로 지리적으로 넓은 범위에 미친 파업은 거의 없었다. 파업 참가자는 일본 본토의 6대 도시와 식민지 조선의 전초지前哨地를 횡단하는 폭넓은 지원을 동원하고 조선인 노동자 사이에서도 지지를 받았다. 이와 같은 격렬한 노사분규 행동이 상당할 정도까지 민족주의 고양에 의존한 것은 분명했다. 이때는 사실 일본 군부가 주도한 만주로의 진출 확대가 국외의 격렬한 비판에 직면하여 국내에서 민족주의를 선동하고 있던 시기였다. 그러나 이 파업은 특이한 '미국적'으로 확인된 시장 자본주의의 논리에 대한 직원의 저항을 반영하거나 경멸을 담기도 했다. 대부분의 일본인과 마찬가지로 싱거 종업원이 요구한 것은 그들이 일본에서 '특별한' 처사에 합당하는 대우, 보다 큰 보증과 경의敬意를 보여 줄 것으로 믿었던 처우였다. 따라서 이 노동쟁의는 결국에는 특수한 '일본적'인 고용제도로 정의되는 제반 요소를 점진적으로 갖추게 되는 적극적인 행동주의 흐름의 일부를 만들었다.

회사가 이런 노사분규에 저항하는 것이 특이한 사례는 아니지만 나중에 보면 현명하지 못했다고 생각할 수 있다. 싱거의 일본 내 지위는 국내 경쟁자가 나타나면 어차피 약해졌을 것이다. 그러나 고집스럽게 천편일률적인 시스템을 지킨 것이 이런 상황을 더 앞당겨버렸다. 그것이 일본의 제조업자와 판매원들에게 자극과 기회를 주었다. 그들은 비록 자랑스럽게 일본적인 제품이라고 광고를 했다고 해도 싱거의 판매방법 대부분을 제 것인 양 만들어갔다. 이들의 행동은 "국정"에 일치된다고 이해되는 고용 개념과 급조한 판매 관행을 계속 보강하면서 시장자본주의를 의식적으로 일본화 해갔다. 그러는 중에 그들은 '적절한' 처우를 요구하는 판매원들의 기대를 충족시키면서 보다 광범위한 고객들을 만나는 방법을 찾아냈다. 그와 같은 회사가 제2차 세계대전이 발발한 뒤 몇 년간 일본형 생산 방식으로 불리는 시스템을 통해 서서히 싱거의 제품과 어깨를 나란히 할 수 있는 재봉틀을 만드는 기술을 습득했다. 결국 싱거의 판매 시스템을 일본식 소매 판매 양식으로 보여지도록 만드는 것이었다.

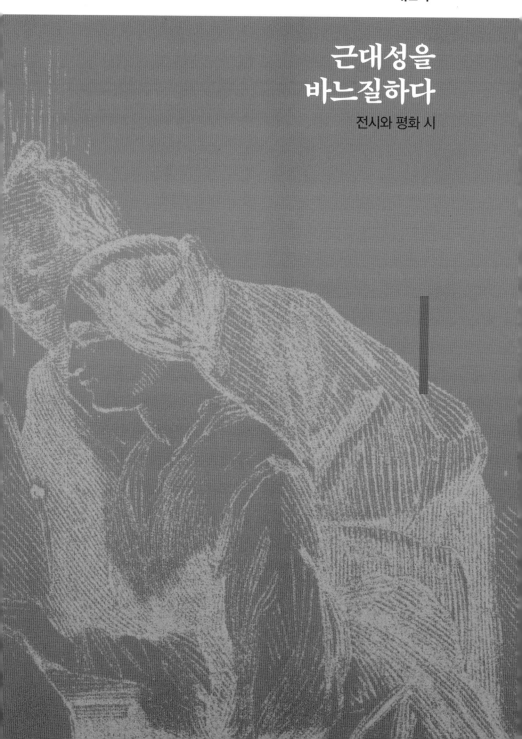

제2부

근대성을
바느질하다

전시와 평화 시

후방의 병기

재봉틀 보유율은 1930년대에 비해 두 배 이상으로 증가해 1930년 말에는 열 가구 중 한 가구 비율이 되었다. 재봉틀 수요는 1940년대 초반까지 강세를 유지했다. 재봉틀과 그것이 만들어내는 서양식 복장에 대한 지속적인 욕구는 지금까지 수십 년 동안 서양 일반, 특히 미국 제품이 가진 기술과 삶을 수용해 온 근대적 정신의 힘을 반영했다. 1930년대 후반부터 시작된 남녀 구분하지 않는 복장개혁 바람의 원동력은 서양화西洋化와 관련되어 예전부터 계속되었던, 일본식 근대생활에 대한 탐색을 반영했다. 욕망의 대상인 동시에 변혁의 도구로서 재봉틀이 이 장에서 찾아가는 길은 전시 근대성Wartime Modernity이라는 한 시대 속에서 확대되어 가는 소비자 사회의 이야기를 추적한다.

어떤 견해에서 보면 전시 근대성이라는 것은 모순된 어법이다. 왜냐면 1930년대의 일본은 1920년대의 세계적이며 국제주의적인 지향에서 급선회하여 군국주의와 반 근대적인 어려운 싸움의 '어두운 계곡'으로 돌진했기 때문이다. 문화역사가인 미나미 히로시南博(1914~2001)와 동료들은 특히 일상생활에 초점을 맞추고 1920년대의 모더니즘을 극적으로 까지 거부하는 한 시대가 시작된 것은 "지배층이 대중의 행동을 통제하고 관리한" 1930년대 중반이라고 주장했다.[1] 이런 변화는 군국주의적인 제복을 도입함으로써 '양복에 대한 일본인의 변화 과정의 단절'[2]을 포함하고 있었다. 전쟁은 전국의 모든 여성들이 몸뻬라는 전통적인 농사 작업복을 입을 수밖에 없었기에 가정용 재봉틀과 여성 양복의 확산을 방해했다고 한다.

이런 견해를 지지하는 확실한 근거가 한 가지 있다. 정치생활에 대한 권위주의적인 통제는 1930년대 꾸준히 확대되었다. 일상생활을 규제하는 노력은 중국에서 중일전쟁의 전면전이 시작된 다음 해인 1937년에는 더욱 격렬해졌다. 그리고 여자들이 한꺼번에 몸뻬바지를 입었다. 그러나 최근 학자들은 인과관계와 시계열 양쪽으로 나뉘어 주장하면서 논쟁을 전환시켰다. "1930년대의 팽창주의의 폭발로 이어진 것은 근대적인 여러 제도의 성숙함이었다." 또 "일본의 근대 대중문화"가 실제로 "태평양전쟁 중에도 존속되었던 것은 가부장제적인 일본의 가족 — 국가의 소비자 — 신민臣民들이 근대적인 것을 손에서 놓고 싶어하지 않았기 때문이다" 라고 말했다.[3] 이와 같은 새로운 접근법은 백화점과 영화와 같은 문화, 경제생활의 공공적인 면에 집중되었다. 그렇지만 가정용 재봉틀과 그것을 사용하는 이야기는 뒷골목, 노동자층과 중산층의 집안, 장롱 속의 내용물을 말하며 이는 우리들에게 신민이자 소비자이기도 한 여성이 떠안은 보통의 역할을 인식할 수 있는 감각을 회복시켜 준다.

일상생활 속의 전시 근대성

1920년대 말까지 싱거 재봉틀과 라디오는 ― 하나는 분명히 브랜드 상품이며 다른 하나는 비교적 일반적인 상품 ― 일본과 일본 제국의 중산층에서 조촐하지만 자신의 자리를 갖고 있는 가장 주목할 만한 기계적 문명 생산품이었다. 중요한 점은 이 발판이 물리적 한계와 사람들의 상상력 속에서는 훨씬 더 큰 확장성을 가지고 있었다는 두 가지 측면을 인식하는 것이다. 1930년대에는 두 제품 중 한 제품이라도 보유한 가구는 전체의 5%를 약간 웃도는 수준이었다. 전기 선풍기와 다리미를 제외하고 이 시기에 미국에서 빠르게 보급되었던 냉장고, 전자레인지, 세탁기, 축음기와 같은 상품은 이 정도의 보급률에도 미치지 못했다. 그리고 철도·부동산 개발업자들이 건축한 '문화주택文化住宅(다이쇼부터 쇼와초기에 유행한 일본과 서양 절충식 주택)'에 살만한 여유가 있었던 사람은 아주 극소수에 불과했다.

이 배경에 비추어보면 1930년대는 전시에 동원되는 시대인 동시에 근대성이 심화되는 시대이기도 했다. 새로운 기술 덕분에 미디어의 침투 수준은 급상승하고 호황과 높아진 구매력을 증대시켰다. 그리고 전시체제를 동원하고 그것을 매일 기록하기 위한 관·민 담당자들의 노력도 확대시켰다. 라디오 수신계약에 가입한 가구 수가 1929년도 65만 가구에서 1941년에는 660만 가구로 10배가 되고 1944년에는 750만 가구로 증가했다. 1940년에는 전국 도시 가구의 56%, 지방에서는 다섯 가구에 한 가구 비율로 NHK에 가입했다.[4] NHK는 개국한지 2년째인 1926년부터 양재 강좌 방송 라디오 프로그램을 시작했다.[5] 라디오는 전국적으로 확산된 물건으로 수백만 명의 삶 속에 경제와 제국과 정복征服, 교육과 문화, 혹은 스포츠와 오락을 막론하고 부가적으로 상품, 정보, 그리고 꿈을 가져다주는 주요 수단이기도 했다.

라디오 수신계약의 급증은 상당 부분 1930년대의 일본의 새로운 제국주의를 보도하고 미화하는 격렬한 미디어 경쟁의 결과였다. 1931년의 만주사변을 시작으로 『아사히신문朝日新聞』과 『마이니치신문每日新聞』은 타 신문사를 앞지르고자 톱기사로 서로 경쟁했고 NHK와도 경쟁을 했다. 그들은 비행기로 기자와 필름을 만주로 보냈다. 급성장하는 수많은 청취자를 수용하고자 신문만이 아니라 뉴스영화와 영화관에도 눈길을 돌렸다. 그들의 경쟁이 만들어낸 것은 지방의 미디어가 쇠퇴하고 『아사히신문』과 『마이니치신문』, NHK라는 대형 3사가 활개치는, 지금까지보다도 더 거국일치擧國一致적인 뉴스 시장이었다. 거기에서는 전쟁뉴스영화가 할리우드영화와 나란히 상영되면서 뉴스와 엔터테인먼트를 구분하는 경계는 완전히 희미해져버렸다.[6]

전쟁 추구는 1930년대 내내 오락뿐만 아니라 여가와 패션 추구와도 공존했다. 일본의 공격적인 외교정책을 둘러싸고 미일 간 긴장이 고조되고 있음에도 불구하고 미국의 '국민적 오락'인 야구는 1934년 베이브 루스George Herman "Babe" Ruth(1895~1948)와 다른 스타 선수들의 유명한 원정시합*

---

*   일본 프로야구 창설에 큰 역할을 한 요미우리신문의 사주 쇼리키 마쓰타로(正力松太郎)와 일본 프로야구연맹 부회장인 스즈키 소타로(鈴木惣太郎)가 1934년 베이브 루스를 초청하여 일본 야구 흥행을 이끌었다.

이 도화선이 되어 새로운 인기를 끌었다. 상업적인 스포츠 흥행이 시작된 것과 때를 같이하여 특히 여성을 위한 미용과 관련된 새로운 서비스업과 유행이 생겼고 중산층 소비자를 중심으로 급속하게 변하는 도시 풍경의 일부가 되었다. 미용실이 일본 전국 도시로 확산되면서 수천, 수만 명의 중산층 여성들이 퍼머같은 미용 서비스를 누렸다. 1939년 도쿄에서만 미용실이 850개를 손꼽을 정도였다. 여성들에게 보다 큰 관심의 대상이 되고, 문화 비평가와 남성이 지배하는 매스미디어에서 호기심의 대상이 된 것은 1930년대 유행과 합리성으로 알려진 근거들을 바탕으로 상당히 가속화된 여성의 양장 전환이었다. 그것은 생활개선 캠페인과 화양 각 복장의 장점을 둘러싼 논쟁이 격렬했던 '근대적인' 1920년대 이상이었다.

곤와 지로는 전시 근대성 시기에 일어난 양장 이행을 가장 중요하게 해석했다. 곤와는 1888년 출생으로 도쿄에서 건축가 교육을 받고 와세다대학교早稻田大學에서 교수를 지냈다. 그리고 1920년대부터 1960년대까지 일반 신문과 잡지, 학술지 전반에 수많은 논문을 발표하여 근대 일상생활의 분명한 민속지民俗誌를 제공했다. 그의 트레이드마크는 사회조사를 일러스트로 능숙하게 기록·분석하는 그만의 독특한 '고현학考現學'이다. 연구 초기에 가장 신경쓴 것 중 하나가 제3장에서 언급한 1925년 5월 도쿄 긴자에서 실시한 조사이다. 그때의 관찰 결과는 양장을 입은 사람이 남자는 전체의 67%이지만 여자는 그저 명색뿐인 1%였다.[7] 그는 8년 뒤인 1933년 2월 25일 오후 3시에 이 조사를 다시 실시했다. 이와 같은 정확한 시간 표시는 그가 이끄는 관찰자들의 사회과학적 정밀성이 뒷받침된 것으로 그들은 이 때, 462명의 여성 중 19%가 양복을 입었다는 것을

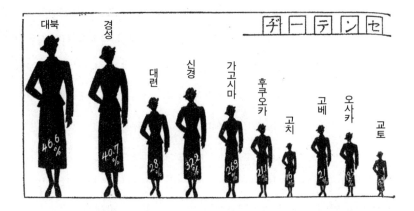

그림 19. 각 지역 양장 착용 비율
"각 지역 양복 비율"이라는 제목의 이미지는 곤와 지로가 제작한 다른 사람의 이목을 끄는 제시법(提示法)의 특징을 잘 표현했다. 손으로 그린 여성 실루엣을 이용하여 각 도시의 양복 보급률을 표시했다. 가장 우측은 전체 지역의 평균치이다. 좌측 끝의 가장 큰 두 개의 그림자는 식민지 대만의 수도 대북과 조선의 수도 경성의 보급률이다. 이 조사는 1937년 5월 실시하여 『부인지우』 6월호(pp.92~93)에 실렸다.(부인지우사(婦人之友社)와 오차노미즈도서관)

찾아냈다. 언뜻 보기에 1925년보다는 큰 변화였다. 그렇지만 대부분이 어린이나 학생들이었고 이들을 제외하고 다시 계산하면 성인 여성이 양장을 입은 확률은 2.6%에 지나지 않았다. 곤와 지로는 이 결과를 여성들이 점점 양장으로 눈을 돌리고 있다는 일반 통념에 대한 교정책으로 간주했다. 그는 이러한 잘못된 인상이 변화의 최전선에 있는 사람들에게만 주어지는 어울리지 않는 큰 관심 때문에 생긴 것이라고 주장했다.[8] 2년 후 그는 이와 똑같은 과장된 좋은 사례로서 여성복용의 스타일북style book 판매량이 '현저하게 늘어나' 현재는 도시의 거리에 마치 스타일북의 '그림에서 튀어나온 듯한' 양장을 입은 여성들이 '넘쳐나고 있다'고 보도했다. 그는 일본의 이런 양복 스타일에서 화복의 '한 물간' 패션과 비교해서 '신선'하다고 느꼈다.[9]

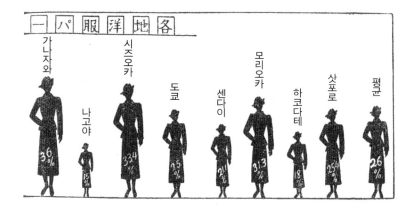

各地洋服パー

가나자와 36%
나고야 15%
시즈오카 33.4%
도쿄 25%
센다이 21%
모리오카 31.3%
하코다테 18%
삿포로 25.4%
평균 26%

　그 이후로 양장은 도시 여성들 사이에서 계속 확산되었다. 일본이 중국에서 전면전에 돌입하기 두 달 전 1937년 5월 1일과 2일의 오후 3시부터 4시 사이 곤와 지로는 가장 야심찬 조사를 시작했다. 이 조사를 위해 『부인지우』 잡지사가 동원한 대형 지원팀이 18개의 도시 여성, 정확하게 2만 6천 2명의 주목할 만한 양장 문화의 스냅사진을 촬영하였다. 그리고 사진 속 여성의 26%가 양장을 입고 있다는 사실을 발견했다. 조사 결과를 정리한 그의 장난기가 가득한 일러스트(그림 19)가 보여주듯이 도쿄는 일본 제국 전체의 평균에 약간 못 미친 반면, 가장 서양화된 여성이 사는 장소인 대북臺北과 경성은 도시 전체 중에서도 비율이 훨씬 높았다. 이전 조사에서는 카테고리 화 되어 있지 않던 성인 여성의 일부로서 여러 가지 논의의 대상이 되었던 '직장 여성'은 양장을 한 사람 중 거의 1/5을 차지했다. 곤와 지로가 1933년의 조사에서 양장 차림 여성에 포함시켰던 어린이와 학생을 제외하는 방법을 1937년의 데이터에 적용하면 '직장 여성'도 포함한 성인 여성의 약 6%가 현재 양장 차림으로 거리를 활보하고 있었다는 것이 된다. 1933년의 두 배 이상이다.[10] 그중에서도 여름은 특히 가벼운 양복이 어울리는 계절이기 때문에 다른 조사에 따르면 이때까지 20대 여성의 90%, 40대 여성은 20%가 서양식 하복夏服을 입었다. 그중에는 '아파파'라는 간단한 여름용 원피스도 눈에 띄게 많이 포함되어 있었다.[11] 아파파같은 원피스와 스커트, 블라우스를 입는 여성이 점점 증가하는 동시에 복장과 전쟁, 국가 정체성을 둘러싼 변함없는 불안한 담론이 수반되었지만 이 부분은 나중에 자세하게 검토하기로 한다. 현재로서는 전전뿐 아니라 전쟁에 돌입한 시기에도 여전히 양장의 다양한 유행이 더욱 광범위하게 사람들의 마음을 끌게 된 점을 강조하는 것으로도 충분하다.

동시에 이와 관련하여 재봉학교와 의상실 둘 다 인기가 급상승했다. 이런 현상의 기반이 된 것은 1920년대 설립된 양재학교였다. 설립자 중에는 예전에 재봉틀을 판매하거나 양복점을 열었던 남성들도 있었다. 그렇지만 가장 성공한 재봉학교 중 한 곳이(제3장에서 소개) 문화재봉여학원이다. 1933년에는 재적 학생 수가 1천 명을 넘었고 3년 뒤에는 3천 500명의 학생 수를 자랑할 정도였다. 학교 이름도 더 넓은 뜻을 포함한 문화복장학원으로 변경했다. 게다가 미국과 유럽에서 여성복 재봉을 배워 온 몇몇 여성이 1920년대 학교를 열고 학교의 장점으로 최신 기술을 배울 수 있다는 점을 내세웠다. 그 중에서 가장 유명한 한 사람이 스기노 마사코杉野芳子(1892~1978)*였다. 스기노가 개원한 양장여학원(통칭 도레메)는

---

* 다이쇼 시대부터 쇼와 시대까지 활동한 일본 패션 디자이너, 학교 경영자, '도레메식 양재'의 창시자이다. 스기노여자대학교 학장이며 스기노학원 양재학원 설립자이다.

1936년에는 1천 200명의 학생을 받을 정도로 성장했다.[12]

이 학교들은 가정 양재를 가르치는 신부수업 코스와 자신과 가족을 부양할 수 있는 직업기술 코스도 제공했다. 문화복장학원과 도레메는 각각 전문가로서 드레스 제작자보다도 가정의 손바느질을 겨냥한 전매 특허를 낸 교육법을 고안했다. 이 두 학교뿐 만 아니라 다른 양재학교도 특히 주부들에게 홍보하기 위해 여성잡지와 상호 이익이 되는 제휴를 맺고 잡지 부록에 자신들의 수업 광고를 여러 페이지 실었다.[13] 이 광고들은 10년 동안 큰 폭으로 증가했다. 1920년대 말『부인구락부』는 한 달에 한두 번, 사이즈가 작은 재봉학교 광고를 실었다. 그렇지만 1934년에는 '직업을 찾는 여성을 위한 학교 안내'라는 재봉학교 광고를 매달 15개에서 20개 정도 묶어 여러 페이지에 걸쳐 편성했다.[14] 잡지들은 또 최신 스타일의 여성복과 아동복 재봉에 관한 해설이 붙은 기사를 연재했다.『부인지우』는 그런 기사를 1944년까지 계속 실었고 새로운 원단이 공급이 되지 않을 즈음에는 독자에게 헌옷을 재활용하는 법을 가르쳐주었다.[15]

일부 졸업생의 꿈은 가정 양재의 영역을 넘어섰다. 그녀들은 자신의 집에서 양재사로 일하거나 잘되서 양장점을 열고 싶어 했다. 도시의 양재사라면 지방 출신의 어린 소녀 두세 명을 견습생으로 고용해서 방을

1911년 도미하여 뉴욕에서 양재를 공부하던 중 1914년 남편 스기노 시게이치(杉野繁一, 1887~1973)와 결혼하고 1920년 귀국했다. 그 후인 1926년 도쿄 도라노몬 빌딩에 사무실을 하나 얻어 드레스메이커스쿨(스기노학원 드레스메이커학원)을 열었다. 1923~24년 뉴욕과 파리에서 복식을 연구하고 전시 통제하에서도 여성복은 자유로워야만 한다고 주장하여 디자인과 제작의 양재교육에 힘을 쏟았다. 저서로는『복식디자인』,『자전의 불길처럼(自伝炎のごとく)』이 있다. 현 스기노학원도레메 홈페이지: http://www.dressmaker-gakuin.ac.jp/about/doreme.html

제공하고 식모보다 약간 많은 월급을 줄 것이다. 견습생은 장래에 돈을 벌거나 가정을 꾸리는 데에도 도움이 되는 기술을 배우면서 결혼 자금을 모을 수 있었다. 심지어 1920년에도 몇몇 여성은 양장점을 성공적으로 열었다. 그러나 의류 산업 대부분은 거의 남성만의 세계였지만 1930년대부터 1940년대에 걸쳐 여성이 여성복과 아동복 제조업자, 어느 정도는 판매자로서 남성을 대체하기 시작했다. 1943년, '도쿄 여성아동용 주문복 상업組合東京女性兒童用主文服商業組合'이 배급 원단을 받아가는 조건으로 초기의 비교적 포괄적인 여성아동용 양장점 일람표라고 할 수 있을 것 같은 것을 만들었다. 거기에는 도쿄에서만 1천 282개의 소매점이 실려 있었다. 그 중 여성이 소유하거나 경영한 점포는 572개점(45%)이었다.[16] 전쟁이 한창일 때 여성의 경제적 독립에 대한 가치는 여전히 높았고 더 많은 여성들이 이 목표를 추구할 수 있게 되었다.

재봉학교와 재봉 일감의 증가, 그리고 여성들이 양장으로 전환하면서 재봉틀 판매를 방해하고 있던 병목현상이 완화되기 시작했고 보급률이 급상승했다. 1935년부터 1941년까지 최대 증가세를 보여 일본인 가구가 60만 대 가까운 국산 재봉틀을 구매했다. 그 사이에 싱거 재봉틀은 1935년부터 싱거사가 사실 상 일본 시장에서 추방된 1938년까지 약 11만 4천 대 팔렸다. 파인-자노메, 미쓰비시, 브라더가 일본 국산 재봉틀의 판매 급증을 주도했지만 다수의 소규모 신생 기업들이 뒤에서 힘을 실어줬다. 1939년까지는 지도로 만든 업계 출판물 목록에는 완제품 재봉틀을 생산하는 일본 제조업체 33개사와 부품 제조업체 57개사가 실렸고 재봉틀 판매점은 조선의 163개점과 대만의 82개점을 포함하여 일본 제국 전

지역에서 1천 588개점으로 보도되기까지 이르렀다.[17]

1941년까지 이 매출들을 1934년까지 판매된 싱거 재봉틀의 재고에 더하면 20세기 초 이후 가정용 재봉틀은 총 155만대가 팔렸다. 모든 제품이 아직 사용되고 있는 것은 아니지만 재봉틀은 내구성이 뛰어나기 때문에 제2차 세계대전 전야까지, 1940년의 인구 조사에서 1천 400만 대였던 일본인 가구의 10% 가까이가 재봉틀을 가지고 있었다고 봐도 될 것이다. 누가 보아도 재봉틀 보급율은 도시 거주자가 상당히 높았지만 전체 보유자 수는 10년간 3배로 증가했다. 경제가 불황에서 벗어나 회복되고 실질 임금이 오르고 구매력 상승이라는 몇 가지 요인이 재봉틀 보급의 추진력이 되었다. 일본 생산자가 재봉틀을 보다 싼 가격으로 제공하고, 양재사와 재봉사로 돈을 벌고 싶어하거나 집에서 옷을 만들어 경제적이지만 시중에서 유행하는 양복을 자신뿐 아니라 아이에게도 입히고 싶어하는 여성의 숫자가 점점 늘어났다.

재봉틀 보급에서 중요했을 뿐 아니라 일반적으로 1930년대 경제생활에서 점점 중요해 진 부분이 소비자 신용의 확대였다. 재봉틀, 가구, 남성복처럼 장기간 할부 방식으로 구입할 수 있었던 제품들 외에 1920년대 말까지 새롭게 '할부'로 구입할 수 있게 된 상품에는 라디오, 피아노, 자동차, 다년 모기지(몇 년에 걸쳐 저당권부)로 팔리는 교외주택 등이 추가되었다.[18] 1935년 도쿄시청의 상업과商業課가 일본 최초로 할부 판매를 체계적으로 조사했다. 결과에 따르면 도쿄의 13만개의 소매점 중, 1만개 점포가 할부 방식을 제공하여 도쿄시 소매점의 총 판매 금액의 8%를 차지했다.[19] 할부로 가장 잘 팔린 상품은 남성복, 자전거, 자동차, 구두, 라디오,

재봉틀, 책, 의료와 과학 기기(카메라 포함), 시계와 보석, 서양 가구들이었다. 신용판매와 유럽, 미국에서 수입된 상품과 연결된 새로운 소비자 생활과의 연관성은 분명했다. 책을 제외하고 목록에 있는 모든 품목은 서양 물질문명의 생산품이었고 대부분은 산업문명의 생산물이었다.

비록 꿈으로서의 근대적 소비자 생활과 물건을 어디까지 소유할 수 있는가라는 현실 사이에는 여전히 큰 차이가 있었다. 그렇지만 1930년대 점점 많은 사람들, 특히 도시 거주자가 중산층의 근대성을 규정하는 대상을 소유하게 되면서 차이는 좁혀지기 시작했다. 더 많은 사람들은 단순히 도시를 돌아다니거나 월간 잡지를 읽거나 라디오로 영어와 양재 강좌부터 올림픽 방송까지 청취함으로써 근대적인 생활에 참여했다. 이런 물질적 근대성은 어쨌든 전쟁이라는 시류에도 불구하고 확대되었다. 결론적으로 정치 지도자들이 '비상시'의 국민 생활에 대한 검열적인 요구를 더욱 강화하고 애국적인 봉사와 희생이라는 이름으로 더욱 검소한 생활을 강요하고 있었음에도 불구하고 말이다. 그러나 근대적인 생활은 전쟁 동원의 영향으로 확대되었다. 라디오를 산 것은 전쟁과 관련된 정시 방송을 듣고 싶다는 욕구 때문일지도 모르지만 라디오는 또 모든 종류의 메시지를 전달했다. 경제는 전쟁에서 촉발된 적자공채 발행으로 박차를 가한 탓도 있어 불황에서 빠르게 회복되었고 이것은 보다 많은 사람들에게 소비재를 사고 새로운 여가 활동에 참가할 수 있는 수입을 만들어냈다. 이처럼 싹트기 시작한 근대성 일부의 한 가지 매력적인 패키지는 재봉과 양복을 중심으로 욕망과 실천이 스스로 보충되어가는 조합이었다. 잡지는 최신 패션, 양재학교의 높은 인기, 여성 양재사의 증가, 여성들이 집에서 만든 양복 또는 주문 맞춤복의 광범위한 확산, 소비자 신용의 확대, 재봉틀의 매출 상승과 같은 것을 다루었다.[20]

비상시에 현명함으로 자립한 여성들

1920년대에도 그랬던 것처럼 근대 생활이 가진 문화적인 매력은 영화를 보는 사람과 패션을 추구하는 사람의 넘쳐나는 활기와 진지하지만 합리적이며 미래지향적인 주제라는 두 가지 정신에서 나왔다. 대중들은 1930년대 파인-자노메가 뚜렷하게 내세운 광고 캠페인의 명확성을 통해 그 두 가지 측면을 간파했다. 이 뛰어난 광고를 만든 사람은 시마다 다카야嶋田卓彌이며 그는 1934년 이 회사의 마케팅 컨설턴트로 시작해서 나중에 정식 직원이 되었다. 시마다는 놀랄 만 한 일련의 텍스트 중심적인 광고를 제작했는데 이는 신문 한 페이지 전체 너비 사이즈의 가로 박스들로 디자인되었다. 이런 스타일의 광고는 간결한 표어와 함께 작은 크기로 줄어드는 1939년까지 계속되었다. 또 시마다는 과학적인 마케팅에 노력을 기울인 것으로도 유명하다. 그는 특정한 광고와 판매 성적의 연관성을 밝히고자 통계를 사용했다. 새로운 파인-자노메 광고는 1934년부터 1941년까지 주요 신문에 며칠 간격으로 실렸다. 그 기간 중 『아사히신문』과 『요미우리신문』은 각각 600회 이상의 광고를 실었다.[21] 광고들은 때로 자칭 사용자의 추천문 형식과 어떤 경우에는 재봉틀이 여성의 생활을 얼마나 풍요롭게 만들 수 있는지를 설명하는 조언을 제공했다.

그림 20. 『아사히신문』 1936년 1월 9일 게재된 파인-자노메의 광고. 충격적인 2·26사건* 발생 딱 6주 전이다. 여성들에게 과학의 산물을 구입하여 돈을 절약하고 그 돈으로 사고 싶은 것을 사라고 계속 권장했다. 근대성의 과학적이고 합리적인 측면을 향락적인 소비자의 얼굴과 멋진 솜씨로 연결시켰다. (자노메미싱공업 및 『아사히신문』)

　　재봉틀은 생산 도구인 동시에 소비자가 선망하는 대상이기도 했기 때문에 다양한 양상을 가진 근대성에 호소하는 캠페인에 견고한 기반을 제공했다. 게다가 어쨌든 전쟁으로 물자가 부족한 시기에는 누구나 절약이 제일이라는 합리성을 당연히 기대할 수 있었겠지만 재봉틀은 그와 같은 합리성에 호소하기 위해 안성맞춤이었다. 예를 들면 옷은 기성복을 사거나 양장점에서 맞추는 것보다도 자기 집에서 만들면 된다는 합리성에 호소했다. 분명히 자노메도 다른 재봉틀 판매자들도 이와 같이 절약을 지향하는 주장을 폈다. 그렇지만 가장 의외였던 것은 때때로 같은 광고에서 재봉틀을 근대적인 미국식 소비자 생활의 수단으로, 그리고 열광적인 것을 뛰어넘어 도전적으로 보일정도까지 칭찬했다는 점이다.

---

*　　1936년 2월 26일부터 29일에 걸쳐 일어난 육군청년장교들의 쿠데타 미수 사건이다. 육군 내 한 파벌인 황도파(皇道派)의 영향을 받은 일부 육군청년 장교들이 1,483명의 하사관 병사를 이끌고 주요 관저를 습격하고 자신들의 의견을 쇼와천황에게 전할 것, 통제파의 파면 등 8개항의 조건을 요구했다. 그러나 육군, 해군, 여론이 모두 반대 측에 서면서 29일 진압되어 통제파가 육군을 장악했다. 이로 인해 히로타 고키(廣田弘毅, 1878~1948, 일본의 제32대 총리대신) 내각이 수립되었지만 정치적 독립성을 유지하지 못했고 그 이후로 군비 확충과 민중 탄압이 강화되면서 일본 파시즘이 힘을 얻게 되었다. 히로타는 전후 극동국제군사재판에서 A급 전범으로 유죄판결을 받고 처형되었다.

예를 들면 1936년 『아사히신문』과 『요미우리신문』에 실린 광고를 보자(그림 20). 백인으로 추정되는 여성의 잘난척하는 자기소개, 그 옆에 있는 "여성 여러분! 올해 결심은 / 본인 손으로 돈을 많이 벌어! / 좋아하는 것을 마음껏 사는 것입니다!"라는 헤드라인이다. 계속해서 이 광고는 "전 세계에서 가장 잘 놀고 일 잘하고 돈을 잘 버는 사람이 미국 여성입니다. 1936년에 일본 여성들에게 있어서 새로운 한 가지 경향은 분명히 돈을 벌어 갖고 싶은 물건이 무엇이든 마음껏 사는 것입니다"라고 설득했다. 그러나 독자는 어쩔 수 없이 산더미 같은 집안일을 해야하는 여성이 도대체 어떻게 돈을 벌고 쓸 시간을 찾을 수 있는가?라는 질문을 받았다. 답은 간단했다. '문제는 과학을 도입하는 것만으로도 멋지게 해결된다.' 재봉틀과 같은 과학제품을 구매하면 시간과 비용을 절약할 수 있고 그 이익을 쇼핑하는데 마음껏 이용할 수 있다고 했다.[22]

다른 측면에서 재봉틀은 쾌락적인 지출의 소비 생활을 멀리하고 국가에 헌신하라는 전시 논리와도 손을 잡고 있었다. 자노메는 광고 카피에서 먼저 성별로 분명하게 구분되는 "당신에게는 총검을, 나에게는 재봉틀을"부터 "여성은 국가를 위해 아이를 낳으라"는 국가의 호소를 풍자한 탁월한 언어유희에 이르기까지 일련의 광고에서 애국적인 진태고陣太鼓를 울렸다. 후자의 광고는 뱀이 이브에게 사과를 바치고 옆에서 아담이 그것을 지켜보고 있는 성서聖書에서 시작된 그림과 함께 "밟아라, 돈을 모아라, 재봉틀로 저축하라"고 여성들에게 권장했다[23](그림 21). 이 광고는 사람들이 전쟁의 새로운 시대에 순응해야만 한다는 것을 인정하기는 했지만 그런 경우조차도 여성은 서양의 종교적 표현과 이미지가 제시한 태

그림 21. 『아사히신문』 1938년 1월 5일 파인-자노메의 광고. 재봉틀을 전시하의 출생률 향상과 저축 증대를 목표로 하는 운동과 연관짓기 위해, 구약성서 창세기의 문구 "낳아라, 밟아라, 땅을 채워라"를 흉내 낸 지구(地口: 속담이나 그 밖의 어구에 음은 비슷하나 뜻이 다른 말을 대입하는 언어유희)를 이용하여 국가의 전시 프로파간다를 반영시켰다.(자노메미싱공업과 『아사히신문』)

고부터의 생산 계획과 똑같이 근대적인 절약 계획을 통해 국가를 건설하고 지원하도록 요구받았다.

전쟁이 시작되고 시간이 상당히 흘러도 시마다의 광고는 여전히 재봉틀을 절약과 여성 자립을 위한 저축 수단이라는 위치를 부여하는 동시에 편리함과 쾌락을 가져오는 물건으로도 묘사했다. 1935년 여름에는 대담한 헤드라인에서 "근대 여성이란 만일의 경우에도 멋지게 자립할 수 있는 사람"으로 정의했다. 1936년 2월 24일의 자노메 광고는 독자들에게 "취미로 돈을 버는 양재와 수공예!"를 배우라고 말했다. 1938년 1월 하순의 광고에서는 대학 졸업 사각모를 쓴 서양 여성을 내세웠다. 광고 카피는 안전과는 상당히 거리가 있는 전쟁이 한창인 시기에 "이 재봉틀 하나만 있으면 무슨 일이 있어도 귀부인의 삶은 즐겁고 안심할 수 있습니다"라고 하면서 안전과 유쾌함이라는 두 가지 주장을 내세웠다. 1939년 1월에도 역시 재봉틀은 "현대적이며 똑똑하다"는 형용사로 표현되었

그림 22. 『부녀계』 1933년 4월호에 게재된 어느 재봉 학교의 광고이다. 젊은 성인 여성들이 자신을 위해 바느질하는 즐거움을 멋지게 전달하고 있다. 특히 1893년의 메이지 시기의 궁정 여성들의 호숫가 재봉 파티(제1장, 그림 3)를 생각나게 하는 사진이지만, 그 목판화보다 비현실적인 부분은 훨씬 적다.

다. 그리고 놀랍지도 않지만 일본의 전투기가 진주만을 공격하던 그 날에도 자노메는 고객에게 재봉틀을 사용하면 의류비를 절약할 수 있다고 설득하고 있었다. 그래도 시마다는 누구나가 예상했던 것처럼 여성들에게 남는 돈과 시간을 전시 공채를 사는데 사용하라고 권유한 것이 아니라 취미인 독서나 전형적으로 개인주의적인 목표인 수양에 쏟아 부으라고 격려했습니다.[24] 시마다는 전전부터 전쟁 중에도 계속된 이 광고 캠페인이 끝날 때까지 근대적인 삶의 방식과 가치관을 계속 칭찬했다.

재봉 학교도 여성 월간지에 광고를 실으면서 이런 마케팅의 합창에 가세했다. 거기에 담긴 내용은 역시 기쁨과 애국심과 실용성에 관한 호소의 혼합물이며 실용성 측면에서는 결혼 시장에서 양재기술의 가치도 포함했다. 1933년 4월 『부녀계』의 양쪽으로 펼쳐진 두 페이지에 실린 광고 사진은 "양재를 하는 젊은 기혼 여성과 미혼 여성은 멋진 스타일을 만

그림 23. 『부인구락부』 1934년 1월의 광고용 부록에 실린 10칸짜리 만화. 자립할 수 있는 신부를 찾는 기대로 몹시 상기된 장래의 시아버지가 아들에게, "신부를 찾으려면 직장 여성"이라고 외치면서 "직장 여성 양성학교" 입구로 뛰어 들어간다.

드는 즐거움에 시간을 잊고 바느질을 합니다"라는 설명 밑에 모드양재
연구소에서의 목가적인 한 풍경을 선보였다(그림 22).[25] 다음해 1월의 『부
인구락부』 광고에서는 "직업을 찾는 여성의 학교 안내" 상단에 옆으로
길게 내걸린 10칸 만화가 이 여성들의 장래 전망을 보여주는 이미지를
제공했다(그림 23). 이야기는 이렇다. 어떤 부자 노부부가 아들에게 좋은
아내가 필요하다고 이야기하고 있던 시기에 재봉 학교로 가는 젊은 여성
을 가끔 우연히 만났다. 노부부는 그 여성이 아주 영리한데다가 자기 계
발에 열심히 노력하고 있는 사실에 몹시 감동받아 마지막 컷에서는 장래
의 시아버지가 그녀 뒤를 따라 학교로 뛰어 들어간다. 노부부가 그녀를
마음에 들어한 것은 양가집 딸답게 웃어른을 공경하는 마음을 얌전하게
표현하는 태도 때문이 아니라 국가적 위기를 여자들 개개인의 열망과 연
결 짓는 대담한 주장 때문이다. '재봉틀, 수공예, 요리, 재봉 이것은 바로

새로운 시대의 여성의 상식이며 스스로 독립적으로 자립할 수 없는 여성은 비상시에 일본을 끌고 나갈 수 없습니다.[26] 패션 감각이 있는 이 같은 애국심은 1939년 12월이 되고서까지도 『부인구락부』에 실린 여성양재학원의 학생 모집광고에도 반영되었다. 광고에는 전쟁터에 나간 남편이나 아들을 둔 여성에게 수업료를 감면 조치해주고 "본 학원의 교감 미스 오펄 스트리트 선생님은 재학생에게 세계 유행을 선도하는 할리우드 뉴스를 끊임없이 전해준다"는 특전이 적혀 있었다.[27]

젊은 여성들이 자신과 남편, 그리고 시아버지와 시어머니가 애국심에서 시작한 직업 기술의 추구, 자가 재봉의 즐거움, 미국 여성처럼 쇼핑을 하는 설레는 기분들이 서로 얽혀있는 메시지를 어떻게 해석했는지를 평가하는 것은 쉽지 않다. 재봉 학교의 졸업사진과 교실사진에서는 1930년대 학생 수가 더욱 증가하면서 학생 스스로 양장을 만들고 싶어하는 여성이 포함되어 있는 분위기를 찾아볼 수 있다. 1920년대 사진에서는 사실상, 모든 학생이 화복을 입었고 교사만이 양복을 입었을 뿐이었다. 그러나 1930년대 중반이 되자 대략 2/3의 학생들이 양복을 입고 등교하고 졸업식에 참석했다.[28] 집에서 아니면 양장점을 열고 여성복 맞춤 제작을 하는 여성이 증가하면서 직업 훈련과 경제적 자립에 대한 욕구를 보여주는 조짐이 나타났다. 그런 징후는 또 여성잡지의 실화 장르에서, 여성의 경제적 자립을 지속적으로 지원하는 것에서도 발견할 수 있었다. 1932년부터 1945년 사이 『주부지우』에 서양식 재봉사, 양재사, 또 양복점 주인이 되기 위해 기울인 노력과 성공에 관한 이야기가 39편 실렸다.[29] 이런 의욕적인 가정 노동자들에게는 기혼 여성들, 미혼 독신 여성, 그리고 전쟁으로 남편을 잃은 여성들도 있었다. 『주부지우』가 말한 것처럼 그녀들은 자녀의 출세를 돕기 위해 재봉 일을 하는 경우가 많았다. '가계의 보조 수입'을 중요한 이유로 내세우기도 했고 또 분명히 자녀의 교육비를 버는 것이라고도 했다. 남편이나 부모의 징병과 사망이라는 전쟁과 관련된 사정 때문에 일을 시작한 사람의 숫자는 자연스럽게 증가했다.[30] 그중 50% 이상이 오직 가정에서 일했다. 나머지는 양복점을 열거나 다른 사람들을 위해 집 밖, 예를 들면 근처 작은 작업장에서 옷을 만드는 사람이 거의 반반이었다.

자기 가게를 연 사람들보다 훨씬 더 많은 사람들이 가게를 열고 싶어 했지만 열지 못했거나 열었지만 실패한 사람이 더 많았을 것이라고 생각하기 쉽다. 예를 들면 중개업자가 가지고 오는 바느질감의 가내 부업을 하던지 이웃이 부탁한 옷을 만드는, 그다지 야심적이지 않은 활동이 많은 이야기에 등장했고 실제로 더 흔했다. 1941년과 1942년에 실시된 일상생활의 시간사용에 관한 전시의 선구적 조사는 아내나 딸이 부업을 하는 가구는 '샐러리맨' 가정의 거의 3%이며 공장 노동자 가정의 13%였다. 그중 약 1/3이 재봉이나 재봉틀을 사용하는 부업이었다.[31] 이 조사는 전시 부업의 최전성기를 기록한 것 같았다. 1930년대 중반부터 태평양전쟁 초기까지 여성잡지들은 자신에게 수익성이 있는 재봉 부업을 어떻게 찾는가라는 이야기들을 꾸준하게 실어 지면을 채웠다. 1941년과 1943년의 『주부지우』에는 매 호마다 바느질 일감뿐 아니라 다른 부업 기회에 대한 짧은 글이 실렸다. 그리고 이 기사에서는 부업을 제공하는 중개업자 능력도 1944년이 되자 줄어들고 아마 1945년에는 사라졌다고 했다.[32]

다른 자료가 이 여성들에 대한 암울한 전망을 냉철하게 제공했다. 1935년 2월의 『부녀계』는 부업과 관련된 장문의 기사를 다음과 같은 경고로 시작했다. "세상 살기가 힘들어지고 생활의 고통은 더욱 심해지기만 합니다. 아내들도 한가하게 남편이 가지고 오는 수입만으로 생계를 꾸리는 것이 점점 힘들어져서 부업을 찾는 사람들이 많아졌습니다. 부끄러움을 버리고 이런 식으로 생계를 위해 진지하게 투쟁하는 것은 좋습니다." 그러나 "이렇게 부업이 필요한 사람이 증가하면 이것을 이용하는 사기꾼이 나타나는 것은 당연합니다. 욕심에 휘둘리고 불안한 마음에 잠깐 방심하다가 사기 행각에 속수무책으로 당하는 경우가 많이 있습니다."[33]

안전하게 권장하는 방법은 시나 동, 또는 애국부인회가 만든 수산장을 통해 가장 일반적인 재봉틀 재봉의 직업 훈련을 찾는 것이었다. 수산장은 1920년대 초 시와 동의 사회복지 프로그램으로 시작되었고 불황기부터 1930년대 중반에 걸쳐 상당한 확장세를 보였다. 자격 조건 일부에 가정 형편과 관련된 사항이 있기는 해도 어느 정도 경제력이 있는 여성도 수산장을 통해 일을 찾을 수는 있었다. 훈련은 실용적이며 제한적이었다. 한 여성은 특정 직무를 위해 알아야 할 것, 예를 들면 재단한 옷감의 어딘가 한 부분을 겹쳐 꿰매는 방법만을 배웠다. 수입은 한 달에 5엔부터 30엔 정도 벌었을 것이다. 이 보고서는 여성이 실제로 이 정도의 수입으로는 자립도 가족 부양도 할 수 없지만 가계살림에는 괜찮은 도움이 될 것이라고 조심스럽게 결론 내렸다.[34] 일간지에 실린 또 다른 보도는 수산장 업무의 약 절반 정도는 재봉틀 재봉과 관련이 있다고 지적했다. 거기에서 일하는 여성은 빈곤층이 아니라 '가장 넓은 사회적 계층의 가정, 즉 중산층 이하'의 아내들이었다고 했다.[35] 그들은 일반적으로 가계 소득의 중요한 30~50%에 해당하는 수입을 벌었다.

1943년 도쿄에 등록된 수많은 여성 소유 양장점이 크게 증가했다는 사실과 함께 이 데이터는 『주부지우』의 실화가 완전히 허구가 아니라는 것을 보여주었다. 이 잡지는 비록 자립한 여성 기업가를 이상화시키기는 했지만 그래도 이 이상은 강력한 문화적 현실로서, 더 누추한 사회적 현실 한편에 불안정하게 병존하고 있었다.[36] 『주부지우』는 몇 년간의 투쟁 끝에 경제적 독립, 안전, 그리고 어느 정도의 행복을 달성한 여성들의 실화를 통해 독자들에게 영감을 주려고 했다. 이 이야기들 중 가게를 가지고 있는 사람이 차지하는 비율은 일반적인 양재사보다 더 높았다. 잡지에 실린 거의 절반 가까운 사례에서 양재사나 재봉사의 벌이가 가계 수입의 반 이상을 차지했다. 잡지는 부업이든 양복점이든 가난으로 힘들어하는 가계에 부수입 이상의 것을 제공해준다고 말했다. 그것은 아내가 남편보다 더 많이 벌었을 때 여성이 자립할 수 있는 수단이 되고 가족은 편안한 중산층 생활을 보장받을 수 있을 것이라고 했다.[37]

예를 들면 오사카시의 혼마 유리코本間百合子는 "자녀의 학자금을 만든 재봉틀 부업"의 경험을 말했다. 혼마의 고군분투는 1933년, 지역의 원단 중개업자에게 받은 자투리 천으로 옷을 만드는 재봉 일부터 시작되었다. 그녀는 얼마 지나지 않아 한 달에 40엔 이상을 벌게 되자 "이제 아들과 딸 학자금은 걱정 없어요. 부모에게 이 보다 더 큰 기쁨이 있을까요. 남편도 아주 기뻐했어요. 어두웠던 집안이 갑자기 밝아진 기분이에요. 그저 단순히 가족을 위해 재봉틀을 구매했는데 큰 딸이 학교에 입학하자 그 재봉틀이 지금 우리 집의 급한 불을 끄는 중요한 살림 밑천이 되었어요. 재미로 배운 양재 기술이 큰 도움이 되었어요"라고 감격스럽게 말했다. 혼마와 큰 딸은 부업에서 전환하여 '외국의 옷본이나『주부지우』부록을 참고'하면서 이웃의 주문을 받아 아동복과 여성복 제작으로 눈을 돌렸다. 작은 딸의 운동회에 손수 만든 '신형 세일러복'을 입혀주자 다른 학부모들로부터 '그것이랑 똑같은 것'을 만들어달라는 주문이 쇄도했다고 한다.[38] 여기서 근대성의 이상은 "비상시"란 상황에 있었다. 자본재로서 재봉틀에 투자하는 것을 칭찬하고 가정의 신중한 관리, 자원의 합리적 배치, 그리고 패션과 변화하는 생활방식에 뒤처지지 않고 따라가는 기쁨을 맛보는 것이었다.

전시하의 근대적인 생활 규제

　재봉틀과 재봉학교 광고에는 전시 중 국가에 봉사하고 지원하자는 권고와 함께 자기개발과 여성의 쾌락추구에 대한 호소가 태평양전쟁 전야까지 지속되었다. 1937년 대장성이 외국영화 수입을 제한하기 시작한 이후에도 근대문화의 선구자로서 할리우드의 매력은 지속되었다. 그리고 1939년의 영화법映畫法은 영화와 다른 미디어가 적절한 애국적 메시지를 담았는지 확인하기 위해 국가 검열을 한층 강화했다.[39] 영화 관객 수는 계속 증가했고 이에 당국은 1941년 12월 4일이라는 늦은 시기이지만 미국 영화 96편의 즉시 개봉을 허가했다.[40] 중국에서 전투가 격렬해지고 말레시아반도와 하와이의 공격 계획이 최종적으로 확정되자 정부 측이 "멸사봉공滅私奉公"과 같은 슬로건으로 국가를 위해 희생하라는 구호를 내세울 지경이 되었을 때조차 모두가 더 궁핍해지는 현실을 눈앞에 두고서도 소비자의 욕망은 살아남았다. 분명히 이런 심적 태도가 둔화되기 시작한 것은 확실하지만 태평양전쟁이 상당히 심화될 때까지 계속 유지되었다. 1944년과 1945년 이후, 재봉과 의복을 포함한 많은 분야에서 빈곤과 물리적 파괴의 악몽이 사실상 모든 오락과 자유재량에 따른 소비를 없애버렸다.

　이와 같은 난처한 상황 속에서 근대성은 일상생활에서 오래 지속되어 온 관습적 관행으로 정의되는 전근대적인 전통과 충돌하기 보다는 오히려 '전통주의'의 근대적 정신과 많이 부딪혔다. 국가의 대리인들 뿐 아니라 그들을 적대시했던 우익 중 일부도 똑같이 고래古來의 유서 깊고 전형적인 일본적 관습이야말로 덕성과 행동을 위한 규준規準이어야만 하다는 신념을 공공연하게 선전했다. 그렇지만 그 관행은 근대에 들어와 고안되거나 대대적으로 만들어지거나 땜질식으로 세공된 것들이었다. 1932년의 5·15사건으로 이누카이 쓰요시犬養毅(1855~1932) 수상*을 암살한 젊은 육군사관생들은 원래는 찰리 채플린의 일본 방문 축하 환영회에서 이누카이 수상과 찰리 채플린 두 사람을 같이 살해하려는 계획이었다. 그렇지만 마지막 순간에 계획이 변경되어 이누카이 수상을 수상 관저에서 습격하기로 했다.[41] 암살자들은 근대 서양문화를 퇴폐적이라고 비난하며 천황 통치의 부활을 희망했다. 그럼에도 불구하고 보통 선거권과 대기업 국영화를 앞서서 주장할 때는 근대적인 입장이었다. 그 후 몇 년 동안 1937년의 "국체國體의 본 뜻"과 같은 아주 중요한 문헌에 표명된 편협한 전통주의가 반역자들의 레토릭을 반영했다. 1937년, 문부성이 제출한 성명서는 천황을 신성하게 여기며 침범할 수 없는 지위로 격상시키고 일본의 위기를 초래한 원흉은 개인주의부터 공산주의까지 일련의 서양적인 신념이라고 단언했다. 그리고 그 대신 국민의 핵심적 가치로 충군과 애국을, 국민의 핵심 기관으로 서열을 중시하는 가족제도를 높이 평가했다. 그럼에도 불구하고 기본 논리는 서구사상, 특히 국민과 국가

---

* 1932년 5월 15일 무장한 해군의 급진파 청년 장교와 육군사관 후보생 등이 정당과 재벌 타도를 외치고 계엄령을 선포하여 "서민생활개선을 목적으로" 국가개조를 내건 테러사건이다. 이들은 총리관저에 난입하여 당시 수상이었던 이누카이 쓰요시를 암살했다. 당시 정당정치의 부패에 대한 반동으로 장교들의 구명탄원운동이 일어나기도 했다. 이로 인해 일본의 정당정치는 막을 내리고 군사 내각이 수립되면서 군부 발언이 강화되었다. 또 많은 우익단체가 결성되어 급진적인 국가개조운동에 대한 국민적 공감을 불러일으켰다.

의 헤겔적 이상화에 기초했다.[42]

이와 같은 명시적인 정치적 전통주의처럼, 일상생활과 대중문화의 묵시적인 정치는 절약과 자제 그리고 오염되지 않은 일본의 국체로부터 서구 근대성을 제거하자고 주장하는 사람들, 제국과 천황을 지지하는 애국주의자임에도 불구하고 근대 생활의 관습을 벗어던지기를 꺼려했던 사람들 사이에서 긴장감 넘치는 모험을 했다. 1940년 8월 도쿄시 공무원들은 '사치는 적'이라는 슬로건을 크게 쓴 입간판 1천 500개를 수도 도쿄 전역의 요소요소에 배치했다. 그 해 댄스홀도 금지되었다. 태평양전쟁이 시작된 이후 일본에서 야구는 적성敵性 스포츠, 재즈는 적성 음악이라고 공격하기 시작했다. 그러나 소비를 하고 즐기는 방법을 찾을 수 있는 곳에서는 구호도 규제도 사람들의 태도를 효과적으로 바꾸지 못했다. 1939년 정부는 각 지역 당국에 퍼머와 그 밖의 유해한 사치를 쫓는 유행에 쐐기를 박기 위한 '지도'를 시행하도록 권고했지만 미용실은 변함없이 고객을 계속 끌어 들였다. 1943년 후반기가 되고 금속 부품을 군사용으로 공출하기 위해 재활용 될 퍼머 기계의 수매 가격을 둘러싸고 미용실 주인들과의 오랜 협상을 벌인 끝에야 비로소 당국은 전기 퍼머 기계의 사용을 금지했다. 이 결정은 헤어스타일 지도보다도 절전이 목적이었다.[43]

특히 아직 벌지 못한 돈으로 상품을 구매하는 것과 마찬가지인 할부금 형태의 쇼핑은 비판과 지지가 서로 뒤섞인 세상의 우려스러운 평가에도 불구하고 계속되었다. 1920년대 후반에는 소비자 신용이 예산 지출의 합리적이고 근대적인 규율과 산업문명의 결실을 제공하는 교사이자 제공자라는 견해는 그 이후 10년간 계속 유지되었다. 도쿄시가 1935년 소매 할부 판매 조사를 발표했을 때, 『도쿄아사히신문』은 멋을 부려 "생활 수준은 나아지고 수입은 머물러 있다. 그래서 뛰어드는 월부 가게"라는 헤드라인을 내걸고 긍정적인 플레이를 펼쳤다. 이 조사를 맡은 시 공무원 오가와 노부오小川信雄가 기자에게 말한 바에 따르면 1만 개나 되는 소매 판매점이 제품을 월부로 판매하면서 "머리부터 발끝까지 할부 착용을 하고 있는 것이 지금의 중산층 이하의 생활"이며 또 그들 중 일부는 몸에 걸치는 것 외에 가구와 집도 신용으로 샀다. 그들이 보기에 아직 할부를 무시하는 경향은 남아있지만 예전처럼 '지나치게 비싸다'는 이미지는 거의 극복되었다고 했다.[44]

그러나 대출 위험에 대한 보이지 않는 걱정도 실제로 있었다. 일간지에서는 시청 공무원 오가와와 같은 낙관적인 시각이 불안한 시각보다 일반적이지 않았다. 1926년부터 1941년까지 『아사히신문』에 실린 '월부'와 관련이 있는 기사 55개 중 19개의 강력한 몇몇 기사는 신용 구입이 장래성이 있거나 최악이라도 중립적인 관행이라고 했다. 수적으로 조금 더 많은 23개의 기사는 월부 판매가 문제라고 생각하게 만드는 다양한 신용 사기와 부정행위를 선정적으로 보도했다.[45] '샐러리맨, 즉 월부 계층' 사이에서는 옷부터 가구와 집까지 뭐든지 할부로 산다고 쓴 1933년 기사는 제목에 "신경 써서 조심해야 한다"라며 월부를 경고했다. 그 해 어느 정도의 시간이 지난 후 독자들은 사기가 예전만큼은 아니지만 터무니없이 가격을 비싸게 부르는 이상한 거래나 조악한 상품은 사지 않도록 신경을 쓰라는 이야기를 어쩔 수 없이 듣게 된다.[46]

소비자 신용에 관해 『아사히신문』의 보도는 긍정적·부정적 견해가

비교적 균형을 이루고 있었고 이런 경향은 1926년부터 1941년까지의 15년 동안 크게 바뀌지 않았다. 또 이 기간 중에 『요미우리신문』이 실은 71건의 월부 관련 보도도 비슷한 균형을 보였다.[47] 그러나 1930년대 후반에 가까워지자 부정적인 이야기 중 새로운 비판의 경향을 띤 설교조의 기사가 나타났다. 1938년 『아사히신문』에 실린 소비자 금융의 경향에 대한 4부작 연재기사 중 마지막 기사의 제목은 "봉급자에게는 편리한 월부 변제"였지만 결론에서는 "돈을 빌리는 것은 그다지 유쾌한 일이 아니기 때문에 우리는 수입 한도에서 지출을 조심하고 비상시의 재해에 대처하기 위해 저축을 하는 것이 낫다. 그런 식으로 정말로 강력한 생활 설계를 세워야 할 것"이라고 언급했다.[48] 그리고 같은 해에 출판된 책에서 『바로 효과 있는 광고すぐ効く広告』로 유명한 마케팅 전문가 마쓰미야 사부로松宮三郎(1883~1968)는 훨씬 더 감정적이었다. "미국식의 할부 판매 시스템은 아주 극악무도하며 일본의 국가 사정이나 일본인의 미덕과는 완전히 상충된다." 그는 친구가 싱거 재봉틀을 할부로 사고 보증인을 내세웠지만 친구가 할부금을 체납하자 싱거사는 징벌적 할부 계약금을 구실로 집달관을 보증인 집으로 보냈다는 싱거 미싱사의 징벌적 할부 계약에 희생된 친구의 안타까운 이야기를 털어놓았다. "일본은 원래 황도皇道정신으로 건국된 이후 발전된 신들의 땅이다. 미국은 전 세계에서 온갖 사람들이 모여든 잡다한 세대의 이민자 국가로 돈보다 귀중한 것이 없다. 오직 돈으로 지키고 돈을 으뜸으로 여기며 숭배하는 나라이다. 일본과는 상당히 다른 국가 정세이다"라는 결론을 내렸다.[49]

이와 같은 비판과 점점 심해지는 국가의 경제 규제가 서로 얽혀 결국 판매자들은 소비자 신용을 축소해야만 했다. 그렇다 할지라도 분할 납부 방식은 여전히 사람들에게 매력적이었고 때로는 전쟁 수행에 도움이 된다는 이유로 이용되기까지 했다. 1939년 8월 『요미우리신문』은 당당하게 요미우리 복지기금을 출범시켜 생활이 어려운 전몰자 유족과 현역 상이군인傷痍軍人 가족들에게 출산, 결혼, 장례식과 같이 불시에 필요한 돈을 무이자와 무담보로 대출해준다는 의사를 분명히 밝혔다. 『요미우리신문』은 라디오나 재봉틀 광고처럼 '자금조달이 쉬운 돈(저리 자금)'으로 불필요한 절차 따위는 필요 없고 변제는 할부 상환이 된다고 자랑하듯 말했다.[50] 몇 달 전 『도쿄아사히신문』은 2천 명 남짓의 회원을 거느린 도쿄 양복상공동업조합東京洋服商工同業組合이 경시청의 '요청'을 받고 남성복 가격의 5% 인하와 월부 판매 중지라는 두 가지 조치를 취하기로 했다고 보도했다. 그렇지만 제목은 정부의 인플레이션 억제책의 일환인 가격 인하 혜택이 아니라 월부 판매 종료에 따른 '봉급생활자의 엄청난 고통'을 강조했다.[51] 이 반응은 당국의 입장을 바꾸기에 충분했다. 1941년 7월 상공성은 주문복의 월부 판매를 허가하고 6개월 이상의 할부에는 최고 공정 가격의 5%를 추가 이자로 적용하면 된다고 결정했다.[52]

　사치는 적이지만 할리우드는 꿈이며 할부 신용은 살아남기 위해서나 잘 살기 위한 수단인 동시에 근원적으로 오염되어 위험하다는 상반된 메시지들의 소용돌이 속에서 소비 생활은 1930년대 말까지 끈질기게 지속되었고 심지어 활발했다. 그러나 1939년을 하나의 전환점으로 1942~43년을 보다 결정적인 단절기斷絶期로 삼아 점점 더 엄격한 경제 통제와 심각해진 물자 부족이 남녀의 근대적인 쾌락을 추구할 가능성을 심각하게 제한했다. 일본 정부는 인플레이션을 억제하기 위해 1939년 물가와 임금 통제령을 발표하고 노동자의 자유로운 이동을 제한하는 규정을 제정했다. 이 정책들의 의도는 시장 경제의 '소모적인' 경쟁에 종지부를 찍고 자본과 원자재를 군수산업 생산에 투입하는 것이었다. 그 탓에 소비재 생산과 판매는 점점 힘들어졌으며 재봉틀도 예외는 아니었다. 1939년 9월 가격 정지령停止令은 원료비 상승 시기인데도 재봉틀 가격을 동결시켰다.[53] 이 정지령은 처음에는 상품을 현금 가격보다 15% 높은 할부 판매를 할 수 있게 했고 자노메는 할부 판매 방식으로 가정용 재봉틀을 계속 제공했다. 그러나 정부는 자노메가 인기가 많은 예약 구입 방식을 계속하는 것을 인정하려고 하지 않았다.[54]

이와 같은 제약에도 불구하고 일본 제조업체는 가정용 재봉틀의 생산과 판매를 한시적으로 어떻게든 늘릴 수가 있었다. 판매량은 1940년 전 기간을 통해 15만 4천 대로 최고치에 달했고 1941년에는 14만 2천 대로 소폭 감소했다. 제조업체 수도 계속 증가했다. 태평양전쟁이 시작되면서 모든 산업 생산을 전쟁 목표로 삼는 보다 엄격한 정책들이 소비자를 위한 생산을 최대한 제한했다. 1942년 2월 상공성은 재봉틀 제조업체를 포함하여 기계 산업 통합을 추진하기 시작했다. 재봉틀의 경우, 최소 100대의 설비공작 기계를 갖춘 공장만이, 부품 제조업체는 50대 이상을 갖추어야만 제조업 허가를 받을 수 있었다. 이 제한들은 가혹했다. 정비 통합 주문이 발표된 당시 이 기준을 충족시킨 제조업체는 완성 재봉틀 제조사가 9개사, 부품 제조사는 12개사 밖에 없었다. 수백 개의 소규모 기업은 합병을 해서 규모를 충족시키던지 업종 변경이나 폐업을 요구받았다. 대부분이 후자를 선택했다. 가정용 재봉틀 생산은 1942년에는 5만 1천 대로 전락하고 1944년에는 불과 1만 6천 대로 감소했다. 이 통제는 많은 제조업체가 재봉틀과 재봉틀 부품 제조에서 군수품 제조의 대기업 하청으로 전환되었다는 것을 의미하며 언뜻 보면 의도한 효과가 있었던 것처럼 보였다. 그러나 군대에서 알몸으로는 싸울 수 없다. 군인용 코트, 장갑, 군복, 군화, 또 낙하산 제작에 공업용 재봉틀의 필요성이 심각해졌다. '가정용'으로 팔리던 대부분의 재봉틀이 부업이나 작은 옷가게에서 군인용품 생산에 사용되었음에 틀림없다. 그러나 놀라운 사실은 국가가 재택 하청을 보충하거나 그것을 대체할 수 있도록 공업용 재봉틀 생산을 우선시하도록 의도하지 않았던 사실이었다. 공업용 재봉틀 생산은 처음에는 저조했고 1941년의 2천 900대에서 1944년의 5천 400대까지 소폭 증가한 것에 지나지 않았다. 다른 모든 산업과 마찬가지로 가정용과 공업용 모두 합해서 불과 4천 대였던 재봉틀 생산은 1945년에는 소이탄燒夷彈 폭격으로 말 그대로 재가 되었다.[55]

자노메는 1942년 3월까지 할부 판매를 중단한 가장 마지막 판매자가 될 때까지 재봉틀 일부를 계속 할부로 판매했다. 판매를 그만 둔 것은 정부의 통지 때문이라기보다 오히려 원자재 부족, 생산량 감소, 이윤 감소, 가격 상승과 같은 악조건이 가중되어 회사가 신용대출을 제공하기 위해서는 불안이 너무 컸기 때문이었다.[56] 1942년 이후 재봉틀의 할부 판매 광고는 신문에 전혀 실리지 않았다. 1943년 말까지는 카메라와 라디오의 할부 판매 광고가 몇 건 있었지만 그 뒤로 역시 자취를 감춰버렸다.

전시 하, 일본의 근대성을 만들어내다

놀랄 만큼 시기도 늦었고 진행도 더뎠지만 그럼에도 불구하고 소비와 여가의 불가피한 억제를 시계열에 따라 서술하면서 일상생활에서 전시 근대성을 이야기하는 것은 어느 정도의 가치 있는 수정주의론적인 시도가 될 것이다. 그러나 거기에서 문제를 끝내는 것은 결국 독자를 오해하게 만든다. 그런 구조는 1944년까지도 지속된 음악부터 헤어스타일과 복장에 이르기까지 영역 전반에 걸친 모든 취향을 통제하기 위한 협상의 복잡성을 완전히 받아들이지 못하고 절충에서 생겨난 결과를 잘못 해석했다. 테일러 앳킨스E. Taylor Atkins는 『Blue Nippon』에서 전시 일본에서 재즈의 지속성이 '진정한' 일본적인 재즈를 만들기 위해 창조적인 노력을 촉발시켰지만 모순으로 가득 차 있었다고 주장했다.[57] 이런 즉흥 연주에 동조한 이는 옷을 디자인하거나 재봉을 가르치거나 재봉틀을 사용하고 있던 사람들로, '진정으로' 일본적이지만 기능적으로는 근대적인 옷을 디자인하는 전시하의 악전고투에 가담했다. 결국 궁극적인 공포를 다소 약화시킬 위험을 무릅쓰고 총력전 시기의 일본적인 삶을 정의하려는 이들의 노력은 역설적으로 생산적이었다고 할 수 있다. 일본 국민과 그 순수한 영혼을 훼손한 근대적인 것과 서양적인 것을 비난하는 레토릭의 홍수 속에서 사람들은 '일본인 특유'의 근대성이 무엇인지를 모색했다. 근대 생활의 풍부한 기록을 남긴 민속학자 곤와 지로와 정력적인 재봉 교육가 나리타 준 두 사람 모두 이 노력에 동참했다. 두 사람의 변화된 시각과 서로 다른 관점은 전시 중 복장개혁 노력을 추진한 복잡한 동맹에 대한 통찰을 제공했다.

1937년 중일전쟁이 본격적으로 시작되기 불과 몇 개월 전 곤와 지로는 화복와 양복에 관한 짤막한 비평에서 자신의 패션 열정이 지향하는 바를 수정하기 시작했다. 그가 관찰한 바에 따르면 지난 2, 3년 동안 양장은 신선함이 사라지고 '형태가 비교적 고정화되고' 모방적이며 파생적이 되었다고 한다. 그와는 반대로 화복 패션은 '일본 원단업자들의 불굴의 노력' 덕분에 창조적이며 혁신적이 되었다. 그리고 끝맺음에서 '올해의 화복 원단이야말로 에도 말기 이후 억압받았던 인습에서 해방된 르네상스라고 할 정도'의 역동적이고 진전된 모습을 보여주었다고 호소력 있게 마무리했다.[58] 그의 말투는 꽤 기교적이어서 화복을 근대적인 유행이라는 특권적인 범위 안으로 잘 끌어들이기 위해 서양 기원의 르네상스라는 표현을 사용했다.

9개월 뒤, 아마 남경대학살南京大虐殺이 일어나고 있던 즈음, 곤와 지로는 오사카의 미쓰코시三越백화점 잡지에 날카로운 분석의 짤막한 글을 실었다. 그는 근대성과 전통, 동양과 서양, 그리고 제국주의 권력의 문화적인 역동성에 대해 미묘하기는 하지만(그렇지만 오늘날의 독자에게는) 당혹감을 느끼게 하는 평가를 했다. 또 지난 5월 글에서 마친 부분에 계속해서 일본의 젊은 여성들이 세상의 통념과는 반대로, 양복은 '합리적'이라는 평판에도 불구하고 최근 들어 화복의 아름다움을 새롭게 인식하게 되었다고 언급했다. 그는 이런 추세를 기뻐하면서도 최근 일본을 찾은 프랑스 '문화비평가'가 일본 여성은 화양 모두를 선택할 수 있는 행운을 가졌다는 칭찬에 이의를 제기했다. 그는 최근 오리엔탈리즘이라고 불리게 된 것을 예견한 비평에서 '외국인들이 일본을 다른 국가와 비교하면서 고정되어 있으며 정체 중인 일본을 보며 즐거워하는 것에 대체로 만족하는 것'은 놀랍지 않지만 우리들로서는 여전히 '참을 수 없을 것'이라고 썼다. '즉 유행이 변하는 것을 기뻐하는 것이 아니라 고정된 민족적 패턴을 찾는 것을 좋아한다'고 했다.[59] 그는 화복이 상당히 오랫동안 비교적 고정된 채로 있었다는 점을 인정했다. 그러나 제1차 세계대전 이후의 유럽에서 그랬던 것처럼 일본에서도 최근 몇 년 동안 새로운 혁신적인 패션 감각이 등장했다고 한다. 그는 이 정신을 환영하고 이는 일본의 근대화된 복장(즉 양장)과 건축, 교통수단이라는 배경에 비추어 의미가 있는, 일본적인 복장 형식을 제작하고 싶은 욕구에서 자극 받았다는 것을 이해했다.

곤와 지로에게 '일본'과 '서양'은 제각각 변하면서 서로를 규정할 수 있는 복잡한 조성물이었다. 누구나 이 시점까지는 그의 비아냥거리는 투의 비판적인 자세와 문화적 상호작용에 내재된 권력 관계에 대한 인식, 일본과 서양의 본질을 고착화된 것으로 받아들이는 환원주의적인 이해에 관한 저항에 감명을 받았다. 그만큼 그의 결론적인 비평을 읽으면 한층 더 망설여진다. 그는 '이른바 비상시의 분위기라는 것은'이라고 썼다.

최근의 비상시국도 일종의 억압적인 어둠을 수반하지만 최근에는 황군의 위력에 따라 이 비상사태조차도 긍정적인 정신으로 변화되어 드러났다. 비상사태가 밝아졌다. 어느 정도 여유를 가지고 성공을 기대하면서 인내할 여지가 있다. 이런 변화된 사람들의 분위기는 어느 누구의 계획이라고 할 것 없이 다가오는 계절의 새로운 유행과 패션의 표현으로 나타난다. 옷감을 짜는 사람도, 파는 사람도 또 구입하는 사람도 입는 사람도 다가오는 분위기에 동참하여 새로운 계절적 유행을 만들어간다.

확실히 다가오는 유행 중에는 일본을 강력하게 찬양하며 드높게 노래 불러야 할 주제와 명랑함이 있다. 그리고 이런 유행은 민족적 회고보다는 오히려 강력하게 국제적으로 호소하는 요소를 포함하는 성격일 가능성이 높다.[60]

곤와 지로는 전쟁 중에 자신이 나가야 할 방향을 잃은 많은 교양 있는 관찰자 중의 한 명이었다. 그는 일본과 식민지에서 민속사적 설문조사를 실시했음에도 불구하고 일본의 의지를 다른 나라에게 강요하는 세력 확대 계획에 자기 자신이 연루되었다는 사실을 전혀 인식하지 못했다. 그래도 곤와는 편협하거나 시간을 초월한 진정한 일본 정신을 순진하게 옹호하는 것과는 거리가 멀었다. 다른 사람들의 제국주의적 문화에 관한 자세를 가차 없이 비판했고 또 전 세계적인 근대 문화에 대한 일본의 공헌을 축하하며 칭찬하기도 했다. 곤와는 전시 근대성을 높게 평가한 한 명의 지성인이었다.

곤와 지로가 1920년대 서양 패션의 확산을 흥분하며 관찰을 시작했듯이 나리타 준도 양복과 양재를 기꺼이 수용한 수많은 재봉 교육가 중 한 명이었다. 다만 나리타가 그렇게 했던 것은 재봉을 가정 기반적이며 본질적으로 여성이 추구해야 할 것으로 주장하기 위해서였다. 1930년대의 변화하는 정치·문화적 환경 속에서 그녀와 재봉 교육계의 동료들은 열띤 논쟁을 계속했다. 어떤 사람은 여자는 가족을 부양할 수 있는 직업으로 재봉을 배워야만 한다고 했다. 다른 사람들, 그 중에서 핵심을 파고

든 유명인이었던 나리타는 자신들의 사명이 '주부의 재봉'을 가르치는 데 있다고 보았다. 교육자들이 재봉을 직업이나 장사 목적으로 가르치는 것을 거부하는 입장이었을지라도 이들은 더 첨예하게 나뉘었다. 앞에 소개했던 우시고메 치에, 그리고 나리奈良여자고등사범학교의 사카이 노부코酒井のぶ子처럼 보다 개혁적이고 근대적이라고 간주해도 무방한 사람들, 예를 들면 이들은 중산층이나 상류층 주부가 기성복을 더 사고 양재사에게 주문하는 일이 점점 많아지는 것을 보면서 그런 여성들에게는 교실에서 배우는 재봉이 너무 협소하게 한정되어 있다고 주장했다. 사카이는 1937년 출판한 『재봉학습원론裁縫學習原論』에서 '의복' 교육에서 종합적인 훈련을 할 필요가 있다고 주장했다. "옷을 직접 만들지 않더라도 원자재 구입 방법, 원단의 질과 무늬 선정 감별법, 기성품 수선 등은 대충 알아두어야 한다. 이런 종류의 지식은 기성품이 아무리 발달해도 필요하다. 때문에 기성복이 아무리 보급되어도 그로 인해 재봉과가 필요 없다는 논리는 생기지 않는다"고 했다.[61]

나리타는 직업훈련도 종합교육도 아닌 제3의 방향을 선택하는 사람들의 지도자 격이었다. 1933년 쯤, 그녀는 집에서 여자의 미덕을 함양하는 방법으로 일찍이 양복과 재봉을 장려하던 초창기 주장에서 멀어졌다. 그녀는 모더니즘 패션과 도시 여성들의 양장화를 외국의 표면적이고 경조부박輕佻浮薄한 모방이라고 비판하기 시작했다. 그리고 '일본의 독자성'에 중점을 둔 교육의 필요성을 주장했다.[62] 나리타는 1936년 "재봉교육의 미래를 어떻게 생각하는가"라는 소논문에서 실질적인 용어가 아니라 근본적으로 도덕적인 단어로서 "우리들은 한 땀, 한 땀 정성 들여 재봉을 하고 있을 때, 말로 표현할 수 없는 기쁨을 느낀다. 뭔가 여성스러움과 온순함이 배양되고 여성으로서의 배려심도 거기에서 나오는 것같다. 결국 일본 여성은 가정을 지키는 것이 좋다"[63]라고 하면서 손바느질과 화복을 치켜세웠다.

이에 대한 국가 관료의 대응을 다음과 같이 예상하는 분도 있을지도 모른다. 관료들은 전쟁을 위해 국가의 남녀 복장을 기능적이며 경제적인 방식으로 만들고자 했기 때문에 종합교육 캠프나 직업교육 캠프, 즉 나리타보다 더 실천적인 지향이 강한 사람들을 자신들의 첫 번째 동맹자로서 협력하기를 요구했을 것이다. 문부성은 분명히 1943년 '재봉과'를 범위가 더 넓은 '피복과'로 개칭하여 수십 년 만에 처음으로 여학생의 가정학 교과과정을 개정했다. 당국은 이 범위 안에서 사카이와 같은 나리타의 대항자를 자기편으로 삼아 단순한 옷 제작자가 아니라 더 포괄적인 의류 전반의 관리자로서의 여자교육을 승인했다.[64] 그렇지만 전쟁이 불러온 재난이 나리타에게 논쟁을 위한 진용을 펼칠 기회를 제공했다. 옷감 원단과 새 재봉틀이 품귀현상을 보임에 따라 여성의 가치와 미학에 중점을 둔 도덕적인 충동에 따른 가정 내 재봉과 손바느질을 강조한 그녀의 입장은 효율성과 편리함이라는 합리성을 강조한 국가의 입장과 일맥상통했다는 것을 의미했다. 민간용 원단의 배급 제도는 헌옷 재활용과 수선을 장려하는 나리타의 '가정 재봉' 사상의 설득력을 크게 높였다. 그녀는 1942년의 '부인 표준복' 제정 시에 디자인 선정위원을 역임하면서 국가가 주도하는 전시 복장 개혁의 국가적 노력에 크게 기여했다.[65]

나리타가 처음부터 복장 개혁 전시계획의 일부분을 담당한 것은 아니었다. 왜냐면 19세기 메이지 정부가 남성 양장을 여성 양장보다 훨씬 먼저 추천하고 장려했던 것처럼 신민의 복장 개혁을 지향하는 국가의 전시운동은 남자부터 시작되었기 때문이다. 1937년 말, 내각 정보국은 '국민복國民服' 제작 계획을 발표했다. 이 명칭에는 성별 표기가 없었지만 사실상 남자 옷이었으며, 남자가 '국민'을 구성한다고하는, 미묘하기는커녕 아주 노골적인 의미를 담은 이름이었다.[66] 그 후 1년이 지난 1938년 11월 후생국은 드디어 83명으로 구성된 '복장에 관한 위원회'를 소집하여 이 계획을 본격적으로 시작하도록 했다. 위원회는 육군, 해군, 상공, 농림, 문부, 운수 각 부처 관계자와 저널리스트, 청년단 지도자, 교육자, 기타 전문가들로 구성했다.[67]

곤와 지로는 이 위원회에는 가담하지도 않고 전시 복장 개혁의 국가 주도 사업에서 다른 공식 역할도 맡지 않았다. 그렇지만 1939년 초, 두 편의 소논문에서 복장 개혁에 관한 조건부 시인을 찬성했다. 경제적 압력 하에서 많은 가정들이 어른들의 옷을 수선하고 재활용하여 의복비를 절약하지 않을 수 없게 되었다고 언급했다. 때문에 의복 업계가 경제적으로 실용적인 옷을 디자인해야 할 필요성을 인정했다. 그러나 대중용의 동일한 디자인 국민제복國民制服은 의복의 진보를 저해할 우려가 있다. 바람직한 것은 다른 사회 집단에서 각각 다른 제복을 제작하는 것이라고 말했다.[68]

우여곡절 끝에 공적으로 승인받은 디자인이 완성되었지만, 궁극적으로 제복의 다양성에 대한 곤와의 기대를 배신하는 결과가 되었다. 이 계획은 1939년 잠시 중단되었다가 그 해 말, 육군이 책임지고 인수하여 소규모의 피복쇄신위원회를 소집했다. 구성원은 총 16명으로 민간인 전문가 몇 명과 주요 관계 부처의 대표자들이었다. 위원회는 새로운 국민 남성복 디자인 공모를 발표했다. 다양한 기준을 완전하게 충족시키는 것은 불가능했다. 어쨌든 국민복의 기본 요건은 국방색일 것, 일상에서 입기에도 적합하지만 군복으로도 바로 전용할 수 있을 것, 현재 있는 양복과의 큰 차이가 없을 것(현재 수중에 가지고 있는 옷을 새 디자인으로 개조할 수 있도록), 건강에 좋고 경제적이며 육체노동에 적합할 것이었다. 더구나 '세계 의복문화에서 주도적인 역할을 할 수 있는 일본 의복' 역할을 하면서 '일본 고유 복장의 특징을 살리고 독자적이며 진보적일 것'까지 기대했다.[69] 연말까지 한 달 간의 대회를 전국 일간지 두 개사가 후원했다. 응모한 수량은 불과 282점이었다. 위원회는 응모작 중 몇 갠 가를 수정한 뒤, 1940년 1월 선정된 디자인 네 가지를 시끌벅적한 팡파르와 함께 발표했다.[70]

정부는 국민복을 입고 집무하는 장관의 모습을 인기 있는 기사로 내보내고 기업에게는 직원에게 입히거나 근로자 용으로 구입하도록 압력을 가했다. 국민복은 원자재를 절약하고 가격도 전형적인 양복의 반값으로 충분하다고 주장했음에도 불구하고 평판은 그다지 좋지 않았다. 1940년 11월 정부는 네 종류의 디자인을 갑호甲號·을호乙號라는 비슷비슷한 두 가지 국민복 형태로 통합하여 '국민복령國民服令'을 공포했다. 이 칙령은 국민복은 남자가 입어야 할 옷의 '표준'이지만 입으라고 명령하는 것이 아니라는 점을 분명하게 밝혔다.[71] 1943년 11월, 두 가지 스타일은 하나로 정리되었다. 착용을 설득하는 노력이 계속되었음에도 불구하고 곤와 지로와 오랫동안 공동 연구를 한 요시다 겐키치吉田謙吉가 실시한 1943

년 조사에서 남자의 12%만 국민복을 입고 83%는 여전히 양복을 입고 일했다. 그리고 화복을 입은 남성은 명색뿐인 5%에 불과했다는 결과를 보여주었다. 1944년과 1945년 일상을 준군사적 노동과 방공훈련으로 보내게 되면서 비로소 남성들 대다수가 이 옷을 입게 되었다.[72]

남성용 국민복 첫 공개부터 1년 이상이 지난 1941년까지 '표준복'으로 불리는 여성용 의복을 디자인하려는 노력은 시작되지 않았다. 국민복이 국가 총동원 법 하에서 법률적인 힘을 갖는 칙령으로 공포된 반면, 표준복은 단순히 차관회의의 '양해 사항'으로 결정된 것에 지나지 않았다.[73] 그러나 국가가 이 프로젝트를 뒤늦게 착수하고 조심스럽게 대처했을지라도 여성용 복장 문제가 훨씬 다종다양한 격렬한 논쟁을 불러 일으켰다.

외부 인사 중에서 곤와 지로는 일찌감치 이 프로젝트를 승인했다. 남자의 국민복 제정 움직임이 시작된 1939년, 그는 일본 기모노의 유행 혁신에 대한 최근의 열정적인 찬사에 이미 단호하게 등을 돌렸다. 그리고 화복의 절망적인 경직성을 개탄하며 그 원인이 여학교 재봉교육의 보수주의 탓이라고 비난했다. 그는 앞으로 나아가는 유일한 길은 여성들이 분명하게 양복을 입도록 만들고 그 이후로 일본의 새로운 국민복을 입게 하는 방침을 세울 수밖에 없을 것"이라고 말했다.[74] 1941년까지 그는 다시 한 번 입장을 번복했다. 현재의 화복은 몇 가지 아름다운 요소를 갖고 있지만 물자절약과 보존을 최우선으로 삼아야 할 시기에는 실용적이지 않다. 그렇지만 양복도 이미 똑같이 문제가 있었다. 일본에서 양장은 너무나 엘리트 범위에 한정되어 있었다. 소수의 '중산층 이하의 가정'만이 재봉틀을 소유하거나 서양식 옷을 만들 기술이 있었기 때문이다. 전시 복장 개혁은 단순히 경제적이며 건전한 의복만을 목표로 한 것만이 아니다. '높은 수준'을 지향하고 사회의 각 계급을 통합하여 국민을 하나로 묶을 수 있도록 방향을 잡아가야만 한다고 했다.[75]

후생성厚生省이 1941년 3월 전문가 자문회의를 소집하여 표준복 계획을 발족시켰을 때, 곤와 지로가 이 회의에 참석하지 않았다고 해도 그가 제안한 정신은 반영되었다. 나리타 준은 자문회의 위원 중 한 사람이었다. 발표된 시작요항試作要項이 내세운 몇 가지 목표는 남자에게 국민복을 착용하도록 하는 운동과 동일했다. 자원(섬유) 절감, 보건 촉진, 전시 노동을 위한 신체 활동성 확보였다. 그렇지만 남성복과 달리 여성복 컬러는 국방색으로 한정하지 않았고 군복으로 간단하게 전용할 수 있는 사항도 요구받지 않았다. 대신 국민복에는 없었던 '집에서 입을 수 있을 것'과 '집에서 쉽게 만들 수 있을 것'이라는 두 가지 표준을 충족시킬 것을 요구했다.[76] 두 번째 표준은 의류 공급 방법에서 명확한 성별 차이를 반영했다. 여성복은 서양 형이든 일본 형이든 대부분은 집에서 만들 수 있는 것에 비해 남성복은 보통 주문 제작하거나 기성품으로 구입했기 때문이다. 이 표준은 또 가정 재봉에는 도덕적 가치가 있다는 나리타 준과 다른 사람들의 신념과 정확하게 합치했다.

가장 좋은 표준복 디자인을 선정하기 위해 1941년 10월 현상모집 시행이 고시되었다. 응모 작품은 남성 국민복의 경우를 훨씬 초과한 648점이었다. 선정위원회는 새로운 학생 유입을 위해 입상이라는 공적功績을 활용하는 재봉학교뿐 아니라 학생 개인이 제출한 디자인도 포함하여 입상자를 발표했다. 위원회는 제출된 디자인 안을 전문가 회원에게 넘겨 최종 수정을 맡겼다. 1942년 2월, 이번에는 미디어의 적당한 축하와 함께 선정된 몇 가지 스타일이 발표되었다.[77]

여성이 복장을 선택하는 데 있어서 남성보다 관심이 더 많다는 것은 확실하므로 국가는 10종류나 되는 표준복의 변형을 제공했다. 서양식(갑형)과 일본식(을형) 기본 두 가지에 '활동복'이라는 부르는 세 번째 범주를 추가했다. 세 번째는 몸뻬라고 불린 작업용 바지이다(그림 24와 25). 양복형과 화복 형은 제각각 2부식과 1부식으로 나뉘고 화양 두 가지 형태로 다시 각각 1호와 2호라는 하위 구분을 했다. 이 여섯 가지 선택지에 추가하여 '활동복' 몸뻬에는 헐렁한 일본식과 꼭 끼는 서양식의 두 가지 스타일이 제공되었다.[78]

그 후 몇 개월 동안 계속되는 군-관-민 연합으로 결집한 개혁가들은 강연과 신문, 잡지 기사, 전국에 뿌려진 팸플릿을 통해 표준복 보급과 확산에 노력했다. 대정익찬회大正翼贊會* 산하 전 일본의 여성들을 이제 막 조직하여 만든 대일본부인회大日本婦人會가 새로운 분위기의 조성과 장려에 많은 힘을 쏟았다. 그렇지만 이런 노력에도 불구하고 『의복연구衣服研究』[국민복 추진 단체의 기관지] 잡지의 기고란에 실린 1943년의 어떤 논평에서 다음과 같은 사실을 인정하지 않을 수 없었다. "길거리에 바지를 입은 여성이 상당히 늘었다. 이것이 젊은 여성들 사이의 전시 유행이라는 사실

---

* 제2차 고노에 후미마로(近衛文麿, 1891~1945, 제34, 38, 39대 내각총리) 내각 당시 신체제 운동(新體制運動)의 추진을 목표로 하여 1940.10.12 결성된 일본 제국의 관제 국민 통합 조직이다. 기성 정당과 군인뿐 아니라 광범위한 국민 통합을 목표로 하였으나 실제로는 군부에 이용되어 전쟁에 국민을 동원하는 핵심 기구 역할을 하다가 1945년 3월에 해산하였다.

그림 24. 『마이니치신문』 1941년 12월 20일 자 사진. 여성 표준복의 공인 디자인 시안을 1942년 2월의 결정판의 공식 발표에 앞서 독자에게 보여주었다. 동일한 사진이 주요 일간지 전체에 실렸다. 사진 좌측이 화복 디자인, 중앙의 두 명은 양복 디자인, 우측 끝이 활동복 몸뻬 디자인이다. 표준복 대부분을 주장한 이의 의도와 달리 전시 중에는 몸뻬가 가장 일반적인 여성복이 되었다.(마이니치 포토뱅크)

을 부정할 수 없다. 우리는 활발한 홍보 없이는 확산되지 않는 여성 표준복과 비교해서 여성들 스스로가 아무도 홍보하지 않는 바지를 입는다는 사실에 상당히 흥미로운 문제가 있다고 생각했다."[79] 복장 역사학자인 나카야마 치요中山千代는 전쟁 당시의 견해와 똑같이 "어떤 일본 여성도 두 가지 디자인의 표준복을 거의 입지 않았다"고 했다.[80]

처음에는 1943년의 이 푸념을 읽거나 나카야마의 비슷한 견해를 이해하는 것은 혼란스러운 일이었다. 결국 몸뻬형 바지인 '활동복'은 표준복이 발표한 세 가지 디자인 안에 분명하게 들어있었다. 그렇지만 이 진술들은 복장 캠페인에 참여한 국가 관료들과 민간 동맹자들이 사실, 서양식과 일본식 두 가지 디자인의 표준복 보급과 촉진을 주된 목표로 인

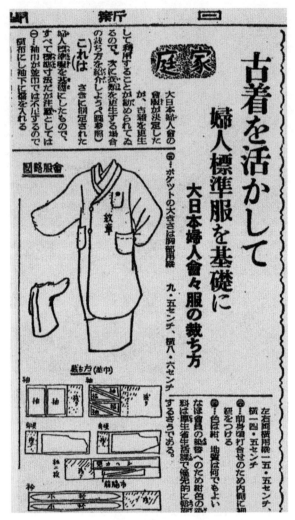

古着を活かして
婦人標準服を基礎に
大日本婦人會々服の裁ち方

大日本婦人會の
會服が決定した
が、古着を更生
して利用することが紐められてゐ
るので、大に衣類を更生する場合
の裁ち方を紹介しようヘ(圖參照)

これは
婦人圖解服を基礎にしたもので、
すべて標準寸法だが洋裁としては
(一)…袖巾が施巾では不止するので
領布にし袖下に襠を入れる

⊖…ポケットの大きさは胸
部用裂
九・五センチ、領八・六センチ

左右開領用裂 一五・五センチ、
領一四・五センチ
⊖…前身頃打合せの
ため内側に紐
をつける
⊖…色は紺、
地裂は何でもよい
なほ會員の鈴容へのため紺色の裂
料は厚生省生活課で優先的に鈴斡
するきうである。

図解服會

教章

裁ち方(袖巾)
袖　袖
袖　袖
袖二枚
前身頃
袖　不　教章

그림 25. 1942년 5월 20일 자 『아사히신문』은 대일본부인회가 제복으
로 채택한 표준복 수정판의 재단법을 설명한 기사를 실었다. 이 상의를 만
들기 위해 현재 가지고 있는 기모노를 활용하도록 권장했다. 의복에 즉흥
적인 개량의 여지를 남기려고 하는 전시의 소극적인 시도를 읽어낼 수 있
다.(『아사히신문』)

식하고 있었다는 점을 보여주었다. 그들은 바지입기라는 '활동복' 카테고리를 추가하기는 했다. 그것은 이미 전시하에서 진행되고 있던 기능성과 패션 양쪽을 탐색하는 경향을 상당히 걱정하면서 받아들이려고 한 것이었다. 그 이후로 계속되는 여성 복장 논의에서 몸뻬가 표준복과는 다른 제품으로, 때로는 표준복에 대한 저항의 표시로까지 이해되었다는 점은 상당히 특징적이었다. 1943년의 『요미우리신문』의 사설 '전시 의복의 문제'는 "여자가 몸뻬나 표준복 상관없이 일부러 비싸고 화려한 옷감을 무책임하게 사용했다"는 점을 비난했다.[81]

　몸뻬는 넓은 범위의 농사용 작업 바지를 표현하는 상위 용어였다. 1920년대의 생활개혁운동을 하는 몇몇 사람은 몸뻬를 기원적으로는 일본인에게 적합하지만, 기능적으로는 근대생활의 가정 노동용 옷에 적합한 서양 복장의 대안으로 지지했다. 1930년 육군의 회계 주무관 기무라 마쓰키치木村松吉는 일본피복협회[육군피복본창 안의 한 기관]가 발행하는 잡지 『피복被服』 제1권의 어느 호에 몸뻬에 관한 선견지명을 보여주는 글을 기고했다. 개혁지향의 기무라는 몸뻬의 발상지를 오해를 불러일으킬 정도로 명확하게 일본 북부 도호쿠지방의 고메자와米澤라고 단정했다. 그는 미래 일어날 수 있는 전쟁에서는 여자를 공장 노동자로 동원하는 것에 관한 군의 관심을 고려하여 몸뻬는 여자 노동복으로 입을 수 있는 가능성이 크다고 결론지었다. 몸뻬는 '봉제가 아주 간단'하고 '가격도 저렴'하며 '활동 효율'을 높인다, 그리고 이유에 관한 설명은 없지만 '여자의 정조 보호'를 위해서도 좋다고 서술했다.[82] 그 뒤 1930년대 후반 민속학자 야나기타 구니오柳田國男(1875~1962, 민속학자)의 제자인 세가와 기요코瀬川

淸子(1895~1984, 민속학자)는 일본 각 지방을 여행 다니며 존속할 가치가 있는데도 사라지고 있는 복장 관습을 목록 화했다. 세가와가 만든 기록에는 3백가지가 넘는 몸뻬가 수록되어 있었다.[83] 이런 노력을 통해 근대의 남녀는 이 작업복을 개량하거나 전용하거나 옹호하려고 노력하면서 '전통적인' 농업복이라는 개념을 담아내고 있었다.

국가가 부인 표준복 제정을 위한 정식 프로젝트를 발족시키기 거의 4년 전인 1937년 중일전쟁이 시작되면서 비상시에 적절한 몸뻬에 관한 지원이 강화되었다. 여성 잡지는 독자들에게 '비상시의 여성 복장' 디자인 안을 모집하기 시작했다.[84] 1938년 내무성과 관련이 있는 애국부인회가 도쿄의 한 여학교에서 여자들에게 몸뻬 제작 법과 입는 법을 가르칠 강습회를 개최하여 방공 훈련에 안성맞춤인 몸뻬의 가치를 역설했다.[85] 1940년 『요미우리신문』은 '여성 코너'의 상담란을 통해 몸뻬는 옹호자들의 주장과 달리 겨울에는 춥고 작업복으로 입기 힘들다는 독자의 불평에 대해 이 문제는 여성들이 제대로 입지 않았기 때문이라고 반박했다.[86]

이 방어적인 자세에서 엿볼 수 있듯이 몸뻬도 나름 비방하는 사람이 있었다. 일부 높으신 분들도 그랬다. 육군과 연계된 국방부인회를 감독했던 남성들은 1937년 말, 오사카에서 몸뻬를 입은 여성들이 소방 훈련에 참가한 것을 보고 저런 옷은 안 입는 것이 좋겠다고 충고했다.[87] 후생성에서 가장 중요한 복장개혁 추진론자였던 사이토 가조斎藤佳三(1887~1955)는 1939년 '몸뻬와 같은 수정 국방복 따위는 국가의 치욕이다'라고까지 잘라 말했다. 1941년 표준복 자문위원회가 진행한 토론에서는 많은 참가자들이 몸뻬가 자발적으로 확산되어 가는 것을 어떻게든 저지하려고 하는 자신들의 노력을 이야기했다. 이로 인해 불붙은 논쟁은 이런 종류의 바지가 농촌부터 이미 도시와 동네 여자들에게까지 계속 확산되고 있다는 것을 분명히 했다. 남자들 중 일부는 여성스러움이 사라져버린 바지를 입은 여자는 보고 싶지도 않다고 했다. 또 어떤 사람은 긴 바지를 입은 다리가 불이 붙기 쉽기 때문에 위험하다고 경종을 울렸다.[88]

　몸뻬에 관한 대중 일반의 반응도 공식적인 반응처럼 결코 만장일치되거나 쉽게 수용되지 않았다. 이 바지는 표준복 장려 캠페인이 시작되기 전날 밤부터 복식계에서 이미 오랫동안 논의되고 있었다. 일부 도시 여성들은 스스로 입기 시작했지만 농촌 이외의 일상생활에서 몸뻬를 입어야할 장소에 대해서는 어떤 의견 일치도 보지 못했다. 어떤 계층 사람들에게 몸뻬는 입기 어렵다는 것을 문제삼지 않더라도 보기 흉하다는 평판이 뿌리 깊었다. 대중들이 전시 하에서도 옷의 기능뿐 아니라 패션까지 관심을 가지고 있었다는 또 다른 표시이기도 했다. 유명한 블루스 가수였던 아와야 노리코渋谷のリ子는 회고록에서 "모던 걸은 전쟁이 한창일 때조차 몸뻬를 절대 입지 않았을 것"이라고 말했다. 그러나 다른 여성들은 당시, 또는 과거로 거슬러 올라가 몸뻬가 편리하고 따뜻하며 합리적인 선택지라고 쓰기도 했다.[89]

　몸뻬에 관한 일반 대중들의 반응도 공적인 반응과 마찬가지로 여자는 후방에서 어떤 복장으로 봉사를 해야 하는가에 대해서는 전쟁이 끝날 때까지 다양한 이견이 난무하고 있었다는 것을 알 수 있다. 이 의견들 대부분이 불완전한 조화를 이루며 1944년 이와모토 게이코岩本計子가 저술한 『피복요의 부인표준복 被服要義 婦人標準服編』에 수록되어 있었다. 이와모토는 모교인 니혼여자대학교日本女子大學의 가정 경제학과 교수이며 후생성 부인복 자문위원이었다. 이와모토는 '양복을 넘어선 자의식적인 일본식 복장'을 추구했다. 그런 옷은 양복의 '과학적'이며 '실용적인' 면을 받아들임에도 불구하고 특히 깃부터 가슴 부분까지는 일본다움을 표현하는 전통적인 형태를 존중할 것이라고 했다. 이와모토의 말은 '일본적인 근대' 스타일의 의복이라는, 궁극적으로 실패한 주장의 전형으로 읽어낼 수 있다. 이노우에 마사토井上雅人가 설득력 있게 주장하듯이 그것은 1920년대의 생활개선 운동에서 전시 속으로 나아가는 제창에 지나지 않았다.[90]

몸뻬는 이와모토의 의사와 반대로 표준복 지지자를 의기소침하게 만들었지만 서양식 재단을 한 셔츠와 어울리도록 만들어지거나 헐렁한 일본식으로 기모노 스타일 상의에 맞도록 만들어져서 일본의 전시 여성복으로서 사회 분위기를 지배했다. 몸뻬는 자유로운 활동성을 위해 분명히 일본에서 만든 유행에 안성맞춤이었다. 손바느질이든 재봉틀 바느질이든 집에서 재봉을 하기 때문에 나리타 준의 비전에도 딱 들어맞았다. 전후 시민들은 몸뻬를 입었을 때의 괴로웠던 곤궁함과 박탈감의 쓰라린 기억을 그대로 갖고 있었지만 몸뻬를 받아들였을 당시 반응은 한결같지 않았다. 몸뻬가 확산된 것은 오직 명령을 따른 강제력에 의한 것도, 그것이 중요한 이유도 아니었다. 오히려 입소문을 타고 다양한 메시지가 뒤섞인 절망적인 상황에 즉각적인 반응을 함께 연구하던 여자들의 착용 사례를 발견하면서 확산된 것이다.[91]

전시 근대성을 준비하는 과정에서 비용뿐 아니라 경제성과 운동의 효율에 중점을 둔 합리성이 지속적으로 이념적인 견인력이 되었던 것은 분명했다. 다른 교전국, 예를 들면 영국은 "Make Do and Mend"[수중에 가지고 있는 것을 쓸 수 있도록 수선해서 사용하자] 캠페인을 통해 똑같이 옷감과 의복의 효율적 활용과 재사용을 촉진했다.[92] 그러나 국가와 사회가 정당성을 인정하고 전쟁을 위해 합법화하고 동원하고자 하는 이상 문화적 또는 국민적 자기규정의 많은 쟁점은 어디서나 항상 존재했다. 그 중에서, 일본 사람들은 세계적인 근대라는 것을 기꺼이 수용하면서도 그것에 관한 자신들의 문화적 차이를 정의하고 옹호하는 문제에 더 열성적으로 임했다. 비록 서양이 '스마트'한 근대적 여러 양식의 변함없는 매력적인 원천이었을지라도 그것을 대신하는 일본 판 근대성을 정의하고 싶어 하는 욕구도 여전히 저항하기 어려운 상태로 남아 있었다. 그와 같은 욕망은 때때로 일본판으로 치면 오만한 서양에 저항할 수 있으면서 세계문화에 독특한 무엇인가를 기여할 것이라는 희망과 결부되어 있었다.[93] 일본의 근대성을 추구하는 국가의 노력은 광범위했지만 그 역할이 미치는 지점은 한정적이었다. 전시 근대성은 오히려 공적으로 발언하는 지식인, 상업 미디어, 상업학교, 여성 단체와 같은 여러 곳에서 발산되었다.

전쟁 중의 재봉과 의복 이야기들은 오로지 지속되는 의복의 서양화에 관한 것만 다루거나 '전통적'인 의장衣裝이 분명히 퇴보하고 있다는 것만을 말하지 않았다. 변화는 간헐적으로 일어났으며 의도치 않은 결과를 수반하면서 진행되었다. 전 세계를 비교해 봐도 그렇게 많은 여성들이 그 정도로 신속하게 바지를 입게 된 것은 아주 드문 일이었다.[94] 여성들 사이에서도 몸뻬로 바꿔 입는 과정이 여성스러움을 훼손한다든가 꼴 보기 싫은 스타일이라든가 하는 남성과 똑같은 우려를 담은 다양한 반응을 불러일으켰던 것은 놀랍지 않다. 복장의 이런 변화는 급진적이었다. 어쨌든 1930년대 말까지는 농사 작업용으로 한정되었던 여성복의 한 스타일이 사실 모든 여성들의 일상생활에서 아주 짧은 기간에 받아들여졌기 때문이다. 그것은 또 불안정하기도 했다. 몸뻬는 일종의 패션 선택으로서 인기가 훨씬 적었던 표준복에게 압승했지만 여성들은 전쟁이 끝나자마자 몸뻬를 아쉬워하지 않고 버려버렸다. 다른 선택지였던 '개량형 의복'에 짧은 기간 동안 우세를 보였던 몸뻬는 화복을 기본으로 하면서 기능적인 면에서 근대적인 혼합형을 디자인하려는 노력을 결정적으로 단호하게 불신하게 만들었다. 이로써 전후, 서양 모드로 일제히 전환될 수 있는 길이 열렸다.

그렇지만 한 가지 중요한 관습이 지속되었고 전쟁 중에도, 전쟁 전후前後에도 강화되고 있었다. 가정 재봉은 손바느질이든 재봉틀 바느질이든 시간이 오래 걸린다. 1941년과 1942년, NHK는 청취자의 일상과 방송시간을 어떻게 맞출 수 있으면 좋은지를 알아보기 위해 시간 사용의 대대적인 조사를 시행했다. 의도하지 않았던 결과 한 가지는 농민, 공장 노동자, 샐러리맨, 소상공인의 범주로 분류된 4만여 명 가까운 응답자가 작성한 설문지는 역사가들에게 전시하의 일상생활의 주목할 가치가 있는 상세한 광경을 남겨주었다. 9천 명의 농사 가정의 여성이 하루 평균 45분의 바느질을 한다고 응답했다. 노동자 가정의 여성은 하루 평균 3시간에서 3시간 반을, 샐러리맨 가정의 여성은 3시간을 약간 초과했다.[95] 이 결과는 부업으로 하는 재봉을 제외한 통계이다.

서론에서 언급한 전후 초기의 여러 조사와 마찬가지로 NHK의 전시기戰時期 조사도 손재봉과 재봉틀 재봉을 구별하지 않았다. 또 바느질 방법을 서양식과 일본식으로 구분한 것도 아니었다.[96] 이 이례적인 총 시간수는 여성들이 자신과 가족을 위해 하는 모든 종류의 바느질 방법을 반영했다. 집에서 바느질하는 대규모 그룹 중에는 다행히 재봉틀을 가지고 있는 소수의 사람들이 있었고 그것을 기쁘게 또 자랑스럽게 사용하고 있었을 것이다. 한편, 주위 사람들은 손바느질을 하면서 재봉틀 바느질을 선망하거나 욕망에 찬 곁눈질로 보았을 것이다. 여러 편의 회고록에서 여성들은 때로는 가족의 보물인 재봉틀을 가지고 다닐 수 있도록 분해해서 소이탄이 쏟아져 내리는 도시에서 지방의 소개지疏開地로 짊어지고 간 것을 기억해냈다.[97] 여자들이 집에서 옷을 만들도록 기대하고 장려한 전시의 의복 개조와 몸뻬로의 자발적인 전환은 이미 가정에서 바느질에 많은 시간을 소비한 결과에서 비롯된 것이며 한층 더 강화되었다. 섬유원단의 부족은 다른 나라 후방에서도 마찬가지로 여성들을 가정 재봉으로 몰리게 만들었다. 그러나 다른 나라의 여성들은 일본보다 더 빨리 전시 노동력으로 편입되었고 숫자와 비율도 더 컸다. 그녀들은 임금을 받아 돈을 사용했지만 재봉 일을 할 시간은 없었기 때문에 어느 때보다도 기성복을 사는 경향이 강해졌다.[98] 일본에서는 그렇게는 되지 않았다. 전쟁이 끝날 때까지 여성들은 자신과 가족을 위해 재봉틀로든 손으로든 바느질을 계속했다. 1945년의 그 끔찍한 여름까지 재봉은 그녀들이 여성이라는 정체성으로, 그리고 또 후방과 가정생활 관리자로서의 정체성의 일부로서 과거 어느 때보다 더 깊게 뿌리내렸다.

제6장   기계 제작의 불사조

『아사히신문』은 1995년 8월 제2차 세계대전 종전 50주년을 기념하는 많은 기사 중, 원폭 기사를 쓴 기자 특집을 실었다. 주인공은 『아사히신문』의 라이벌인 『마이니치신문』의 나가사키지국장 구사카베 히사시로草壁久四郎였다. 구사카베는 한 달 전에 막 결혼한 아내 도시코智止子와 지국 뒤편에 있는 아파트에서 살았다. 지국은 원자 폭격 중심지에서 상당히 떨어져 있었기 때문에 두 사람은 원자폭탄 폭발로 지국의 지붕이 순식간에 날아가는 그 순간에 공습 대피소인 방공호防空壕로 뛰어 들어가 목숨을 구했다. 50년이 지난 뒤 구사카베는 검열 때문에 자신과 동료들이 도시의 피해와 참상을 자세하게 설명하려고 해도 할 수 없었던 원통함을 생생하게 떠올렸다. 또 아내와 함께 폭격 중심지 근처에서 살고 있었던 장모를 찾으러 갔을 때의 일도 기억해냈다. 그곳은 처갓집이 어디에 있었는지도 모를 정도로 다 타 버렸다. "아마 이 근처일거야"라고 짐작을 해가며 손으로 기와 조각을 파 내려가니 익숙한 싱거 재봉틀이 나왔다. 또 재가 되어버린 다다미를 좌우로 헤치고 금반지를 끼고 있는 손가락을

발견했다. 아내는 '엄마 반지야'라고 말했다." 구사카베는 불에 탄 유골을 수습해 철모에 넣었다.[1]

재봉틀은 전쟁으로 가까운 사람을 잃은 생존자 모두의 기억에 이 정도로 선명하게 가슴을 에는 모습으로 나오지는 않는다. 그렇다고 해도 재봉틀 출현이 놀랍지 않은 것은 아니다. 재봉틀은 이미 전간기와 전시기의 중산층 가정생활의 상징이었다. 1960년대까지는 일본 대부분의 가정에 재봉틀이 자리를 차지하고 있었다. 그렇지만 싱거 재봉틀은 전쟁 전과는 극명한 대조를 보이며 전후에는 아주 소수의 가정에서만 보유했을 뿐이다. 이번 장에서는 일본의 재봉틀 제조사가 국내와 세계 시장을 장악하게 되는 과정과 과거의 지배적인 지위를 되찾고자 하는 싱거의 좌절된 이야기를 들여다본다.

이야기는 전쟁 전부터 계속되는 두 가지 주제를 다루고 있다. 하나는 1930년대 성장하기 시작한 일본 제조사와 싱거사 사이의 충돌에서 이미 눈에 띄게 드러난 국가적인, 때로는 인종차별적인 사업 경쟁에 대한 이해이다. 1950년대 재개된 경쟁은 그 이후 수십 년 동안이나 지속될 정치적으로 불안정한 무역마찰 구조를 재현하기 시작했다. 일본 정부와 기업들은 외국인 투자를 배제하려고 안간힘을 썼다. 미국의 제조업자들은 저임금으로 발생한 '사회적 덤핑'과 불공정 경쟁 혐의를 탄핵했다. 1930년대 재봉틀 생산자와 '국산품 애용' 캠페인이 보여준 감정이 미국 침략자들에게 '민족산업'을 방어하기 위한 과격하고 감정적인 호소로 1950년대 다시 표면화되었다. '문화와 평화의 국가 건설'이 시대적인 표어가 되었지만 미국이라는 괴수behemoth(성서에 나오는 거대한 짐승)에 관한 투쟁의 미사여구는 거칠고 호전적이었다.

전전부터 계속된 두 번째 주제는 전 세계적으로 서로 연결되어 있지만 지역적인 독자성을 가진 근대성을 구축하는 것이다. 1930년대 싱거의 '전 세계 범용적인'이라는 영업 방침은 자사 판매진의 저항을 받았고 일본의 경쟁업체는 그것을 수정하여 사용했다. 싱거의 세일즈맨은 자신들의 고용 조건이 일본에 적합하지 않다고 비판했다. 경쟁업체들은 일본적인 신용판매라고 부르는 방법으로 보다 넓은 고객층을 공략했다. 다른 국가에도 유사한 관행이 있었었음에도 자사의 '수입 브랜드와 동일 제품'으로, 그리고 그것을 구매하면 세계적인 근대 생활에 참여할 수 있는 방법으로서 홍보했다. 그럼에도 불구하고 싱거 판매원들과 일본 제조업자들 모두 '일본에 어울리는' 관행이라는 미사여구를 표면에 적극적으로 내세웠다. 이 복잡한 춤은 전후의 회복기와 고도성장과 대량소비 시대에도 계속되었다. 일본의 재봉틀 회사들이 회복되고 번창하면서 자신들의 독특한 생산 시스템을 개발했지만 판매 측면에서는 싱거의 시스템을 굳건하게 따라갔다. 아이러니한 상황은 얼마든지 있었다. 이 기업들은 수출 전략에서는 싱거 시스템의 대부분을 포기했다. 싱거는 미국에서도 그리고 일본 시장에 재등장하기 위한 노력을 하면서도 자신의 유명한 시스템을 고집했다. 그러나 일본의 제조업체들은 수출처인 미국에서 대형할인 체인점들과의 제휴에 나섰다. 그래도 일본에서는 일본 기업의 생산과 판매 방법 모두 일본만의 특별한 것으로 받아들여졌다. 그들은 싱거의 유명한 '전 세계 범용' 모델의 대부분을 모방했을지라도 그들의 노력을 자국 고유의 혁신과 저항을 강조하는 담론으로 묘사했다. 그 노력의 핵심은 수천 명이나 되는 판매원들의 직접 대면 구매권유와 지불 규율을 강요하는 할부 신용의 힘이었다.

재출발

구사카베의 처갓집에 있던 재봉틀은 전쟁이 끝나는 마지막 해에 비처럼 쏟아진 소이탄과 원자폭탄에 불탄 수십 만 대 중 한 대였다. 일본미싱공업회는 가정용 재봉틀의 전국 보유 대수의 절반 이상(140만 대 중 80만 대)이 1944년과 1945년에 소실되었다고 추산했다. 그 결과, 재봉틀 보유율은 10가구당 거의 한 대였던 것에서 24가구 당 한 대까지 떨어졌다.[2] 이 참혹한 풍경 속에서 재봉틀은 기계로 만든 카멜레온인 동시에 불사조로 등장했다.

카멜레온으로서 재봉틀은 마케팅 슬로건이든 일본 정부와 미국 점령군 당국의 견해든 실제로 사용한 표현이든, 1945년 가을, 후방의 무기에서 평화의 도구로 재빠르게 변신했다. 불사조로서 재봉틀은 놀랄 정도로 빠르게 회생하여 수출과 내수시장에서 일본의 기계공업 부흥에 중요한 역할을 했다. 이미 1947년 일본 기업들은 가정용 재봉틀 13만 4천대를 생산했다. 1948년에는 16만 6천대로 늘려 전쟁 전이나 전시 중 생산량의 정점을 넘어선 최초의 산업 중 하나가 되었다. 미싱공업회 계산으로는 가정용 재봉틀의 생산은 1950년까지 50만 대에 육박했다. 다음해는 두 배로 증가하여 100만 대를 넘고 1960년에는 270만 대, 1969년에는

430만 대라는 최고치를 찍었다. 1955년의 재봉틀 수출 총액 3천 8백만 달러는 경량 기계제품 분야에서 최고 금액이었다. 목록상에서 재봉틀 다음인 카메라, 라디오, 자전거, 쌍안경의 네 가지 상품을 합친 수출 총 판매액을 가볍게 넘었다. 1957년까지는 미국 재봉틀의 연간 수입량 160만 대 중 100만 대를 일본제日本製가 차지하게 되었다. 1959년의 『포춘Fortune』 지의 표현을 빌리자면 '강대한 싱거'는 '300여 개의 일본 기업들의……실로 두려워 할만 한 경쟁에 직면하여', 스스로를 방어하기 위해 고군분투했다. 일본은 세계 최고의 가정용 재봉틀 생산국이 되었다.[3]

생산량 대부분은 해외에서 판매되었다. 공식 통계에 따르면 1948년부터 1960년까지 일본이 제조한 가정용 재봉틀의 70% 가까이가 수출되었다고 한다. 그러나 정부 당국자 스스로가 인정했듯이 그 데이터들은 전후 최초 10년간의 국내 판매량을 크게 밑돌았다. 수출은 대장성이 정확하게 계산했지만 수많은 크고 작은 제조사가 국내 시장에서 팔았던 재봉틀 수량은 완벽하게 파악되지 않았다. 통상산업성通商産業省, MITI의 어떤 조사에 따르면 재봉틀 생산의 공식 통계는 1947~48년의 생산량의 절반 가까이를, 1948~50년까지에는 30%, 1951~53년에는 20%를 누락한 것으로 추정했다. 이런 사항을 고려하여 통산성이 수정한 가정용 재봉틀의 연간 일본 국내 판매 수량은 1950년에는 40만 대를 넘어서 1953년에는 80만 대 이상을 달성했다고 추산되었다.[4]

조정된 총계는 공식 집계보다 확실히 더 정확했다. 만약 공식 집계를 받아들인다면 1960년까지의 재봉틀의 일본 국내 누적 판매량은 5~600만 대에 불과했다. 그러나 이는 몇 개의 믿을 수 있는 가구 보급률 조사와 일치하는 판매 대수의 총계에는 훨씬 못 미쳤다. 이 조사는 1950년대 말에는 전후의 일본 각 제조사의 총 생산량과 전쟁 전 싱거의 기존 재고, 그리고 일본제 재봉틀 중 파손되지 않거나 수리한 것을 합하면 대략 일본의 3/4에 해당하는, 가정에 재봉틀 한 대를 들여놓기에 충분한 수량이었다는 것을 밝혀냈다. 경제기획청EPA이 1956~57년에 실시한 설문조사가 자노메 미싱사의 고객용 잡지에게 실렸는데 재봉틀이 도시 가정의 75.5%에 보급되었다는 내용이었다. 또 1960년의 다른 조사에서는 전국 총 가구 수 2천만 가구의 72%가 재봉틀을 보유했고 이는 라디오(85%) 다음으로 가장 많이 보급된 가정용 기기로서 TV(55%)를 훨씬 앞섰다.[5] 이 비율들을 재봉틀 대수로 환산하면 전후의 누적 판매량과 전전부터 남았던 재고의 합계는 1천 200만 대에 가까워 통산성이 조정한 추정 수량과 거의 일치한다.

자노메는 경제기획청 조사를 그래프화하고 '고급 가정문화용품의 보유현황'이라는 제목을 붙였다(그림 26). 이런 문구는 곤와 지로식 스타일의 재미있는 일러스트와 함께 1950년대를 통해 국산 제조의 운이 급상승했을 즈음의 그들의 흥분을 멋있게 보여주었다. 그러나 1960년대 재봉틀의 가정 보급 속도는 약간 둔화되었고 1967년이 되어서야 전체 가구의 80%가 재봉틀을 소유하게 되었다. 재봉틀은 TV와 라디오와는 달리 냉장고와 세탁기처럼 일반적으로 한 가구 당 한 개로 충분한 상품이었다. 1950년대 일본에 도입된 '지그재그' 재봉틀*과 같은 신형 모델은 구형 모

---

*   지그재그 재봉틀(zigzag sewing machine) :재봉 바늘이 좌우로 진동하면서 지그재그 상태에서 바느질을 하는 재봉틀이다. 본 바느질 재봉틀에 지그재그 박기를 옵션으로 갖춘 것으로 전전에는 산업용으로 사용하고 전후에 가정용으로 도입되었다. 주로 여성용 속옷의 장식 바느질, 소맷부리에 레이스 달기 등에 사용했다. 아지로 제봉틀, 지도리 재봉

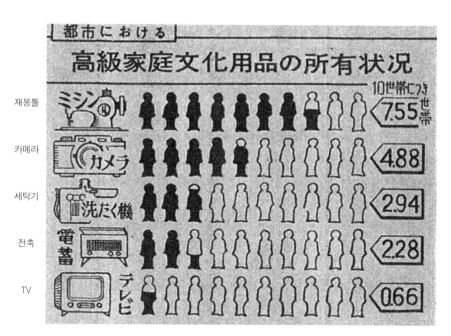

재봉틀

카메라

세탁기

전축

TV

"도시의 고급 가정문화용품의 보유현황"
(10가구당 가구)

그림 26. 자노메미싱회사의 홍보 잡지 『자노메 모드(Janome mode)』의 1958년 봄호 4페이지에 실린 그래프이다. 도상법(圖像法)은 전간기에 곤와 지로가 먼저 시작한 설문조사와 그래프를 모방했다. "도시의 고급 가정문화용품의 보유현황"이라는 표지 제목은 '문화생활'이 근대적인 소비재를 충분히 활용하는 생활을 의미하는 전간기의 어휘를 상기시켰다.(자노메미싱공업)

델의 교환이나 업그레이드를 촉진했지만 내수 시장의 가정용 판매의 황금시대는 약 20년간밖에 지속되지 못했다.[6]

이와 같은 제조와 판매의 인상 깊은 성과에 숨어있는 큰 아이러니는 싱거사의 기록에서 분명히 엿볼 수 있다. 관심이나 노력이 부족했던 것이 아닌데도 전후 수십 년 동안이나 싱거는 일본 시장에서 15% 이상을 차지한 경우가 한 번도 없었다. 세계시장에서도 일본 제조사 제품과의

틀이라고도 불렸다.

경쟁에서 졌다. 그러나 싱거가 예전의 일본 패권의 그림자조차 되찾을 수 없었다고 해도 싱거 기계와 판매 시스템은 아직 여전히 큰 영향을 미쳤다. 일본 시장의 재진출과 자국에서의 입지를 유지하려는 싱거의 노력은 무역 마찰이 있던 수십 년 동안의 초기의 에피소드를 만들었다. 마찰은 전전의 노동쟁의를 상기시키는 동시에 자유무역·반공산주의라는 새로운 차원을 도입하기도 했다. 일본 내 싱거의 판매 시스템은 재봉틀 산업의 모델에 그치지 않고 일상생활을 재편하고 수요 주도형 정치·경제의 강력한 새 버전을 육성하는 광범위한 소비재에서도 모델이 되었다. 이 시스템의 마케팅 호소와 판매 전략, 특히 소비자 신용 제공에서는 여성들이야말로 행복한 소비자이며 현명한 가정 경영자라는 자랑스러운 지위를 차지했다.

전투태세에 들어선 생산자들 – 싱거 VS 일본

전후 일본의 재봉틀 산업의 출발은 세 가지였다. 1930년대 이미 설립된 소수의 제조업체, 다수의 신규 진입자, 도쿄중기공업(현재의 JUKI)과 같은 몇 곳의 '전환조轉換組' 제조업체들이었다. 전환조 제조업체들은 군을 위한 무기와 군사용 정밀기계를 생산하다가 재봉틀 생산으로 옮겨갔다. 평상시 경제에서는 자신들의 생산 기술을 재봉틀로 전용專用하는 것이 논리적인 조치였다. 이 급성장하는 산업에서 네트워크에 기반한 소규모 생산 조직은 대부분의 부품을 사내에서 생산하는 싱거와 달랐다.

1956년 일본미싱공업회가 조사한 기업의 50%는 자본금이 300만 엔 미만의 규모였다. 직원이 300명 이상인 기업들이 전체 재봉틀 생산량의 40%를 차지했지만 수출은 20~30%에 지나지 않았다. 수출 분야에서는 소규모 제조업체들의 실적이 더 좋았다. 1950년대 후반까지의 산업은 조립 공장을 갖추고 완성 재봉틀을 생산하는 주요 15개 사로 구성되었다. 그들은 적어도 65개의 주요 공급업체가 있는 더 큰 네트워크에서 부품을 하청하고 구입했다.[7]

이러한 방식으로 조직된 일본의 재봉틀 산업은 부품 공급업자와 완성품 조립업자의 네트워크 기반 시스템을 완성했다. '강력한 싱거'가 일본에 다시 찾아올 날을 항상 각오하고 있던 이 제조업체들의 목표는 싱거의 품질과 맞설 수 있는 제품을 생산하는 것이었다. 여러 회사가 생산한 부품 규격을 표준화해야 할 필요성에 직면한 일본 제조업체는 싱거의 재봉틀을 모델로 삼아 싱거 부품을 복제하고 모델 번호를 사용하면서 싱거로부터 상표권을 침해한 것이 아닌가라는 강한 비난을 받았다. 일본의 제조업체들은 이런 불만을 무시하고 1949년 자신들의 제품에 싱거에서 나온 공업규격JIS(일본공업규격)을 설정했다. 구와하라 데쓰야桑原哲也(1946~2014)는 최종 제품 생산자들이 변화하는 시장 상황에 순응할 수 있도록 하는 비용 효율성과 유연성을 지적하면서 일본의 재봉틀 기업의 성공이 이 네트워크 화된 '조립방식' 덕분이라고 했다.[8] 다른 학자들도 일련의 산업에 대해 같은 의견을 내놓았다. 그 중 가장 유명한 것이 자동차 산업이었다.[9] 재봉틀 생산자들은 일본의 대량생산에 있어서 일본의 새로운 혁신으로 자리잡게 된 방식을 만든 선구자들과 어깨를 나란히 했다.

일찍이 1950년 브라더 미싱(당시의 회사명은 일본미싱제조, Japan Sewing Machine)과 1956년 파인 미싱의 경우처럼, 일본 경영자와 기술자는 뉴저지주 엘리자베스 포트에 있는 유명한 싱거 공장을 견학 차 방문했다. 그들은 싱거에서 더 이상 배워야 할 만한 것이 없다는 사실을 깨닫고 놀랐다. 이들은 1950년대 초부터 1960년대에 걸쳐 모든 산업분야의 일본 기술자들은 미국을 지속적으로 방문하고 체류하는 유료 견학을 통해 놀랄 정도의 새로운 정보를 알아냈지만, 초기의 다른 방문자들은 큰 기술 격차 때문에 아무 말도 못했던 것이 사실이었다.[10] 야스이형제 중 형 마사요시正義는 1950년의 방문을 다음과 같이 회상했다. "미국인 공장장이 안내해주는 순서대로 암헤드Arm-head, 주물, 부품, 조립공장을 견학했다. 솔직히 엄청난 건물 크기와 대조되는 내부 설비는 그다지 놀랄 것이 없었다." 결국 싱거의 일본 시장 재진입 전략의 일부로 싱거에 흡수된 파인 미싱의 기술자는 "재봉틀을 제작하기 시작한 지 10여 년 정도 된 우리 회사 기술부서가 100년 이상의 역사를 가진 싱거사의 비전秘傳까지도 개발하고 터득했다는 것을 알게 되어 상당한 자신감을 느꼈다"고 회상했다.[11]

비록 일본의 국산 재봉틀 산업은 좋은 효과를 내기 위해 싱거와는 다른 생산 방식을 조직했지만, 싱거가 언제쯤 일본 시장으로 되돌아올 것인지 촉각을 곤두세우면서 제품 디자인과 판매 전략 양쪽에서 싱거의 전쟁 전의 발자취를 확실하게 따라갔다. 이 시기의 역사적 자료, 특히 업계의 활력 넘치는 잡지 『일본 미싱 타임즈Japan sewing machine times』를 읽으면 브라더 미싱사의 야스이와 파인 미싱사의 기술자 회고담은 약간 과장스러웠다. 야스이는 1961년이 되어서 1950년의 미국 방문에 관한 글을 썼고 파인사의 기술자는 1993년 한 인터뷰에서 1956년의 미국 방문에 관한 이야기를 꺼냈다. 1946년 11월 발행한 『일본 미싱 타임즈』 제1호부터 일본제 재봉틀의 낮은 품질에 대한 불만, 부품의 규격화를 도모하라는 업계 전반의 호소, 일본 제조업체들이 싱거의 기술을 훔치고 특허권을 침해했다는 비난을 부정하는 변명, 싱거가 지금이라도 일본 시장으로 복귀할 것 같다고 무서워 벌벌 떠는 보고 등이 넘쳐날 정도로 실렸다.

싱거가 이미 일본 시장에 관심을 보였던 것은 분명하지만, 전쟁이 끝나고 바로 복귀한다는 소문은 시기상조였다. 게다가 일본 업계가 특허권을 침해하지 않았다고 아무리 부인하려고 해도 아주 공허하게 메아리칠 뿐이었다. 1949년 3월의 『일본 미싱 타임즈』 제1면에 실린 작은 광고는 '싱거의 모델명과 부품번호 사용은 금지되었습니다'라는 헤드라인 밑에 쓰여진 '상공성이 정한 부품들의 새 모델 번호표'라는 문구를 통해 당시 당면한 문제를 살짝 엿볼 수 있다. 광고 마지막에는 '위반하지 않도록 주의합시다'라고 되어 있었다.[12] 분명히 많은 제조업체들이 싱거의 부품을 베끼고 있었을 뿐 아니라 싱거의 부품번호와 모델명까지 사용하면서 자신들의 성과를 보여줄 표시로 삼았다. 새로운 규칙을 따르라는 권고에도 불구하고 1948년부터 『일본 미싱 타임즈』 스스로가 이미 일본에서 사용되고 있는 200개 정도의 싱거 모델의 특징을 자세하게 기술한 기사를 몇 차례 게재하면서 복제품 만들기를 돕고 있었다. 1949년 말부터 1950년까지 이 신문은 싱거 재봉틀의 부품 구조도와 기술 사양 그리고 관련 특허를 설명한 수십 편의 기사를 실었다. 신문은 이를 제조사가 특허권을 존중하도록 교육하려는 노력이라고 말했지만 이것은 부품 구조도를 바

탕으로 복제할 가능성을 제공한 것과 다름없었다.[13]

싱거는 이런 노력들을 잘 알고 있었다. 뉴욕 본사의 아시아·아프리카 담당 임원인 앨빈 K·오렐은 1919년부터 1939년까지 도쿄에서 책임자로 근무했다. 1941년 12월이라는 안 좋은 시기에 상업상 용무로 마닐라로 출장을 갔을 때, 일본 점령군에게 잡혀 필리핀 교도소에 2년간 억류되는 지경이 되었다. 그는 일찍이 1945년 11월, 회사가 일본과 일본 제국 안에서 피해를 입은 전시 손실의 보상 청구를 제기하기 위한 자세한 명세서를 준비했다. 오렐의 견적에 따르면 전쟁이 시작되었을 때 회사는 아시아 전역에서 몰수당한 재봉틀 재고와 은행 예금 잔고를 합쳐 1천만 달러 이상의 손실을 입었다고 추정했다.[14] 싱거는 언젠가는 일본 시장으로 재진출할 것을 고려하면서도 일본의 경쟁자들이 저지르는 위법과 비윤리적인 관행을 감시하고 항의하는 동시에 전후 이 보상 청구에 즉각적인 노력을 기울였다. 특히 미점령군 당국이 싱거와 다른 미국 기업을 돕는 일을 그다지 중요하게 생각하지 않았기 때문에 싱거는 어려운 상황에 직면했다.[15] 회사 대표를 도쿄까지 파견하는 것조차 힘들었다. 1947년 10월, 전쟁 전의 일본거주 경험(1932~1940)이 있는 또 한 명의 임원 얼 E. 로튼Earle E. Lawton이 전쟁이 끝난 뒤 회사의 첫 대표로 일본 방문을 허가받았다.[16] 그는 14개월 전부터 워싱턴의 [구]육군성에 오렐을 대신하여 편지를 직접 보내 허가를 요청했다. 로튼은 편지에 전쟁 전의 200만 달러에 이르는 은행 예금과 조선에 있는 부동산 자산도 포함하여 재봉틀과 사무소 건물의 상황을 조사하기 위해 싱거사의 "미국 대표가 일본에 가는 것을 허락받는 것이 아주 중요하다"고 호소했다. 그리고 '예전에 일본에 등록되어 있던 싱거의 많은 특허와 상표'의 법적 지위와 '일본 내 업계 현황'도 조사해야만 한다고 간곡히 부탁했다.[17]

로튼이 부임하기 전 오렐 자신도 1947년 봄, 마닐라와 상해, 도쿄를 잠깐 돌아보는 짧은 여행을 하면서 싱거의 현재 상황과 장래 전망을 가늠해보았다. 도쿄 방문은 미국 당국으로부터 전혀 환영받지 못했다. 로튼은 SCAP(Supreme Commander for the Allied Powers: 연합국군 최고사령관) 산하 대외무역부 국장인 P. A. 맥더모트P. A. McDermott가 워싱턴으로 되돌아왔을 때 오렐의 방문을 잘 배려해 주도록 부탁했다. 그렇지만 맥더모트는 "적어도 5년간은 외국 기업이 뭔가를 할 수 있을 것이라고는 도저히 생각할 수 없다"고 하면서 "최근 몇 년 동안 일본인은 먹고 사는 데 딱 필요한 필수품 이외에는 쓸 돈이 없을 것이다. 게다가 또 엔화가 충분한지도 의심스럽다"고 경고했다. 로튼은 경험상, 맥더모트 의견에 동의할 수 없었다. "개인적으로 나는 일본인들이 맥더모트가 예상한 것보다 훨씬 빨리 '회복'하지 못한다는 것은 상상할 수도 없다고 했다."[18] 오렐은 싱거 대표로서가 아니라 'SCAP 경제 과학국ESS: Economic and Scientific Section 외국 무역부의 2주 기한의 고문 자격으로' 일본에 갔다.[19] 그는 1947년 4월 이미 일본의 재기가 진행되고 있는 것에 크게 상심하며 본국에 "일본 내 사업들은 매우 실망스럽다. 대단히 혼란스러우며 SCAP가 미국의 기업들에게 큰 피해를 끼치고 있는 것 같다. 지금은 많은 것을 말씀드릴 수 없지만 내 머리가 터져나갈 것 같다. 일본인은 미국의 지원과 축복 속에 재봉틀 생산에 대담하게 뛰어들고 있다. 제 의견으로는 현재의 정책에 대해 뭔가 대책을 강구해야 한다"는 내용의 편지를 보냈다.[20]

오렐은 조금 더 절제된 어조로 싱거의 뛰어난 사장 더글러스 알렉산더Douglas Alexander 앞으로 정식 보고서를 제출했다. 이 보고서는 반드시 위법이라고는 할 수 없는 경쟁, 회사가 직면한 회색 지대, 또 그와 동료들이 이 경쟁을 진심으로 받아들인다면 직면할 상품의 컨셉과 관계되는 도전에 대해서 어느 정도의 인식을 보여주었다. '전쟁 전의 일본에는 재봉틀 제조업체가 4, 5개사가 있었다'는 것과 비교했을 때, 지금은 'ESS의 해외 무역부에 23개사의 제조업체가 등록되어' 매달 2천 500대부터 5천 대의 재봉틀을 생산하고 있다는 점을 지적했다. 그는 알렉산더에게 "일본의 복제품들은 효력이 만료된 싱거의 오래된 기본 특허권을 침해하지 않았을지도 모르지만, 그럼에도 불구하고 원래 미국이 개발한 제품의 질 떨어지는 모방품입니다. 그 제품들은 싱거 재봉틀과 부품을 교환할 수 있도록 제작되었고 또 그렇게 광고하고 있습니다. 그것은 모든 도덕적인 의미에서 비윤리적"이라고 보고했다. 오렐의 이 분노는 때때로 일본의 생산자들에 대한 경멸적인 시각으로 바뀌었다. 업계 대표들이 ESS의 임원들에게 "1940년에 일본 국내 생산량은 연간 20만 대로 상승했다"고 말한 것을 전해들은 오렐은 알렉산더에게 "이 발언은 제 자신의 경험 상 거짓이라고 단정할 수 있습니다. 뻔히 속보이게 이렇게 말하는 분명한 이유는 지금 생산 재개를 허락한다면 그들은 전쟁이 시작되었을 때 멈췄던 데서 다시 시작할 뿐이라고 미국 측을 납득시키기 위해서였다"고 말했다. 그러나 일본 측의 주장은 완전히 거짓이라고 하기 보다는 과장처럼 보였다. 1940년 재봉틀 업계 단체는 총 생산량을 15만 6천대라고 보고했다.[21] 오렐이 일본에서 겪은 '개인적인 경험'은 1939년에 끝났지만 그 이후의 필리핀 구류가 괴로운 멍에를 남겼을 것으로 보였다. 그는 1940~41년의 일본 내 생산량이 급등한 사실을 몰랐을 수도 있지만, 또 그런 일이 발생했다고는 상상도 못했을 것이다. 그가 과거를 어떻게 보고 있었던 간에 분명히 미래를 걱정하고 있었다. 편지 말미에 미국의 기업들에 대한 우려를 광범위하게 일반화하여 "일본의 제조업체들은 모방한 자동차 수리 부품을 수출용으로 제공합니다. 일본산 카메라도 수출되고 있습니다. 아마도 이것은 모두 합법적이어서 어떻게 할 방법이 없을지도 모르지만 과연 제너럴 모터스General Motors, 포드Ford, 크라이슬러Chrysler, 이스트맨Eastman, 제너럴 일렉트릭General Electric 및 그 밖의 회사들은 이 사실을 알고 있을까요? 우리 미국 회사들은 내가 일본을 방문하기까지 내가 보고 들은 것들을 확실히 몰랐을 것 입니다"[22]라고 적었다.

싱거에게조차 유효기간이 지난 특허를 기반으로 제작한 복제 재봉틀과 부품 생산이 '비윤리적'이라고 해도 불법이라고까지는 할 수 없었다. 그래서 오렐은 상표권 침해, 특히 '우리 싱거의 전사轉寫 마크의 파렴치한 남용'에 관해 한층 더 엄격하게 법률 위반이라고 불만을 늘어놓았다. "전쟁 전 일본에서 이와 같은 특허 침해를 단속하는 것이 끝없는 싸움이었다는 것을 기억할 것입니다. 이번에 나는 도쿄에서 일본의 복제 재봉틀의 머리 주물과 옛 싱거의 머리 주물 디자인이 모조한 싱거 재봉틀의 전사 마크로 새로 장식된 증거를 제 눈으로 직접 보았습니다"만 이렇게 하면 일본제 재봉틀의 두 배 가격으로 팔린다는 이야기입니다. 오렐은 그 뒤로 바로 동료 임원들에게 편지를 보내 "일본인은 항상 물건을 베꼈고 앞으로도 변함없이 그럴 것"이라고 결론을 내렸다.[23]

로튼은 1947년 가을, 미국 정부로부터 일본 입국 허가를 받았다. 명목상 그의 지위는 오렐의 경우와 똑같이 싱거의 주재원 지위가 아니라 '미국 배상·반환 파견단'의 기술고문이었다. 사실 그는 대부분의 시간을 싱거 업무에 할애했다. 그가 현지의 싱거 대리인으로 다시 채용한 사람은 전쟁 전 싱거에 마지막까지 남아있던, 충성심이 아주 깊었던 직원 기무라 겐키치木村檢吉였다. 기무라는 진주만 공격이 있던 날 어쩔 수 없이 군이 싱거 재봉틀을 압수해서 처분하는 업무를 감독했다. 로튼과 기무라는 오렐의 지시대로 도쿄에 사무실을 열었다. 두 사람은 '전시 손해배상 청구와 약탈당한 재봉틀 등등의 문제를 명확하게 할 것', 그리고 '전반적인 상황, 아울러 경쟁의 발전, MTD의 향후 전망, 특허 및 상표 문제 등에 관해' 보고하라는 오렐의 지시를 따랐다.[24] 로튼은 1948년 1월부터 1950년까지 점령군의 여러 부처에 리듬사Rhythm company's의 '싱거 15종 83모델'의 판매처럼 오해의 소지가 있는 광고, 아직 만료되지 않은 싱거 특허권의 침해, 수많은 상표권 침해에 관해 끊임없이 불만을 제기했다. 한 가지 주요한 주장은 일본의 35개사 이상의 재봉틀과 부품 제조업체들이 독자적인 싱거 타원형 마크를 사용하고 있었다는 점에 초점을 맞추었다. 상상하건데, 기무라는 이 권리 침해들을 파악하기 위해 재봉틀 판매점을 일일이 방문하고 로튼은 그것들을 발견할 때 마다 SCAP에 분노에 찬 편지를 보내고서는 '질 떨어지는 일본 제품', '양심 없는 제조업체'의 '비윤리적 관행'을 비난했다.[25]

　연합군GHQ 공무원들은 윤리적으로 의심받는 사람과 불법을 저지른 사람 구별에 신경을 쓰면서 일본의 재봉틀이 '싱거 형'으로 분류되었다는 불만을 일축했다. 그들은 로튼에게 그런 행동들은 '그들의 상품을 다른 제조업체 상품으로 표시하고 있는 것이 아니며', 또 실제 구입자에게 '비슷하기는 하지만 제조원이 다르다는 사실'에 주의를 기울이게 하는 것이라고 보고했다.[26] 다른 경우들에서도 로튼과 그의 후임자로서 1950년부터 일본의 싱거 사업 책임자가 된 E. L. 존스E. L. Jones는 명색뿐인 성공을 거두었다. 1950년, 대장성은 연합군 당국이 전달한 싱거의 고충에 대해 60여 개 사의 재봉틀과 부품 제조업체가 '싱거 제조회사의 상표 또는 디자인 권리를 침해'했다는 유죄 판결을 내렸다.[27] 그리고 1949년 『일본 미싱 타임즈』에 실린 안내문에서 보았듯이 싱거는 상표와 디자인 보호라는 명분을 지키고자 미 상무부를 압박할 수 있었다. 싱거는 배상을 받아내는데도 성공했다. 1941년 12월 8일 일본군이 싱거의 요코하마창고에서 몰수한 8천 대의 재봉틀과 부품, 바늘에 관한 100만 달러를 조금 밑도는 금액(339,000,000엔)의 보상이었다. 다만 전전의 엔화은행예금에 예치된 200만 달러 상당의 현금 반환 청구는 거부당했다. 대장성은 1953년이 되어서야 이 요구를 SCAP의 명령에 따라 '전시 손해' 배상을 위해 따로 남겨둔 정부자금에서 싱거에 지불 하는 것으로 해결했다. IBM 그리고 코닥과 함께 싱거의 합의가 첫 번째 사례였다. 배상액은 1953년과 1960년 사이에 해결된 주요 15건 중 네 번째로 많은 금액이었다.[28]

싱거를 놀라게 하고 곤혹스럽게 만든 것은 대장성 공무원들의 제안이었다. 처음에 가능한 한 많은 재봉틀의 소재지를 알아내고 군이 예전에 개인과 회사에 팔았던 제품을 회수하여 싱거에 반납하자고 했다. 대장성이 1천 대의 재봉틀 소재지를 이미 파악했다고 들은 싱거의 도쿄 매니저는 지금은 뉴욕으로 되돌아간 로튼에게 "기무라는 반환 문제를 취급하고 있는 대장성과 미쓰비시신탁三菱信託과 우호적인 관계를 가지고 있기 때문에 재봉틀의 반환 계획을 단념하도록 그들을 설득하는" 노력 중이라고 편지를 보냈다.[29] 이는 숨긴 장소에서 나온 예전의 재봉틀보다 현금이 필요했기 때문이었다.

그렇지만 소재지가 판명된 재봉틀 중 제대로 작동하는 제품은 361대밖에 없다는 사실을 알았다. 대장성은 그 제품들의 평가액을 보상 지불금에서 차감하고 싱거에게 재봉틀 회수 권한을 인정했다. 싱거는 처음에 "회사가 고객들 한 명 한 명에게 편지를 보내 사정을 설명하고 그들의 재봉틀을 회수하는 대신 그저 명목상의 재봉틀 가격 3천 엔 정도를 받고 싶다"고 보고할까 생각했지만 '찾은' 재봉틀을 주인에게 그대로 남겨두는 편이 더 나을 것 같은 상황이 되었다. 싱거의 도쿄 매니저는 일본 정부가 '이 사람들 각자에게 우리들의 결정을 알리는 편지를 보냈다'고 언급한 뒤, 소유자 중에는 산업용 재봉틀의 단골손님이 다수 포함되어 있다는 점에 주목하여 뉴욕에 "우리들은 도쿄와 오사카의 감독부서에 각각의 관할구역 내의 반환용 재봉틀 소유 고객 리스트를 보냄으로써 호감과 신용을 높일 좋은 기회를 잡았습니다"와 같은 편지를 보냈고 추가적으로 그런 고객 중 한 명이 보낸 감사 편지를 개봉했다.[30]

이렇게 해서 고객 한 명을 한 번씩 상대해가며 시장개척에 노력했음에도 불구하고 로튼도 후임자들도 새로운 재봉틀을 판매하는 것이 구식 재봉틀의 보상금을 받는 것보다 성공적이지 못했다. 1949년까지의 로튼의 판매 노력은 연합군 직원용의 PX점에 싱거 재봉틀을 전시하는 것에

만 집중되었다.[31] 그 이후 로튼과 후임자들은 점진적으로 일본 고객을 위한 판매와 서비스망을 재구축하는 쪽으로 방향을 틀었지만 결과는 보잘 것 없었다. 1950년 초부터 회사는 산업 고객용으로 신제품 재봉틀을 수입하기 시작했다.[32] 의류 제조업체, 기타 산업 고객에게만 팔았던 그 해와 1951년, 그 동안의 싱거 단독으로 판매한 수량은 데이터가 없어서 알 수 없지만 그 2년 동안 일본의 재봉틀 연간 총 수입량은 각각 448대와 3천 213대에 불과했다. 싱거의 수입량이 제일 컸다고 가정해도(정당한 가정이지만) 이것도 아주 적은 수량밖에 되지 않았다.[33]

1952년, 싱거는 가정용 재봉틀 시장으로 복귀했다. 그해 6월의 『일본 미싱 타임즈』 제1면 논설은 "'마침내 와야 할 것이 온' 느낌이다. 그것은 가정용 싱거 재봉틀의 국내 판매가 시작되었다"라는 불안한 예감이 섞인 논조로 시작되었다.[34] 지난주에 신문은 최근의 소문은 정확해서 싱거는 기존 점포의 분점 주임 네트워크의 일부를 재구성하고 분명히 전매가 아닌 특약대리 판매점으로 60개 점포와 계약을 맺었다고 보도했다. 싱거는 일본에서 1930년대 자사제품 전문매장에만 의존하던 것에서 특약 취급업자를 통해서도 판매할 방침으로 전환하기 시작했다. 1952년에는 싱거는 자사 직영점을 유지하는데 충분한 현지에서의 관록있는 존재감이 부족했던 것 같았다. 싱거사의 새로운 유연성은 자사 재봉틀을 유명한 미쓰코시 같은 주요 백화점에서조차 일본 국산품 옆에 전시하려고 했다는 보도에서도 엿볼 수 있었다. 일본 제조업체의 반응은 잠시동안은 조용했다고 한다. 싱거는 한 달에 1천 대를 수입하는 것이 최대였을 것이고 일본 제조업체는 적어도 그 40배의 수량을 판매한 셈이었다. 싱거의 가장 인기 있는 가정용 모델의 예상 가격은 동일한 일본 국산품의 3배인 6만 엔으로 그다지 팔리지 않을 것이라 예상되었다.[35] 그렇지만 긴 안목으로 보면 『일본 미싱 타임즈』도 독자들도 싱거가 한 때 그 유명한 판매 시스템을 재구성해서 백화점에서 입지를 굳힌다면 브랜드 평판, 제품 품질, 광범위한 서비스, 할부 신용, 이 모든 것을 구비한 이상에는 월간 판매량이 1천 대에서 2천 대로, 아니 그 이상으로 증가할 수도 있지 않을까 우려했다. 국산품의 질을 높이고 판매 시스템을 강화하기 위한 지속적인 노력 없이, '재봉틀 산업이 다시 전쟁 전의 위치로 복귀할 가능성도 컸었다'고 했다.[36]

사실, 그것은 기우로 끝났다. 싱거가 판매한 가정용 재봉틀은 1952년에는 2천 784대였고 53년에는 6천 725대, 54년에는 6천 872대, 55년에는 9천 308대로 판매 대수는 점점 증가했다.[37] 싱거는 1954년 말이 되서야 가정용 재봉틀 고객에게 할부 신용을 제공하기 시작했다.[38] 싱거의 아시아 전체의 연간 판매 수량인 13만 대~15만 대와 비교해도, 또 일본 전체 시장의 1953년도 판매 수량을 대략 계산한 80만 대와 비교해도 판매 수량은 보잘 것 없었다.

문제는 싱거의 높은 가격과 일본제 재봉틀의 품질 향상이라는 더블 펀치를 맞은 것이 분명한 것 같았다. 싱거는 바로 일본뿐 아니라 다른 아시아 시장에서도 부상하고 있는 새로운 경쟁에 맞서는 유일한 길은 재봉틀을 일본에서 생산하는 것이라는 결정을 내렸다. 1953년 봄이 되자 업계 소식지에 싱거가 현지 생산에 착수하기 위한 제휴 상대를 찾는다는 보도가 나오기 시작했다.[39] 14개월 뒤 소문은 사실로 판명되었다. 1954년

7월 앨빈 K · 오렐이 싱거의 젊은 새로운 사장인 도널드 커셔Donald Kurchir 와 함께 일본을 방문했다. 그리고 회사는 미쓰이 계열의 일본제강소日本製鋼所의 자회사로 어려움을 겪고 있는 파인 미싱 소유 주식의 50%를 인수하겠다는 계획을 발표했다.[40] 그리고 싱거는 파인에게 기술을 제공하고 도쿄 북서쪽에 위치한 우쓰노미야宇都宮공장의 새로운 생산 설비에 1억 엔을 투자한다고 제안했다. 첫 목표는 당시 일본 내 재봉틀 총 생산량의 5%였던 월 5천 대 생산이었다.[41]

애국주의적인 항의의 폭풍우가 갑자기 휘몰아쳤다. 이 발표를 보고 바로 『일본 미싱 타임즈』는 지금까지 한 번도 발행한 적이 없는 '호외'를 발행하고 대중의 호평을 겨냥한 12페이지나 되는 감정적인 문장으로 'S-P문제'를 논평했다. 몇 개월 동안 업계의 여러 단체, 제조업체, 노동조합이 강력한 동맹을 맺고 이 투자를 금지하도록 정부에 압력을 가했다. 『포춘』지는 그것을 "횃불 행렬, 몹시 강렬한 플래카드, 초등학생의 행진 등, 감정에 호소하는 풍경을 완벽하게 갖춘 반反 싱거 캠페인"으로 불렀다.[42] 싱거의 침공에 대한 혐오, 더 나아가 두려움은 브라더 미싱의 야스이와 같은 남성들의 회상과는 아주 대조적이었다. 얼마 전 야스이는 미국을 방문하여 브라더 미싱은 기술과 생산 능력에서 싱거를 따라잡았다고 자신감을 부여하지 않았던가. 이 산업을 방위하고자 하는 많은 성명의 어조는 실제로 날카로웠다. 7월 19일의 미싱공업회의 성명에서 "일본의 재봉틀 산업은 전후의 황폐한 일본 경제 속에서 아주 빠르게 일어선 수출산업으로서 품질도 세계적인 수준을 넘어서기에 이르렀다"고 하는데도 "이런 독점적인 외국자본의 진출은 일찍이 그 예를 본 적 없다"

고 발표했다. 싱거는 자본과 강력한 판매망을 활용하여 '국내 시장뿐만 아니라 세계시장을 잠식'하려고 했다. 그렇게 되면 "수백 개의 중소기업을 기반으로 하는 자립적인 생산 시스템은 붕괴되고 이 산업에 종사하는 120만 명의 일본인의 생활은 약탈당할 것이다"[43]고 했다.

시위가 격화되면서 통산성이 1950년의 외국자본법FIL에 따라 싱거가 제안한 투자에 필요한 외환 접근을 허가하고 싶어하지 않는다는 점을 분명히 밝히게 되었다. 미국 정부는 그것을 미국 기업에 대한 '최혜국' 대우를 보장한 1953년의 미일우호통상항해조약日米友好通商航海條約(FCN, Friendship, Commerce, and Navigation) 정신에 위배된다고 항의했다.[44] 그러나 미국 주둔군이 지켜보는 가운데 작성되고 운영되고 있던 보다 명확한 구체성을 가진 외국자본법이 FCN을 이길 수 있는 비장의 카드를 가지고 있는 한, 통산성이 결정권을 가지고 있었다. 파인사에 달러를 투자할 수 없기 때문에 싱거와 파인은 1954년 말 후퇴 전략을 취했다. 싱거의 일본 판매 사무소는 현지에서 엔화를 차입함과 동시에 1953년 전시 피해 보상금으로 받은 3억 3천 900만 엔의 일부를 포함한 자사의 엔화 자산으로 회사 주식의 50%를 인수하여 파인의 기술을 발전시키기로 하는 등 외국자본법의 구속을 피해 갔다. 싱거는 처음에 파인에서 생산한 제품이 '싱거의 품질과 기준'을 달성하지 못할 것으로 생각하여 싱거 브랜드로 파는 것을 주저했다.[45] 1955년 11월 '잠정적 조치'로서 파인공장은 싱거 납품용 "메리트Merritt" 재봉틀을 매월 1천 500대 정도 생산하기 시작했다. "메리트"라는 브랜드 명은 아이작 M 싱거(Issac M · Singer)의 미들네임에서 왔다. 싱거는 메리트 재봉틀 대부분을 비 독점 판매점의 네트워크를 통해 판매했다.[46] 싱거사는 일본 정부가 1956년 싱거를 법적인 '엔화 기반 기업'으로 인정할 수 있도록 조심스럽게 준비했다. 불리한 측면이 분명 있었다. 싱거는 수익금을 일본에서 본국으로 송금할 수 도, 파인 공장에 투자하기 위한 달러를 본국에서 일본으로 보낼 수도 없었다.[47]

이 움직임은 처음 제안 못지않게 거센 비난을 받았다. 나중에 사장이 된 자노메 미싱의 상무 시마다는 『일본 미싱 타임즈』에 '민족산업을 지켜야 한다'는 내용의 무척 감정적인 글 한편을 기고했다. 시마다는 아마도 싱거가 이 거래에 전시 보상금을 사용한 것을 언급하면서 "전전에 우리 일본인들의 주머니에서 착취해 간 돈과 다름없는" 자금으로 "기만적인 진출"을 마련했다고 주장했다.[48] 어떤 주간지 기자는 1945년 여름부터 "싱거 문제, 드디어 본토 결전으로 넘어오게 된 셈이다. 결과가 어떻게 나올 것인지, 승패의 열쇠는 아내의 손에 달려있다"라는 군軍의 슬로건을 내세웠다. 그러나 이 기자는 같은 글에서 "일본의 대형 제조업체는 그 시기에 때가 있다는 것을 계산에 넣고 품질과 기술 향상, 비용 절감에 노력했으며 지금은 싱거와 경쟁해도 지지 않을 정도의 내실을 갖추었다"[49]라고도 말했다. 심지어 1954년 7월 미싱공업회조차도 그 운명의 날에 내보낸 성명에서 품질이 세계 수준을 뛰어넘었다고 호언장담했다. 싱거 진출에 대한 공포는 이성적인 계산보다 감정에서 비롯되었다.

투자 후 1년 동안 싱거는 '공장 설비를 일신하는 과제에서는 많은 성과를 달성했다'고 보도했다.[50] 제품 품질에 만족한 싱거는 브랜드명을 "메리트"보다 더 강력한 "싱거"로 바꾸고 직영 소매점의 수를 늘리며 직접 판매와 '간편 결제easy-payment', 무료 교육이라는 유효성 실증實證이 끝난 방법으로 고객 유치를 시작했다.[51] 1959년까지 파인은 우쓰노미야공장에서 싱거용 재봉틀을 연간 7만 대 이상 생산했고 그중 1만 대를 아시아의 다른 여러 국가에 수출했다.

마침내 1959년 말, 정부는 사토 에이사쿠佐藤榮作(1901~1975, 일본 정치가, 철도 관료, 1974년 노벨평화상 수상) 대장성장관이 미국을 방문했을 때, 일본 언론이 '미국 산업계에 보내는 간단한 선물'이라고 부르는 것을 싱거에게 주었다. 처음 제안 받았던 달러 투자와 수익금의 본국 송금 허가를 약속한 것이었다. 이 시점의 반응은 비교적 차분했다. 지난 5년 동안 일본 업계는 메리트, 그 이후 싱거와의 경쟁에서 살아남았다. 그러나 일부 관측통들은 싱거가 파인사의 기술을 향상시키기 위한 투자를 더 쉽게 할 수 있게 되었기 때문에 일본 내 판매와 수출용 생산량을 대폭 늘리고 '전 세계에서 패권을 잡으려는 경쟁에서' 앞서 나갈 것이라 우려했다.[52]

존 다우어John Dower(1938~, 미국 역사가)는 태평양전쟁에서 인종차별을 다루었던 그의 중요한 책의 에필로그에서 "그렇게 잔인한 전쟁이 끝난 뒤, 어떻게 인종 증오가 이렇게나 빨리 사라질 수 있었을까"라고 물었다. 그는 예전의 적이 악마도 짐승도 아니라는 단순하고 직접적인 발견 외에도 "초 애국주의와 노골적인 인종 혐오감을 키운 고정관념은 협력성에도 융통성에도 순응할 수 있었기 때문이라고 대답했다."[53] 존 다우어가 말했듯이 미국이 일본에게 가진 원숭이 이미지가 비열한 것에서 사랑스러운 것으로 쉽게 바뀌고, 일본이 미국에 품었던 귀축鬼畜 이미지가 파괴적인 것에서 옹호적인 것으로 변용되어버린 이 적응성은 아마도 화해에 기여했을 것이다. 그러나 이러한 해석은 현재 경제와 문화 분야에서 표면적으로 드러난 전시의 승화된 증오의 힘을 간과했다. 싱거-파인 제안을 받아들였을 때의 전쟁과도 비슷한 호전적이고 열띤 민족주의는 예전의 공포와 적개심의 끈질긴 지구력을 엿보게 해준다. 소비자는 어쩔 수 없이 일본에 충성하려거든 일본 제품을 사라는 소리를 들었다. 생산자 측은 국가에 '민족산업'을 보호하라고 촉구했다. 싱거는 사나운 어조로 먹이를 찾으러 온 약탈적인 침입자로 묘사되었다.

비록 미국의 무역 정책이 일본보다도 훨씬 자유주의적이었다고 해도 태평양의 미국 측 경제 민족주의는 일본과 비슷하게 거칠고 난폭했다. 미국은 1950년대 대일 무역흑자를 상당 부분 유지했지만 '세계 시장에서 질 나쁜 제품을 덤핑하는 일본의 전통적 경향'을 몹시 비난하는 불만 기류는 강렬하고 꾸준했다.[54] 이 시위에 앞장섰던 이들은 베니어합판, 참치, 도자기, 섬유부터 카메라, 시계, 재봉틀에 이르기까지 다양한 산업계의 대변인들이었다. 전쟁의 어휘는 가는 곳마다 출몰했다. 1956년 『US뉴스 & 월드리포트US News and World Report』지는 일본의 '서구 시장에 대한 전면 공격'에 대한 기사를 썼고, 1959년에는 '수입 침략'이라는 단어를 사용하며 미국 제조업체들이 '싼 수입제품의 상승세와 전투 중'이라고 언급했다.[55] 같은 해 『타임Time』지는 일본의 경쟁을 '전면적인 상업적 맹공격'으로 묘사했다.[56] 그리고 1958년에는 『US뉴스 & 월드리포트』가 어떤 우산 제조업체를 인용하며 '우리들은 또 진주만식의 공격을 받았다'며 할아버지가 사용했던 상투적인 전쟁 표현을 들고 나왔다.[57]

싱거의 일본 복귀와 일본제 재봉틀의 대 미국 수출에 관한 대하소설은 무역전쟁 이야기에서 살아 숨쉬는 요소들과 변해가는 패턴 모두를 언설의 차원에서 분명하게 보여주었다. 1930년대의 싼 노동력, 비양심적인 베끼기, 사회적 덤핑에 대한 비판이 메아리처럼 울리고, 전쟁의 어휘와 뒤섞여 점령시기 싱거 경영진의 성명에 뚜렷하게 드러나 있었다. 그러나 미국 측의 회담에는 새로운 요소가 한 가지 정도 더 있었다. 일본을 냉전 동맹국으로 강화하기 위해 일본산 제품의 수입을 허용해야 한다는 요구였다. 일본이 갑자기 '적화되는 것'이 아닐까라는 두려움은 언제나 존재했다. 1952년 『선데이 이브닝 포스트Saturday Evening Post』가 "러시아와 주변 여러 나라의 봉쇄는 대가를 지불하지 않고는 이야기할 수 없고" 그 대가가 일본이 미국 시장에 참가하는 것이라고 표현했다.[58] 게다가 일본의 일부 지역에서는 보호가 더 이상 필요하지 않다는 인식이 점진적으로 확산되었다. 미국 측은 일본 제품의 저 비용처럼 고 품질도 자신들에게 만만치 않은 문제의 일부라는 것을 인정하게 되었다. 싱거 경영진 사이에서 일본의 제조업체가 부도덕한 방법으로 조악한 제품을 만든다는 모멸적이며 억측에 따른 판단은 회사가 일본 내 생산을 결정했을 무렵에는 이미 사라졌다. 이런 점에서 경쟁자들보다 앞선 싱거는 과거처럼 미래도 국내뿐 아니라 전 세계적으로 잘 팔 수 있는 능력이 있다고 자각하고 있었다. 때문에 미국 자국 시장의 대일보호보다도 일본에서의 호혜적인 접근을 목표로, 가장 일찍부터 노력한 회사 중의 하나였다.

싱거는 전쟁 전 일본의 가정용 소비재 시장을 상당 부분 잠식했던 몇 안 되는 외국 기업이었다. 그리고 아무리 수세에 몰려 세력이 축소되었다 해도 태평양전쟁이 시작되기 전까지는 점포를 유지하고 있었다. 게다가 다른 회사들이 전후 곧바로 일본을 뛰어들 가치가 있는 시장이라고 간주하기 훨씬 전에 일본에서 제품을 판매하고 또 현지 생산에 투자하기 위해 정력적인 노력을 했다는 점에서도 이례적이었다. 특히 텍사스 인스투르 먼트Texas instruments, TI와 IBM 등 일부 산업 제품의 몇몇 생산업체들은 1950 년대 초부터 중반까지 싱거와 함께 시장 진입과 직접 투자를 시도했다. 그 러나 소매 소비자에 관한 판매업자들 사이에서 코카콜라만이 싱거처럼 똑같은 문제를 직면했음에도 그 시기에 일본 현지생산과 유통을 함으로 써 일본 시장으로 진출하고자 적극적으로 노력했다. 기계나 전자기기, 가 전제품의 생산자 중, 예를 들면 이스트맨 코닥Eastman Kodak, GE, 웨스팅하 우스Westinghouse와 같은 회사들 사이에서는 일본에서 생산하고 자사의 현 지 네트워크를 통해 판매하는 싱거의 결단과 전략은 눈에 띄었다.[59] 싱거 는 세계 시장에서 오랫동안 적극적인 관여를 지속한 회사였다.

그래도 싱거는 전쟁 전 시장 점유율 이상을 결코 회복하지 못했다. 회 사가 일본의 잠재력을 정확하게 이해하고 과감하게 추진하는 가운데 '올 바른' 행보를 취한 것이라면 그 결과는 왜 실망스러웠을까? 일본의 생산 업체와 통산성의 보호주의는 단지 이야기의 일부일 뿐이었다. 결국 싱거 는 파인사에 투자를 제안하고 나서 18개월 동안 통산성을 방문하지 않았 다. 그리고 일본에서 만든 재봉틀을 초기에 메리트라는 제품명으로 일본 에서 판매할 수 있었다. 통산성의 인가 지연이 일본에서 싱거의 운명을 결정지은 것이라고는 상상하기 어려웠다.

물론 일본 제조업체가 고품질 제품을 저 비용으로 생산하는 데 성공 한 것, 싱거가 동일한 현지의 비용 구조로 생산한 뒤에도 가격 경쟁에 공 격적으로 나서고 싶어하지 않았던 것 두 가지가 싱거의 비교적 조심스러운 일본시장 재진입의 핵심 요인이라고 생각한다. 싱거는 1960년대 일본 내 매출을 얼마간 증가시키긴 했다. 싱거는 전용 점포 네트워크를 재구축했으며 이 점포들은 다양한 브랜드의 재봉틀을 취급하는 소매점들과 쉽지 않은 동행을 했다. 우쓰노미야공장의 생산 능력은 건실하게 증가하여 1970년에는 연간 생산 32만 4천대로 일본의 재봉틀 총 생산량인 435만 대의 7%에 이르렀다. 싱거는 이 재봉틀의 약 40%를 아시아의 다른 여러 국가에 수출했지만 전체 생산자의 수출 비율인 67%를 밑돌았다. 그해 일본에서는 20만 대 가까이 판매하여 일본 시장의 14% 점유율을 차지했다.[60] 처참한 실패는 아니지만 전쟁 전의 점유율에는 전혀 미치지 못하는 수치였다.

싱거사는 재봉틀을 더 싸게 공급함으로써 일본에서 사업 범위를 확장시켰을 가능성이 매우 높았다. 유럽과 북미에서는 1958년부터 가격 인하 노선을 선택했다. 싱거는 '시장의 많은 부분을 잠식한 저가 일본제 재봉틀에 대응하기 위해 일반 직선 박음질' 기능을 갖추었다는 홍보 문구로 저렴한 스파르탄[스파르타식, 실질강건質實剛健의 의미] 모델을 팔기 시작했다.[61] 그러면서 싱거는 유럽=미국 시장의 최고급 라인 제품을 출시하는 쪽에 더 큰 비중을 두었다. 이 시장에서는 좀 더 유연하면서 튼튼한 바느질을 할 수 있는 '지그재그' 재봉틀을 생산하는 유럽과 일본 제조업체에 밀려 패색이 짙어졌다. 1960년대 싱거는 새로운 "Slant-O-Matic" 재봉틀*로 이 시장에서 잃어버린 주도권을 되찾기 위해 나섰다.[62] 싱거의 일본 매

---

* 　모델명 Singer 403a Slant-O-Matic으로 출시 당시 내구성이 있고 안정적인 재봉틀로 획기적인 제품이었다. 다양한 장식 스티치와 경사 바늘을 제공했다.

니저 중에는 싱거는 일본에서 스파르탄 모델 재봉틀 판매에 집중해야만 한다고 주장했던 사람도 있었다.[63] 그렇지만 그런 요청은 무시되고 싱거는 1964년 우쓰노미야공장에서 "Slant-O-Matic" 재봉틀을 생산하기 시작했다.[64] 그러나 이 제품의 일본 내 가격은 남성 사무직 초임 월급의 3개월 치로 너무 고가여서 도저히 대중 소비 시장에 진입할 수 없었다.

싱거는 모든 시장에서 "스파르탄" 전략에 대해 반신반의했던 것 같다. 회사는 1960년, 아시아에서는 '우리 상품은 경쟁상대 제품보다도 대부분 가격이 비싸다'고 인정했다. 그렇지만 계속해서 '우리 제품의 뛰어난 품질과 평판, 신용 대출을 확장하려는 자세와 우리 판매 조직의 열정과 단호한 신념'을 통해 시장 점유율을 계속 회복하고 있다고 지속적으로 말했다.[65] 이것이 전통적인 싱거 철학이었다. 1964년 10월의 『포브스 Forbes』지에는 보다 낮은 생산 비용과 보다 좋은 서비스, 아울러 비교할 수 없는 특징을 가진, 보다 고급 재봉틀로 "일본의 공세를 타도할 작정이라는 미국의 소비자 제품 부장이 한 발언이 실렸다."[66] 또 싱거는 1950년대 말에는 일본에서는 뒤처졌지만 아시아 다른 여러 국가에서는 일본의 제조업체들과 서로 경쟁했다. 한층 광범위한 시장을 파악하고 있던 싱거로서는 일본에서 더 싸게 팔면 아시아의 다른 지역에서의 가격 설정 인하로 연결될 딜레마에 직면했다. 게다가 분명히 경제적 뿐만 아니라 정치적인 이유 때문에 미국의 경쟁 기업 2개 사의 선례를 따라 일본의 자사 공장에서 만든 재봉틀을 미국으로 역수출하는 것에도 내켜하지 않았다.[67] 이러한 모든 요인이 싱거로 하여금 일본에서는 가정용 재봉틀 시장의 고급화에 초점을 맞추도록 했고 그 요소들이 거의 확실하게 판매에 지장을 주었다. 그러나 1930년대 일본 경쟁자들의 발전과 전후 제품 품질과 생산성 향상을 생각하면 싱거가 어떤 전략을 취했더라도 전쟁 전의 패권을 완전히 되찾을 수는 없었을 것이다.

판매 과학과 즐거움의 판매

일본의 재봉틀 산업은 평화의 도구에서 공격적인 생산자로 탈바꿈한 전후 초기, 대부분 태연하게 그리고 정확하게 '싱거 형'이라는 이름을 내세운 재봉틀을 만들어 파는 것으로 싱거의 '침공'에 저항했다. 일본 경쟁자들의 파도치는 세계적 진출과 싱거의 전후 일본 복귀의 신통치 않은 상황을 함께 비교하면 이중적인 아이러니를 파악할 수 있다. 싱거는 북미 시장에서 자사의 판매 시스템을 고집했음에도 불구하고 일본의 회사들은 싱거의 판매 전략을 피했다. 싱거의 일본 경쟁자들은 미국의 소매업계 판세를 계속 바꾸었던 체인점과 할인점에 저가 재봉틀을 진열하는 것으로 승리를 잡았다.[68] 그래도 1958년 싱거가 미국에서 실과 바늘과 같은 자사의 액세서리를 어떻게든 백화점과 체인점에 배치한 것은 상당한 쇄신이기는 했다. 그러나 싱거 임원들은 '이것이 싱거 재봉틀을 다양한 매장에서 판매하고자 하는 전주가 아니'라는 단호한 자세를 보였다. 1959년 싱거는 여전히 미국과 캐나다에서 거의 완전히 싱거 직원만으로 구성된 2천 68개 점의 독점 네트워크를 통해 싱거를 판매했다.[69]

그러나 일본에서는 새롭게 자신감을 얻은 싱거의 경쟁 상대들은 싱거와 유사한 판매 시스템을 유지했다. 그리고 여기저기 손을 대고 재구성하여 결국 모든 종류의 가전과 전자기기 제조업체의 모델이 될 것을 만들어 냈다. 그것은 세대 별 방문 판매, 시연 및 가정 체험, 할부 판매, 강력한 서비스를 특징으로 하는, 고가의 지역 판매점 네트워크였다. 이 회사들 중 마쓰시타松下와 같은 몇몇 회사는 전쟁 전에 소매점 네트워크를 개발했고 또 다양한 분야의 판매자들은 일본 시장이 급격하게 신장함에 따라 서로의 사례를 확실하게 보고 배웠다.[70] 그러나 싱거가 그들 모두보다 앞서 있었기에 타사에게 하나의 중요한 기준점이었던 사실은 분명했다.

1950년대 중반 주요 재봉틀 제조사들은 전보다 더 빈틈없이 싱거의 판매 시스템을 따라하기 시작했다. 제1단계는 자신들만의 점포 네트워크를 만드는 것이었다. 1930년대 일본 생산업체들이 싱거와 경쟁하기 시작했을 즈음에는 몇몇 회사가 자사의 세일즈맨을 고용한 직영점을 열었을 뿐이었다. 그중 가장 두드러진 곳이 자노메였다. 그렇지만 자노메조차도 자사 재봉틀을 각종 유명 상품을 취급하는 독립 판매업자를 통해 판매했다. 그리고 브라더 미싱과 같은 성공한 신규 기업까지 포함한 대부분의 회사들은 주로 또는 전적으로 독립 판매업자들에게 의존했다. 전후 초기에 일본의 재봉틀 제조업체는 효율적이고 고품질의 생산 시스템을 갖추는 것에 전력을 기울였고 판매는 독립 판매업자에게 맡기는 대로 괜찮을 것이라 생각했다. 심지어 자노메조차 1954년까지 34개의 직영 판매점밖에 없었다. 자노메는 독립 판매업자를 통해 자사 재봉틀의 3/4를 판매했다.

거기에 싱거-파인합병사업 제안이 만들어낸 불꽃은 장래의 자노메 사장 시마다의 말을 빌리자면 다른 업체들로 하여금 '육지에서 먼 바다에 떠오른 적군의 상륙용 작은 배 무리를 바라보고 있는 기분'을 들게 만들어 전략의 변화를 초래했다. 자노메는 영업 인력을 5배로 더 늘리고 오직 직영점을 통해 판매하기로 했다. 1958년 점포를 156개까지 확충하면서 독립 판매업자와의 모든 거래를 끊었다. 1960년까지는 점포를 100개 더 늘렸다.[71] 다른 기업들도 적어도 부분적으로는 자노메의 새로운 접근 방식에 합류했다. 1971년 브라더 미싱의 전후 이야기에서 드러나듯이, 전후를 즈음해 브라더 미싱은 몇십 개나 되는 제조업체 간의 치열한 경쟁 속에서 사람들 이목을 끌기 위해 자사 제품을 전시하고 판매 촉진을 홍보하기 위해서는 독립 판매점에만 의존할 수 없었다. '격렬한 판매 전쟁에서 이기기' 위해서는 '직영방식을 구축'하는 수밖에 없었다. 이 방식을 선택한 논리는 싱거의 전략 계획서에 그대로 나와 있었다. "고객에게 자사 제품을 적극적으로 판매할 수 있는데다 애프터서비스를 충분히 제공하고 편안함과 친근감을 쌓을 수 있도록 하면서 고객과 직접적으로 대화를 나눌 수 있는 '대화' 장소"의 가치는 상당한 고정비용이 필요한 직영 판매방식을 납득시켰다. 이런 논리에도 불구하고 브라더 미싱과 다른 기업들은 직영 판매방식으로 완전히 옮겨가지 않았다. 브라더는 1960년대 말까지는 싱거-자노메 모델을 취급하는 11개 지구 영업점 산하 600개 가까운 직영점을 가지고 있었다. 그뿐 아니라 1천 개 가까운 독립 특약 대리점을 통해서도 판매했다.[72]

주요 재봉틀 생산자들은 직영점과 판매원 배당금에 거액을 투자하기 위해 판매의 과학과 시스템을 새롭게 주목했다. 1965년 자노메의 대변인은 "아침에 일어나서 오늘 어디를 방문할 것인지가 해결되기만 하면 영업 업무는 80%가 해결된 것이다"라고 기록했다.[73] 1930년대 무렵, 자노메는 싱거를 모방하여 판매원에게 잠재 고객용 안내가 되는 '방문 카드'를 사용했다.

그러나 1950년대 전까지 카드 활용은 한정적이었다. 대부분의 세일즈맨은 비효율적인 갑작스런 가정 방문을 했다. 1950년대 자노메와 다른 경쟁 업체들이 개선책을 급히 생각해냈다. 바로 '가두' 전시였는데 다른 가정용 기기의 판매업체들도 그 방법을 활용했다. 전국 곳곳의 동네에서 오후나 해질 무렵, 시장을 보거나 심부름 가는 동네 여자들의 관심을 끌고자 판매원이 길거리에 판매대를 설치하고 재봉틀 혹은 세탁기를 전시했다(그림 27). 판매원은 그곳에서 재봉틀을 시연해 보이고 실제로 체험해 볼 기회도 제공했다. 판매원은 발걸음을 멈춘 사람들의 이름과 주소를 묻고 수집해서 다음날 가정 방문용의 잠재적 고객 명단을 만들었다. 자노메는 이런 전시가 판매원이 시간을 가장 효율적으로 사용하는 방법이라고 생각했다. 각 점포는 한 달에 적어도 10회의 가두 전시를 하도록 요구받았다. 목표는 이런 가두 전시라는 이벤트를 통해 판매 연락처의 60%를 만들어 낼 것으로 인식되었다. 또 이 방법은 신입 판매원이 베테랑과 함께 일하기 때문에 신입사원 훈련에도 도움이 되었다고 한다.[74]

예약판매제도는 미국에서도 비슷한 방법이 있었음에도 불구하고 자노메는 근대적인 미국형 판매 시스템을 1930년대 일본의 고유 전통을 계승하는 것이라고 부르면서 일본다움을 드러내는 어휘로 설명했다. 회사의 홍보 담당자들은 자노메 시스템이 세일즈맨 각각에게 일정한 담당지

그림 27. 1969년 7월의 자노메 미싱의 판매사원용 사내 신문 표지에 실린 사진. 세일즈맨이 시장을 보고 집으로 돌아가는 여성들에게 자노메 제품의 장점을 설명하는 모습을 잘 포착한 것으로 1950~60년대 전국의 거리마다 흔히 볼 수 있었다. 그리고 사진 속 고객들은 이미 평상복으로 양복을 입었다는 것도 알 수 있다.(자노메미싱공업)

구를 할당하는 "집약심경판매集約深耕販賣, intensive deep cultivation"에 중점을 두었다고 말했다. 이 문구는 자노메가 '일본의 전형적인 농사법'이라는 경작법 표현을 차용하여 부른 것이었다. 이 방법은 재봉틀에서 특별히 중요했다고 한다. 재봉틀은 대부분의 제품보다도 더 집중적인 설득과 교육, 수금을 포함한 사후의 지속적인 관리가 필요했기 때문이었다.[75]

판매 시스템과 과학에 대한 자노메의 막강한 관심은 1956년 1월 회사의 1천 300명의 판매와 서비스 직원용 사내 사보가 창간되었다는 점에서도 알 수 있었다. 야마다 사장은 창간호에서 자신의 경영철학을 '판매 제일주의'라고 전체적으로 설명했다. 또 "세일즈맨은 우리 회사에게는 최고의 재산이며", "미국의 주요 기업 사장의 99%정도가 세일즈맨 출신이라고 했다."[76] 사내 신문은 창간 후 2년간은 계간季刊으로, 그 다음부터는 격월로 발행되었다. 처음에는 각 호마다 6~10페이지였던 것이 1962년에는 24페이지까지 두꺼워졌다. 판매원, 수금원, 여자 강사들에게 자극이 되는 시사時事와 교육이 섞여있는 열기 넘치는 내용이었다. '수금원 좌담회'에서는 고객과의 거래에서 훈련을 쌓아 확고한 신념을 가질 수 있게 되기까지의 경험담과 조언을 공유했다.[77] 어떤 지점장은 실제보다 판매량을 늘린 허술한 보고와 많은 '유령' 계약 성사(판매 성적에 얽매인 판매원이 계약을 조작하고 한, 두 달 뒤에는 재봉틀이 반품됨)를 용인한 충고성의 이야기를 했다. 결국 그는 진심으로 열심히 일하고 규칙에 맞게 노력하는 부하에게 사랑의 채찍을 휘둘러 책임 있는 판매원으로 육성해냈다고 회고했다.[78] 회사가 고용한 여자 강사 500명 중 세 명은 재봉틀의 완전한 사용법을 배우는 여성들에게 자신감과 행복을 가져다 준 사실에 대해 자긍심을 가지게 되었다고 말했다.[79] 사용자들이 보낸 편지도 사내 신문에 실렸다. 이를 통해 판매원은 고객이 자신의 재봉틀에서 어떤 실제적인 이익과 즐거움을 찾아냈는가를 알 수 있었다. 그리고 각 호마다 인기 주제로 여성 판매원의 소수 핵심 그룹도 포함된 우수 판매사원top seller 한, 두 명의 모범적인 성공담이 실렸다.

전형적인 이야기는 우선, 처음에는 불안과 실패로 시작되고 그것들이 열심히 일하는 모습과 낙관적인 자세, 아이디어라는 재능으로 극복되어 가는 형태였다. 그렇지만 실제로는 이런 줄거리대로 되지 않았던 판매원이 많았다. 전국 각지에서 수천, 수만 명이나 되는 판매원과 소수의 여성 판매원이 길거리에 넘쳐났던 시절, 『니혼주보日本週報, Japan weekly』잡지가 1964년 '재봉틀 업계와 세일즈맨의 기묘한 관계'에 초점을 맞춘 기사를 실었다.[80] 모든 회사들이 전체적으로 내보내고 있는 판매원 수는 전국적으로 5만 명으로 추정되었다. 전술은 평화롭지 않았다. 판매자는 판매 할당을 해결하기 위해 고객을 가로챘다. 즉 경쟁 상대 회사와 이미 계약을 한 고객에게 우리 회사 재봉틀에는 최신 부가기능이 더 장착되어있다는 말을 꺼내고 판매원 자신이 취소 수수료를 부담하고 고객에게 해약을 시켰다. 세일즈맨의 이직률은 높았고 신규 채용은 끊이질 않았다. 공격적인 전술과 월부 판매를 전적으로 의존하는 것으로 유명한 릿카사(RIC-CAR*)는 1964년 1만 2천 명의 세일즈맨을 고용했고 자노메는 6천 500명, 브라더는 5천 명을 고용했다고 한다.

1950년대부터 1960년대 성수기에 접어든 재봉틀 산업은 12개사의 주요 제조업체와 수많은 소규모 조립업체 그리고 수십 개의 부품업자로 구성되기는 했지만 릿카사, 자노메, 브라더 세 회사들이 일본 국내 가정용 재봉틀 시장을 지배했다. 자노메와 릿카만으로 1960년대 초 일본 국내 판매의 70%를 차지했다고 한다. 1964년 평균적으로 세일즈맨 한 명이 집에 가지고 가는 수입은 한 대당 1천 800엔의 수수료였고, 이들은 대략 한 달에 17대의 재봉틀을 판매했다. 이들의 월수입은 보너스를 합해 4

----

* 릿카주식회사(RICCAR)는 1939년 일본식산공업으로 설립되었고 1948년 도쿄도 다치카와시(立川市)에서 재봉틀 생산을 시작했다. 1949년에 회사명을 '릿카미싱'으로 변경했다. 독자적인 선불 할부제도로 판매를 늘려 한때는 일본 국내 시장 점유율에서 최고를 차지했다. 1994년 다이에 자회사인 다이에파이낸스와 합병했다. 자회사인 '릿카판매'는 릿카합병 후에도 존속했지만 2004년 12월 야마노홀딩코어퍼레이션(YAMA-NO HOLDINGS CORPORATION)에 매각되었다.

만 엔부터 5만 엔 정도까지였다. 고정 기본급은 3~5천 엔 정도로 미미했다. 이 업계에서는 그때그때의 판매 성적이 바로 보수로 연결되었다. 한 최고 판매원은 한 달에 10만 엔을 벌었고 20대에 점장으로 발탁된 경우도 있었다. 그러나 승진한 유능한 지점장이 만약 경영자로서 만족스러운 결과물을 내지 못하면 바로 다시 판매원으로 내려갔다.[81]

이 기사는 설명 마지막에 재봉틀은 바야흐로 모든 종류의 자수와 장식물을 만들 수 있는 다양한 스티치 기능을 가득 구비하고 있어 이미 레저용품이 되어 버렸다고 결론지었다. TV, 냉장고는 남편과 아이들을 포함한 가족 전체의 물건이었다. 남편에게는 파친코, 마작부터 골프까지 혼자 즐길 것이 많았지만, 여성이 즐길 것은 오직 재봉틀밖에 없었다. 그러나 "지그재그 모델"이 출시되면서 재봉틀은 점차 레저화되었다. 결국 여성들은 생계 때문이 아니라 물건을 만드는 자체의 즐거움 때문에 재봉틀의 페달을 더 밟는 상황이 되었다."[82]

재봉틀의 광고 문구와 그림은 이런 변화를 10년 정도 앞서 예상했다. 1950년대 초부터 재봉틀의 마케팅 담당자들은 가정용 재봉틀을 갖게 되면 괜찮은 생활을 보장받는다고 호소하기 위해서라도 부지런한 부업의 이미지를 완화시켰다. 실제로 그녀들은 여전히 중요한 고객층으로 남아 있었다. 1930년대 자노메의 캠페인과 싱거의 전쟁 전 팸플릿에서는 효과 입증이 끝난 주제를 더 부풀려 본인과 가족에게 큰 매력과 즐거움을 주는 약속과 과학적 발전을 예시로 내세웠다(그림 28). 그러나 새로운 느낌은 전혀 없더라도 이미지는 훨씬 과장되었다. 1951년의 파인 미싱의 성적性的 접근이 그랬고 1952년의 패전 기념일인 8월 15일에 고요光洋 미싱

*이 사용한 "원자原子" 이미지는 가장 놀랄 만했다. 고요정공사光洋精工社의 자사 제품에 '베어링이 들어갔다'는 홍보 문구의 광고는 원자폭탄 트라우마의 연관성을 능가할 만큼 과학에 대한 긍정적인 시각과 기술적 선진성을 내세운 것을 시사했다. 광고 속에는 재봉틀이 하늘에 떠 있고 그 밑으로 둥근 원의 궤도가 교차되어 있으며 교차된 궤도 맨 앞에서 반짝이는 작은 동그란 것은 분명히 베어링 볼이다. 그러나 베어링 외에도 구체球體와 환상궤도環狀軌道는 시각적으로 모든 혹성계적 원자 모델을 연상시켰다. 원자핵 주위를 전자電子가 원을 그리며 날아가는 그림은 1949년과 1950년 일본에서 이미 일반 대중용 출판물에 널리 실리고 있었다. 이런 광고를 하기로 결정한 것은 1952년의 일본에서는 "원자" 이미지가 원자폭탄 트라우마의 연상을 밀어내는 데 충분할 정도로 긍정적인 과학관을 불러냈다는 점을 시사했다.

자노메는 종업원용 회보會報에 이어 1950년대 중반, 고객용 잡지 『자노메 모드Janome modo』도 창간했다. 1950년대와 60년대 초 각 호의 주제는 생산자로서의 재봉사에 집중되었다. 성공해서 행복한 재봉틀 사용자의 부업 이야기가 자주 실렸다. 가와구치 기누코河口絹子의 이야기가 전형적이었다. "'양재라는 부업만으로 100만 엔을 저금하다니 당치도 않아! 밑천도 기술도 별로 없어서'라고 포기할 생각을 하는 분, 잠깐만 기다려주세요"라는 설명으로 시작되었다. 계속해서 좌우 양쪽 두 페이지에 걸쳐 도

---

*   고요 미싱은 1921년 고요정공사로 설립되었고 베어링 생산을 본격화했다. 1937년 고요미싱 제1호(직업용 발재봉틀)를 생산, 판매했다. 일본정공(日本精工), NTT와 함께 베어링 3사의 한 곳으로 2006년 1월 1일 도요타공기(豊田工機)와 합병하여 제이텍트(JTEKT)가 되었다. 홈페이지 https://koyo.jtekt.co.jp/100th/jp/ 참조.

그림 28. 1950년대 초의 『일본 미싱 타임즈』에 실린 광고 세 편. 왼쪽부터 순서대로 파인 미싱(1951년 6월 21일), 고요 미싱(1952년 8월 15일), 미쓰비시 미싱(1954년 1월 1일)이다. 이 세 편의 광고는 재봉틀 마케팅에서 끊임없이 반복되는 성적 매력, 근대 과학, 가족의 옷 만들기에 힘쓰는 엄마의 행복이라는 주제를 담았다. (『일본 미싱 타임즈』)

쿄 시타마치下町(도심지)에 거주하는 가와구치의 5년에 걸친 성공 사례를 자세하게 적었다. 가와구치 남편은 전기기기 제조공장 직원이었다. 그녀는 전쟁 전 양복점에서 일했지만 지금은 아이를 돌보면서 집에서 상업용 재봉 일을 하길 원했다. 남편은 그녀가 이미 집안일과 육아로 밤에는 지쳐 쓰러지는 것을 알고 있었기에 처음에는 반대했다. 그러나 가와구치는 재봉 일을 좋아해서 그만둘 수 없었다. 이웃에게 부탁받은 대로 블라우스를 만들었더니 수입이 괜찮았다. 아내의 돈 버는 실력을 인정한 남편은 직장 동료들의 옷을 주문 받아왔다. 장사가 잘되면서 가장 어려운 점은 '새로운 양재 기술을 따라가는 것'이었다. 그녀는 잡지와 신문을 읽고 '유행 경향'이나 '개성과 디자인의 관계'와 같은 기사를 스크랩했다. 5년 뒤, 한 달에 3만 7천 엔의 매출을 올렸고 순이익은 1년에 22만 엔에 달했다. 남편은 몹시 기뻐하며 집에 일찍 돌아와 집안일을 도왔다. 그녀의 현재 꿈은 양장점을 여는 것이다.[83]

蛇の目社內報

第 5 巻第 24 号
昭 和 35 年 1 /
蛇の目ミシン工業株式会社

그림 29. 자노메의 종업원용 잡지 1960년 1월호의 표지 그림. 일본의 전통문화인 하고이타에 메이지 시대 양재를 처음으로 배우는 전통적 이미지와 새로운 재봉틀을 앞에 둔 신부의 현대적 이미지를 창조적으로 연결했다.(자노메미싱공업)

생산하는 소비자의 이런 이야기조차 야심만만한 기누코의 일하는 즐거움과 디자인과 패션 세계의 행복한 연결을 강조했다. 그러나 기누코처럼 재봉틀의 상업적 사용자의 명성은 자노메 마케팅에서는 점점 사라졌다. 1960년 1월호 사내 신문에서는 처음으로 컬러 일러스트로 장식한 표지를 선보였다. 오랜 전통이 있는 하고이타羽子板(모감주나무 열매에 새털을 끼운 제기 비슷한 것을 치고받는 나무 채)에 메이지 시대의 근대화하는 여성이 재봉틀로 재봉하는 그림과 전후의 서양식 웨딩드레스를 입은 신부 이미지를 멋지게 혼합한 도안이다(그림 29). 이 회사는 1960년 후반에는 일본 미스유니버스 대회에서 첫 우승을 차지한 고지마 아키코児島明子(1936~)*의 추천사를 덧붙여 재봉틀을 매혹, 아름다움, 유명인의 명성과 효과적으로 연결시켰다(그림 30). 1962년 자노메는 '아베크 세일lovers' sale'을 시작했다. 재봉틀을

---

* 일본 패션모델, 1959년 미국에서 열린 제8회 미스유니버스대회에서 우승했으며 유색인종 최초의 수상자이다.

그림 30.『자노메 모드』1960년 가을 호 기사로 헤드라인은 "세계에서 가장 아름다운 여성입니다"이다. 자노메는 그녀를 미스유니버스대회에 출전시키기 위해 후원을 했고 이제 자신감 있게 '자노메 재봉틀의 열성적인 애용자'로서 그녀의 사진과 인터뷰를 대대적으로 실었다.(자노메미싱공업)

행복하고 낭만적인 생활로 가는 열쇠로 자리매김한 광고 캠페인이었다. 1960년대『자노메 모드』와 사내 사보가 점점 윤이 나는 광택지를 사용하면서 화려해진 것은 자노메가 고객에게 던지는 메시지의 변화를 잘 보여주었다. 재봉틀은 바느질 삯일로 옷을 만드는 아내의 가계지출 경감을 위한 도구에서부터 행복한 신부에게 꼭 필요한 도구, 그리고 여성 소비자가 시대의 첨단을 걷는 멋진 삶을 원하는 대로 만들어갈 수 있는 수단으로의 이행이었다.

규칙이 있는 채무자의 행복한 생활

가장 성공한 재봉틀 제조업체들이 자사 판매원과 수금원에게 마케팅 시스템을 강요했기 때문에 그들은 고객을 기쁘게 할 뿐 아니라 훈련을 시키고자 했다. 경제가 빠른 속도로 활기를 띠고 있는 가운데, 재봉틀 판매원들은 수백만 명이나 되는 구매자를 행복 추구라는 그럴듯한 문구로 꾸며진 합리적이며 계획성 있는 생활로 계속 끌어들였다. 이와 같은 노력의 중심에 할부 신용이 있었다. 재봉틀의 '분할 납부' 구입은 전후 경제를 작동시키는 하나의 엔진으로서 소비자 신용의 극적인 확장을 위한 길을 순조롭게 열었다.

업계 출판물들은 일찍이 1948년부터 할부 판매를 언급하며 신용 대출 수요가 개인부터 학교, 학교를 대표하는 가정과家政科 교사들에게 대단히 크다고 전했다. 어떤 이야기에서는 아마 아내를 위해서겠지만 경찰관 단체가 재봉틀의 할부 구매 계약에 연대책임으로 서명했다고 한다. 할부 판매를 주저하는 판매자에게 구매자가 이런 식으로 그룹을 만들어 집단으로 개개인의 구매를 서로 보증하는 일은 드물지 않았다.[84] 다만 주요 재봉틀 제조업체는 전후 초기의 경기 회복세가 오래 지속되지 않을 것을 걱정하며 처음에는 신용 대출의 공격적인 확대에는 주저하는 자세를 보였다. 1949년 릿카가 '미국식 간편 결제' 조건 –선금 및 선급금 지불 없는 할부 계약– 이라고 주장한 것을 처음으로 제공했을 때 경쟁자들은 비판했다. 독불장군 식 평판을 내세운 릿카는 미싱공업회 가입을 거부했다.[85] 그렇지만 1950년이 되자 재봉틀 제조업체는 자전거, 오토바이, 냉장고, 세탁기, 자동차, 농업기계 제조업체와 함께 모두 할부 판매는 '건전'하며 '합리적'인 성장의 열쇠라고 같은 목소리를 냈다. 그들은 통산성에 세제상의 우대 조치와 지정 할부 상품 판매업자의 국가융자제도 설립을 요청했지만 잘 되지 않았다.[86] 1953년 자노메는 예약 판매와 할부 판매를 재개해서 좋은 결과를 얻었다. 예상한 판매 매출의 10%정도를 초과했다.[87] 1953년 주키Juki미싱*은 도쿄상호은행東京相互銀行을 자사의 금융회사로 제휴관계를 맺었다. 회사를 채무 불이행으로부터 지키기 위해 은행이 고객의 할부금을 제3자 기탁금寄託金으로 보관하면서 고객의 할부 지불이 1/4 지급된 상황에 계약금을 주키에 양도했다.[88]

재봉틀을 포함한 선도적인 상품을 구매하는데 있어서 1950년대 말 전후 평화 시의 눈부시게 새로운 소비생활을 대표하는 무수한 "문화용품"을 갖고 싶어하는 여성과 남편, 가족에게 할부 방식은 마음에 드는 선

---

* 주키(JUKI)주식회사. 태평양전쟁 중 일본 육군이 사용하는 기관총과 소총을 생산하기 위해 1938년 12월 도쿄중기제조공업조합(東京重機製造工業組合)으로 설립되었고 1943년 도쿄중기공업주식회사로 개칭했다. 전쟁이 끝난 후 사용했던 공작기계를 활용하여 재봉틀을 생산하기 시작하여 1947년 가정용 재봉틀을 개발했다. 이 제품은 성능이 뛰어나 통산대신상을 수상했다. 1953년부터 공업용 재봉틀 사업에 참여하면서 세계 수출을 추진했고 주키 직영 판매 당시는 전 세계 180개국에 수출되었다. 회사명 도쿄중기의 중기의 일본식 발음 '주키'를 상품명으로 사용했고 이를 1988년 국제화 전략으로 회사명으로 채택했다. 브라더, 자노메와 함께 일본의 3대 재봉틀 회사로 손꼽힌다.

택이었다. 그들의 집단 쇼핑 열기 덕분에 재봉틀과 라디오, 이어서 세탁기, TV, 냉장고, 진공청소기, 카메라, 오토바이, 시간이 더 지나 자동차는 사치품에서 급성장한 중산층의 실질적인 필수품으로 변했다. 1959년의 한 조사에서는 할부 구매 상품 비율을 열거했다. 자전거 80%, TV 75%, 자동차 70%, 오토바이 68%, 냉장고 66%, 재봉틀 60%, 세탁기 59%였다. 1960~61년 통산성이 의류를 포함한 더 광범위한 상품을 취급하는 6천 200개사의 소매 판매업자를 대상으로 실시한 조사에서는 이 매장들 전체 판매량의 1/2에서 1/3 정도가 할부라는 사실을 알 수 있었다.[89]

이러한 소비자 대출Consumer Loans 인기가 자극이 되어 소매점과 비 은행권 금융기관이 현재의 신용카드의 전단계인 새롭고 잠재적으로 광범위한 형태의 신용을 제공했다. 1950년대 '티켓'식 또는 '쿠폰'식으로 불린 이러한 대출 형식이 활발해져 정치 쟁점의 원인이 되었다.[90] 이 형식은 소비자가 자유재량으로 사용할 수 있는 소액 대출과 특정상품 구매와 관련된 할부 대출의 중간 정도였다. 티켓회사는 신용카드회사처럼 한쪽은 가맹 소매점, 다른 한쪽은 소비자와 개별적으로 계약을 맺었다. 소비자는 엔화가 표시된 쿠폰 북을 받아 가맹점에서 상품을 구입할 때 현금 대신 이 쿠폰을 사용하고 티켓회사는 가맹점에 상품 금액을 바로 지불하여 쿠폰을 상환해주었다. 구매자는 티켓회사에 3개월에서 9개월 할부로 금액을 변제했다.[91]

치열하게 경쟁하는 두 종류의 소매업자가 티켓 신용을 제공했다. 모든 주요 도시에나 있는 상점가의 북적거리는 소규모 지역 상점과 이에 맞서는 백화점이었다. 일본신용판매日本信用販賣가 이 분야의 개척자로 오늘날까지 일본 최대의 비 은행권 금융기관의 하나로 1951년 도쿄의 주요 백화점과 공동으로 창립되었다. 1956년 일본신용판매가 사업 범위를 나고야와 오사카로 진출할 계획을 발표하자 소규모 소매업자연합회와 전국의 200여개의 티켓회사연맹이 반대 캠페인을 벌였다.[92] 1959년 10월 통산성은 양쪽의 격렬한 로비활동 결과, 잘 알려지지 않았지만 매우 중요한 백화점과 대형 신용판매회사의 할부 제도 규제령Order Concerning Self-Restraint by Department Stores을 내렸다. 전국의 106개의 주요 백화점에게 500엔 이하 가격(6대 도시에서는 1천 엔 이하) 상품의 월부 판매를 금지했다. 백화점은 식품, 음료, 식물, 애완동물 및 서비스의 할부 판매는 할 수 없게 되었다. 쿠폰은 발행된 현 이외 지역에서는 사용을 금지했다.[93] 2년 후 통산성이 입법한 할부 판매법이 행정부가 명령한 이 제약들을 강화했다. 이 법률은 "백화점업자 또는 제조업체가 선불 식 할부 판매 등록을 신청했을 경우, 그 신청에 관계되는 사업 활동이 중소업자의 선불 식 할부 판매의 사업 활동에 영향을 미치고 이익을 현저하게 침해할 우려가 있다고 인정할 때는 그 등록을 거부할 수 있다"고 규정했다. 또 정부에게 할부 신용으로 판매해도 좋다는 '지정상품' 목록을 작성할 것을 지시했다.[94] 처음에 승인된 지정상품 목록은 광범위했다. 전혀 '내구 소비재'라고는 할 수도 없는 완구와 화장품 같은 상품도 할부 구입을 인정받았다. 하지만 식품, 음료, 담배와 같은 소모품을 대상으로 삼는 '낭비적' 신용 판매는 서비스 경우처럼 허가받지 못했다.[95] 이렇게 소규모 소매업자가 저가 상품의 할부 판매에서 독점권을 차지하면서 전국 어디서나 사용할 수 있는 소비자 신용이라는 것은 불가능해지고 말았다.

1959년 법령과 후속 법 제정의 직접적인 원인은 대형 소매업자와 소형 소매업자 간의 정치적 투쟁이지 지나친 대출과 소비 자체에 대한 걱정이 아니었다. 이 조치들이 신용 행위에 미친 영향은 상당히 컸다. 그들은 소비자 신용의 흐름이 비교적 고가의 소비재의 할부 구입, 그것도 한 번에 한 건 정도만 계약하도록 변경했다. 게다가 이 조치들은 법에 따라 좋은 신용과 나쁜 신용, 또는 생산적인 신용과 낭비적인 신용으로 구별함으로써 소비자 신용의 이해 방법을 구체화시키기도 했다. 이 조치들은 개인 채무와 가족의 소비, 국민적 번영 사이의 밀접한 관계에 폭넓게 공유되었던 양립성을 노골적으로 보여주었다.

이런 걱정은 새삼스러운 것이 아니었다. 1951년의 『일본 미싱 타임즈』에 실린 한 편집부 논설은 이미 할부 구매를 '국가 경제'에 도움이 된다고 설명했다. 그러나 곧바로 독자들에게 지금까지의 사례로 보면 "할부 구매자는 이런 방법이 너무 편리해지면 어쨌든 그다지 필요하지 않는 것을 사들여 낭비하는 경향이 있기"[96]때문에 지나침은 위험하다는 사실을 상기시켰다. 1920년대나 1930년대와 마찬가지로 1950년대 후반 소비자 신용에 관한 논쟁은 매우 불안한 논평을 남겼다. 그래도 일본에서 우려하는 양상은 렌돌 칼더Lendol Calder(1958~, 역사학과 교수)가 미국의 전형적인 소비자 차입 비평으로 제시한 비난만큼 심하지는 않았고 아마 덜 신경질적이었다. 또 로사 마리아 겔피Rosa-Maria Gelpi가 말한 유럽의 소비자 의식보다 더 비판적이지도 않았다. 일본에서 예상된 피해는 '과잉'의 몇 가지 범주 중 하나로 분류되었다. 악랄한 판매자가 소비자에게 지나친 압력을 가한 경우, 소비자가 지나친 쇼핑으로 빌린 돈의 구렁텅이에 빠지는 경우, 지나친 소비가 악성 인플레이션을 촉발시킨 경우, 지나친 경쟁이 신용 제공업자나 소매업자를 파멸시키는 경우 등이었다.[97] 관찰자들은 이점을 강조할 때, 개개인의 생활이 더 편리해질 것을 지적하거나 거기에만 중점을 두는 것이 아니라 국가 경제에 이익이 되는 점도 역설했다.

신용 판매 확대를 사명으로 삼은 새 월간지 『월부연구月賦研究, Installment studies』의 편집진은 정부의 중소기업청 '지도관'인 사토 사다카쓰佐藤定勝의 연재 글을 서문에 실었다. 사토는 신용 판매가 "서민의 문화생활 향상에 기여하는 바가 적지 않다. 바야흐로 상업계의 혁명이라고도 할 수 있을 것이다"라고 주장했다. 그렇지만 사토 자신은 경고 신호의 깃발을 들고 할부 판매는 고가 상품에게만 해당되어야 하며 식품이나 음료와 같은 싼 필수품을 대상으로 해서는 안 된다고 언급했다. 그리고 쿠폰의 놀라운 편리성은 많은 사람들로 하여금 도를 넘게 만들었다고 개탄했다. 국가적 차원에서 보자면 신용 판매는 조건을 너무 간단하게 하면 인플레이션을 유발한다고 경고했다.[98]

주류 신문과 잡지의 관점도 똑같이 양비론적이었다. 『아사히신문』은 1957년 11월 "할부 시대 도래할 것인가?"라는 제목으로 "TV, 재봉틀, 냉장고, 세탁기 등 모든 종류의 상품이 할부로 팔리고 있다"는 특별 기사를 실었다. 그러나 '할부는 현금으로 사는 것보다 비싸고 결국 과소비를 하게 된다'는 보고에 우려를 표명하기도 했다. '할부 판매가 샐러리맨들에게는 편리하지만 지나치면 가계 파산만으로 끝날 문제가 아니라 국가의 부엌을 위험하게 할 염려도 있다'고 했다. 기사를 쓴 사람은 영화나 커피숍에서도 쿠폰을 사용한다고 비난했다. 그는 또 은행과 대장성이 과열된 경제를 안정시키기 위해 산업으로 유입되는 자본을 쉽게 규제할 수 있는 것에 비해, 인플레이션을 막기 위해 지방 분산형의 소비자 신용 제공업자들을 규제하는 것은 그렇게 간단하지 않다는 걱정도 했다.[99] 고도성장으로 가는 열쇠로서 더 높은 효율성을 촉진하는 중요한 기관인 일본생산성본부日本生産性本部 간부인 가가와 산로쿠香川三六는 1958년 소비자 신용이 대량 수요를 창출하여 단가를 낮추고 생산성을 높임으로써 산업에 도움이 된다는 사실을 인정했다. 그러나 가가와는 소비 증가가 수출 증대 및 저축의 누적과 균형이 맞아야만 하며 그렇지 않으면 무역 수지 악화가 일본처럼 자원이 부족한 나라를 괴롭히게 될 것이라고 경고했다. 그리고 경고성 이야기로 어떤 학교 교사가 할부 부채 때문에 죽음으로 내몰렸다는 신문 보도를 인용했다. 그가 제시한 해결책은 고가의 내구 소비재를 사기 위한 좋은 할부와 식품이나 음료 구매를 위한 나쁜 할부를 구별하는 것이었다.[100] 생산적 신용과 경제적으로도 도덕적으로도 의심스러운 '낭비적' 차입의 대립은 미국에서는 수십 년 동안이나 일반적이었고 그것이 현재 일본에도 뿌리를 내리고 있었다.

그 밖에 신용 판매는 경제 성장과 함께 사회적 질서도 향상시킨다고 단호하게 설파하는 더 적극적인 사람도 있었다. 그런 주장을 하는 사람들에게 할부 판매는 '새로운 시장을 개척하고 수요를 증가시키는 위대한 무기'이며 분명히 구입자의 '일상생활의 계획을 도입하고 소비의 규칙을 실행하는 것'이라고 했다.[101] 이런 관점에서 지출과 저축은 하나로 연결되어 있어 미덕을 만드는 '문화적' 행동을 형성했다. 한 재봉틀 회사는 자사의 적금 예약식 할부를 '문화적 저축'이라고 이름 붙였을 정도였다.[102]

도쿄상공회의소는 1957년의 조사 보고서의 '머리말'에서 제조업체와 판매업자와 소비자의 이해가 일치하는 바를 다음과 같이 설명했다. '할부 판매제도는 우선 모든 제조업자들, 원래 판매업체에게도 상품 판로의 확대, 안정된 판매량 확보와 같이 판매 정책상에서도 아주 중요한 의의를 갖는다. 또 일면에서는 소비자에게 생활수준의 향상, 소비지출의 합리화 등을 계획하는데다 상당한 편익을 초래하는 것은 말할 것도 없다. 할부 판매로 받는 이익은 오직 할부 구입자 한 명에게 부여될 뿐 아니라 현금 구입 소비자에게도 대량 생산화에 따른 비용 절감의 혜택이 미친다는 점에 있다'라고 했다.[103] 와세다대학교의 야지마 야스오矢島保男(1920~2008, 일본 경제학자)와 같은 학계의 권위자들도 소비자의 수요는 산업 경기를 부양하고 사회적 규율을 보강한다고 보는 이 긍정적인 이해에 동조했다. 1950년대부터 1980년대까지 많은 저서를 쓴 야지마는 저작 활동 속에서 할부 판매는 대량생산을 확대하기 위한 열쇠라고 일관되게 주장했다. 그리고 할부 판매를 통해 소비재에 대한 수요가 충족되며 그로 인한 전시효과로 다시 수요를 높인다는 선순환을 설명했다.[104]

각종 기관이나 학술적 연구자의 보고, 주류 언론에서 이런 의견을 내는 사람들은 모두 남성이었다. 그렇지만 1930년대 이후로 신용 판매되는 가장 인기 있는 상품 중 특히 재봉틀, 보석, 피아노 사용자의 압도적 다수는 여성이었다.[105] 다른 나라와 마찬가지로 일본에서도 할부 판매의 역사는 성별이 반영되었다. 그러나 여성 쇼핑객의 문화적 구조는 다른 나라에서 보여지는 것과는 달랐고 미국의 담론과는 확연히 달랐다. 1920년대 미국의 소비자 신용이 놀랄 만큼 절정에 이르렀을 때, 불안을 느낀 비평가들은 여성을 선천적 월부 중독이나 남용에 빠지기 쉬운 신용 문제의 근원으로 묘사했다.[106] 그러나 일본에서는 전쟁 전의 할부 판매에 대한 가장 엄격한 평가에서조차 여성은 방탕하며 분별도 없이 쇼핑을 하는 무리라는 모멸적인 시각은 중요한 주제가 아니었다. 전후의 담론에서도 그랬다. 오히려 할부 재봉틀의 판로 확장의 마케팅은 여성을 한편에서는 냉정한 합리성과 현명함과 투자, 다른 한편에서는 풍요와 쾌락의 추구처럼 쌍방향적인 근대적 미덕과 결부시켰다.

전후 초기의 설명에서는 여성들은 과거와 비교해 훨씬 큰 결정권을 가진 가정 관리자로서 표현되었다. 자노메 미싱사의 1937년의 세일즈맨 매뉴얼은 방문 판매원이 재봉틀의 생산적이며 교육적인 가치를 설명하여 남편과 가족 전체의 관심을 끌도록 했다. 1963년 자노메 판매원 그룹은 판매의 열쇠는 결국 가계의 지갑을 쥐고 있는 사람이 주부이므로 주부의 계발에 있다고 주장했다.[107] 그러나 신용업계 자료도 독립적인 정보도 여성이 한 가구의 지출을 결정한다는 사실에 대해 이것저것 걱정할 필요가 없다고 보았다. 그들은 여성을 복리複利 이자를 모르는 무지와 과소비를 하고 금도금한 싸구려 보석을 갖고 싶은 마음에 퇴폐적인 향락주의로 내달리기 쉬운 생물체가 아니라 현명해서 수지타산도 따져볼 수 있는 소비자로서 묘사했다.

실제적인 문제는 여성들이 무책임한 남성들에게 너무나 자주 희생당하는 것을 발견했다는 점이다. 사토 지도관은 강의에서 신용할 만한 자제심을 갖는다는 점에서 여성을 남성보다 뛰어나다고 언급했다. 신용으로 돈을 무모하게 헤프게 쓰기 쉬운 무책임한 부류는 미혼의 젊은 남성들이었다.[108] 티켓판매회사는 종종 대기업의 복리 후생팀을 통해 남자 직원들에게 상품을 판매했다. 때문에 결혼한 샐러리맨은 집에 가지고 갈 수 있는 물건이 아니라 아내에게 들키지 않고 티켓을 사용할 수 있는 서비스를 구매하는 경우에 유리했다. 아내에게 이런 상품을 들키는 것은 남편이 집에 가지고 간 월급 봉투에 돈이 아니라 사용이 끝나 쓸모없어진 티켓만 들어있는 경우였고, 그것이 '부부 싸움'을 일으켰다.[109] 사토는 주부가 가장 적극적인 구성원이었기 때문에 이웃 몇 명으로 짜여진 모임이 기업의 복리 후생팀보다도 티켓회사와 개인 소비자 사이의 믿을 수 있는 중개자라는 사실을 발견했다. 여성들은 뒤에서 동료들로부터 손가락질 당하기보다는 '전날 밤 전당포에라도 뛰어가 그날 지불할 수 있도록 돈을 융통했다.'[110] 1956년에 『아사히신문』도 마찬가지로 티켓회사는 인근 단체의 여성 고객을 믿을 수 있다고 언급했다. "연대책임의 관점 상, 여성들은 정말 말이 많다. 만약 당신이 월부금을 늦추면 도나리구미隣組 (제2차 세계대전 당시 일본 국민을 통제하기 위해 만든 지역의 최 말단 조직)라는 동네 조직 사이에서 큰일이 났다. 그래서 만사를 제쳐두고라도 제때에 지불하게 된다"[111]고 하면서 인근 단체의 여성 고객들은 믿을 수 있다고 언급했다. 1957년 『아사히신문』은 아내가 아니라 남편들의 상황을 걱정했다. 남편들은 식음료 구입에 티켓을 무책임하게 쉽게 남발하는 경향이 있었다. 아내는 월말이 돼서야 '월급 봉투 속에는 티켓 영수증만 가득했다'고 한탄할 수밖에 없었다.[112]

가장 주목을 끄는 것은 1950년대 일본의 토론에서 멋진 여성이 실제는 위험한 쇼핑객이었다는 미국에 흔하디 흔한 이야기와 반대로, 전형적으로 위험한 여자로 보이는 사람이 사실은 안전한 고객이라는 이야기가 있었다는 점이었다. 사토 지도관은 1958년 계속되는 강의 말미에 고객이 예산을 초과해서 지출하는 것을 경고하는, '적절한 소비생활을 위한 지침'의 좋은 예로서 바 호스티스^{Bar hostess}들의 일화를 언급했다. 자노메의 할부 수금원이 개최한 1962년의 좌담회에서 바 호스티스가 많이 거주하는 아파트의 지역 담당자들은 집에서 그녀들을 만나거나 또 그녀들이 문 두드리는 벨 소리에 문을 열어주는 것이 얼마나 힘든지에 대해 토로했다. 그녀들은 항상 잠을 자고 있거나, 목욕을 하던가, 화장 중이었다.[113] 그렇지만 수금원들의 말투는 쾌활했고 누구 한 명 그런 여성들을 기피할 것을 제안하지 않았고 그녀들의 채무 불이행도 걱정하지 않았다. 수금원들은 그들이 적은 비용으로 적절한 옷을 만들려고 재봉틀을 구입했던 근로 여성 즉, 근대 여성 소비자를 훈육한 것처럼 일에 있어 규칙을 지키고, 단호하며 자신감을 갖자고 서로에게 충고했을 뿐이었다.[114]

수출이 전후 일본의 '경제의 기적'의 출발이었다고 추측하기 쉬우나 최근 얼마 전부터 사회과학자들과 역사학자들은 내수가 전후 성장의 열쇠였다는 점을 설득력 있게 주장해왔다. 찰머스 존슨^{Chalmers Ashby Johnson}(1931~2010)은 자신의 고전적 연구인 『통산성과 일본의 기적^{通産省と日本の奇跡, MITI and the Japanese Miracle}』에서 '수출보다는 내수 시장 발전이 일본의 성장을 야기했다'는 입장을 취했다.[115] 사이먼 파트너^{Simon partner}는 1950년대와 1960년대의 TV와 같은 가정용 백색가전의 내수가 경제 확대의 구동력이 되었다고 주장했다.[116] 가장 최근에는 스콧 오브라이언

Scott O'Brien은 대량소비의 긍정적인 힘에 대한 케인즈파의 비전이 이 기간 동안의 경제 사상의 틀을 만들었다는 점을 시사했다.[117]

아주 넓게 보자면, 불사조 기계로서의 재봉틀 이야기는 이러한 견해들을 확증確証했다. 그것은 다시 전전과 전시의 발전과 전후의 소비자 혁명 사이의 연관성이 있다는 사실도 밝혔다. 재봉틀의 보급은 처음에는 싱거, 다음에는 일본 국산품 제조업체 덕분에 전전부터 전시기를 거쳐 전후까지 지속되었다. 이 상품은 미국식 판매 방식도 함께 가지고 들어와 전자기기와 가전제품 업계와 같은 다른 산업의 소매 판매의 모델 역할을 했다. 이 상품을 사용하는 소비자와 가족들은 자신들을 위해, 그리고 국가 발전과 권력이라는 더 큰 대의大義를 위해 지금 구입하시고 나중에 지불해도 괜찮다는 권유를 받았고 대부분은 책임지고 지불할 것이라는 신뢰도 얻었다. 이것이 미국이 주도하는 국제적인 주제의 일본식 변주곡이었다. 다시 말해 규율을 중시하지만 행복하기도 한 소비자라는 강력한 이념을 담당한 생산성과 중산층 소비 정치학의 하나의 지역 판이었다.[118]

거의 같은 시기에 미국과 일본에 등장한 두 개의 삽화는 재봉틀과 라디오를 넘어 넘쳐날 정도의 상품을 받아들이게 된 이 일본 판 이야기의 핵심에 불안과 활기가 뒤섞여있다는 것을 깨닫게 했다. 일본의 삽화(그림 31)는 유명한 정치 풍자 만화가인 나스 료스케那須良輔(1913~1989, 일본 만화가)의 작품으로 『세터데이 이브닝 포스트The Saturday Evening Post』 표지에 미국의 삽화(그림 32)가 실린 3개월 뒤에 발표되었다. 주로 『마이니치신문』에서 일했던 나스는 우연히 『포스트』지의 커버를 보고 그것을 풍자했을지도 모른다. 혹은 전 세계에 유통되고 있는 근대 소비생활의 도상을 보

그림 31. 『마이니치신문』 1959년 10월 25일 자. 일요 특집 면에 실린 삽화 제목은 '월부 세레나데'이다. '요람에서 무덤까지' 모든 물건과 서비스로 확대되는 월부 기사와 함께 실렸다. 이 삽화를 그린 나스 료스케는 날카롭고 뛰어난 정치풍자 만화로 유명하다. 물건을 사고 돈을 쓰는 것에 광분하는 이 시대의 흥분과 불안을 멋지게 그렸다.(『마이니치신문』과 나스 미요(那須美代))

여주는 이미 잘 알려진 이미지들을 토대로 그린 것일지도 모른다. 두 명의 예술가는 비슷한 메타포를 상당히 다른 방식으로 배치했다. 『포스트』지 표지 안쪽에 있는 간단한 설명은 이 커플에게 "그들이 세상의 물건들을 얼마나 가지고 있던, 두 사람은 자신들의 행복을 제조업자와 유통업자와 서로 공유할 것이다"라고 말했다. 그러나 표지에서 공장은 낭만적인 소비자의 지극히 행복한 꿈을 묘사하는 과정에서 완전히 지워져 어디에도 보이지 않았다.[119] 일본 집은 더 비좁고 수영장과 자동차는 보이지 않지만 다른 물건들은 미국과 똑같다. 그리고 가장 중요한 점은 『마이

그림 32. 『세터데이 이브닝 포스트(The Saturday Evening Post, 1년에 6회 간행된 미국 잡지)』의 1959년 8월 15일자 표지. 콘스탄틴 알라 졸 로프(Constantin Alajalov, 1900~1987 아르메니아 계 미국화가 겸 삽화가)가 '달빛이 빛나는 미래'라는 제목으로 전후 아메리칸 드림의 낭만적인 화상(畵像)을 비유했다. 도상학은 『마이니치신문』의 그림과 사실상 같지만 이 그림 어디에도 꿈을 가능하게 만드는 공장과 금융업자의 모습은 보이지 않는다.(커티스(Curtis)출판사)

니치신문』의 그림은 "갈림길에서의 할부 — 요람에서 무덤까지로 확산"

이라는 제목이 붙어있고 소비자의 수요부터 할부 금융업자를 거쳐 연기

를 내뿜는 공장으로 거슬러 올라가는 고리를 분명하게 완성했다는 것,

그리고 소비자 생활이 규칙과 쾌락 모두의 원천이라고 명확하게 묘사했다. 왼쪽 위의 구석에 '할부 보스'라는 이름표를 붙인 인물이 아주 만족한 모습으로 서 있다. 나스는 이 보스가 부당한 자기 몫을 빼앗고 있다고 암시하고 있으며 또 월급쟁이 아버지는 무리를 해서 자신의 주머니 사정의 한계치가 넘어버린 모습으로 그려졌다. 그러나 놀고 있는 아이들에게서도, 조리대 앞에 있는 아내에게서도 즐거운 소리가 들리는 것 같다. 소비하는 가족은 역시 여전히 급성장하는 산업 경제에 있어서의 미소가 넘치는 엔진이었다.

재봉틀은 어느 쪽 삽화에도 나오지 않는다. 미국에서는 재봉틀이 더 이상 높은 욕망의 대상이 아니었다. 수십 년 동안 너무 많이 소유했기 때문에 재봉틀의 존재는 당연시되어버렸다. 일본에서조차 도시의 재봉틀 보급률은 1959년 전체 가구의 3/4에 달해 근대를 상징하는 제품이라는 지위는 전쟁 직후보다 약화되었다. 그러나 여성들과 가족들이 처음에는 글자 그대로, 그 이후로는 비유적으로 전쟁의 잿더미에서 일어나 자신들의 집과 생활 재건에 몰두했던 시기의 재봉틀은 그녀들이 찾고 이용했던 가장 가치 있는 물건 중 하나였다는 점은 부정할 수 없었다. 이 여성들과 가족들에게 재봉틀 재봉은 목숨을 부지하기 위한 기술인 동시에 희망찬 생활에 대한 꿈을 손에 넣는 티켓이기도 했다. 1950년대와 1960년대에는 재봉틀, 재봉 그리고 양복이 일본에서 두 종류의 상징적인 여성의 문화적, 사회적 명성에 중요한 역할을 담당했다. 이들 중 한 부류는 집에 있으면서 밝은 새 생활을 하는 여성 소비자로, 다른 한 부류는 판매업자, 정부 공무원 그리고 언론인들에게 전후 세계의 수요 주도형 정치, 경제의 일본판의 책임 있는 구매자로 묘사되었다. 다음 장에서는 전후 일본의 중산층의 중심이며 생산적 그리고 재생산적인 역할을 한 여성인 "전문" 주부와 전후 일본 경제와의 밀접한 관계를 세밀하게 살펴볼 차례이다.

제7장   양재사의 나라

일본의 재봉틀 생산자들은 전쟁으로 불타버린 재봉틀을 가진 수십만 명의 여성들의 재봉틀 구매가 전후 자신들의 산업 재건의 초기 수요원이었다는 사실을 인식하고 있었다. 그러나 계속되는 판매 성장에 불을 붙여 추진력을 가한 것은 수백만 명이나 되는 신규 구매자들이었다. 무엇이 이런 갑작스러운 수요를 만들 수 있었는지 지금 다시 돌이켜보면 필연적인 결과처럼 보였다. 그러나 당시 그런 수요가 생길 것이라고 확실하게는 판단할 수 없었지만 수요 측의 정체가 한꺼번에 완화되었다. 전전과 전시 중에는 성인 여성들에게 양장이 아직 그다지 확산되지 않아 양재와 재봉틀에 대한 관심은 한정적이었고 이 점이 재봉틀 시장의 확대를 제한하고 있었다.

꽉 막혔던 실제 수요의 폭발은 1940년대 말부터 1950년대에 걸쳐 일어났다. 압력은 그때까지 이미 꾸준하게 형성되고 있었지만 실제적으로는 천천히 나타났다. 여성들이 양장을 입기 시작한 것은 1920년대와 30년대였다. 언뜻 보기에 전쟁이 이런 변화를 중단시켰다고 주장하는 것이 논리적으로 보였다. 그리고 전쟁이 여성들에게 일본 고유의 몸뻬를 입게 만들었다고 했다. 이 배경에 비추어보면 전후 얼마 지나지 않아 여성들이 바로 양장으로 바꿔 입은 것은 전쟁 중의 관행을 깨끗하게 잘라내 버린 증거처럼 보였다.[1] 그러나 전시에 중단되었던 복장 근대화가 전후 근대화 추세 복귀로 빠르게 옮겨갔다는 이야기는 몇 가지 이유에서 지나치게 단순한 해석이었다. 첫 째, 몸뻬의 전환은 효율성과 활동의 편의성이라는 근대적인 가치를 지지했다는 점이다. 몸뻬를 만든 창시자들은 이 바지가 일본 고유의 것이며 합리적이라고 했다. 둘째, 전시 복장의 형식에 관한 논의에서조차 패션에 관한 근대적인 관심의 다양한 요소가 포함되어 있었다는 점이다. 이와 같은 두 가지 이유 때문에 도시와 시골 여성이 전쟁 수행을 위해 바지를 입은 것이 양장화의 잠재적인 다리가 되었다.[2] 셋째, 일상생활의 전시 변용이 전후의 기모노나 화복과 분리되어 양장화를 위한 밑거름을 만들었다는 점이다. 몸뻬를 입는 일반 서민 여성이 화복을 거부했기 때문이다. 즉 몸뻬는 전전의 개혁자들, 그리고 여성 자신이 전통의상이라고 알고 있던 옷의 범주 밖에 있었다. '활동복' 몸뻬는 전시 하의 여성들 의복으로서 표준복인 개량 기모노를 누르고 승리했다. 이 사실은 근대화되었음에도 여전히 화복을 기준으로 삼아 일본적인 옷의 기반을 만들고자 한 전후 복장 개혁가들의 주장을 크게 약화시켰다. 그리고 마지막 이유는 후방에서의 전쟁 경험이 가정 내 재봉의 중요성을 강화시켰다. 전후에도 바느질은 역시 집안 일 중에서 중심적이며 많은 시간을 소비하는 일이었다. 그것은 소비경제와 사회질서의 핵심을 이루는 전업주부의 존재를 규정하는 행위들 중 하나였다.

장시간의 재봉 – 전후, 주부의 시간 배분

서론에서 언급한 시간 사용 설문조사에 따르면, 1950년대 초, 일본 도시 여성들은 일반적으로 하루에 3시간을 재봉에 할애했다.[3] 미국 조사와 비교해 보면 여성의 재봉 시간은 1920년대는 하루 평균 거의 한 시간이고 전후에는 한 시간보다는 더 줄어들었다. 프랑스에서는 전쟁 직후 몇 년 동안은 미국보다 일본 여성의 재봉 시간에 거의 조금 더 가까웠던 것 같았다. 1948년 조사에서는 가족 규모에 따라 하루에 한 시간부터 한 시간 반을, '재봉, 수선, 뜨개질, 의류 관리'에 사용했다(일본 조사에서 사용되는 것 보다 광범위한 정의이다). 1937년 영국의 유명한 여론정보 조사조직 '매스 옵저베이션Mass Observation'(1937년 설립된 영국의 사회연구기관)이 수집한 데이터에서는 70명의 중산층과 노동자층 주부는 하루에 평균 28분밖에 재봉을 하지 않았다. 1948년의 프랑스 조사를 모델로 삼아 1949년에 실시한 '런던의 노동자층 아내들' 연구에서 여성들이 재봉에 할애한 시간은 하루에 단 20분이었다.[4] 이 모든 조사들은 가정 내 상업적 재봉을 제외했다. 그러나 다음에서 언급하는 다른 여러 조사는 일본 여성들이 상업용 재봉을 많이 하고 있었다는 점을 분명히 밝혔다. 그리고 그 범위는 중개인에게 하청을 받을 수 있는 성과급 일부터 이웃이나 동네 사람에게 직접 판매하는 주문복 재봉까지 포함했다. 일본에서 상업적 목적을 위한 가정 내 재봉이 다른 국가보다 일반적이지 않다고 볼 이유는 없었으며 오히려 더 광범위하게 보급되었다고 봐도 좋을 것이다. 전쟁의 여진이 아직 가시지 않은 그때, 절대적으로나 상대적으로나 그리고 다양한 목적으로 전국의 모든 여성들은 재봉에 오랜 시간을 할애했다.

여성들의 일상적인 일과의 시간 배분이 세월 속에서 어떤 추이를 보였는지 정확하게 추적하는 것은 불가능하다. 왜냐면 그 이후로 이 시간 사용 설문조사와 비교할 수 있는 유사한 설문조사가 정기적으로 실시되지 않았기 때문이다. NHK는 1960년과 1965년에도 전시 중에 실시한 야심찬 시간 사용 설문조사를 다시 반복했다. 그렇지만 이번 데이터 편집자들은 1940년대 초기처럼 '재봉' 항목을 별도로 분류하지 않았다. 그러나 약 3천 명의 여성을 대상으로 한 1970년 조사에서는 바느질 일을 다시 질문했다. 집에서 재봉에 사용하는 시간이 급격하게 줄어들었다. 영리 목적의 부업을 모두 제외하면 직업을 가진 여성이든 '주부'로 정의되는 사람이든 성인 여성은 하루 평균 단 33분만 바느질을 했다. 기타 2시간 10분은 시장을 보고 요리를 하는 시간이었다. 전업주부의 경우는 매일 요리를 하는 시간은 3시간가량이었고 재봉에는 한 시간 전후를 소비하여 1950년대의 바느질 시간을 훨씬 밑돌았다. 일본 여성의 가정 내 재봉 시간을 다른 국가들과 비교하면 여전히 많기는 하지만 1950년대 중반부터 1970년대까지 크게 줄어들었다.

재봉일이 여성의 일과에서 차지하는 비중이 줄어든 속도를 확정하기는 어렵다. 느리지만 꾸준하게 감소가 진행되었을지도 모르고 어떤 계기가 되는 순간이 있어서 그때부터 비교적 급속하게 줄어들었는지도 모른다. 가능성이 가장 높은 것은 가정 내 재봉의 완만한 하락세가 1950년대 중반에 시작되었다. 1960년대와 1970년대는 기성복이 더욱 광범위하게 보급되어 가격도 적당하고 디자인도 좋아지면서 더 가파른 하락이 일어낮을 것이다. 1959년의 한 연구는 이 시점에 재봉이 상당한 중요성을 갖고 있었다는 사실을 시사하는 몇 가지 증거를 더 제공했다. 노동성부인소년국 조사관들이 '주부의 자유 시간에 관한 의식'을 특별히 조사하기 위해 전국 각지의 여성 1천 863명을 인터뷰했다. 조사 목적이 가사와 부업에 주된 관심을 갖고 있지 않았다는 점이 조금 애매했다. 여성들이 깨어있는 시간대 중 본인이 '자유 시간'이라고 생각하고 있는 부분에 대해서만 자세하게 질문했다.

여성들에게 '하루에 몇 시간을 요리와 빨래 같은 집안일에 사용하십니까?'와 같이 집안일과 관련된 오직 한 가지만 질문했다. 응답자들은 '~과 같은'과 같이 하나로 묶은 '집안일'에 재봉이 포함되었는지 여부를 스스로 결정할 수밖에 없었다. 확실히 많은 사람들이 재봉을 분명히 집안일에 포함시켜 대답했거나 만약 조사관에게 명확히 해달라고 설명을 요청했다면, 포함하라는 대답을 들었을 것이다. 왜냐하면 노동성 부인소년국이 실시한 1954년 조사에서는 재봉은 '집안일'의 한 요소라고 명확하게 주기注記했기 때문이다.[5] 그렇지만 일반적인 대답은 집안일에 사용하는 시간은 '3~5'시간과 '5~7'시간(각각 전체의 34%와 31%)이며 이 시간 중 일부를 재봉에 할애하고 있었음에 틀림없었다. 조사에 따르면 이 여성들의 62%가 재봉틀을 가지고 있었지만 세탁기를 소유한 사람은 4명 중 1명이며 집에 TV가 있는 사람은 불과 16%였다. 더 나아가 '집안일' 항목에 포함되었던 바느질뿐 아니라 1921년 오사카시가 시작한 일본 최초의 시간 사용 설문조사 결과를 반복했듯이[6] 재봉이 독서와 라디오 청취에 이어 세 번째로 인기 있는 '자유 시간' 활동이라는 점은 주목할 가치가 있었다. 여성들의 자유 시간은 하루에 평균 2시간이지만 그 시간을 어떻게 사용하는가라는 질문에 거의 절반 정도의 여성들이 독서를 한다고 대답했고 1/4이 조금 넘는 사람들이 라디오를 듣고, 나머지 1/4이 재봉이라고 대답했다. 불과 13%의 여성들만이 아이들과 노는 것을 주요 활동이라고 여겼다.[7]

일본에서 브랜드 제품의 대량소비가 본격적인 궤도에 오르기 시작한 시기는 이처럼 가정 재봉의 전성기와 서로 맞물렸다. 이미 전간기의 가정마다 확산되었던 습관이기는 했지만 가정 재봉은 전시 중의 긴급한 필요와 정책 때문에 후원을 받았다. 그것이 전후, 경제적·사회적 이유로 그때까지와는 다른 균형을 유지하기 위해 더욱 활발해졌다. 근대 사회의 소비를 기본적인 물질적 필요를 충족시킬 뿐만 아니라 쾌락을 주고 욕망을 충족시킨다고 이해하는 한, 재봉이 1959년에 의미 있는 '자유 시간' 활동의 지위를 차지한 것은 중요했다. 여성들이 가족의 옷을 만들기 위해서라도, 시장용 부업으로도 재봉을 했다. 게다가 그 재봉을 '집안일'로 간주하는 동시에 즐거움을 위한 활동으로도 여기고 있었다는 의미에서 1950년대와 1960년대 일본의 여성들은 양재사의 나라를 만들었다.

이 활동은 "전문 가정주부professional housewife"의 전성기 때 그녀들이 매일 하는 일상의 일부였다. 그녀는 20세기 중반에 전 세계의 자본주의 사회에서 두각을 나타내기 시작한 전업주부full-time housewife의 일본판이었다.[8] 그녀들이 주부 업무에 훈련과 체계적인 지식을 필요로 하는 전문직처럼 조직되었다는 것을 생각하면 "전업주부"를 "전문 가정주부"라고 부르고 싶어졌다. 이것은 언뜻 모순된 화법처럼 보인다. 전문가는 사람을 가리키지만 가정 관리자로서 여성의 일은 무보수이기 때문이다. 그래도 나는 다른 학자들(예를 들면 스잔 보겔)을 따라서 이 호칭을 사용한다. 왜냐면 "풀타임주부"라는 통상적인 영어 번역보다 일본어의 이 "전업주부"라는 단어가 더 잘 표현하기 때문이었다.[9] '업業'이라는 한자는 직업이나 직업의식을 뜻하며 '전업專業'은 '전문으로 하는 사업·직업'을 의미한다.[10] 전업주부는 주부의 업무를 풀타임으로 떠맡을 뿐 아니라 월급쟁이 남편이 직장에서 인정받는 전문성과 동등한 주부라는 사실에 대한 직업적 헌신으로 자신의 일을 수행한다.

'주부'라는 개념이 도입되고 사회적 역할을 실천하게 된 것은 19세기 후반부터 전시기까지였다. 이 단어는 메이지 시대 말기의 이념에서 구축된 양처현모의 관념으로 수용자인 대중에게 전달되었다. 전간기가 되자 이 단어는 잡지를 통해 폭넓게 확산되었고 특히 유명 여성잡지『주부지우』가 큰 영향을 미쳤다. 이 역할은 주부가 될 것으로 결정된 사람과 현재 주부의 삶을 사는 사람에게 다양한 의미를 부여했다. "전문 가정주부"라는 용어는 제2차 세계대전 이후부터 일반적으로 쓰이게 되었다. 전후 부흥과 급속한 경제성장이 계속되는 수십 년 동안 이 단어는 근대적인 기혼 여성에게 이상적인 여성의 역할로 이해되었다.[11] '전업'이라고 명명될 만한 직업교육과 의무는 가계家計 ── 경우에 따라서는 사소한 부업으로 생긴 가계의 보조적 수입도 포함 ── 관리부터, 가사, 육아, 교육에 이르기까지 여러 방면으로 다양했다. 거기에는 남편과 아이들의 '육체와 정서적 발달에 필요한 배려'가 포함되었고 가끔 연로하신 부모님에게도 똑같은 보살핌을 필요로 했다.[12] 요리와 재봉, 육아와 같은 일을 통해 행동으로, 단어로 양육이라는 일을 해냈다. 재봉틀이 어떻게 일본 모든 여성의 일상적인 도구가 되었는가를 잘 분석함으로써 우리들은 '전문' 생활의 내실을 들여다 볼 수 있다.

여자는 무엇을 입는가 – "이중생활"의 청산

1957년 일본의 가장 유명하고 사려 깊은 사회 평론가의 한 명이었던 오야 소이치大宅壯一(1900~1970)는 '복장혁명'이 "이중생활"에 종지부를 찍었다고 선언했다.[13] 이와 같은 양장화의 결정적인 변화는 홍수와 같은 재봉틀의 수요를 촉발시켰다. 1960년까지는 일본의 4가구 당 3가구 가까이가 재봉틀을 보유했다. 양재사의 나라가 기계화되었다.

오야가 주목한 변화는 종전 직후에 시작된 것이 아니었다. 적어도 1년 정도는 도시 여성들은 변함없이 몸뻬를 입었다. 몸뻬 바지를 입은 여성들이 물건 파는 기차로 몰려든 모습을 포착한 사진은 유명했다. 그녀들은 그렇게 먹을 것을 사려고 교외로 나가 물물교환을 했고 대부분은 가끔 소중하게 간직해 둔 기모노를 먹을 것과 교환하기도 했다. 얼마 동안 그들의 복장 선택은 빈곤한 물자와 배급제도에 막혀 뜻대로 되지 않았다. 일본 정부가 실시한 전시 배급은 몇 년 동안 상품의 자유시장이 아니라 점령군 당국 감시 하의 새로운 배급제도로 대체되었다. 1948년까지 새로운 원단을 손에 넣는 것은 엄격하게 제한되었고 일상복은 필사적인 임시방편으로 만들어진 산물이었다. 여성들은 낡은 옷을 덧대거나 새로 다시 꿰매거나 심지어 군사용 모포를 오버 코트로 개조하기까지 했다. 새로운 의류 공급원 중 한 가지는 점령군의 재고 잉여의복의 방출이었으며 이는 일본 노동자와 귀환자에게 배급되었다. 또 다른 공급원은 수입 중고의류와 자선 단체, 특히 미국의 교회단체가 기부한 헌옷들이었다. 1949년부터 국내 섬유생산이 겨우 회복되면서 비로소 상당량의 원단 공급이 가능해졌지만 원단 배급제도는 1951년까지 계속 되었다.[14]

1940년대 말까지 가정에서 재봉을 하는 여성들과 국민들은 급한 대로 일상복을 임시변통으로 꾸려나갔다. 전전부터 전시에 걸친 복장개혁 운동의 베테랑들은 일상생활의 '합리화'를 목표로 하는 여성 단체와 정부 부처의 몇몇 캠페인에서 '개선'이라는 익숙한 구호를 내세웠다. 이 캠페인들은 '신생활 운동'이라는 표어 아래 처음에는 불경기에 대한 인구 압박을 경감하기 위한 산아제한, 위생적인 식품조리를 위한 주방설계, 소비와 섬유제품을 포함한 빈곤한 자원의 근검절약에 초점을 맞추었다.[15] 이 개혁 프로젝트는 1949년 본격적으로 복장에 초점을 맞추기 시작했고 전시 중에 국민복과 표준복의 기획에 참여한 주요 공무원 대부분이 정예로 참가하여 『피복문화被服文化』라는 잡지를 창간했다. 발간사는 일반인들에게 생활개선 방법을 설명하는 전문가의 의견, 즉 일상복은 '철학자, 역사학자, 경영능률 전문가, 과학자, 경제학자, 산업학자, 그리고 미학, 관습, 패션에 대한 모든 종류의 연구와 사고를 기반으로 해야 된다는 입장을 반영했다.'[16]

그러나 의복 관습의 변화는 이런 충고가 인쇄되어 확산되기 이전부터 이미 진행되고 있었다. 심지어 부족한 원단과 배급에도 불구하고 여성들이 일제히 양복을 입기 시작했다. 1955년, 전전의 곤와 지로의 동료였던 요시다 겐키치가 지금은 독립적인 복장 전문가로서『문예춘추文藝春秋』에 주목할 만한 회고적 수필인 '몸뻬부터 원피스까지'를 기고했다. "[초기에는] 의식주 상황은 말도 안 되는 수준이었다. 그때는 여전히 매우 힘든 상황이었지만, 음식, 집, 옷의 순서로 회복되기 시작한 것은 패전 다음해의 여름을 맞이할 때쯤이었던 것 같다. 더위가 시작되면서 몸뻬가 어느새 스커트로 바뀌었기 때문이다. 1948년 [도쿄에서] 여성들의 패션은 분명히 스커트에 블라우스를 입고 볼연지를 살짝 바른 모습으로 바뀌었다."[17]

곤와 지로 자신은 1950년 여름에 일어난 일본의 농촌부農村部 조사 내용을 다음과 같이 기록했다. "전쟁이 끝나고 5년이 지나간 여름, 간사이 지방부터 도호쿠지방까지 농촌을 수도 없이 다녔다. 놀랍게도 어떤 산간 벽지를 가더라도 모임에 나오는 여자들은 거의 다 양장 차림이었다. 젊은 여자는 물론이거니와 중년 부인도, 할머니도 모두 서양식 옷차림이었다. 100명 중 한두 명이 기모노를 입고 있었지만 그것은 예외로 봐도 좋을 정도였다." 그의 주석에 따르면 입고 있는 것은 간단한 옷으로 그다지 보기에 좋아 보이지 않았지만 옷감은 최근 시장에 나온 프린트 원단이었다. 헌옷을 재활용한 것 같은 물건은 이미 찾아볼 수 없었다. 농협조차 간단한 블라우스, 스커트, 원피스와 같은 양복용 원단을 팔았다. 양재교실을 열고 있는 농협農協까지 있었다고 한다.[18]

곤와 지로는 양복으로의 전환 속도와 전체적인 확산을 과장하고 있는 것처럼 보였다. 그가 농촌을 방문했을 당시의 여름,『요미우리신문』이 전국 여론조사를 실시했다. 여론조사는 응답자의 61%가 아직도 양복과 전통의상 둘 다 입는 반면, 29%는 양복으로 완전히 전환했다는 것을 밝혔다. 『요미우리신문』이 성급하게 '관습을 아직 완전히 벗어나지 않았다'고 해석하고 있음에도 불구하고 이 총합계는 전전이나 전시 중에 실시한 조사와 비교해 급격한 변화를 보여주었다. 신문은 일상생활 개혁자들, 국가와 미디어가 손을 잡고 생활개선과 합리화를 목표로 활발한 활동을 전개했다고 설명했다. 이 동맹은 전쟁에서 살아남아 바야흐로 '민주화의 구체적인 완성으로서의 생활 합리화의 실천'을 추구했다.[19] 그러나 이 설명은 동시에, 변화가 넓게 분산된 각 지역에서 일어나고 있어 조정역할의 조직체가 통제할 수 있는 것은 아니라는 점도 시사했다.

사실 도시와 마을, 시골의 모든 연령층의 여성들 사이에서 새로운 패션의 출처는 다양했다. 인기 여성잡지 부록의 옷본뿐 아니라 팡팡pan-pan(주둔 미국병사의 여자 친구 또는 매춘부)이 입은 옷도 있었다. 1946년에는 양복 제작방법 해설서와 옷본을 상품으로 만드는 '스타일북'이 상당한 부수로 팔리기 시작하면서 열성적인 독자에게 미국의 최신 유행을 소개했다. 그것은 욕망과 방어적 자세가 복잡하게 서로 섞인 비선형적인 변화의 과정을 알렸다. 1947년 8월, 스타일북 중 하나인 『아메리칸 패션American fashion』 창간호는 "새로운 원단과 액세서리를 마음대로 구할 수 없기 때문에 지금까지 가지고 있던 것으로 그런대로 맞추고 견뎌야하는 날이 상당히 오래 지속될 것을 각오해야만 했다"라고 인정했다. 그러나 "소재가 어떻든 우리가 만들고 싶은 것은 우리 체형에 딱 맞는, 스타일이 좋은 양장"이라고 했다. 이런 욕망을 채우는데 있어서 패션 작가들은 자신들이 이해한 서양 스타일과 일본인의 신체 사이의 긴장 관계에 직면했다. 어떤 종류의 스커트를 '일본인이 맵시 있게 입을 수 있는지가 문제'였다. 가슴을 약간 노출한 선 드레스sun-dress는 '일본 전통의상과는 다른 컨셉'을 표현하며, 어떤 슈미즈 드레스chemise-dress에서는 '이런 과감한 스타일은 일본인이 좀처럼 소화하기 힘든 디자인이지만 얼마나 편하고 자유로운 옷 인가요'라는 느낌도 들었다. 이 잡지에 실린 내용은 최신 여름과 가을 용 패션으로 '모두 미국에서 항공우편으로 받은 것'이라고 했다. 그러나 편집자들은 독자들에게 솔직하게 자신들은 손에 넣을 수 있는 현실을 파는 것이 아니라 꿈을 파는 것이라고 인정했다. '오늘날 일본에서는 이렇게 대담한 드레스로 저녁 모임이나 댄스파티에 간다는 것은 상상할 수 없는 일이지만, 상상해보는 것만으로도 즐거울 것'같지 않은가라고 말이다.[20]

몇 년이 채 지나지 않아 많은 여성들이 공상에 그쳤던 패션을 실제 행동으로 옮길 기회를 얻었다. 미국을 통해 들어온 1947년의 크리스찬 디올Christian Dior's의 '뉴룩New Look' 롱스커트가 일본에서는 1948년에 유행하기 시작했다. 1953년부터는 크리스찬 디올이 이끄는 프랑스 디자이너들이 직접 도쿄로 들어와 새로운 봄 라인을 소개하기 시작했다. 그 후 몇 년 동안 일본의 여성복 유행은 세계적인 패션 세계에 통합되었다. 이런 상황이 되었을 즈음, 파리에서 도쿄의 패션쇼로, 그리고 일본의 수백만 명이나 되는 여성들의 옷장으로 가는 방법은 의류공장이나 기성복이 진열된 가게를 지나가기보다도 자신의 집에서 옷을 만드는 가정 재봉사와 양재사의 손을 거치는 쪽이 많았다. 이러한 방법은 1953년 주오대학교中央大學가 실시한 조사 결과에도 반영되었다. '최신 유행은 어떤 경로로 아는가?'라는 질문에 백화점이라고 답한 사람은 거의 없었다. 33%라는 확실한 상당수가 '스타일북'이라고 대답했다. 이 여성들은 옷을 직접 만들거나 옷본을 가지고 양장점으로 갔다. 전반적으로 지칠 줄 모르는 열렬한 독자가 있는 문자의 나라에서 인쇄 매체의 역할은 대단했다. 스타일북 다음으로 많았던 대답은 패션 잡지로 여성의 25%가 잡지에서 정보를 얻는다고 했고 신문이 15%로 그 뒤를 이었다.[21] 이와 같은 의복의 급속한 변화를 지탱할 수 있게 만든 것은 신소재, 특히 나일론과 다른 합성섬유, 그리고 재봉틀의 보급이었다. 재봉틀은 욕망의 대상으로부터 자신과 가족을 위해서든 이웃이나 주변 사람을 위해서든 집에서 바느질하는 수백만 명이나 되는 여성들을 위한 친숙한 가정 재봉용 도구가 되었다.

사후 약방문으로, 이러한 양장의 변화는 불가피했던 것처럼 보였다. 하지만 거기에는 설명이 필요했다. 왜냐면 그 변화를 대신할 수 있는 다른 선택지도 상상할 수 있었기 때문이었다. 1940년대 말, 미국 스타일을 추천하고 홍보했던 패션잡지의 어딘가 불안이 섞인 논조는 편집자들의 두려움을 간접적으로 표현했다. 특별하게 '일본적'으로 이해되던 신체에 외국 것일 뿐 아니라 최근까지 적국이었던 나라에서 만들어진 패션에 친숙해지는 것은 어렵기 때문에 일본 여성들이 다시 화복으로 되돌아가버리는 것이 아닐까. 어쩌면 나라를 위해 촌스러운 몸뻬를 입는 것 때문에 어쩔 수 없이 포기해버린 익숙하고 편안한 화복으로 바로 되돌아가는 것이 아닐까. 특히 경제가 회복하기 시작하면서 최악의 전쟁 기간 동안 거부당한 우아함과 쾌락에 대한 욕구가 전후에 다시 살아나서 기모노로 되돌아가게 만든 것이 아닐까하는 것들이었다.

사실 일부 여성들은 이 과정을 따라갔다. 요시다 겐키치의 전후 10년 회고의 주요 주제는 양장으로의 이행이었다. 그러나 그것과 길항하듯이 그는 1948년~49년에 시작된 '기모노의 반동적 부흥'이라고 부른 움직임도 신중하게 적어두었다.[22] 요시다는 그 시기에 어떤 일이 일어났는지를 특별하게 구체적으로 밝히지 않았다. 그러나 리자 달비가 일본의 복장문화사 연구에서 "기모노는 1950년대 부활하여 1960년대에도 계속 인기를 끌면서 상승했고" 이는 "기모노 붐"으로 불리기까지 했다고 기록했다.[23] 화복의 인기부활에 대한 언급은 1950년대 초부터 일반신문에 실렸다. 1950년 여름이 다가올 무렵의 『요미우리신문』은 유카타浴衣가 갑자기 유행하기 시작해서 백화점이 수요를 따라가지 못할 정도라는 기사를 보도했다.[24] 강렬한 컬러 배합과 추상적 디자인이 특징인 '새로운 감성'을 보여주는 기모노는 1955년의 보도에 따르면, 백화점에서 양복 6벌 당 4벌이 판매되었다고 한다.[25] 1959년 여름, 목재와 가구업계는 실크 기모노를 넣어두기 위한 오동나무 서랍장 수요가 급증했다고 보도했다. 이런 서랍장을 요구하는 목소리가 커진 것은 '30, 40대 도시 여성들이 점점 화복으로 되돌아갔기' 때문이라고 했다.[26]

　이러한 경향들을 추진하고 홍보한 전후의 일본식 복장 옹호자들은 대체적으로 독자적으로 뛰어난 문화적 본질을 통찰하는 "일본인론日本人論" 장르의 글을 쓴 것이 특징적이었다. 그들은 화복이 독특한 일본문화에 비할 데 없는 적합성을 가졌다고 주장했다. 예를 들면 히구치 기요유키樋口淸之(1909~1997)는 곤와 지로와 요시다 겐키치와는 배경도 자질도 완전히 다른 민속지民俗誌학자·역사학자로서 전시 중에 고대 일본의 고

고학자로 출발했다. 전후에는 전통적으로 일본 것으로 여겨지는 모든 풍속과 관습의 주요 대변인으로 두각을 드러냈다. 리자 달비에 따르면 히구치는 1970년대 쓴 글에서 기모노의 기능이 "일본의 풍토와 기후, 사회 구조, 신체 유형, 미적 선호도와 완벽하게 조화를 이룬다"고 말했다. 어깨 진동 밑에서 소맷자락이 열리는 것은 일본의 덥고 습한 여름 날씨의 통풍을 원활하게 하는데 더할 나위 없이 적합하다든가, 가슴을 동여매는 오비(띠)는 일본 여성이 방심하면 생기는 똥배를 막는다든가! 그리고 기모노의 근저에 있는 미의식은 '감정의 간접적 표현'을 보다 선호하는 독특한 문화적 특질과 일치된다고 했다.[27] 결국 이런 근대 생활의 요구에 맞게 만들 수(개작할 수) 있다고 주장하는 기능주의자들에게 근거를 내주게 되어 버렸다. 그것은 기모노를 전통적이며 문화적 정체성을 구현하는 고비용의 운반책, 즉 실용성은 그다지 문제가 되지 않는 물건으로 박물관의 진열장에 올려놓았다. 화복의 부활은 젊은 여성들의 오동나무 서랍장을 가득 채웠을지 모르지만 그녀들은 기모노 입는 법을 배우기 위한 특별 교실을 다녀야만 했다. 1963년 어떤 신랄한 시사 비평가는 이 '흉측한 기모노 유행'을 개탄했다. 젊은 처녀들은 화복은 결혼식이나 설날 외출처럼 '1년에 서너 번' 정도 입기 때문에 기모노를 입는 법도 모른다고 했다.[28]

요컨대 나카야마 치요는 일본인의 복장에서 주기적인 복고와 유행에도 불구하고 여성들은 제2차 세계대전 이후 '화복 중심의 생활로 돌아가지 않았다'고 명확하게 설명했다. 그녀들은 몸뻬부터 미국의 중고 잉여물자를 거쳐 본인들 스스로 양복 만들기로 옮겨갔다. 몸뻬 덕분에 그녀들은 서양 여자들보다 일찍 일제히 바지를 입기 시작했다.[29] 서구식 복장이 승리한 이유는 분명 여러가지이며 서로 연관되어 있었다. 양복은 1930년대에 이미 빠른 속도로 지지를 받았다. 전시 중에는 복장 개혁의 역동성과 여성들이 몸뻬를 입기로 한 결정이, 전후 일본식 개량 의복의 창시자들이 설 수 있었던 기반을 잠식해버렸다. 게다가 일본 내 미국인 점령자들 대부분이 전시 프로파간다에서 말했던 악마같은 인물이 아니라는 사실을 알게 되었다. 그리고 민주주의와 평화라는 장밋빛 약속을 옹호해 온 이후로는 좀 더 넓은 범위에 걸친 문화의 제 형식이 갖는 깊은 매력이 마음을 사로잡았다. 그 문화 형식이 복장을 포함해 일본에서는 오랫동안 미국과 문화적 생활로 연결되어 있었기 때문이다. 전전의 일본에 있어서의 미국의 근대성 유산과 전시 근대성의 즉흥적인 연구들, 이 두 가지 힘이 불안과 향수에 사로잡힌 전후의 일본형 대안 지지자들을 압도했다.

전시기와 전후 초기의 몇 년은 가정 재봉, 새로운 패션 유행, 소비를 하면서 생산하는 가정과의 사이의 피드백 순환 회로가 적당하게 설치되었기에 지금부터 그 함의를 찾아갈 것이다. 재봉틀과 재봉틀 사용법 숙지를 중요하게 여긴 여성복의 새로운 모드는 전후 소비생활의 관리자로서 여성의 위치를 강화시켰다. 전쟁 전과 전시 중의 토대를 기반으로 세워진 재봉 교육의 붐은 상당히 많은 여성들에게 재봉과 의상 제작의 고급 기술을 점진적으로 보급시켰다. 신부 수업의 한 형태로 이해하고 따라가는 경우도 가끔 있었지만 이 기술들은 전후 사회와 문화에서 '전문' 주부의 우월함을 신장시켰다.

양재사의 나라를 훈련하다

여성이 몸뻬에서 '원피스'로 옮겨가면서 재봉 교육은 대형 사업이 되었다. 일부 사람들은 재봉 교육을 받은 덕분에 스타일북을 보고 자기 옷을 만들 수 있었다. 주문 맞춤복을 구입하는 사람을 유지한 것은 증가하는 양재사와 '양장점'이었다. 1943년 도쿄에서는 양장점 수가 1천 300개에서 1955년에는 1만 5천개로 증가하여 120가구마다 양장점이 하나씩이라는 고밀도를 자랑하기까지 되었다.[30] 양장점 일을 하는 양재사의 90%는 여성이었다. 그녀들은 계약을 맺고 자기 집에서 재봉을 하거나 일부는 상점에 딸린 작은 작업장에서 일했다. 1950년대 여성복의 상업용 생산과 판매는 의류 전문업자가 모인 생산지대에 의존했던 만큼 가정 재봉을 하는 여성들의 분산된 네트워크에도 의존했다. 분명히 생산 집중 지역이 존재했고 그중 최대 지역 중 한 곳이 교토에서 동쪽으로 약 1시간 거리에 있는 기후岐阜 역 앞의 암시장이었다. 주로 농촌 출신 여자 재봉사를 고용했다. 1957년까지 기후시에는 700개나 되는 의류생산회사가 있었고 종업원이 6만 대의 재봉틀을 사용하기까지 했다. 전전의 중소 규모 의류 생산업체들도 도쿄, 오사카, 나고야에서 재등장했고 새롭게 니가타, 가나자와, 교토에서도 처음으로 등장했다. 1950년대 말에는 국가 작업복 거의 대부분과 아동복, 남성복의 압도적인 수량이 이런 공장의 컨베이어 시스템을 통해 기성복으로 생산되고 판매되었다. 그렇지만 이 지역에서는 여성복을 비교적 소량밖에 생산하지 않았다.[31]

이와 같은 생산 방식이 미국과는 뚜렷한 대조를 이루자 이토 모헤이

伊東茂平(1898~1967, 쇼와 시대 복식 디자이너)는 큰 불만을 느꼈다. 그는 1929년 재봉학교를 설립하여 성공을 거두었고 전후에는 복식 산업용의 여성복 디자이너 양성에서는 지도자적인 인물이었다. 이토는 1960년 『부인공론』에 기고한 "기성복Ready-Made 대망론"이라는 글에서 다음과 같이 한탄했다. 미국에서는 여성의 95%가, 유럽에서는 90%가 기성복을 입는 반면, 일본에서는 불과 40%에 지나지 않는다. 여성복 전체 중 60%가 주문복이었다. 가난한 나라이면서 어떻게 과반수의 여성이 비싼 옷을 구매했는지 물었다. 이토는 일본에서는 주문복을 제작할 수 있는 새로운 풍부한 생산력이 있었기 때문이며 이것이 기성복 – 대 – 주문복 생산에서 가정 기반 상업용 재봉에 유리한 품질과 가격 균형을 만들어낸 것이라고 대답했다.[32]

결론적으로 전후의 여성은 양재사와 재봉사, 가정 내 재봉에 힘쓰는 주부들의 나라를 만들게 되었다. 이렇게 되기 위해서는 수백만 명이나 되는 여성들이 새로운 기술을 배워야만 했다. 전전에도 전시 중에도 일본 여성들이 재봉 일을 오래했다고 해도 양복을 실제로 만든 것은 극히 소수였고 재봉틀을 가지고 있던 사람도 일부에 지나지 않았다. 공립학교 시스템 내 가정과 교육은 재봉틀 재봉의 아주 기본적인 내용 이상을 가르칠 정도의 충분한 수업시간도, 재봉틀과 관련된 자세한 취급방법도 설명해주지 않았다. 때문에 양재학교가 재봉의 전문기술의 주요 공급자였다. 선도적인 학교는 1920년대 설립되었지만 새로운 경쟁 상대는 계속해서 속출했고 학교 규모는 보는 사람이 놀랄 정도의 속도로 확장되었다. 상당한 숫자와 비율의 일본 여성들이 양재학교에 입학했다. 여성에게 어울리는 취미를 배우기 위해서 또 가정 관리자, 재봉사, 양재사, 재봉교사 자격으로 살아갈 장래를 위한 기술을 배우기 위해 양재를 배웠다. 1958년 이런 현상은 오야 소이치에게 영감을 주어 '전 세계 어디를 가도 일본처럼 양재학교가 활성화 된 곳이 없기' 때문에 '일본 여성들의 이런 양재 붐을 보면서 놀라지 않는 외국인은 없다'고 열성적으로 주장하게 만들었다.[33] 결국 이런 양재 훈련이 전후 일본에서 전업으로 전문 가정주부를 육성하는 데에 한 역할을 담당했다.

양재학교 붐은 상징적인 것이었고 몇몇 경우에는 글자 그대로 전전의 기초와 전시의 폐허 위에 세워졌다. 전쟁이 종전으로 치달을 즈음에는 양재학교는 강제로 문을 닫거나 어쩔 수 없이 임시 교사校舍에서 최소한의 수업을 했다. 불과 40명의 학생만 남아있던 문화복장학원Cultural Dress Academy(이하 〈문화〉로 약기)은 1945년 여름까지 도쿄의 가건물 같은 곳에서 주 1회만의 수업을 진행했지만 교사는 17명 그대로 유지했다. 아이러니하게도 전쟁을 피해 겨우 살아났음에도 학교가 사용할 수 있는 건물이 없었기 때문에 1945년 가을, 어쩔 수 없이 문을 닫았다. 그렇지만 1년 뒤, 원래의 교사敎師들을 다시 불러들여 재편성했다. 학교 건물을 가득 채운 3천 명이나 되는 학생이 모집된 것은 수업 재개再開를 알리고 나서 며칠도 안 지나서였다. 한정된 설비를 가장 효과적으로 사용하기 위해 수업은 오전과 오후, 밤 3교대로 진행했고 1947년에는 입학자 수가 6천 명으로 두 배 증가했다. 1955년 도쿄의 최신 캠퍼스는 1만 명이나 되는 학생을 수용하기까지 했다. 같은 시기 미국의 가장 큰 양재학교의 학생 수는 고작해야 500명 정도였다고 한다.[34]

〈문화〉와 성공한 경쟁 상대들, 특히 스기노 마사코杉野芳子의 양재사여

학원(약칭 도레메)은 졸업생이 경영하는 프랜차이즈 학원을 전국에 개설

하여 규모도 수익도 더 커졌다(그림 33과 34). 프랜차이즈 학원은 본교에

그림 33. 양재사 거리 - 오전 9시 수업 시작 전, 도로를 메우며 따라 들어가는 여성들, 하루 5천 명이 모인다. 수업이 시작되기 전에 양재사의 학교 건물로 들어가는 학생들 무리. 전후 양재학교의 대중·대량적인 성격을 생생하게 전달하고 있다. 오야 소이치가 양재학교 붐에 대해 쓴 시사 평에 실례(實例)로 첨부한 사진으로 1958년 1월 26일자 『주간아사히(週刊朝日)』에 게재되었다.(『주간아사히』 포토 아카이브(photo archive))

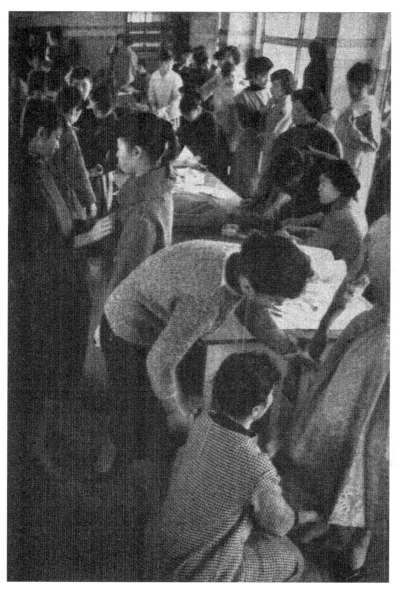

그림 34. 오야의 1958년도 시사 평에 첨부된 좌우 양 페이지 2번째 사진. 진지하면서도 즐거운 분위기로 유명했던 양재사여학원의 교실 풍경을 보여준다. (『아사히신문』 포토 아카이브)

서 별로 관여하지 않았기에 자신들 나름의 방법으로 수익을 올려야 했다. 프랜차이즈 학원 교장들은 회의에 참석하여 최고의 영업방법에 관한 아이디어를 교환하고 본교가 진행하는 단파 라디오의 방송수업을 들을 것을 권유받았다. 또 실제로 많은 저서로 수익성이 있는 〈문화〉(혹은 도레메)의 출판부 발행 교과서와 기타 교재를 사도록 요구받았다. 1958까지 그런 학교를 〈문화〉는 300개까지 증가할 것으로 인지했고 도레메는 700개를 자랑하기까지 되었다.[35]

1947년에는 이미 전국에서 400개의 양재학교가 4만 5천명의 학생을 수용했다. 총 학생 수는 천정부지로 증가해 1951년에는 2천 400개의 양재학교에 36만 명, 1950년대 중반부터 말까지는 7천개의 학교에 학생이 50만 명까지 되었다. 이 시기는 매년 거의 90만 명의 여학생이 중학교를 졸업하고 그중 1/3이 고등학교에 진학했다. 그러고 보면 중학교나 고등학교를 졸업하고 곧바로 양재학교에 다니는 것은 사실상 모든 여자아이들이 당연히 생각해봤을 졸업 후 과정이었으며 50% 정도가 실제로 양재학교에 다닌 것은 분명했다.[36]

비교적 확실한 기술을 배우고 졸업한 학생들은 자신과 가족을 위한 옷을 만들든, 시장용 옷을 만들든 가정 재봉 전문가와 유사한 목적의식을 가지고 있었다. 오야는 1957년 '양재학교 입학 목적'을 토론한 『아사히신문』 칼럼에서 이런 진지하면서도 실용주의적인 분위기를 다음과 같이 언급했다. 입학생들의 에너지는 "오직 좋은 드레스를 입고 싶고 예뻐지고 싶은 욕망에만 빠져있는 것도 아니고, 유행을 따라 하려는 것도 아니다"라고 말했다. 양재학교에서 했던 공부를 신부수업의 '결혼 전' 과정으로 간주했던 많은 젊은 여성들은 자기 자신을 냉철하게 파악했다. 일부는 양재학교에서 양재기술을 배워 졸업하면 결혼 시장에서 자신의 가치가 올라가 '보통이라면 기껏해야 현청의 말단 공무원에게 시집갈 상황에서 주임이나 계장급과 결혼할 수 있다'고 생각했다. 또 어떤 사람은 비싼 교육비를 내더라도 1년간 수업으로 혼수예복을 몇 벌이나 만들 수 있기 때문에 본전을 건진다고도 생각했다. 그 밖에 양재에 자신이 없는 여성들은 미래에 남편 옷을 기성복으로 해결하게 될 것이라고 느꼈고, 자존심이 있는 미래의 아내는 '사랑하는 남편에게 양복을 직접 만들어 주고 싶어하'는 사람도 있었다. 또 전전의 '자립' 정신으로 양재 공부가 경제적 독립으로 가는 첫걸음이라고 생각하고 양재사로서 일하거나 자신의 양장점 개업을 목적으로 하는 사람도 많았다고 했다. 오야의 글은 현실성과 실용성, 독립성에서부터 여성적인 애정과 순수한 꿈까지 차이가 있는 사회적 분위기는 "감정을 잘 드러내지 않거나 지나치게 감성적이기 때문에 완전히 분리할 수 없다. 일본 여성들이 밟는 재봉틀 소리는 역동적이며 복잡하다"는 특징적인 결론을 내렸다.[37]

전전과 전시의 양재학교는 '신부수업 완성' 반과 실용적인 가정관리 기능을 찾는 학생뿐 아니라 시장에서 통용되는 기술 습득을 목표로 하는 학생들을 받았다. 주로 직업인 양성반이었으며 당시는 비교적 단순한 기술만 요구되던 업계였기 때문에 단기간 교육만으로도 취업이 충분했다. 그러나 전쟁이 끝난 뒤 몇 년 동안 양복 수준과 그에 맞는 기술 요구사항도 높아졌다. 이런 학교에서 기초 과정만을 수강했을 뿐인 대부분의 여성들은 그런 훈련을 받지 않으면 전문 양재사나 디자이너 길로 나서기 위해서는 준비가 부족했다. 특히 화재보다 오히려 양재가 전통적 도덕이 말하는 여자의 미덕을 잉태하는 인큐베이터로 간주되던 당시로서는 양재학교는 직업 훈련소라고 하기 보다도 신부 훈련소 역할을 했다.[38] 그렇지만 이런 수준의 여성들이라도 필요하거나 원하면 고급 기술을 익힐 기반은 충분했다. 조금 더 연습하고 공부하면 돈을 절약하면서 본인과 아이들 옷을 만들어 가족애를 과시할 수 있었다. 그리고 소수이기는 하지만 장기적으로 고급과정에서 배운 몇몇 사람은 자기 집이든 양복점이든 또는 공장에서 재봉사로 일하든 전문적으로 봉제를 할 수 있는 능력을 갖추고 졸업했다.[39]

이렇게 많은 여성들이 재봉틀로 양재기술 교육을 받고 그 기술을 가정에서 활용하여 가족용이든 시장 판매용이든 양복을 열심히 만들었다. 이 사실은 앞에서 언급된 이토 모헤이가 불만족스러워했던 의문에 대한 답변의 핵심을 제공해 주었다. 그의 질문은 다음과 같다. 왜 1960년대가 시작되었으면서도 여전히 주문복 생산이 국내 여성복 시장을 지배하고 있는가? 그는 이 질문에 우선 일본에서는 기성복과 주문 맞춤복의 가격 차이가 상대적으로 작다는 점을 지적했다. 미국에서는 싼 옷이라도 주문 제작을 하게 되면 기성복의 4배가 되는데도 일본에서는 불과 30% 정도밖에 비싸지 않다고 대답했다. 이토는 자기학교 졸업생이 기성복 디자이너가 되기를 바라는 입장이지만 그의 입장에서 보면 이윤 폭이 낮은 것은 여성복을 제작하는 사람의 자기 착취 때문이었다. 그녀들은 "기성복에 질 수 없기 때문에 무리해서라도 싸게 만드니까 결국 양복집 생활은 힘들어지죠. 제품이 너무 쌉니다. 싸지 않으면 주문이 안 들어와요. 뭐라 해도 재봉하는 사람이 과잉상태이므로 동업자도 많아요."[40] 그의 장황한 불만에 진실된 일면은 있지만 생산 시스템의 두 가지 측면을 충분히 고려하지 않았다. 산업 생산자 측면에서 기성복은 조악하다는 평판을 떨쳐버리지 못 했다. '기성'복을 입는 사람들은 인종 차별과 유사한 함축적인 뜻을 가진 경멸적인 용어 '쓰루신보(기성품이나 중고 양복)'라고 무시당하는 문제가 있었다.[41] 주문복을 생산하는 측, 다시 말하면 여성복 주문 제작과 양장점의 소유자들 세계는 솜씨는 뛰어나도 자신의 노동을 가계의 보조 활동으로 여기는 재택근무 여성들로 유지되었다. 그녀들은 숙련된 생산 노동과 가정 관리 업무 두 가지를 수행하며 이 정도로 '싸게' 일하도록 유도하거나 강요당해 그 결과 품질에 비해 약간의 이익만 붙여 기성복 생산자를 이길 수 있었다.

상업용 재봉

이러한 양재사와 여자 재봉사를 비롯하여 대부분의 여자들은 당시 상식과는 정반대인 사회적 경향에 기여했다. 전쟁 직후에는 전쟁으로 남편을 잃은 수천, 수만 명이나 되는 여성들 이외에, 전쟁에서 살아남아 집안에만 있던 여성들이 부업으로 생계를 유지하려고 필사적이었던 점은 놀랄 것까지 없었다. 그러나 그 정도로 당연하다고는 느끼지 못했던 것은 일본 경제가 1950년대와 1960년대 그 유명한 고도성장이 시작되면서 재봉을 비롯하여 모든 종류의 가정 기반 생산이 크게 확장되었다. 더구나 실제로 그때, 부업자 수가 증가했고 심지어 자신을 중산층의 일원이라고 이해하고 있었다.

노동성의 부인소년국은(몇 가지의 중요한 시간 사용 설문조사 자료도 제출했다) 앞장서서 이런 경향의 자료를 수집했다. 부인소년국은 1947년 설립된 이후 상당히 대대적인 축하와 논쟁을 불러일으켰다.[42] 1950년 여름, 부인소년국은 도쿄와 다른 3개 지역의 부업자 1천 400명을 대상으로 처음으로 부업 조사를 실시했지만 비교적 빈약한 내용이었다. 1954년 부인소년국은 도쿄와 오사카에서 그때보다 훨씬 야심찬 두 가지 조사를 실시했다. 일부 여성 단체들로부터 전문 인력의 조수로 수백 명이나 되는 자원봉사자(도쿄에서만 600명)를 모집하여 각 도시 전체 가구의 1%를 추출 조사했다. 1968년에는 전국의 46도도부현都道府県(일본의 행정지역) 중 도쿄와 오사카를 포함한 37개의 도도부현을 대상으로 더욱 야심찬 조사에 나섰다. 이 설문조사에는 '부업'을 상당히 광범위하게 적용할 수 있는 용어로 정의하는 유익한 방법을 채택했다. 즉 공장주와 중개업자, 직업소개소에서 재료, 때로는 도구까지도 받은 뒤 집에서 가공하든지 제품으로 완성해서 재료를 제공한 사람에게서 하나 당 얼마라는 공임을 받는 사람(재봉 분야라면 여자 재봉사로 불리는 사람)보다 더 많은 것을 포괄하는 용어였다. 부서가 사용한 정의에는 상설 가게를 열지는 않았지만 필요한 재료를 직접 구입하여 자신의 집에서 상품을 만들어 소비자에게 직접 파는 사람, 재봉 분야 용어로 말하면 양재사도 포함했다.[43] 이 조사들 중 두 가지는 일본의 고도 성장기의 출발 시기라는 점, 다른 한 가지는 20년에 걸친 '경제의 기적'의 절정 부근이라는 점에서 이 세 가지의 비교 조사를 통해 부업과 부업자들의 탁월한 견해를 얻을 수 있었다.

1950년대 중반에 실시한 조사에 따르면 주로 일본 도시 가구의 6~10%에서 가족 중 적어도 한 명이 상시 부업을 하고 있다는 것으로 나타났다. 1954년 도쿄에서는 전체의 9%에 해당하는 약 10만 가구 당 한 명이 부업자였다.[44] 1968년의 부인소년국이 실시한 광범위한 조사에서는 대상이 된 전체 가구의 12% 당 부업자가 적어도 한 명은 있다는 점, 또 다른 12%의 가구에서는 누군가가 부업을 희망한다는 것을 알 수 있었다. 조사 시점에서는 9%의 가구에서는 현재 부업을 하고 있지 않았지만 과거 5년 동안 한 적이 있는 사람이 적어도 한 명 있었다.[45] 달리 표현하면 1965년부터 1968년까지 어느 정도 일정기간 동안 대충 잡아 일본의 다섯 가구 당 한 가구 비율로, 그리고 가정에서 적어도 누군가 한 명이 부업을 했다.

이와 같은 고해상도 사회조사 데이터들은 1950년대와 1960년대 계속해서 부업 비율이 안정적으로 유지되었거나 약간 증가했다는 점을 시사했다. 이 정도로 자세한 조사는 아니지만 추가적인 전국 규모의 데이터도 이 해석을 뒷받침했다. 일본 전국에서 집안 살림을 돕기 위해 부업을 한 사람은 1960년대 전 기간 동안 거의 70만 명에 달했다. 이 숫자는 1960년대 말에 급격하게 증가했고 1969년에는 130만 명 가까이, 1970년대는 160만 명이 되고 1973년에는 163만 명으로 정점에 달했다. 그리고 1974년부터 서서히 줄어들었다.[46] 1950년대 부업자 중 소수의 남자들이 눈에 띄었다. 1954년의 도쿄에서는 15%, 1955년의 오사카에서는 17%의 남자들이 부업을 했는데 이들은 일반적으로 아프거나 장애가 있거나 실업 상태였다. 참전용사인 경우도 많았을 것이다. 1968년 조사 당시까지 그들이 살아있었을 시에는 집 밖에서 일을 찾았거나 퇴직했다고 여겨져 그 해의 부업자 중 남자는 1.8%에 불과했다.[47] 즉 전국적인 부업자 증가는 여성들의 부업이 더 큰 폭으로 증가한 사실을 반영했다.

재봉은 이 20년간 가장 일반적인 형태의 가정 내 생산 활동이었다. 1954년의 도쿄에서는 부업자 중 '서양식 재봉'은 16.5%였고 '일본식 재봉'은 13.2%였다. 여기에 구두, 속옷, 모자, 장갑, 뜨개질, 자수, 기타 재봉틀을 사용한 잡다한 일을 한 사람들을 포함시키면 전체 부업자의 47%나 차지했다. 도쿄의 전체 부업자의 1/5은 제품을 소비자에게 직접 판매했고 이런 독립적인 부업자가 차지하는 비율은 특히 재봉에서 높았다. '일본식 재봉'을 하는 사람의 절반과 '서양식 재봉'이나 '서양식 속옷 수선'을 하는 사람의 절반 가까이가 소비자에게 직접 판매를 했다.[48] 1968년까지는 재봉 비율이 증가하여 조사대상 부업자의 61%가 '섬유제품 가공' 일에 종사하게 되었다.[49]

이런 모든 조사에서 대부분의 여성들은 부업과 함께 육아와 가정 관리를 병행하는 아내이자 엄마였다. 1950년대 초부터 1960년대 후반까지 대부분의 부업자는 1주일에 약 5일 동안, 그리고 하루에 4~6시간을 부업에 할애했다. 노동시간은 사무소든 공장이든 집 밖에서 일하는 전형적인 근로자보다 훨씬 적었다. 그리고 전간기의 조사 결과와는 대조적으로 부업자 중 소수이기는 했지만 상당수가 중산층 가정의 여성들이었다. 1954년의 도쿄에서는 부업자 가정의 전체 1/3(34%)이 여기에 해당되었다. 즉 세대주 남편이 '회사원'인 가정(21.4%)과 '공무원'(6.7%), 그리고 '기타 봉급생활자' 가정(5.9%)이었다. 기껏해야 12%의 남성 세대주가 공장 노동자이고 9%가 자영업자였다. 여성 세대주는 전체의 14%로 부업자 자신이거나 엄마였다. 이러한 조사에서 오사카는 도쿄보다 중산층의 비율이 약간 낮았다. 그래도 1/4(24%)의 세대주가 '회사원, 공무원, 기타 봉급생활자' 범위 어딘가에 포함되었다. 1968년 조사는 유감스럽게 이와 다른 방식으로 데이터 집계를 실시했지만 중산층 비율은 비슷하거나 증가한 것처럼 보였다.[50]

부업을 하는 여성의 수입은 거의 항상 가계 예산의 보조적인 용도이지만 가계에 대한 공헌도는 고도 성장기 동안 소폭 상승했다. 1954년의 도쿄의 부업자는 평균적으로 가계 수입의 11%를 공헌했고 1955년의 오사카에서 부업자의 기여도는 14%였다. 1966년의 재봉 부업만의 조사에서 부업자의 공헌도는 평균 17%였다.[51] 이 부업 가구들이 중산층 수준으로 올라선 것을 보여주는 한 가지 표시는 그들의 소득 수준이 일반 주민에 비해 시간이 갈수록 증가했다는 점이다. 1954년 도쿄에서 부업 가구의 소득은 1만 6천 엔으로, 가구 월 평균 수입인 3만 천 엔의 절반보다 조금 더 많았다. 1975년 노동성이 조사한 바에 따르면 평균 부업 가구 소득이 평균 '근로자 가구' 소득의 80%에 달했다.[52]

요컨대 전후 경제성장이 빠르게 달성된 20년 동안 부업자의 총 숫자는 증가했고 부업 여성들은 가계수입에 중요한 도움을 주었다. 부업은 결코 가난한 사람의 전유물이 아니었다. 이미 전간기에도 여성잡지의 실화의 주인공들에게 볼 수 있었듯이 수는 적지만 의욕적인 중산층 가족들은 많은 노동자층 가구들과 함께 부업에 참여했다. 전후의 고도 성장기

동안, 중산층과 하위 중산층 부업자의 상대적인 비율은 증가했다. 그녀들이 선택한 일에는 재봉과 재봉틀이 포함되었다.

전쟁은 1940년대와 1950년대의 모든 부업자의 이야기에서도 어떤 식으로든 영향을 미쳤다. 요시모토 요코吉本洋子는 『주부지우』에 게재한 실화를 분석한 결론에 그녀 자신이 찾아낸 실화 한 편을 별도 기사로 소개했다. 양재와 수예에 사용할 수 있는 옷감용 복사지인 차코 페이퍼chaco paper(수예, 재봉 도안, 옷본의 복사용지)를 발명한 마쓰이 요시松井淑의 이야기였다. 마쓰이는 33세 때인 1945년 3월 10일의 도쿄 대공습이 있던 그 무서운 밤에 살아남았다. 다음날 새벽, 집이 불타버린 자리에 가보니 무사하게 남은 유일한 물건이 재봉틀 뿐이었다. 그 이후 마쓰이는 재봉틀의 머리 부분을 가지고 갔다.[53]

전사자를 기리는 방법을 둘러싼 논쟁에서 정치적 역할로 더 유명한 일본유족회日本遺族會는 회원을 위한 국가지원 요청을 강화하고자 유족의 체험기를 수집했다.[54] 1963년 출판된 두꺼운 체험기가 보도한 것처럼 일부 여성들은 -그리고 분명히 이것이 일반적이었을 것이다- 부업을 시작했지만 생계를 꾸리기 위해서는 이것만으로는 불충분하다는 것을 알고 그만두었다. 모리 가네코森カ子는 전쟁에 소집된 남편이 1944년 중국에서 병사한 뒤로 전쟁이 끝날 때까지 뜨개질 부업으로 생계를 유지했다. 전쟁 이후는 재봉틀 사용법을 배웠지만 중개업자가 항상 안정된 일거리를 가져다주는 것이 아니었기 때문에 부업으로는 부정기적인 주문만 받을 뿐이었다. 그녀는 매일 아침 재봉틀에게 감사한 마음을 담아 "오늘도 다치지 않도록 해달라"고 부탁했다. 1953년, 모리 가네코는 하던 일을 생

명보험 설계사로 바꾸었다. 이 일도 역시 전쟁으로 남편을 잃은 부인들이 선호했다. 보험 없이 남편과 사별한 사람이 어떤 생활고에 직면했는지를 설득적으로 증언할 수 있고 동정을 살 수 있었기 때문이다. 그녀는 회고록 말미에 이 부업도 쉽지 않았고 특히 보험료 수금이 힘들었다고 기록했다.[55]

마쓰다 가즈코松田和子의 술회에 따르면 1945년 그녀의 아버지가 수마트라에서 전사했을 때인 7살부터 자신과 엄마의 고군분투는 시작되었다. '망연자실한 날들' 이후로 가까스로 1950년, 그녀의 어머니는 전몰자 유족이 이용할 수 있는 정부 대부 생업자금으로 재봉틀과 재단 대를 구입하고 방을 빌려 양복을 만들었다. 엄마는 배운 적이 있는 남성복 재봉을 시작했지만 그 벌이로는 가족을 부양할 수 없었다. 또 변화하는 스타일과 고객 취향을 따라가는 것도, 집안일을 함께 하는 것도 힘들었기 때문에 여성복 제작으로 변경했다. 그녀는 아픈 몸을 이끌고 집안일과 부업의 중압감을 견디면서 1953년 당시 15세였던 가즈코를 양재학교에 보냈고 저축해온 유족연금을 종자돈으로 마침내 자신들의 작은 집을 마련했다. 그러자 친척 딸이 같이 살면서 양재를 배우고 싶다고 밀고 들어왔다. 아픈 시어머니도 어쩔 수 없이 맡게 되었다. 결국 가즈코는 고등학교를 졸업하고 엄마 일을 돕게 되었지만 '견딜 것을 강요하는' 엄마와의 사이에 '무언가 어두운 그림자'가 응어리졌다. '재단 대를 사이에 두고 엄마와 마주보고 일을 하면서 그 어두운 것을 어떻게 없애면 좋을지를 고심했다.'[56] 소토자키 야에의 '고난의 20 몇 년'은 약간 해피엔딩이었다. 그녀 남편은 1939년 중국에서 전사했다. 전쟁 중 그녀는 일본식 재봉 부업을 했지만 고독과 절망으로 울면서 날을 지새웠다. 한 친구가 양재로 생계를 꾸리면 어떻겠냐고 제안을 했고 시청 주선으로 지역 학교에서 양재를 배웠다. 그 뒤로 동네 기성복 집에 견습생으로 들어가 정 많은 주인 덕분에 주문도 받을 수 있게 되었다. 그리고 마침내는 자신의 가게를 열고 성공을 이루었다.[57]

1950년대의 『주부지우』에서 몇 번이나 언급되었을 정도의 진실한 이야기는 어두운 생존자 이야기보다도 소토자키의 체험담과 비슷하게 읽을 수 있었다. 규슈에 사는 여성 T·S는 병원 직원인 남편과 함께 해외에서 귀국했다. 그리고 귀국 길에 행방불명이 된 짐의 보상금을 통째로 털어 재봉틀을 샀다. 그녀는 고객을 만족시키기 위해서는 여성잡지와 백화점에서 본 패션 경향을 따라잡을 필요가 있었다. 게다가 백화점의 주문복 가격보다 30~40% 정도 싸게 하려고 신경을 썼다. 결국 그녀는 집안일을 하면서 파트타임 양재로 운 좋게 한 달에 2천~3천 엔 정도를 가계 살림에 보탤 수 있게 되었다.[58] 『주부지우』의 다양한 실화 중, 센다이仙台에 거주하는 전쟁으로 남편을 잃은 T·O라는 닉네임의 여성 이야기는 기업가적인 관점에 가까웠다. 그녀와 남편은 1944년 오랜 외국생활에서 귀국했지만 남편은 얼마 지나지 않아 사망했다. 다른 사람과 비교하면 그녀는 다행히 네 명의 자녀와 3, 4년은 살아갈 수 있을 만한 저금이 있었다. 그렇지만 더 먼 미래를 내다보고 양재학교에 입학했다. 1948년 저금이 거의 바닥날 무렵 그녀는 집에 '연구소'를 열었다. 연구소라는 용어는 학교와 여성복의 재봉 사업을 하나로 묶어 표현했다는 생각이 들었지만 아마 이런 간판을 거는 것으로 사업적인 과세를 피하고 학교로 등록해야 할 필요성을 벗어났을 것이다. 그녀는 1953년까지 집에 재봉틀 3대를 외상으로 들여놓고 비정기적인 양재 레슨을 했다. 그 당시 레슨을 받으러 찾아오는 학생이 12명을 넘어서기까지 했다. 또 감당할 수 없을 정도의 주문이 들어와 그녀의 월급은 1만 2천 엔이 되었다. 이 금액은 그녀를 중산층 바로 전 단계로 쉽게 갈 수 있게 만들었고 자녀들 교육도 충분히 할 수 있을 정도의 수입이었다.[59]

이런 종류의 이야기는 사실상 당시의 모든 여성잡지의 주요 단골이었다. 『주부지우』의 가장 인기있는 경쟁자인 『부인구락부』는 가끔 실리는 실화란에 '주요 도시의 부업 안내'나 '부업 찾는 법과 선택법'이라는 조언란을 추가 마련하기도 했다. 또 양재학교와 재봉틀을 위한 수많은 광고를 싣기도 했다. 이 광고들은 당연히 부업으로 돈을 벌 기회를 특별하게 언급했다. 그것이 입학을 하고 재봉틀을 사는 중요한 이유였기 때문이다. 재봉틀 판매자도 자사의 판매사원용 사보社報와 광택지를 사용한 고객용 출판물에 그런 종류의 이야기를 많이 담았다. 예를 들면 제6장에서 소개한 가와구치 기누코의, 믿음직한 자노메의 재봉틀로 '양재 부업만으로 100만 엔을 모았다'는 이야기가 그것이었다.[60] 또 NHK는 1986년~87년 전후 양재사의 전형적인 성공 실화를 그린 반 소설 형식의 『서울의 바람都の風』*을 아침 드라마(아침연속TV소설)로 방영했다. 2011년에는 고시노 아야코小篠綾子(1913~2006, 일본 패션 디자이너)와 세 딸의 인생을 본보기로 세상의 관심을 끈 양재사의 성공이야기인 『카네이션』**을 제작했

---

* 1986년 10월 6일부터 1987년 4월 4일까지 NHK에서 방송한 아침연속TV소설. 교토의 노포에서 태어난 여자 주인공이 집을 뛰쳐나가 시댁이 있는 나라(奈良)의 여관에서 일을 하고 전후에는 패션 세계에 뛰어들어 활약하는 내용이다.
** NHK오사카 방송국에서 제작한 연속TV소설 아침드라마로 2011년에 방송되었고

다. 어떤 매체든 이런 이야기들은 집에서 하는 재봉이라는 사적인 행위를 대중적 표현으로 보여주었다. 작가도 편집자도 PD도 잡지를 팔거나 시청자를 잡아두기 위해서는 당연히 최종적으로는 성공하는 이야기를 만들어내야만 했다. 수많은 부업자들은 가끔씩 어려운 상황의 노동을 견디고 수입이라는 보상으로 자신의 건강, 가족을 위한 시간, 그 밖의 하고 싶은 일을 모두 희생했다. 그 정도로 많은 여성들이 자신들의 집에 흩어져서 집안일도 하면서 별로 많지도 않은 이익을 내기 위해 장시간 노동하는 것을 싫어하지 않았다는 것이 기성 여성복보다 잘 팔릴 정도의 품질과 가격을 갖춘 주문복 공급을 만들어냈다. 이것이 이토 모헤이를 너무나 초조하게 만들었다.

유족회가 수집한 더 암울한 이야기는 회원들의 어려움에 대한 공감을 얻는데 편향되었다고 해도 잡지에 실린 이야기보다도 많은 부업자의 경험에 더 가까운 것은 아니었을까? 그러나 이토처럼 이 여성들을 궁핍한 하층계급으로 평가해버리면 그녀들의 이야기를 잘못 이해한 것이다. 이야기는 생존자와 신분 상승을 위해 노력하는 양쪽 모두를 포함했다. 고도 경제성장 시대는 부업자가 급격하게 늘어난 시기와 같았다. 그리고

2018년 4월부터 10월까지 재방송되었다. 유명 패션 디자이너로 활약하는 고시노 히로코, 준코, 미치코의 '고시노 세자매'를 기른 양재사 엄마 고시노 아야코의 생애를 실화에 근거하여 제작했다. 내용은 이 책의 '실화'와 거의 동일하다. 1914년 주인공 오하라 이토코는 포목상의 딸로 태어나 여자만이 할 수 있는 직업으로 재봉을 선택하고 20살 때 양장점을 개업한다. 그러나 22세에 결혼한 남편이 전쟁터에서 전사한 이후에도 딸 셋을 성공적으로 키운다. 재봉으로 생활을 하는 엄마와 세 딸의 성장기를 그린 드라마이다. 2012년 제72회 '더 텔레비전 드라마 아카데미상'을 수상(작품상, 주연여우상)했다. 아침드라마 사상 최고의 걸작으로 꼽힌다.

나는 양자의 인과관계는 두 방향으로 진행되었다고 생각했다. 분명히 일본의 '경제의 기적'은 부분적으로 이 여성들의 저임금 노동으로 촉진된 면이 있었다. 그러나 그녀들은 수요자 역할도 했다. 패션과 매력의 세계를 접한 뒤 고객이 가지고 있는 화려하고도 새로운 소비 생활의 꿈을 실현하기 위해, 또 자신과 자녀들도 그런 소비 생활을 할 수 있는 두 가지 모두를 위해 이 일을 시작한 것이라고 할 수 있다. 부업 용도로 사용했기 때문에 마르크스가 말한 것처럼 사용자를 궁핍하게 만드는 도구도 아닐 뿐더러 간디가 주장한 것처럼 소박한 생활을 하는 수단도 아니었다. 재봉틀은 여성과 그의 가족을 소비의 세계로 이끌었기 때문에 사회 계층을 구분하기보다도 통합하는 도구가 되었고 일본의 중산층 생활이 전전부터 전후의 오랜 기간 동안 문화적 패권을 구축하는 데 일익을 담당했다. 그리고 그녀들이 부업자인 동시에 주부와 전업주부 역할을 오고가는 사이에 재봉은 돈벌이하는 사람으로서 자신의 정체성과 가정관리를 전업으로 하는 주부로서의 정체성을 연결하는데 도움이 되었다.

가정용 재봉

가정의 상업용 재봉은 전후 초기 20년 정도는 가정에서 사용하는 재봉틀의 상당 부분을 차지했다. 그렇지만 재봉틀 구입자와 사용자 대다수는 많은 시간을 자신과 가족을 위한 재봉을 했다. 1950년대의 시간 사용 설문조사는 여성이 매일 재봉에 두세 시간을 보내고 있다는 것을 밝혔지만 그 조사에서 상업용 재봉은 특별히 훨씬 더 작은 별도 범주로 분류되고 표를 만들어 작성 취지를 기록했다. 모든 가정에서 여성이 수익 목적의 재봉을 하는 시간은 가족용 재봉에 사용하는 시간의 극히 일부분 정도였다.

일상생활의 이런 시간배분을 반영하고 강화시킨 것은 대부분의 여성들이 양재학교에 입학하는 이유가 역사적 시간 동안 변한 이유에 있었다. 복장 역사학자인 나카야마 치요는 전후의 양재학교는 '직업인 육성기관에서 신부수업을 위한 기관으로 변했다'고 주장했다. 입학 이유도 주부 겸 가정 관리자로서 미래에 필요한 기술을 습득하는 것이 직업 훈련을 넘어섰다.[61] 1927년 역사적인 항구 도시 요코하마에 설립된 요코하마양재전문여학원橫浜洋裁專門女學院은 1945년 이후, 설립자인 이와사키 하루코岩崎春子(1901~1987, 쇼와 시대 복식 디자이너)의 이름을 기념하여 이와사키학원岩崎學院으로 개칭하고 요코하마에서 가장 중요한 양재학교로 성장했다. 오쓰키 도시코大槻とし子와 다카야마 가즈코高山和子는 이와사키학원의 베테랑 교사였다. 오쓰키와 다카야마는 각각 1940년과 1948년에 입학한, 가장 재능 있는 젊은 여성 중에서 선발되었다. 그리고 두 사람은 수십 년이 지나서 한 인터뷰에서 1940년대 말의 학생들은 자신과 가족을 위해 돈을 벌 기술을 배우고자 학원에 입학했다고 당시를 회상했다. 다카야마는 대부분의 학생들은 전쟁으로 남편을 잃었지만 자녀가 있었기에 필사적이었다고 말했다. 그러자 오쓰키가 아주 약간 향수에 젖은 목소리로 "학생들은 정말로 진지하게 공부했습니다. 근성이 있었어요. 예전에도 앞으로도 없을 정도의 절박함에서 생겨난 결심이었죠. 그 학생들을 잊을 수 없습니다"라고 덧붙였다. 학생들 대부분은 아직 배우는 과정

중에 부업을 시작하거나 실습으로 만든 작품을 집에 가지고 가서 팔거나 했다. 또 헌옷을 수선해서 재판매하기도 하고 학교에서 배운 것을 집에서 다른 사람에게 가르치기도 했다고 한다.[62]

1950년대에 두 사람의 회상 속에서 이런 학생들은 여전히 일반적이었지만 1960년대와 1970년대가 되자 '신부수업'이 목적인 학생이 주류를 이루었다. 그런 학생은 6개월짜리 '단기 과정'을 선택했다. 그렇게 하면 본인이나 부모가 결혼상대를 찾고 있을 동안에 요리, 그리고 아마도 꽃꽂이, 다도와 비슷한 과정을 대강 배울 수 있었기 때문이었다.[63] 상업용 가정 재봉과 가족용 재봉의 상대적인 균형에서의 이런 변화는 1950년대 초에 시작된 것으로 보인다. 1951년 12월 『아사히신문』의 '쇼핑북'이라는 짧은 칼럼에 재봉틀 관련 글 하나가 실렸고 서두는 "보급률이 1천 명당 16.7대에서 30대(미싱공업회)로 작년보다 크게 증가한 것은 잘 알려진 양재 열풍과 재봉틀이 신부 혼수의 필수품이 되었기 때문이다"[64]라고 시작되었다.

월간 잡지와 일간 신문은 이처럼 증가하는 신부수업 과정 졸업생들의 독자층을 열성적으로 육성했다. 양재학교와 재봉틀 광고는 고객의 실화라는 형태를 취하며 실패를 두려워하는 미혼 여성의 마음을 이용하는 일까지 했다. 1940년대 후반에 『부인구락부』에 반복적으로 실린 적이 있는 한 학교의 광고는 '양재를 할 수 없어서 울었다'는 어린 신부의 이야기를 교훈으로 내세웠다.[65] 여성용 월간잡지 외에 일간지의 여성용 지면도 역시 가정 재봉란에 유별나게 크게 할애했다. 가정 재봉란에는 전형적으로 글로 쓴 해설과 함께 여성용 드레스, 블라우스, 스커트, 나아가서는 남

그림 35. 『요미우리신문』 여성 지면의 연재 칼럼 '이달의 양재'가 실린 1960년 2월 27일자 지면이다. 독자는 이런 상세한 축척도(縮尺圖)를 기본으로 제도와 재단을 했다. 이 지면은 1950년대 초부터 많은 독자들의 높은 수준의 기술을 파악하고 준비한 유사한 칼럼의 전형적인 한 실례였다. 또 이번 칼럼은 비교적 새로운, 보통과 다른 아이디어도 추가했다. 셔츠를 만들어 입는 즐거움의 일부는 젊은 남성의 칭찬의 눈길을 잡아두는 데 있다고 넌지시 암시하는 사진도 첨부했다.(『요미우리신문』)

녀 아동용의 모든 유형의 자세한 옷본이 실렸다. 이런 칼럼은 자립과 수익을 위해 재봉을 하는 여성들의 실제 이야기를 훨씬 능가할 만큼 증가했다. 1952년 말,『요미우리신문』은 5년간 계속해서 '양재과洋裁科 레슨' 개설을 선언하고 여성 지면의 눈에 띄는 곳에 3일에 1회씩, 전부 581회를 게재했다. 첫 번째 강의는 '양재과 개설에 대하여'라는 관련 기사란이 옆에 추가되었고 '양재에 관심이 있는 일반 여성에게 어떤 참고가 되도록' 기본 지식과 최신 패션을 제공하고 싶다, 그리고 '가능한 한 넓은 시각에서 특정 방식에 치우치지 않고 각각의 전문가에게 부탁하여' 조언을 받고 싶다(즉 〈문화〉와 도레메, 기타 어떤 학교에서 가르칠 '특정 방식'은 취하지 않는다)는 방침을 제시했다.[66] 이 특집은 1957년 6월 말 특별한 인사말도 없이 끝났으며 결국 그것을 대신해서 등장한 '이달의 양재'는 정성을 더 들였지만 게재 빈도가 적었다. 이 칼럼은 신문 지면의 반을 차지하는 특별란으로 구성하여 1960년 1월부터 1965년 8월까지 67회를 연재했다.『아사히신문』은 훨씬 늦게 뛰어들었다. 1959년 4월, 여성 지면에 '수요 양재점水曜洋裁店'을 열고 1970년까지 주 1회씩 총 529회에 걸쳐서『요미우리신문』과 같은 스타일의 칼럼을 연재했다.

일간지의 이런 칼럼이 이 정도로 자주 실리고 눈에 띄는 곳을 차지하며 복잡한 내용을 담고 있었던 것은 일본의 가정 재봉이 가지고 있는 특별한 측면이었다. 미국의 여성잡지라고 해도 가정 재봉이 가장 인기있던 20세기 초에는 일본의 잡지가 그랬던 것처럼 재봉에 관한 조언을 제공하는 데 상당한 관심을 기울였다. 1920년대와 1930년대 발행된 미국의 일부 일간지는 "클로틸드Clotilde의 실용성, 멋진 재봉"과 같은 인기있는 기사를 공동 보도로 실었다. 그러나 클로틸드의 칼럼은 일반적으로 패션과 재봉 실습을 글로 설명했으며 가끔 글에 간단한 패턴 도면을 추가하는 정도였다. 미국의 신문에서는 일본의 신문에 넘쳐날 정도로 실린 재봉 지침敎授(그림 35 참조)과 비교할 만한 내용을 전혀 찾아볼 수 없었다.[67]

신문이 이처럼 가정 재봉을 지지한 것은 서양식 재봉이 실용적인 기술과 뛰어난 여성적 미덕으로서 일본식 재봉보다 우위에 서기 시작했다는 것의 반영이며 강화였다. 부인소년국이 실시한 1959년 설문조사에서는 많은 여성들에게(이 조사에서는 주부 4명당 1명) 재봉은 일이라기보다 오히려 "여가" 활동이었다는 점을 밝혀냈다. 바꾸어 말하면 많은 일본 여성들은 아주 실용적이고 전문적인 정신으로 여가 활동에 몰두했던 것일지도 모른다. 그보다 3년 전인 1956년, 자노메가 '도쿄의 한 권위있는 조사기관'으로 지칭한 곳이 실시한 조사에 따르면 가정 재봉사들의 자기 이해에 대한 좋은 통찰력을 제공해주었다. 설문 조사는 '구매 심리학'이라는 것으로 눈을 돌리고 다양한 '가정문화용품'의 상대적 매력에 초점을 맞추어 '여성은 무엇을 사길 원하는가?'라는 질문에 답하는 것이 목적이었다.[68]

응답자들은 다음 이야기를 잘 생각해보라는 말을 들었다. "아키코秋子는 예전부터 가정문화용품을 사고 싶어서 저금을 했고 3만 엔 정도를 모았다. 그녀는 이 돈을 가지고 우선 백화점에 가서 여러 물건을 둘러보았다. 전기세탁기는 2만 5천 엔, 재봉틀은 2만 6천 엔, TV는 8만 엔, 믹서는 1만 2천 엔이었다. 아키코가 가장 사고 싶은 물건과 그 이유는 무엇인가"였다. 이런 형식으로 조사를 한 목적은 그 물건들 중 어떤 것도 갖고 있지 않은 사람을 지정한 설문에 따라 응답자 자신이 이미 소유하고 있는 물건과 아직 소유하지 않은 물건 중 어느 것을 선호하는지, 어느 것을 사고 싶다고 선택할 것인지 속마음을 진술하도록 유도하는데 있었던 것 같다. 응답자의 절반을 조금 넘은 51%의 사람이 아키코는 첫 번째로 재봉틀을 구매할 것일 거라고 생각했고 뒤를 이어 세탁기가 41%, 전기믹서가 4% 였다. 아키코가 첫 번째로 TV를 선택할 것이라고 응답한 사람은 2%에 지나지 않았다.

이 조사는 흥미롭게도 응답자가 어떤 제품을 실제로 보유하고 있는 가로 그룹을 나누었다. 이미 재봉틀과 세탁기를 모두 가지고 있는 그룹(전체의 19%)에서는 49%가 아키코에게 재봉틀을 사도록 했고, 37%가 세탁기를 구매하도록 했다. 그러나 두 제품 모두 아직 보유하지 않은 그룹에서는 69%가 재봉틀을 사라고 했으며 세탁기를 선택한 사람은 22%에 지나지 않았다. 자노메의 사보 기자는 이 차이를 설명하려고 하지 않았다. 데이터는 단순하게 전체적으로 여성들이 재봉틀을 일상생활 필수품 중 최우선으로 파악하고 있다는 점을 보여주기 때문에 자노메의 판매사원은 자신감을 가지고 각 가정의 문을 두드릴 수 있다는 결론을 냈을 뿐이었다. 그러나 이러한 차이를 상품에 대한 욕망을 유발하는 마케팅의 위력과 동료 집단의 압력을 나타내는 하나의 척도로 간주한 것은 합리적인 것처럼 보였다. 이미 재봉틀을 보유한 사람들이 재봉틀의 우선순위를 보다 낮게 매긴 것은 실제로 재봉틀을 갖고 있어 환상이 사라진 구입자가 많다는 것을 시사했다. 결국 판매원들이 약속했던 것보다 재봉틀을 사용하는 것이 어려워 기대했던 것만큼 사용하지 못한 채 끝나버렸을지도 모른다는 이유로 아키코에게 세탁기를 선택하게 했을 수도 있다. 그럼에도 불구하고 이

것은 욕망의 상대적 감소에 지나지 않았다. 재봉틀이 다른 모든 '문화용품' 중에서 선호도가 제일 높은 것은 분명히 인상 깊었다.

응답자들은 왜 아키코가 그 제품을 선택했는지에 대한 이유도 질문받았다. 아키코에게 재봉틀을 사도록 한 응답자의 압도적인 다수(91%)가 재봉틀을 구매하는 가장 중요한 이유로 '실용성과 필요성'을 들었다. 뒤이어 '미래를 위한 준비(6%)', 그리고 남은 몇 명이 '단순히 갖고 싶어서'이거나 '특별한 이유가 없다'고 응답했다. 조사자는 그녀들이 말한 '실용성'과 '필요성'이 무엇을 의미하는지 더 파고들어 가 질문했다. 가장 많았던 설명은 '다른 가정용품과 비교해서 이용 가치가 많다'(18%), '혼자 양재를 할 수 있고 부업도 할 수 있어서'(17%), '가정생활에서 여성에게 가장 필요한 것이므로'(10%) 순서였다. 첫 번째와 마지막 의견은 재봉틀은 무엇보다도 가족과 가정생활에 공헌도가 높기 때문에 유용하다고 보는 상대적인 다수(28%)를 대변했다. 반면 두 번째 견해는 재봉틀의 유용성을 가족을 위한 직접적인 가치와 부업자의 수입을 통한 간접적인 가치의 조합으로 정의했다.[69]

역시 1956년의 일이지만 『아사히신문』 광고는 가정용 가전제품 제조사 12곳이 합동으로 '어떤 가전제품의 가치가 제일 높은가'라는 주제로 감상문 대회의 참가 응모를 호소했다. 이 광고를 보고 500명 이상의 여성들이 재봉의 즐거움을 설명한 글을 투고했다. 자노메는 일련의 입상작을 사보에 게재했다. 야부타 하루薮田ハル의 글 스타일이 전형적이었다. 그녀는 "원래 나는 아동복 만드는 것을 좋아해서 잡지에 나온 패턴을 보고 손바느질을 했다"고 썼다. 야부타에게 재봉틀 구입은 시간을 절약할 수 있

어 경제적으로도 유익했으며 '생활수준을 높이는 데 도움이 되고 여유를 가져다주었다.'[70]

재봉틀은 야부타와 같은 여성들에게, 또 아키코를 대변하는 사람들과 1959년에 재봉틀로 재봉하는 것을 여가활동으로 간주한 사람들에게, 즐거움과 실용성의 강력한 조합을 제공했다. 여성들은 주문복과 기성복을 구입하기보다도 스스로 가족들 옷을 만들어 돈을 절약했다. 그녀들은 자녀들과 남편이 자신이 만든 옷을 입는 것을 보고 자부심과 만족감을 느꼈고 옷을 통해 스스로를 매력적으로 만들 수 있었다. 전후 초기의 일본의 재택 재봉사들은 애정어린 양육과 실용성이라는 여자의 미덕을 규정하고 유능하고 책임감 있는 가정 관리자로서 여성을 입증하는 기술을 숙달함으로써 만족을 얻었다.

일본 전역에 있던 이런 여성들이 가정 관리의 전문적 능력의 한 요소로서 높은 수준의 기술을 가지고 있었던 것은 그녀들의 행동이 보여주는 흥미로운 수수께끼를 밝히는데 도움이 되었다. 수수께끼는 그녀들이 시판용 옷본을 꺼려했다는 사실이었다. 미국의 재봉용 옷본 출판사인 심플리시티(Simplicity)와 맥콜(McCall) 두 회사는 1960년대 초, 큰 기대를 가지고 일본 시장에 진출했다. 언뜻 보기에 큰 기대감을 가진 것은 당연해 보였다. 1957년 오야 소이치가 언급했듯이 일본은 가구 단위 당 재봉틀 보유율에 있어서도, 양재학교 학생 수에 있어서도 '세계의 선두에' 있다는 명성을 자랑했다.[71] 여성과 자녀용의 최신 유행복을 간단히 만들 수 있다고 약속하는 옷본 판매업자에게 이 이상 희망적인 시장이 있을 수 있었을까? 그러나 바로 사줄 것 같은 준비된 고객이 얼마든지 있는 것처럼 보였음에도 불구하고 심플리시티사도 맥콜사도 신통한 성과를 얻지 못했다. 1970년대 초 즈음 일본에서는 매년 60만 명의 여성이 양재학교를 졸업했다고 하는데도 두 회사의 옷본은 1년에 수백만 장밖에 팔리지 않았다. 이에 비해 미국에서는 4억 장이나 팔렸다.[72]

심플리시티사와 맥콜사의 논리와 희망은 일본의 양재를 하는 주부와 결혼하기 전의 딸들의 기술과 전문성을 고려하지 않았다. 이와사키학원의 오쓰키 도시코와 다카야마 가즈코가 설명한 바와 같이 학생들은 옷본을 자신들의 훈련과 기량으로 익힌 품위에 어울리지 않는 가벼운 편법으로 여겼다. 재봉학교 졸업생이 옷본을 전혀 사용하지 않았던 것은 아니었다. 다만, 심플리시티의 기성 옷본을 살 필요가 없었다. 계산 능력과 자기 자신과 자녀, 고객의 치수를 잴 능력을 이용하여 축소도縮小圖를 토대로 도면을 그려내면 옷본을 직접 만들 수 있었다. 이런 능력을 가진 사람들이 광범위하게 존재했다는 것만으로 대형신문이 왜 매주 며칠씩이나 귀중한 지면을 할애해서 그림 35에 보여준 종류의 축소도를 실었는가를 설명할 수 있다. 사실 옷본을 직접 만드는 기술을 가르치는 것이 양재학교 교육과정의 핵심이었다. 오쓰키와 다카야마는 가정 양재사의 전문가로서의 태도를 강조했다. 두 사람은 학생에게 자신, 가족, 주문한 손님의 옷을 만들기 위해 자기 자신의 소재와 도구, 아이디어를 활용하여 일을 할 수 있는 것이 기쁨이고 자부심의 원천이라고 믿었다.[73] 재봉틀은 이처럼 사회 계층의 경계를 약화시키거나 횡단했다. 많은 재봉틀 사용자는 직업으로서 양재와 가정 양재 사이를 오가며 방대한 숫자의 중산층 양재사를 포함했다. 가정 재봉이 오랫동안 지속해 온 중심적인 역할은 전문

주부의 세력 강화를 지지했고 또 반대로 전업주부의 세력 강화로 인해 그 위치가 보강되었다.

가정에서의 "관전기貫戰期" 종언

『요미우리신문』이 처음으로 정기 재봉 칼럼을 실은 것은 1952년이었다. 1967년 1월 시작된 '요미우리 양재'라는 주간 특집 기사의 마지막 정기 칼럼은 1975년 8월자였다. 『아사히신문』의 '수요 양재점'은 "1959년 4월 1일 '모든 사람에게 잘 어울리는 우아한 옷을 쉽게 만드는 것입니다'라는 모토로 영업을 시작한지 11년이 되었습니다. 기성복 시대로 불리는 세상을 맞이해 독자들의 편지를 통해 가정 양재의 모습도 점차 바뀌고 있다는 것을 엿볼 수 있게 되었습니다. 또 10년 전과 비교해서 원단 종류도 놀랄 정도로 다양해졌습니다. 패션 정보도 매일 넘칠 정도로 쏟아지고 있습니다. 수요 양재점도 시대에 맞게 옷을 갈아 입고 다시 찾아뵙겠습니다"라는 인사로 1970년 문을 닫았다.[74] 그 이후로 『아사히신문』은 양재를 가끔 계절적인 특별 기사로 실을 뿐이었다. 독자와 칼럼 집필진들의 재회와 지속적인 친목은 더 이상 유지되지 않았다.

25년 정도 되는 신문의 양재 칼럼 수명은 일본 양재사의 국가로서의 시대 범위를 구분 짓고 또 전문 가정주부가 여성들에게 가장 이상적인 사람으로 가장 확실하게 군림한 시대를 경계 짓기도 했다. 성인 여성의 전형으로 전문주부의 지위에 대한 의심이 한 번도 없었던 것은 아니었다. 지난 몇 년에 걸쳐 공공생활에서 '주부 논쟁'이 주기적으로 튀어 나왔다. 그리고 많은 사적인 대화들일지라도 여성들이 자신의 인생을 어떻게 살아가야만 하는가에 대한 문제에 다양한 답변을 제공한 것은 틀림없었다.[75] 그럼에도 불구하고 내가 관전기라고 부르는 기간 동안 나타난 사회문화적 여성의 역할 면에서 두드러졌다. 관전기는 전쟁을 사이에 두고 전전부터 전후에 이르는 시기, 대략 1920년부터 1960년대의 고도 성장기까지를 가리킨다. 여성의 역할이라는 점에서 보면 관전기의 특징은 주부일 것, 우선 전전부터 전시기에는 수식표현 없이 '주부'로 불리고 마침내 가족의 옷을 관리하고 제작하는 잘 훈련된 기술자로 부분적으로 정의한 '전문주부'가 눈에 띄게 중요시되었다. 이 수십 년은 다시 마찬가지로, 처음에는 20세기의 전환점에서 처음으로 '양처현모'로 명확하게 언어화된 근대 사상이 캐서린 우노^{Kathleen Uno}가 '변화된 형태'로 멋지게 규정한 것에서 살아남은 시기이기도 했다.[76]

복장에 있어서 관전기는 기성 여성복에 주도권을 뺏기면서 마침표를 찍었다. 1960년대 말이 되자 "만드는 것보다 사서 입는 것이 이득"이 되어 "재봉틀은 집에서 자고 있다"고 한탄하는 기사가 신문에 등장하기 시작했다.[77] 시간 사용 설문조사에서도 여성들이 집에서 가족을 위해 바느질을 하는 시간이 1970년에는 급격하게 감소한 것으로 확인되었다.[78] 그리고 재봉틀의 일본 국내 판매 수량도 1969년의 사상 최고점에서 길고 더디게 힘이 빠지기 시작했다. 요리 분야에서도 재봉틀과 비슷한 변화가 보였다. 즉 조리가 끝난 식품을 의지하는 현상이 생겼지만 진행도 더디고 시기적으로도 한참 뒤였다. 점점 증가하는 가정 밖에서 일하는 사람도 포함하는 대부분의 기혼 여성들은 가정 관리자의 역할을 유지했지만, 역할의 실질적인 내용은 바뀌었다. 가족이 소비하는 것을 만들고 획득하는데 할당하는 시간은 줄어들고 모든 종류의 상품과 서비스 구입을 지시하는 구매 담당자로서 일하는 시간은 늘어났다. 가족과 일상생활에서는 이런 경향들이 서로 협력하며 관전기의 종식終熄을 알렸다. 좀 더 전반적으로 이 종식의 감각은 사회학자 요시미 슌야가 해석하는 입장과 서로 일치했다. 요시미는 1970년대 어느 정도의 '밝은 풍요로운' 소비 생활의 필수품이 광범위하게 보급되자 일본 사회는 '포스트 전후 시대'로 접어들었다고 주장했다.[79]

그렇다고 해도 다른 것과 비교해보면 전문주부는 '포스트 전후' 시대에도 유난히 오랫동안 유지되었다. 일본은 20세기 후반부터 21세기 초반에 이르기까지 여성들의 연령 계급별 노동력 비율의 그래프는 출산과 자녀 양육으로 노동 시장을 떠나는 여성들이 많았기 때문에 계속 "M자 곡선"을 그렸다. M자 곡선의 깊이는 산업자본주의 세계에서 1위인 한국 다음으로 높았다.[80] 전업주부 혹은 '반나절 이상 집안일'을 하는 주부의, 사회적 이상인 동시에 살아있는 경험이기도 한 이 오래 지속된 역할을 설명하기 위해서는 소득세 제도 상, 가족에게 임금 소득자가 두 명 있다면 두 번째 소득자가 파트타임으로 일하지 않는 한 불리해지는, 마이너스의 요인에 주목하는 것이 중요하다. 그러나 이런 지속성의 역동성을 충분히 이해하기 위해서는 가족의 옷장 관리 능력도 포함하여 숙련된 전문주부의 업무에 대한 사회적·문화적인 구조의 긍정적 측면의 중요성을 인정해야만 한다. 전문주부는 결코 재봉틀과 재봉틀에 관련된 기술만으로 창출된 것도, 타당성을 인정받는 것도 아니다. 재봉틀은 흔한 상품 중 하나였고 재봉은 보다 넓은 경제와 문화를 가정 안으로 직접 가지고 들어온 수많은 활동 영역의 하나였다. 그것은 그녀들이 보다 넓은 세계로 나가는 강력한 연결고리 역할을 제공했고 그 연결고리를 잘 관리하도록 훈련된, 그러나 낙관적인 역할을 확인시켜 주었다.

결론

    한 곳에만 초점을 맞춘 책이라고 하면 그만큼 독특한 이야기일 것으로 기대하는 것은 어쩔 수 없다. 물론 표현 방법에 약간 차이가 있지만 이 책의 기획 의도를 설명할 기회가 있을 때마다 매번 꼭 빠지지 않을 정도로 받는 질문이 일본에서 재봉틀이란 기계의 '일본적'인 의미에 관한 것이었다. 질문이 기대하거나 암시할 정도의 답변은 아닌 것 같지만 나는 두 가지 답변으로 결론을 내렸다. 그리고 가장 흥미롭고 중요한 것은 일본에서 특별한 것으로 여겨지는 많은 요소들이 일본에서 만들어졌다기보다 오히려 세계적인 상호작용 속의 수많은 사람들의 손으로 완성되었다는 사실이다. 이미지와 말과 상품 자체가 국경을 넘어 유통되면서 거기에서 세계와 지역이 분리될 수 없는 판매, 구입, 사용이라는 실천 행위를 만들어냈다.

싱거 재봉틀과 글로벌적인 근대 생활

싱거가 "세계 최초로 성공한 다국적 기업"이며 재봉틀이 '대량생산·대량소비의 패러다임을 설정한 내구 소비재'라는 주장에는 충분한 근거가 있다.[1] 재봉틀은 실제로 전 세계로 확산되는 근대성과 근대화의 운전수이며 본보기였다. 싱거와 싱거 제품은 거의 1세기 동안 미국의 '압도적인 매력을 가진' 시장제국을 유럽뿐 아니라 지구 곳곳에 지배적인 위치로 이끌어가는 데 중요한 역할을 담당했다.[2] 따라서 우리들의 결론은 "특별히 일본에서"가 아니라 "다른 곳에서처럼 일본에서도"라는 문구로 시작하지 않을 수 없다.

일본에서는 다른 곳에서도 그랬던 것처럼 20세기로 접어들 무렵의 전후 수십 년간은 과학과 시스템의 실천자로서 세일즈맨이 탄생하는 여명기였다. '문명 복음의 대변자'인 그들은 "손수레 대신 자전거를, 거위 깃털 펜 대신 만년필과 타자기를, 이동용 석유 등 대신에 가스전등을, 바늘 대신에 재봉틀로 교체하도록 설득했다."[3] 평범한 전구와 재봉틀이 아니라 GE, 마쓰시타, 싱거, 자노메처럼 고유 브랜드 명이 버젓이 붙은 대량 생산품을 판매했다. 이 브랜드들은 분명히 1920년대와 1930년대의 "국산품 애용" 운동에서든, 무역경제에서 전후 오랫동안 지속되어온 무역 경쟁의 호전적인 미사여구에 있어서든 국가적인 역할을 맡았다. 그러나 브랜드 명을 붙인다는 것은 어디에나 있었고 무역협상에서 사용하는 언어는 사실상, 미국과 일본 양쪽에서 동일했다. 게다가 애국적 언사들이 쏟아져 나올 때조차 자노메의 1937년 판매원용 입문서는 표지에 "Our

Salesmanship"이라는 영어 제목을 내걸었다.[4] 20년 뒤 자노메 사장은 판매원들에게 "당사의 최고 재산은 세일즈맨입니다"라고 호소하며 "미국의 대기업 사장의 98%까지는 세일즈맨 출신"이라는 주장으로 논쟁을 매듭지었다.[5]

전 세계 어디서나 그랬던 것처럼 일본에서도 세일즈맨의 탄생과 함께 찾아온 것이 소비자의 탄생이었다. 이것을 소비의 기원과 혼동해서는 안 된다. 소비의 세계적인 역사는 몇 세기나 전부터 시작되었고 거기에는 근대 초기의 소비의 급격한 확대와 같은 많은 연구가 거론했던 현상도 포함되었다. 그 시기에 많은 사람들이 예전에 없었을 정도의 온갖 종류의 상품을 소비하기 시작했다.[6] 싱거 시대에 세계적인 힘으로 새롭게 등장한 것은 경제적 사고 뿐 아니라 사회, 정치, 그리고 문화에서 "소비자"가 하나의 독립적인 존재라는 의식이었다. 소비자는— 여성의 경우에는 어디서나 똑같이 일본에서도 성적 정체성이 문제시 되었지만— 자신을 위해서나 가족을 위해 물건을 사고 돈을 쓰는 장면만이 아니라 어떤 결정을 내리는 장면에서도 점점 주인공 역할을 연출하는 행위자로 등장했다. 그 결정은 많은 사람이 봐도 현명해야 했다. 왜냐면 소비자는 각 개인의 필요를 충족시킬 뿐 아니라 한 국가의 부와 제국의 운명에 영향을 미치기 때문이었다. 재봉 교육자인 와타나베 시게루는 싱거의 세일즈맨이었던 엔도 마사지로와 똑같이 많은 여성들이 단순히 옆 사람에게 "부화뇌동"되어 재봉틀을 구입했다고 개탄했다. 그녀들은 어리석게도 제대로 사용하지도 않을 것에 귀중한 돈을 낭비했다. 진정 "문명화된" 여성이라면 국채에 투자했을 텐데 재봉틀을 산다는 것은 '국가적인 중대한 문제'라고 했다.[7] 엔도는 이것이 "단순히 미국 회사의 배를 불려줄 뿐", 사용하지 않고 내팽개쳐져 있는 재봉틀 따위는 "일본에 아무런 도움이 되는 바도 없다"고 했다.[8]

그렇지만 이런 발언이 있었기 때문에 일본이 소비자 성숙기에 특별히 적대적인 환경을 제공했다는 것을 의미하지는 않았다. 심지어 와타나베조차 재봉틀은 제대로 사용한다면 구매할 의미가 있다고 인정했다. 좀 더 실용적인 엔도는 재봉틀의 보급과 대항하지 않고 여성들에게 재봉틀 사용법을 가르치기로 결심했고 나중에 일본에서 가장 성공한 양재학교를 설립했다. 게다가 여성들은 새로운 상품을 구입하고 사용후기를 서로 글로 투고했을 때 방어적이거나 변명을 하지도 않았고 국가의 부를 낭비하고 있다고 걱정하지도 않았다. 그녀들 이야기로는 재봉틀을 사는 것은 대단히 합리적이며 근대적인 행동이었다. 이무라 노부코는 1920년 잡지 『부인계』에서 "아동의 일상복을 전부 양복으로" 바꾸는 방법으로 "주부와 가정부의 효율을 높여야 한다"고 촉구하면서 재봉틀을 권장했다.[9] 그리고 계속해서 동료들에게 "최근에는 재봉틀 금액을 아주 소액 할부로 지불하는 판매 방법도 있으므로 일반 가정에서 재봉틀을 구비하는 것은 그다지 힘든 일이 아닐 것"이라고 설득했다.

사실, 제품의 금액을 한 주나 한 달 단위로 분할 지불하는 방식의 신용 판매는 19세기 말부터 20세기 초에 걸쳐 싱거와 다른 회사가 세계적인 규모로 개척한 시장제국의 또 다른 새로운 혁신이었다. 장소에 따라 언설의 구조에 약간의 차이는 있었지만 경제적 관행에서는 거의 다르지 않았다. 어디서나 의지박약한 소비자가 신세를 망칠 정도로 빚을 지지 않을까라는 우려가 있었지만 일본에서도 다른 곳과 똑같이, 어쩌면 그 이상으로 염려하고 걱정하는 소리에 효과적으로 맞서는 주장이 학자와 실업계에서 나왔다. 할부 판매는 소비자가 '한 달마다 수지 예산을 세워 규칙적인 생활을 경영하도록' 시킬 것이라고 했다.[10]

게다가 재봉틀을 둘러싼 언설이 여성들이 자립해야만 하는 '만일의 경우'를 대비해서 여성들의 자립 수단이 될 수 있는 재봉틀의 가능성에 높은 가치를 둔 것은 세계적인 여성의 근대성을 일본에 맞게 특별하게 적용한 것은 아니었다. 그것은 일본적 근대 여성의 사고와 여성에 대한 사고의 일부를 이루고 있다는 사실이 지금까지 충분히 인식되지 않았던 것으로 다른 곳에서도 똑같이 주장하는 가치였다.

소비하는 주체 혹은 시민의 문화생활에서 다른 곳과 마찬가지로 일본에서도 새로운 중산층의 상상력에 투영되어 정착된 근대성의 양면성을 파악할 수 있었다. 전전 시기에는 이런 중산층은 소수였고 이들의 삶의 질은 많은 이들이 꿈꿀 수밖에 없는 것이었기 때문에 소수의 중산층들은 그것을 잃지 않으려고 항상 노심초사했다. 예를 들어 1936년 자노메 광고는(그림 20) 미국인을 연상시키는 일본 모델을 내세워 재봉틀이라는 과학의 산물을 사면 시간도 비용도 절약할 수 있고 그 수익으로 쇼핑을 마음껏 즐길 수 있다는 꿈에 호소했다.[11] 이 정도로 대담하지는 않다고 해도 프랑스에서도 비슷했다. 인쇄광고를 꼼꼼하게 해석한 주디스 G. 코핀Judith G. Coffin에 따르면 재봉틀은 이중적 의미를 가지고 있었다. 그것은 근대적 가정과 '상품의 세계'로 가는 접근의 표상이었다. 그렇지만 그것은 또 가구 소득에 대한 철저한 관리를 의미했다. 이러한 관리 없이는 상품 세계로의 접근이 불가능했을 것이다.[12] 일본어에는 "modern"의 개념을 표현하는 상당히 다른 두 개의 단어가 있다. 한 쪽은 합리성, 자기 규율, 투자를 위한 수입 또는 절약을 취지로 하는 냉철한 미래지향 modern(근대적인)인 생활을 의미하고 다른 한 쪽은 놀이와 즐거움을 쫓아가는 멋진 그 시대 풍조의 modern(근대적인 감각, 참신한) 생활을 의미한다. 이 두 가지를 동시에 전면에 내세운 곳에 일본문화의 근대성을 파악하는 방식이 분명하게 표현되었다고 생각하기 쉽다. 영어 단어 modern을 언어적으로 이렇게 두 가지 형태로 나누어 버리는 것은 어쩌면 이례적인 일이었다. 그러나 비록 그렇다고 할지라도 일본어는 일본에서 특별한 뭔가가 아니라 이 두 가지 양상의 공존이 어디서나 근대적인 상황의 본질을 이루고 있다는 점에서 우리들의 이해를 도와주었다.

사회생활에서는 재봉틀이라는 상품도 역시 양면성을 가지고 있다. 착취당하는 부업자 시선에서 보면 재봉틀은 억압의 도구일 수도 있었다. 한편, 일본 여성의 자립에 도움을 주고 제한적이지만 그녀들에게 획득 가능한 기회를 제공하기도 했다. 이런 점은 분명히 전 세계적으로도 마찬가지였다. 재봉틀 재봉 시대에 상당수의 여성들이 가정 재봉과 가정 내 상업 재봉을 병행하지 않았던 국가가 어디에 있었는지를 확인하는 것은 어렵다. 바바라 버만이 19세기 중반부터 20세기 중반 시기의 북미와 영국에 관해 주장한 것은 분명 일본에서는 20세기 초부터 1960년에 걸친 시기에 정확히 해당되어 논쟁의 여지가 있지만 아마 더 광범위하게 해당될지도 모른다. 즉 여성들은 '집에서 무급으로 옷 만들기'가 보통이었다. 그렇지만 "같은 여성들 대부분이 동일한 다양한 기술을 활용하여 이웃이나 직장 동료들을 위해 유상으로 옷을 제작하면서 정기적으로 재봉 삯일을 맡게 되었다"는 것이었다.[13] 많은 소비자들이 공장에서 생산된 기성복을 선호하게 되었을 때 비로소 비용과 편리성, 스타일과 품질 중 어느 쪽을 선택할 것인가라는 상술과 동기가 아무리 얽혀있었다고 해도 가정 기반의 상업용 양재는 여성의 이상이나 실천으로서는 영향력이 미비해져 갔다.

돈을 벌기 위한 재봉과 자신이나 가족을 위한 재봉을 구분하는 경계가 명확하지 않고 종종 이 둘 사이를 오가는 이 세계에서 가족 의복 전반을 제작하고 관리하는 것은 풀타임주부, 또는 일본의 경우 내가 전문 가정 관리자라는 의미로 전업주부로 불러온 여성들에게 규정된 하나의 책임이었다. 제7장에서 시사했듯이 이 글로벌한 주제의 특필할 만한 지역적인 변주를 파악하고는 있다. 그러나 다음과 같은 점에서 유의하는 것이 중요하다. 다시 말해 전문 가정주부가 특정 국가 혹은 식민주의적 특징으로 그려진다 할지라도 가정관리가 주요 업무인 아내이자 엄마로서의 근대 여성의 이미지는 직업상의 도구로서 세계적 마케팅, 그중에서도 눈에 띄는 재봉틀을 통해서 강력하게 강화되고 어느 정도는 만들어진 것이다. 근대가족을 내세운 이런 과정의 강력한 시각적 증거는 20세기 초기의 미국과 유럽의 부르주아 가족의 이상도理想圖를 다양한 비 서양문화권의 문화적 배경에 맞게 설정하여 다시 그린 싱거사의 "번역도飜譯圖"(제3장의 그림 12와 그림 13)이다. 미국에서 유통된 그림엽서에 실린 가족도家族圖는 싱거 재봉틀이 전 세계에서 매력을 과시하고 '가정에서' 제품의 매력을 끌어올린 것으로 여겨졌다.[14] 게다가 더 중요한 것은 번역된 가족

정경도情景圖가 일본에서 유통되면서 이 그림이 서양에서 먼저 그려진 사실을 약간 속이기까지 했음에도 불구하고 양처현모라는 새로운 근대적인 이상에 정당성을 부여하기도 했다.

싱거의 광고에서 볼 수 있는 가족은 원작인 미국의 묘사에서나 일본이나 자바섬, 미얀마의 번역 버전에서나 분명히 근대 중산층의 안락한 상층부에 자리잡고 있었다. 이무라 노부코는 양재 효율성의 장점을 추천했을 때, 독자 중에서 가정부를 고용할 만큼 살림살이가 괜찮은 사람들을 상정했다. 그러나 이무라는 '주부와 가정부의 효율성을 높인다'는 표현으로 폭넓은 독자층에 호소했다.[15] 본 연구의 한 가지 논점은 재봉틀이 일본 사회 내 여러 계층에 폭넓게 호소하는 힘을 가지고 있었다는 점이다. 1950년대까지는 오직 소수 그룹만이 재봉틀을 살 수 있었다. 지난 수십 년, 흥미를 자아내는 새로운 소유물을 구입한 중산층을 보면서 자신들은 그 세계에서 제외되었다는 감정은 오직 노동자층이나 저소득층 여성과 가족의 분노를 고조시켰을 것으로 보인다. 그렇지만 일본에서는 비록 살 가능성은 없더라도 광범위하게 확산된 제품에 대한 욕망은 사회계층의 분열을 심화시키기보다 오히려 연결하는데 도움을 주었다. 마쓰나미 다다유키松波正明는 1930년경 소비자 신용을 이야기하면서 "이것은 누구나 상품을 소유할 수 있게 하고 인간으로서 누릴 수 있는 행복을 좀 더 평등하게 확산시키며 골치 아픈 계급투쟁을 완화할 것이다"라고 주장했다.[16] 그의 미사여구는 경제적 생존을 위해 재봉틀을 사용한 여성들이 더 넓은 문화와 패션 유행에 대리 참여하면서 맥락을 같이 했다.

역사학자들은 구미에서 재봉틀이 노동자층 가구를 '노동력 착취 공장의 축소판'으로 바꾸어버렸지만 가족을 위해 재봉을 하는 중산층 여성들에게는 '다른 효과를 가져왔다고' 주장했다.[17] 즉 빅토리아 시대의 중산층에게 재봉틀이 '여가와 과시적 소비를 상징'한 반면, 노동자층 여성에게는 '공장과 부업의 착취적인 상황을 의미하는 것'이었다.[18] 만약 이런 견해가 지지를 받는다면 재봉틀의 통합적인 영향력은 일본 특유의 것이거나 적어도 서양의 경험과는 다른 것이었다. 그렇지만 보다 최근의 연구들은 미국과 영국의 경우에서 지금까지와는 다른 견해를 보였다. 피오나 해크니Fiona Hackney는 전간기의 영국에서 노동자층의 여성용 잡지에 홍보된 여성복 맞춤 제작이 "패션의 새로운 상업문화와 근대적 여성성에 대한 귀속감과 참여성을 외부에 드러냈다"고 설득력 있는 결론을 내렸다.[19] 낸시 페이지 퍼거슨Nancy Page Ferguson은 19세기 말 미국에서 재봉틀 홍보자들이 "산업 변화가 초래하는 사회적 영향에 대한 불안감을 호소했다"는 주장을 되풀이했다. 이러한 마케팅의 총체적인 노력은 "경제적 변화에서 분리된 소비와 산업화가 미국 생활에 미치는 충격에 대한 불안을 완화시켰다"고 결론지었다.[20] 나는 일본에서도 똑같이 다른 여러 상품 중에서 재봉틀은 대립과 혼란을 야기하기보다는 오히려 사회질서와 계층 간 차이를 더 많이 확인시켜주었다고 믿는다. 재봉틀은 근대세계의 여성들에 있어서 상당한 범위의 이상과 역할의 정당성을 입증했다. 그 범위는 '교양'을 찾는 사람과 스타일과 패션의 국제적인 유행에 행복하게 동참한 사람들부터 훈련받고 숙련된 소비자로서의 가정의 관리자 그리고 자립을 자랑스러워하는 부업자까지 다양했다.

근대에 대한 저항과 순응

19세기 중반부터 일본의 소비자들이 전 세계를 둘러싼 근대적 생활의 언어를 말하고 그 길을 따라갔던 다양한 방법을 강조하는 것은 중요하다. 그렇지만 이들의 메시지와 의미가 한 뿌리에서 시작되어 계속 한 방향으로만 움직인다든지, 문제제기나 변형 없이 수용되었다고 주장하고 싶은 것은 아니다. 세계화는 실제로 현지화의 과정이며 앞에서 대충의 줄거리를 설명한 큰 주제를 기본으로 장소마다 다르게 변주하는 방식을 보여주었다. 근대의 문화·경제생활의 다양한 모습에는 몇 가지 특정한 출발지점이 있었지만 그것들은 다양한 방향으로 확산되었다. 그들은 여기저기에 자리를 잡거나 여러 방향으로 순환하거나 때로는 시작지점으로 다시 되돌아오기까지 했다. 산업생산의 과학적 관리와 그것이 구체화되어 미국인이 통계적 품질관리라고 부르는 방법은 1950년대와 1960년대의 일본에서 상당히 수용되었다. 다음에는 그것이 품질관리 분임조 활동이라는 새로운 형태로 미국과 전 세계로 퍼져나갔다.[21] 최근의 한 뛰어난 연구에서 주목을 받은 전간기의 세계적 현상이었던 "모던 걸"은 마찬가지로 저자들이 설득력 있게 '다방향 인용'의 비대칭적인 과정이라고 묘사한 것의 산물이었다.[22] "모던 걸"은 일본의 화장품 광고에서 백인으로 등장했지만 하필이면 독일 나치당이 정권을 잡았던 바로 그 해 독일에서는 영락없는 아시아적인 외모였다. 경험이 풍부한 양재사와 복장 디자인학교가 다진 기초 위에 만들어진 것이 확실해 보이는 전후 패션 세계에서는 일본은 모리 하나에森英惠(1926~), 미야케 잇세이三宅一生(1938~),

가와쿠보 레이川久保玲(1942~), 그리고 고시노 자매小篠姉妹*와 같은 디자이너가 창작한, 원하는 패션의 단순한 수혜자뿐만 아니라 제작자로서도 두각을 나타냈다. 일본의 재봉틀 회사는 국내에서는 싱거 시스템을 재 작업하는 것과 그대로 추진하는 것을 동시에 진행하기까지 했다. 그렇지만 1950년대와 1960년대의 미국 수출용 재봉틀의 생산과 판매는 일본의 각 기업과 미국의 제휴 파트너가 "강력한 싱거"가 직접 채택하고 싶어 하지 않았던 대형 체인점의 대량판매 전략을 즉석에서 만들었다.

시장제국의 관행은 20세기로 가는 변곡점에서 시작하여 태평양을 건넜을 때 더욱 강력한 저항의 레토릭에 부딪혔다. 1930년대 싱거에 대한 세일즈맨의(다음에는 새로운 경쟁 상대의) 저항, 전시 중 국민복 개혁 노력, 혹은 전후 싱거의 복귀를 저지하려고 했던 투쟁과 같은 에피소드들은 국가 간이나 문화 간 차이 또는 서로 충돌하는 제국과의 차이를 자각하게 만들었다. 이는 상품의 판매 방법, 사람들의 복장, 삶의 방식에서 실제적인 차이를 넘어섰다. 이런 에피소드에서 근대적 관행의 일본적 변형이라고 생각하고 싶은 것을 어떻게든 명확하게 표현하려는 노력은 전 세계적인 근대성을 완전히 부정하거나 저항하는 것보다 중요하고 필연적이었다.

일본형의 근대성이라는 견해가 등장한 것은 1920년대의 '이중생활'을 둘러싼 논쟁부터였다. 논쟁의 참가자들은 일본형 근대성이 속도와 효율, 자유로운 이동, 그리고 때로는 선택의 자유라는 근대적 가치를 포용

---

* 고시노 세자매(小篠三姉妹) : 일본 패션 디자이너 고시노 아야코(小篠綾子, 1913~2006)의 세 딸이며 모두 디자이너이다. 장녀 고시노 히로코(小篠弘子, 1937~), 차녀 고시노 준코(小篠順子, 1939~), 삼녀 고시노 미치코(小篠美智子, 1943~)이다. 앞에서 언급한 『카네이션』 아침소설드라마의 주인공들이다.

하거나 받아들였다 할지라도 어떤 의미에서 '일본적'인 생활을 규정하고 권장하려 노력했다. 그것은 또 전시 근대성 시기에 '국민복'과 '표준복'을 제작하려고 한 적극적인 시도에서도 분명하게 드러났다. 전쟁 지원을 위한 후방에 어울리는 합리성과 "일본 고유 복장의 특징을 살려 세계 의복 문화에서 지도적인 역할을 해낼 수 있는" 요소를 갖춘 복장이 요구되었다.[23] 전반적으로 이러한 노력은 독특한 것이라고는 할 수 없었다. 일본에서도 미국에서도 사람들은 '산업화 여파에 대한 불안'을 대처하고 근대 생활의 혼란스러운 변화를 이해하려는 노력의 일환으로 '가정의 재봉틀에 대한 문화적 구조를 조성하고' 새로운 복장 습관의 공감대를 형성했다.[24] 그러나 일본의 경우에는 다른 비서구권 국가들과 마찬가지로 다른 요소를 추가하거나 이중적이었다. 변화에 대처하려고 노력하는 사람들은 새로운 시대에 기존의 전통을 유지할 것인지 새 형태로 만들 것인지와 같은 시간적 관점에서가 아니라 가능성과 위험성을 동시에 초래하는 문화적으로 이질적인 것의 침입을 극복하려는 노력과 같은 공간적 관점에서 이해했다.[25]

이 노력들이 투쟁과 저항의 형태를 갖춘 경우였더라도 결과는 거부보다는 순응 또는 변형이었다. 싱거의 세일즈맨과 분점 주임들은 고용 조건을 둘러싸고 회사의 외국인 임원들과 투쟁했다. 같은 시기에 일본의 자본가가 전적으로 소유하고 경영했던 회사에서도 노동자는 같은 요구를 제기하고 노사분규를 일으켰다. 그렇지만 싱거의 종업원은 스스로 "양키 자본주의"에 저항했다고 주장하면서 그러한 개념 구조로 인해 그들의 투쟁은 특별히 격렬해졌다고 했다. 싱거와의 싸움은 자본주의의

'일본 특유의' 변형으로서의 퇴직금과 해고 수당제도에 대한 이해를 심화시켰다. 이 변종들은 '일본적 고용 시스템'으로 이해되는 제도적 복합체에 도입되어 전후 무렵에는 관행과 이해, 그리고 자본주의에서의 고용이라는 주제에서 상당히 중요한 의미를 갖는 하나의 변주곡이 되었다.

1930년대 중반 싱거의 지배적 지위를 잠식하기 시작한 일본의 경쟁회사들은 자사들의 신용제도가 일본 고유의 선례를 따른 것으로 예상했던 것처럼 일본의 경제 상황에 한층 더 적합한 것으로 설명했다. 또 판매방법과 외판원의 보수를 기본급에 수수료를 추가한 보상 방법과 같은 그들의 쇄신은 뛰어났다고 설명했다. 그러나 결국 이 방법들은 싱거의 관행에 대한 정면 공격이라기보다는 미국에서도 이미 존재했던 선례를 조심스럽게 수정한 것들이었다. 전후 초기 특히 1950년대 자노메와 기타싱거의 경쟁사들은 계속해서 미국의 산업 침략에 저항하며 민족산업을 옹호한다고 내세웠다. 그들의 호전적인 미사여구는 바로 전년도까지의 미국과 일본 간 전쟁의 격분을 불러일으켰다. 자노메는 자사의 판매 실천법이 일본 자생종이라고 과시하기 위해 "심경 판매"라는 표현을 사용했다. 이 무역전쟁에서 사용한 과격한 단어는 주목할 만했다. 그것은 전쟁 중의 적대감이 좌우에 상관없이 많은 사람들이 '평화와 문화'의 시기로 일컫던 우호친선의 시기가 되면 바로 흔적도 없이 사라졌다는 표현을 곤란하게 만들어버렸다. 그렇지만 "심경판매"라는 아이디어에도 불구하고 이 미사여구를 근본적으로 다른 비즈니스 패러다임의 표시로 받아들인 것은 실수였을 것이다. 자노메는 일본 국내외의 다양한 근대기업들과 함께 사업 경쟁에 뛰어들었으며 이들은 동일한 제품을 만들고 싱거 판매 시스템의 수정 버전을 통해 판매했다.

이와 같이 재봉틀 사용법으로 눈을 돌리면 국가가 부흥하고 번영함에 따라 중산층 가정과 전문 가정주부가 문화적으로도 사회적으로 두각을 나타내면서 일본적인 조건에 순응한 몇 가지 중요한 특징들이 떠올랐다. 일본에서 상업적 재봉 수업을 받는 전문 가정주부가 정말 많았다는 사실은 다른 나라의 동일집단과 훈련을 받는 일본의 전문 가정주부 간의 확실한 차이를 보여주었다. 그 중에는 집에서 엄마나 자매에게 재봉을 배운 사람, 또는 공립학교의 표준적인 가정과 교육과정에서 배웠을 뿐, 졸업 후에 재봉학교 교육을 받지 않은 사람도 있었다. 그렇지만 영국이나 미국과 비교하면 비공식 재봉 훈련으로 기술을 익힌 사례는 훨씬 적었고 숙련된 양재사의 도제徒弟가 되는 영국의 아주 일반적인 관행도 거의 없었다.[26] 상업 재봉 학교에서 정규교육을 받는 일본식 패턴은 가정관리자인 여성들이 특정 전문기술들을 배우는 것이 당연하다는 생각을 반영했으며 그것을 더욱 촉진시키기도 했다.

주부의 일이 전문적이며 자격을 갖춘 직업이라는 잘 연마된 인식(하나의 독특한 문화적 연대감으로 보이는 요소)과 관련되어 확산된 시각은 여성은 남성 이상으로 책임감 있는 대출자이자 구매자라는 사실이었다. 여성 소비자가 합리적이라는 이미지는 당시 사람들도 나중에는 학자들도 일본의 특유한 것으로 강조했다. 그렇지만 사실 그 정도로 독특한 것이 아닐지도 모르고 다른 곳에서는 충분히 인식되지 않았을 정도일지도 모른다. 이것은 더 연구할 가치가 있는 주제이다. 그러나 나는 프로 의식으로 가계를 규모 있게 꾸리고, 낭비하는 남편이 티켓식 신용으로 먹고 마시는 것을 억제시키려고 애쓰는 여성이라는 인물상은 일본의 전후 고도 성장기의 전문 가정주부의 이상의, 비교할 데 없이 오랫동안 지속된 영향력과 관계있는 달리 유례가 없는 모습이라고 생각했다.

마지막으로 여성은 사실 상 어느 나라에서나 가족을 위해 그리고 돈을 벌기 위해 집에서 재봉을 했다고 할 수 있다. 그러나 일본에서는 자신의 집을 본거지로 삼은 모든 종류의 재봉이 특별하고 광범위하게 이루어진 것 같았다. 이것은 적어도 전문적인 여성복 제작이 더 일찍 그리고 더 폭넓게 가정을 벗어나 대규모 의류 생산으로 넘어갔던 구미 사회와 비교하면 일본에서는 재봉틀이 들어오기 전부터 이미 있었던 사항이었다. 20세기가 열리고 재봉틀이 일본의 재택 재봉과 여성복 맞춤 세계로 유입되고 처음 수십 년간은 세계와 비교해서 상당히 미미한 숫자였다. 그렇지만 평상시 가정용 재봉틀과 가정 내 이용자에 중점을 두고 근대성의 이런 상징을 소유하려는 욕구가 커지면서 문화적인 영향은 더욱 확산되었다. 전간기가 되자 상업 재봉 학교, 인쇄 매체, 또 관민 양쪽의 개혁자들은 "여가" 시간에도 중산층 또는 노동자층의 어머니나 딸에게 바느질을 아주 자주 하도록 만든 관행의 복합체를 만들어내기 시작했다. 전시 중의 정책은 가정 재봉의 보편성 위에 구축되었고 그것을 더욱 강화시켰다. 국가와 나리타 준과 같은 동맹자들은 재봉일을 하는 주부들을 전략 자원으로 동원하여 손바느질이든 재봉틀 바느질이든 집에서 간단히 만들 수 있는 '국민복'과 '표준복'을 장려했다. 다른 교전국과는 대조적으로 봉제공장에서 일하는 젊은 여성의 숫자가 굉장히 적었다는 것과 이들의 동원이 상대적으로 서서히 진행되었다는 것은 수입이 있는 여성들이 기성복 생산으로 넘어가는데 일조하는 흐름이 없었다는 것을 의미했다. 아주 오랫동안 가정 재봉에 익숙했던 모든 사회 계층과 지역의 여성들은 초라하기는 했지만 그래도 근대적인 전시 상황의 어둠에서 나와 전후의 밝은 새로운 삶으로 나아갔다. 그리고 전간기에 여러 재봉 진흥책들이 전대미문의 개화기를 맞이했다. 여성들은 급성장하는 상업 재봉 학교에서 훈련을 받았다. 그녀들은 수입, 가족, 생존, 여가를 위해서 재봉 기술을 활용했다. 집에서 매일 하루에 두세 시간을 재봉으로 보낸 여성들이 20년 넘게 그리고 그 후에도 오랜 기간 동안 전문 가정주부와 자가 제작 옷에 힘을 쓴 소비자 모두 일본을 발전시키는 데 일조했다.

시간 사용 설문조사에 대한 각서

　1950년대 일본 여성들이 바느질에 장시간을 소비했다는 데이터를 기록한 사회조사는 내가 이 책을 쓰게 된 여러 가지 의문 중 처음으로 관심을 촉발시킨 것이었다. 그래서 부가적인 정보와 분석을 제공하는 것이 적절해 보였다. 비록 이것이 책의 설명 자체와 완벽하게 맞아 떨어지지 않지만 책을 쓴 의도와는 어느 정도의 연관성이 있다.

　일상생활의 시간 사용에 대한 사회과학적 연구는 제1차 세계대전 이후 시작되었다. 미국과 영국의 국가기관과 일부 민간단체, 그리고 소련이 이 분야의 선두주자였다. 일본 공무원도 역시 아주 일찍 시간 사용 조사연구를 시작한 멤버에 포함되었다. 제3장에서 지역 조사의 창시자로 등장하는 오사카시 사회부의 "여가시간 조사" 연구가 그것이다.[1] 미국에서 출간된 『사회과학에서 시간 사용 조사』의 서장은 시간연구의 역사적 발전에 관해 유익한 개관을 제공한다.[2] 이들의 초창기 노력은 국가 관료와 그 외 사람들이 당시의 '사회문제'를 해결하는데 도움을 주기 위해 데이터를 제공하는 것이었다. 예를 들면 노동자 계층 중 사회질서 유지에 필요한 법률과 직업윤리가 결여될 우려가 있는 사람들의 생활습관들이었다. 이러한 우려가 오사카에서 실시한 첫 번째 조사뿐 아니라 1950년대 일본의 여러 기관에서 진행한 연구의 동기부여가 된 것은 확실했다.

거기에 덧붙여 이 분야에서 초기 노력에 동기를 부여했던 다른 요인은 제2차 세계대전 중 전체 인구를 가능한 한 효율적으로 동원하는데 있었다. 또 라디오 시대의 개막과 함께 방송국은 라디오 청취자(나중에는 TV 시청자)의 일상생활 패턴을 정확하게 분석하여 특정 시간대에 맞는 특정 청취자를 찾고자 했다. 1930년대부터 BBC는 가구의 시간 사용의 일상적 흐름을 파악하기 위한 노력에 있어 영국에서도 세계에서도 선두였다. 불과 몇 년 뒤 일본의 NHK도 독자적으로 야심찬 조사를 실시했다. 제2차 세계대전 이후 가장 중요한 국가 간 횡단적인 공동·비교연구가 1960년대 초, 예일대학교에서 열린 회의에서 시작되어 발전하였고 그 결과 10년 뒤 주요한 대 저서로 공개 간행되었다.[3]

이 책에서 나는 시간 사용 설문조사를 두 가지 목적으로 활용했다. 일본 여성들이 자신과 가족을 위해 집에서 바느질에 소비한 시간이 어느 정도였는지 그 느낌을 파악하기 위해, 또 얼마나 많은 여성들이 부업을 했는지를 추정하기 위해서였다. 양쪽 모두 가족을 위한 재봉이든, 상업적 가정 재봉이든 거기에 소비한 평균 시간의 의미는 논의할 가치가 있는 문제였다. 즉, 여성들이 재봉틀에 쓴 시간이 하루에 몇 분이라고 평균치를 내봐도 평균 수치가 재봉을 하지 않는 사람과 자주 하는 사람이라는 두 집단을 구별하지 못하게 해 버리는 것이 아닐까. 평균치 전후의 분포는 어떻게 되었을까와 같은 것들이었다.

우선, 비상업적 가정 재봉을 보면 일본의 경우는 유감스럽게 NHK의 시간 사용 설문조사의 1970년판만이 이 질문에 대답하는 데이터를 제공했다. 불행히도 NHK의 이전 조사와 다른 기관의 조사는 그 시점을 벗어났다. 결국 1970년의 조사는 전체 여성들이 평균적으로 하루에 33분이라는 시간을 재봉에 소비하는 것에 비해, 전업주부는 약 1시간을 소비한다고 보고했다. 그렇지만 평균치 전후의 분포를 파악할 수 있기를 원했는데도 조사는 거기에서 재봉을 전혀 하지 않는다고 대답한 사람 전체를 제외해버렸다. 그 결과, 어떤 용도로든 재봉을 정기적으로 하는 여성은 평균 2시간 16분이라는 상당한 시간을 할애한다는 계산이 나왔다. 이 평균들은 1950년대부터는 급격하게 감소했지만, 여성들을 바느질을 자주하는 사람과 하지 않는 사람이라는 두 가지 진영으로 구분했다는 점을 은폐했다.[4]

이와 같은 이분화는 예전 조사에서도 숫자상으로는 보이지 않아 다음 세대를 위해 기록되지는 않았을지라도 이미 존재했을지도 모른다. 물론 사회적 행동에 관한 조사의 어떤 평균치에도 그 전후로 분포가 흩어져 있는 것은 항상 어느 정도 당연하다. 그래도 나는 매일의 평균 재봉 시간의 수치가 높으면 높을수록 평균치 전후의 분포의 확산은 작다고 결론을 내도 괜찮다고 생각했다. 다시 말해 일본 가정의 전업주부가 1940년대와 1950년대 집에서 비상업적 바느질을 하루 평균 두세 시간이나 했다고 인지했더라도 그 외에 요리, 쇼핑, 세탁, 거기에 대부분은 육아도 했다는 점을 생각하면, 가족을 위해 평균 재봉 시간을 초과하여 대여섯 시간이나 재봉을 한 여성들이 많았다는 것은 도저히 생각할 수 없다. 반면, 하루 평균 두세 시간의 재봉을 했다고 하면 재봉을 전혀 하지 않는 여성이 큰 비중을 차지하지 않았을 것이다.

우리가 상업적 재봉인 부업으로 눈을 돌리면 사정은 달라진다. 여기에서는 부업자와 그렇지 않은 사람도 포함한 조사에서 계산된 부업 평균 시간의 보고는 집계 데이터를 어느 정도 재가공하지 않고서는 한정된 결과만을 도출할 수 있다는 것이 확실하다. 제5장에서 계속 서술했듯이 조심스러운 평가라고 믿는 수치에서 추정함으로써 전시기에 부업에 종사했던 사람들은(1942년 조사 당시) 중산층 봉급생활자(샐러리맨) 가정 여성의 3%, 공장 노동자 가정 여성의 13%로 도출되었다. NHK조사는 이렇게 부업에 할당된 시간의 합계를 단순하게 서로 더한 뒤에 조사 대상자의 총 인원수로 나누는 방법으로 부업에 소비된 평균 시간을 산출했다. 그 결과 나온 평균은 샐러리맨 가정의 여성 2천 40명의 부업에서는 하루 약 10분, 공장 노동자 가정의 여성 1천 776명의 경우에는 45분이었다.[5] 요리와 가족을 위한 재봉, 육아와 달리 상업 목적의 부업에 종사하고 있던 가구는 소수에 지나지 않았기 때문에 이들 평균은 노동자 계층 가정의 부업 비율이 중산층 가정의 부업 비율보다 훨씬 높다는 것을 보여준다는 점을 제외하면 큰 의미가 없다. 부업에 종사한 사람만을 대상으로 삼은 전후 초기의 조사를 활용하면 데이터는 조정할 수 있다. 이들 조사에 따르면 부업자는 부업에 하루 평균 4시간 내지 6시간을 보냈다.

10년 전에도 동일한 정도의 평균치를 얻을 수 있었다고 가정하면, 그리고 신중하게 평가하여 6시간을 평균으로 간주하면, 데이터를 다음과 같이 다시 만들 수 있다. 조사 대상이 된 중산층(샐러리맨) 가정 여성들이 부업에 소비한 시간의 총 합계는 1일 당 2만 4천 분이었다. 그것을 부업자 1인이 사용한 추정 360분으로 나누면 부업자 수는 57명이다. 이것은 이 범위에서 조사한 여성 총 숫자의 3%가 된다. 이 절차를 공장 노동자 가정에 적용시키면 13% 가구의 아내와 딸이 부업을 했다는 추정 결과를 얻을 수 있다(1,776명의 여성×45분÷360=222명의 부업자. 그리고 222÷1,776=12.5%).

이 책은 우리가 일상에서 놓치고 있는 '시간'이라는 개념을 다시 한 번 뒤돌아보게 하는 앤드루 고든의 탁월한 저서이다. 저자 앤드루 고든은 일본문화사 연구자로서 『일본의 200년-에도 시대부터 현대까지』 (2006, 미스즈서점, 한국어 『현대일본의 역사1·2, 2015, 이산』)와 『일본노동관계사 1853~2010』(2012, 이와나미서점)를 통해 일본 근대사에 관한 깊은 통찰을 보여주었다. 그리고 저자는 기존의 연구주제인 남성과 노동에서 더 나아가 이 책에서는 근대 국가를 유지하는 토대가 '남성' 주도에서 '여성'으로까지 확장되어가는 여성의 '사회적 노동'이라는 점에 주목했다.

여기에서 말하는 '사회적 노동'은 여성이 매일같이 반복했던 가정 노동이 경제적 가치를 갖는 직업으로서 인정받는 것을 의미한다. 근대 이전까지 전 세계의 여성들은 집 안에서 많은 노동을 했지만, 그 노동력은 실물 화폐가치가 없는 것과 다름없었다. 가족들의 식사와 청소, 옷 만들기와 수선, 빨래 등은 당연히 "엄마가 해야 할 일"이었고 엄마가 부재일 경우에는 딸들이 대신했다. 엄마와 딸들은 하루 2~3시간의 시간을 '입을 거리'에 관한 노동으로 소비했다. 특히 일본과 한국처럼 양장이 들어오기 이전, 전통의복은 손으로 바느질하고 바느질했던 솔기를 뜯어서 빨래를 한 뒤 다시 원상태로 바느질해서 입는 식이었다.

그러나 20세기 초 세계 최초 다국적 기업인 '싱거 미싱사'가 만들어낸 싱거의 재봉틀은 여성의 노동에 직·간접적인 경제 가치를 부여했다. 직접적으로는 재봉틀을 이용하여 옷을 만드는 행위와 만든 옷의 판매, 그리고 간접적으로는 바느질에 사용했던 시간 단축에서 찾을 수 있다. 손바느질에 사용한 시간을 다른 목적으로 사용할 수 있게 되었기 때문이다. 특히 근대 일본에서 재봉틀의 역할은 서구와 마찬가지로 일본 여성들을 옷의 생산자(제작 후 판매)와 옷의 소비자(주문 맞춤복 구매)라는 '이중' 역할을 소비할 수 있는 존재로 부상시켰다. 물론 그 과정에는 싱거 미싱사의 전략적인 글로벌 마케팅과 두 번의 전쟁을 경험하면서 어쩔 수 없이 가정의 경제 주체가 될 수밖에 없었던 근대 일본의 반동적 사회상도 무시할 수 없다.

일본 여성들은 재봉틀로 옷을 제작하게 되면서 남성들의 양재(양복점) 직업군 속으로 편입되었다. 그녀들은 소비재이자 생산재인 '문화용품'으로서 재봉틀을 통해 집안 경제를 돕던 부업에서, 자신 소유 양장점으로, 더 나아가 세계적인 디자이너가 되었다. 이 책에서 다룬 일본 여성들이 재봉기술을 배우고 열악한 환경의 견습생을 거친 뒤 성공한 양재사가 되기까지는 쉬운 여정이 아니었다. 근대적이며 문명적인 기기로 들어온 재봉틀이 밤새하는 엄마의 고된 노동을 줄여주기는 했지만, 오히려 전쟁을 통해 가장家長으로서 역할을 부여받으면서 재봉틀을 돌리는 속도는 증가했다. 특히 재봉틀로 성공한 여성들의 이야기는 신문기사와 잡지에서 '실화實話'로서 객관성을 부여하면서 누구라도 성공할 수 있다는 희망을 전달했다. 이 실화들은 21세기 현재 TV에서 '성공한 여성 디자이너'라는 주제의 드라마로 방송되고 높은 인기를 끌었다. 한국에서도 '월계수 양복점'(KBS, 2016~17)이 방송되었듯이 근대화 과정에서 수용한 봉제 키워드는 현재 다양한 문화콘텐츠로 재생산되고 있다.

그러나 성공한 직업인으로서의 여성의 등장은 19세기 말, 근대 일본이 경공업을 처음 시도한 도미오카제사장富岡製絲場의 어린 여공들의 노동력 착취에서 이미 시작되었고 이런 환경은 1920~40년대의 봉제공장으로 이행되었다. 즉 개인의 노동이 사회·국가적 노동으로 치환되면서 가정 내 최고 관념인 '양처현모'를 뛰어 넘어 근대인으로의 의미를 강화시켰다. 그럼에도 불구하고 많은 여성들은 재봉 기술을 배우고 싶어 했다. 그 이유는 가계의 보탬이 되거나 실질적인 직업 양재사가 될 수 있었던 사회 분위기 때문이었다. 또 당시 '싱거 재봉틀'을 갖고 있다는 것은 그녀 자신의 사회적 신분을 대리 표상하기도 했다. 따라서 보통 딸이 있는 가정에서는 대부분 재봉틀을 구매했고 이에 따라 증가하는 재봉틀 수요는 싱거사와 함께 일본 재봉틀 제조업체들의 발전을 촉구했다. 이는 저자가 밝힌 바와 같이 'Fabricate'하다는 용어를 통해 근대 일본의 여성들이 재봉틀로 '제품 만들기'와 함께 경제력 있는 여성들을 '소비자로 만드는 것' 모두를 포함하는 역사적 과정이다. 즉 경제력 없던 일본 여성들에게 '할부 판매' 방식으로 재봉틀을 판매했던 싱거사는 결과적으로 여성들에게 큰 비중을 차지한 '의복' 관련 노동력을 일정 부분 해소시키는 동시에 주체적인 '소비'를 가능하게 만든 셈이다. 이 과정을 통해 싱거사는 싱거 제품의 글로벌 시장 진출과 할부 판매, 세일즈맨과 같은 근대 소비사회의 전형적인 모습들의 기원을 보여준다. 그리고 싱거사와 경쟁하는 일본 재봉틀제조사의 등장과 발전을 통해 자본주의에 충실해가는 일본 사회의 전전, 전쟁 시기, 1945년 패전 이후의 산업사도 확인할 수 있다.

사실 이 책에서 보여준 근대 일본의 사회상과 재봉틀, 그리고 재봉과 봉제가 갖는 근대화 과정은 일본과 한국 크게 다르지 않다. 1930년대 조선의 경성과 대만의 타이페이에도 이미 싱거 재봉틀 판매점이 있었고 양장 착용 비율도 일본 내 도시보다 훨씬 높았다. 일본 여성들이 재봉틀과 양재기술을 수용하면서도 '기모노'에 대한 애착을 버리지 못한 것과는 대조적이었다. 아마 50대 이후의 연배가 기억하는 재봉틀은 집에서는 엄마의 재봉틀 작업과 교복을 맞추러간 양장점의 희미한 잔상들이다. 사회적으로는 좁은 골목길 전신주에 붙여있던 '미싱사 시다(보조원) 모집'이라는 낡은 전단지, 뉴스에서 보았던 '청계천 평화 시장의 봉제 노동자인 전태일의 분신자살'과 같이 한국의 근대화 과정에서도 빼놓을 수 없는 모습이다. 한국의 1970년대 공장 산업화된 의복 제조업은 열악한 영세한 규모였다. 봉제노동은 좁은 공간에서 하루에 10시간 이상의 재봉틀을 밟는 여성들과 앞에서 말한 '시다'들로 들어온 어린 소녀들이 담당하고 있었다. '분신자살' 사건은 '발전'이라는 현상에 쫓긴 개발도상국 한국의 노동환경 개선에 대한 외침이었다. 그 시간을 견디어 내고 재봉틀이 긍정적인 이미지로 변용된 것은 1980년 대 후반 주부들의 취미생활과 집안 인테리어로서 발재봉틀의 재등장이었다. 그리고 최근에는 COVID-19라는 팬데믹으로 의료용 마스크 수급이 원활하지 못하자 가정에서 '천마스크를 만들자'라는 운동으로 재봉틀이 새롭게 조명되었다.

　이처럼 의류의 기성품화로 가정에서 보이지 않게 된 재봉틀은 더 편리해진 손재봉틀로 여전히 우리들 생활에 남아있다. 경제력이 전혀 없던 여성에게도 '할부 판매'로 유혹한 싱거사의 마케팅 전략은 양재기술이 여성의 삶을 변화시킬 것이라고 주장했다. 외상으로 구매한 재봉틀로 돈을 벌고 그 돈으로 재봉틀 할부금을 변제하고 또 자신이 사고 싶은 것을 사는 소비의 자율성과 자기주장을 내세우는 주체성을 심화시켰다. 재봉틀 기술의 습득은 자신의 의사로 직업을 결정하고 그에 따른 경제력으로 재산을 어떻게 증식시킬 것인가와 같이 자본주의 사회, 특히 여성들의 가정과 사회적 역할에서 구체적이고 새로운 변용을 불러왔다. 아직 벌지 않은 돈으로 제품을 구매할 수 있는 '할부 판매'는 지금도 TV방송의 홈쇼핑은 물론 사회 곳곳에서 활용되고 있다. '한 달에 얼마(부담을 느끼지 않을 정도의 금액)'와 같은 유혹적인 홍보 문구는 이미 20세기 초에 시작되었고 우리는 그 지속적인 환경 속에 공존하고 있음을 재확인하고 있다.

저자 고든은 이 책에서 일본의 근·현대사가 전쟁과 남성, 노동에 집중되었던 시각을 소비를 통한 근대성의 지향으로서 여성 '소비자'가 어떻게 창출되었는가를 '여성'과 그녀들이 사용하는 '시간'이라는 여정으로 보여주었다. 특히 근대 일본이 갖고 있는 역사적 제국성과 내셔널리즘에 기반한 사회의 새로운 소비자로서 '여성'을 글로벌 상품인 재봉틀의 일본적인 지역화의 과정에서 인식하려고 했던 시도는 신선하게 느껴졌다.

사실, 여성들의 가정 노동력은 20세기 초부터 시작된 의류 제작의 공장화와 산업화 덕분에 여성들 고민은 손으로 직접 세탁해야 하는 노동력이었고 세탁기가 상품화되면서 비로소 근대 여성은 옷과 관련된 가사 노동에서 완벽하게 해방되었다고 인식하기에 이른다. 그러나 이제는 '건조기', '의류 살균기'까지 가세해서 집안의 의류와 관련된 노동은 거의 기계화되었다고 해도 무리는 아니다. 이 책에서 저자는 '근대 일본'과 '소비자의 창출'의 기저에는 재봉틀이 자리잡고 있으며 여성의 가정 노동이 재봉틀에서 시작된 기계화에 의존하면서 여성은 오히려 가정을 '관리'하는 적극적인 소비자로 자리매김하게 된다는 의미를 부여했다. 이는 주체적인 경제력은 주체적인 소비를 선취한다는 의미에서 가정 경제를 적극 관리하는 '전문 주부'의 탄생을 확인하는 순간이며 20세기 경제의 주체와 소비의 중심이 남성이라는 편향적 사고를 비트는 명쾌한 연구결과로 마무리되었다.

이 책의 번역은 영어 원서와 일본어 번역서를 대조하여 번역의 오류를 줄이고자 하였다. 이에 따라 몇 가지 첨언하고자 한다.

첫째, 앤드루 고든이 이 연구를 전개해가는 과정은 일본의 20세기 초부터 전후, 즉 제2차 세계대전까지 일본 여성이 재봉틀을 통해 어떻게 소비자이자 생산자로 등장하는가이다. 따라서 오시마 가오리(大島かおり)는 일본서 역자 후기에서 당시 일본 사정에 더 적확한 자료로 교체하거나 일본 독자에게 불필요한 설명은 삭제했다고 밝혔다. 그러나 한국어 번역에서는 크게 무리가 없는 내용이라면 저자의 연구 시각을 존중하여 영어 원서를 일본어 번역서와 병행했다.

둘째, 미싱이라는 단어는 최근까지 한국에서도 사용되었고 현재 50대 이상 분들께서도 아마 재봉틀과 미싱을 혼용하고 있을 것으로 유추된다. 따라서 제품명이나 일반 명사로는 '재봉틀'로 번역했고, 회사명, 단체명, 신문 및 잡지와 같은 고유명사는 '미싱'을 사용하였다.

셋째, 저자 고든은 근대 일본의 여성과 그녀들이 소비한 가정노동이 어떻게 사회화 되면서 주체적인 소비자로 변용하는가에 대한 구체적인 사례로서 귀중한 자료를 많이 남기셨다. 따라서 이 자료를 통해 한국의 근대사에도 등장하는 재봉틀의 문화사에 관한 후속 연구에도 많은 도움이 되리라 생각한다.

넷째, 근대 일본사에 관한 내용이 다수이므로 당시의 역사적 사건과 인물, 정부 조직은 일본어 원어 그대로 표기하였다. 한국의 '현모양처'를 일본의 '양처현모'로 표기한 것처럼 읽는 과정에서 익숙하지 않은 표현이 있을 수 있기에 이런 점은 너그럽게 이해해주기를 바란다.

마지막으로 이 번역작업을 무사히 진행하고 마무리할 수 있도록 끊임없는 지지와 격려를 해주신 건국대학교 일어교육과 교수 및 아시아콘텐츠연구소 소장이신 박삼헌 교수님께 깊은 감사를 드린다. 그리고 아시아콘텐츠연구소의 이영섭 선생님과 라단 로크니 선생님의 도움에도 감사드린다. 또 영어 원서와 일본어 번역서의 동시 번역 진행이 쉽지 않았기에 늦어지는 번역 일정을 맞추어주신 소명출판사 사장님의 배려와 편집을 담당하신 조혜린 선생님의 도움에 진심으로 감사드린다. 그리고 마지막으로 영어 원서 번역에 도움을 준 신기석님과 항상 묵묵히 지원해주는 가족들에게도 감사의 마음을 전한다.

2021년 7월

주요 참고문헌

아카이브사료(史料)

江戸東京博物館.

大原社會問題研究所, 東京：舊協調會史料.

國立公文書館アジア歴史資料センター, 東京：外務省記録「本郷における勞働爭議關係雜
　　件：「シンガーミシン」會社関係」.

東京都立公文書館：學事關係件名目錄, 東京府, 東京市.

東京農工大學科學博物館.

Smmithsonian Institute Archives, Warshaw Collection, Washington, DC：Sewing Machines,
　　box5, folder2.

United States National Archives, Washington, DC：Record Group(R/G)33l, entry1639,
　　box4840, folder17-2, Singer sewing Machine Company.

Wisconsin State Historical Society, Madison, WI：Singer Sewing Machine Collection.

일본의 잡지 (참조 년)

『月賦研究』(1957~1966)

『社會運動通信』(1932年8月-12月은『社會運動新聞)』と改稱) (1932~1933)

『主婦之友』(1917~1955)

『日本ミシンタイムズ』(1946~1955)

『婦女新聞』(1900~1920)

『婦女界』(1910~1948)

『婦人界』(1909)

『婦人俱樂部』(1920~1950)

『婦人公論』(1916~1970)

『婦人世界』(1908~1940)

『婦人之友』(1908~1940)

『ミシン工業』(1950~1956)

서적·잡지기사

朝日新聞,「新聞と戰爭」, 取材班 編,『新聞と戰爭』, 東京：朝日新聞出版, 2008.

安倍次雄 編,『業界今昔物語』, 東京：日本ミシンタイムス社, 1960.

天野正子・桜井厚,『「モノと女」の戰後史：身体性・家庭性・社會性を軸に』, 東京：平凡社ラ
　　イブラリー, 2003.

安藤由則,「近代日本における身体の「政治學」のために」,『教育社會學研究』第60集, 1997,
　　pp.99~116.

石川六郎,『出世外交術』, 東京：實業之日本社, 1925.

石原修,『勞動衛生』, 東京：杉山書店, 1922.

井上雅人,『洋服と日本人：國民服というモード』, 東京：廣済堂ライブラリー, 2001.

今津菊松,「シンガーミシンの争議Ⅰ」,『勞動研究』47號, 1951年11月, pp.34~35.

上野千鶴子,『主婦論争を読む』, 東京：勁草書房, 1982.

上村千賀子,『日本における占領政策と女性解放』, 東京：勁草書房, 1992.

ヴォーゲル, スーザン,『変わりゆく日本の家族』, 京都：ミネルヴァ書房, 2012. 原文は未公
　　刊.

牛込ちゑ,「裁縫教育回顧五十年」,『學苑』(昭和女子大學) 245號, 1960年7月, pp.22~38.

大阪市社會部調査課 編,『余暇生活の研究：勞動調査報告19』, 京都：弘文堂, 1923.

大沼淳,『文化服装學院四十年のあゆみ』, 東京：文化服装學院, 1963.

落合恵美子,『21世紀家族へ：家族の戰後体制の見かた, 越えかた』, 東京：有斐閣, 1994.

香川三六,「安定した經濟拡大の達成」,『月賦研究』第2卷號, 1958, p.2.

川崎勞動史編纂委員會 編,『川崎勞動史：戰後編』, 川崎市, 1987.

協調會 編,『最近の社會運動』, 東京：協調會, 1929.

國廣洋子,『主婦とジェンダー』, 東京：尙學社, 2001.

倉本長治,『新しい外交販賣』, 東京：誠文堂新光社, 1936.

桑田直子,「市民洋裁普及過程における裁縫科の転回とディレンマ：成田順の洋裁教育論
　　を中心に」,『教育學研究』第65卷2號, 1998, pp.121~130.

桑原哲也,「初期多國籍企業の対日投資と民族企業」,『國民經濟雑誌』第185卷5號, 2002,

pp.45~64.

今和次郎,「服装研究」,『今和次郎集』第8卷, 東京 : ドメス出版, 1972.

酒井のぶ子,「木下竹次と裁縫學習論」『家庭科學』76號, 1978, pp.44~54.

品田誠平,『割賦販賣の法律・會計・稅務』, 東京 : ダイヤモンド社, 1961.

清水正巳,『新外交販賣術』, 東京 : 誠文堂新光社, 1937.

_____,『訪問販賣注文を取る秘訣』, 東京 : クラーク叢書刊行會, 1924.

下園聰,『怒濤を越えて : 國産ミシンの父・山本東作の生涯』, 東京 : 日本ミシン工業, 2006.

蛇の目ミシン社史編纂委員會 編,『蛇の目ミシン創業五十年史』, 東京 : 蛇の目ミシン工業,
　　　　　1971.

鈴木淳,『新技術の社會誌』, 東京 : 中央公論新社, 1999.

宗田覺,『裁縫ミシン使用法全書』, 東京 : 宗田出版部, 1930.

ダイヤモンド社 編,『産業フロンティア物語 3 ミシン : 蛇の目』, 東京 : ダイヤモンド社,
　　　　　1965.

ダイヤモンド社 編,『世界の企業物語 : シンガーミシン』, 東京 : ダイヤモンド社, 1971.

高木邦郎,「チケット販賣の形態と代金不払い等の處理狀況」,『ジュリスト』, 1967.10.15,
　　　　　pp.68~69.

高橋桂二,『婦人家庭内職』, 東京 : 精禾堂, 1919.

通商産業省 編,『割賦販賣實態調査』, 東京 : 通商産業省, 1962.

東京市社會局,『内職に關する調査』, 東京 : 東京市社會局, 1926.

東京市役所工業局商業課 編,『割賦販賣に關する調査』, 東京市役所, 1935.

東京商工會議所 編,『月賦販賣制度』, 東京商工會議所, 1929.

東部逓信局,『内職奨励ニ關スル事項』, 東京 : 逓信局, 1915.

中山千代,『日本婦人洋装史』, 東京 : 吉川弘文館, 1987.

西村絢子, 福田須美子,「高等女學校生徒の服装の變遷についての一考察」『日本の教育史
　　　　　學』, 1989年10月, pp.51~69.

日本遺族會 編,『いしずえ : 戰没者遺族の体験記録』, 東京 : 日本遺族會事務局, 1963.

日本信販 編,『The文化 : 日本信販の半世紀』, 東京 : 日本信販経営企画本部, 1976.

日本統計協會 編,『日本長期統計総覧』第1卷, 東京 : 日本統計協會, 1987.

日本放送協會,『國民生活時間調査 : 農業世帶篇』, 東京 : 日本放送出版協會, 1943.

_____,『國民生活時間調査 : 俸給生活者, 工場勞務者, 女子家族篇』, 東京 : 日本放送

出版協會, 1943.

日本放送協會 編,『國民生活時間調査』, 東京:日本放送出版協會, 1970.

日本ミシン協會 編,『日本ミシン産業史』, 東京:日本ミシン協會, 1961.

蓮池義治,「近代教育史上よりみた女學生の服装の變遷(3)」『神戸學院女子短期大學紀要』 15號, 1982, pp.67~89.

秦敏之,「シンガー製造會社ニ關スル報告」(1903), 松村閔 監修,『海外實業練習生』報告, 農商務省商工局臨時報告』第10卷, 東京:ゆまに書房, 2002.

秦利舞子,『ミシン洋裁獨學ビ』第3版, 東京:秦商店出版部, 1933.

樋口哲子,「わが國における被服教育發展の樣相」『家政學雜誌』第30卷4號, 1978, pp.381~386.

福島八郎,「月賦, 割賦, クレジット:創刊二百號に寄せて」『月刊クレジット』200號, 1973, pp.18~24.

藤井忠俊,『國防婦人會:日の丸とカッポウ着』, 東京:岩波書店, 1985.

藤井治枝,『專業主婦はいま:多樣化と個性化の中で』, 京都:ミネルヴァ書房, 2002.

婦人少年局,『婦人の職業に關する世論調査』(1954);『戰後婦人勞動・生活調査資料集:生活篇』第8卷, 東京:クレス出版, 1991に再録.

ブラザー工業株式會社 編,『ブラザーの歩み:世界に挑む』, 東京:ダイヤモンド社, 1971.

松波正明,『すぐ役に立つ月賦販賣法』, 東京:萬里閣書房, 1930.

松宮三郎,『すぐ利く廣告』, 東京:三笠書房, 1938.

南博, 社會心理研究所 編,『昭和文化 1925~1945』, 東京:勁草書房, 1978.

南博 編,『近代庶民生活誌』第5卷, 東京:三一書房, 1986.

宮下全司,「避難列車」,『父が語る太平洋戰爭:燃える日本列島』來栖良夫編, 東京:童心社, 1969.

洋服業界記者クラブ,「日本洋服史刊委員會」編『日本の洋服史』, 東京:洋服業界記者クラブ, 2011.

吉田元,「日本裁縫ミシン史雜考」『ミシン産業』no.100, 1967, pp.1~10.

吉本洋子,「女の自立を支えた洋裁」,『洋裁の時代:日本の衣服革命』小泉和子 編著, 東京:OM出版, 2004.

吉本洋子,「花開く洋裁學校」,『洋裁の時代:日本の衣服革命』小泉和子編著, 東京:OM出版, 2004.

依田信太郎, 『學理的商略法 : 販賣員と販賣術』, 東京 : 博文館, 1916.

勞動省婦人少年局, 『工場勞動者生活の調査』, 東京 : 勞動省婦人少年局, 1952.

勞動省婦人少年局 編, 『家庭內職調查報告書 : 東京都分中間報告』, 東京 : 勞動省婦人少年
　　　　局, 1954.

　　　　　　　　　　, 『家庭內職の實情 : 大阪市中間報告』, 東京 : 勞動省婦人少年局, 1955.

　　　　　　　　　　, 『家庭內職の實情 : 東京23區』, 東京 : 勞動省婦人少年局, 1955.

　　　　　　　　　　, 『主婦の自由時間に關する意識調查』, 東京 : 勞動省婦人少年局, 1959.

　　　　　　　　　　, 『內職就業基本調查報告』, 東京 : 勞動省婦人少年局, 1968.

勞動省勞動基準局, 『家內勞動の現狀』, 東京 : 勞動省勞動基準局, 1976.

영어, 기타

Arjun Appadurai, *Modernity at Large : Cultural Dimensions of Globalization*, Minneapolis : Uni-
　　　　versity of Minnesota Press, 1996.〔アルジュン・アパデュライ, 『さまよえる近代 : グ
　　　　ローバル化の文化研究』, 東京 : 平凡社, 2004〕

Atkins Taylor, *Blue Japan, Durham*, NC : Duke University Press, 2001.

Bayly, C. A, *The Birth of the Modern World, 1780-1914*, Oxford : Blackwell, 2004.

Benfey, Christopher, *The Great Wave : Gilded Age Misfits, Japanese Eccentrics, and the Opening of Old
　　　　Japan*, New York : Random House, 2003.〔クリストファー・ベンフィ, 『グレイト・
　　　　ウェイヴ : 日本とアメリカの求めたもの』, 東京 : 小學館, 2007〕

Bernard, Donald R., *The Life and Times of John Manjiro*, New York : McGrawHill, 1992.

Breward, Christopher, "Patterns of Respectability : Publishing, Home Sewing and the Dynam-
　　　　ics of Class and Gender, 1870-1914", In Burman, Culture of Sewing.

Bridenthal, Renate, "Professional Housewives : Stepsisters of the Women's Movement", In
　　　　When Biology Becomes Destiny : Women in Weimar and Nazi Germany, ed. Renate Briden-
　　　　thal, Anita Grossman and Marion Kaplan, New York : Monthly Review Press, 1984.

Brinton, Mary, *Women and the Economic Miracle : Gender and Work in Postwar Japan*, Berkeley and
　　　　Los Angeles : University of California Press, 1993.

Buckley, Cheryl, "On the Margins : Theorizing the History and Significance of Making and
　　　　Designing Clothes at Home", In Burman, *Culture of Sewing*.

Burman, Barbara. ed, *The Culture of Sewing: Gender, Consumption and Home Dressmaking*, Oxford : Berg, 1999.

Burman, Barbara, "Introduction", In Burman, *Culture of Sewing*.

_____, "Made at Home by Clever Fingers : Home Dressmaking in Edwardian England", In Burman, *Culture of Sewing*.

Calder, Lendol, *Financing the American Dream*, Princeton, NJ : Princeton University Press, 1999.

Carstensen, Fred V., *American Enterprise in Foreign Markets: Singer and International Harvester in Imperial Russia*, Chapel Hill : University of North Carolina Press, 1984.

Coffin, Judith, "Credit, Consumption, and Images of Women's Desires: Selling the Sewing Machine in Late Nineteenth-Century France", *French Historical Studies 18*(Spring 1994), pp.749~783.

Cohen, Lizabeth, *A Consumers' Republic: The Politics of Mass Consumption in Postwar America*, New York : Knopf, 2003.

Cusumano, Michael A., *The Japanese Automobile Industry: Technology and Management at Nissan and Toyota, Cambridge*, MA : Harvard Council on East Asian Studies, 1985.

Dalby, Liza Crihfield, *Kimono: Fashioning Culture. New Haven*, CT : Yale University Press, 1993.

Davies, Robert Bruce, *Peacefully Working to Conquer the World: Singer Sewing Machines in Foreign Markets, 1854-1920*, New York : Arno Press, 1976.

De Grazia, Victoria, *Irresistible Empire: America's Advance through Twentieth-Century Europe, Cambridge*, MA : Harvard University Press, 2005.

Domosh, Mona, *American Commodities in an Age of Empire*, New York : Routledge, 2006.

Douglas, D. M., "The Machine in the Parlor : A Dialectical Analysis of the Sewing Machine", *Journal of American Culture 5*, no.1(1982), pp.20~29.

Dower, John W., *War without Mercy*, New York : Pantheon Books, 198.〔ジョン・ダワー,『容赦なき戦争：太平洋戦争における人種差別』, 東京: 平凡社, 2001〕

Embree, John, *Suyemura: A Japanese Village*, Chicago : University of Chicago Press, 1939.〔J・エンブリー,『日本の村：須恵村』, 東京: 日本経済評論社, 1978〕

Emery, Joy Spanabel, "Dreams on Paper : A Story of the Commercial Pattern Industry", In Burman, *Culture of Sewing*.

Fernandez, Nancy Page, "Creating Consumers : Gender, Class and the Family Sewing Machine", In Burman, *Culture of Sewing*.

Feuss, Harald, "Men's Place in the Women's Kingdom : New Images of Fatherhood in Taisho Japan", In *Public Spheres, Private Lives: Essays in Honor of Albert M. Craig*, ed. Gail Lee Bernstein, Andrew Gordon and Kate Wildman Nakai. Cambridge, MA : Harvard Asia Center Monographs, 2005.

Finnane, Antonia, *Changing Clothes in China: Fashion, History, Nation*, New York : Columbia University Press, 2008.

Francks, Penelope, "Inconspicuous Consumption : Sake, Beer, and the Birth of the Consumer in Japan", *Journal of Asian Studies 68*, no.1(2009), pp.135~160.

Friedman, Walter, *Birth of A Salesman: The Transformation of Selling in America, Cambridge*, MA : Harvard University Press, 2004.

Gamber, Wendy, *The Female Economy : The Millinery and Dressmaking Trades, 1860-1930*, Urbana : University of Illinois Press, 1997.

Garon., Sheldon, *Molding Japanese Minds: The State in Everyday Life*, Princeton, NJ : Princeton University Press, 1997.

Gelpi, Rosa-Maria and Francois Julien-Labruyere, *The History of Consumer Credit*, New York : St. Martin's Press, 2000.

Godley, Andrew, "Consumer Durables and Westernization in the Middle East : The Diffusion of Singer Sewing Machines in the Ottoman Region, 1880-1930", Paper presented at the Eighth Mediterranean Social and Political Research Meeting, Florence, March 2007.

_____ "Homework and Sewing Machine in the British Clothing Industry, 1850-1905", In Burman, *Culture of Sewing*.

_____, "Selling the Sewing Machine Around the World : Singer's International Marketing Strategies, 1850-1920", *Enterprise and Society 7*, no.2(2006), pp.266~314.

_____, "Business and the Corporate State : The Business Lobby and Bureaucrats on Labor, 1911-1941", *In Managing Industrial Enterprise*, ed. William Wray. Cambridge, MA : Harvard Council on East Asian Studies Monographs, 1989.

_____, *The Evolution of Labor Relations in Japan: Heavy Industry, 1853-1955. Cambridge*,

MA : Harvard Council on East Asian Studies Monographs, 1985.〔アンドル・ゴード
ン,『日本勞使關係史 : 1853-2010』, 東京 : 岩波書店, 2012〕

_____, "From Singer to Shin pan : Consumer Credit in Modern Japan", In *The Am-
bivalent Consumer: Questioning Consumption in East Asia and the West*, ed. Sheldon Garon
and Patricia L. Maclachlan,, Ithaca : Cornell University Press, 2006.

_____, *Labor and Imperial Democracy in Japan*, Berkeley and Los Angeles : University
of California Press, 1991.

_____, "Managing the Japanese Household : The New Life Movement in Postwar
Japan", In *Gendering Modern Japanese History*, ed. Barbara Molony and Katherine Uno.
Cambridge, MA : Harvard University Asia Center, 2005.

_____, *The Wages of Affluence : Labor and Management in Postwar Japan*, Cambridge,
MA : Harvard University Press, 1998.

Gordon, Sarah A, "Make It Yourself" : Home Sewing, Gender and Culture, 1890-1930, New
York : Columbia University Press, 2007.

Hackney, Fiona, "Making Modern Women, Stitch by Stitch : Dressmaking and Women's
Magazines in Britain, 1919-1939", In Burman, *Culture of Sewing*.

Harootunian, Harry, *Overcome by Modernity. Princeton*, NJ : Princeton University Press, 2000.
〔ハリー・ハルトゥーニアン,『近代による超克 : 戦間期日本の歴史・文化・共同
体』, 東京: 岩波書店, 2007〕

Hastings, Sally A, "The Empress's New Clothes and Japanese Women, 1868-1912", Historian
55, no.4(1993), pp.681~682.

Havens, Thomas, *Valley of Darkness: The Japanese People and World War II*, New York : W. W. Nor-
ton, 1998.

Helventson, Sally I. and Margaret M. Bubolz, "Home Economics and Home Sewing in the
United States, 1870-1940", In Burman, *Culture of Sewing*.

Hollander, Anne, *Sex and Suits : The Evolution of Modern Dress*, New York : Albert A. Knopf,
1994.〔アン・ホランダー,『性とスーツ』, 東京 : 白水社, 1997〕

Johnson, Chalmers, *MITI and the Japanese Miracle*, Stanford, CA : Stanford University Press,
1982.〔チャルマーズ・ジョンソン,『通産省と日本の奇跡』, 東京 : ティビーエス・ブ
リタニカ, 1982〕

Jones, Geoffrey G. and David Kiron, "Singer Sewing Machine Company : 1851-1914", Harvard Business School Case N9-804-001, Boston : Harvard Business School Publishing, 2003.

Kasza, Gregory J, *The State and the Mass Media in Japan, 1918-1945*, Berkeley and Los Angeles : University of California Press, 1988.

Maier, Charles, "The Politics of Productivity : Foundations of American International Economic Policy after World War II", In *Between Power and Plenty: Foreign Economic Policies of the Advanced Industrial States*, ed. Peter Katzenstein, Madison : University of Wisconsin Press, 1978.

Margerum, Eileen, "The Needle as Magic Wand: Selling Sewing Lessons to American Girls After the Second World War", In Burman, *Culture of Sewing*.

Mason, Mark, *American Multinationals and Japan: The Political Economy of Japanese Capital Controls, 1899-1980*, Cambridge, MA : Harvard Council on East Asian Studies, 1992.

Matthews, Glenna, "Just a Housewife", *The Rise and Fall of Domesticity in America*, New York : Oxford University Press, 1987.

Mimura, Janice, *Planning for Empire: Reform Bureaucrats and the Japanese Wartime State, 1931-1945*, Ithaca, NY : Cornell University Press, 2011).

Modern Girl Around the World Research Group, ed. *The Modern Girl Around the World: Consumption, Modernity, and Globalization. Durham*, NC : Duke University Press, 2008.

Moeller, Robert G., *Protecting Motherhood: Women and the Family in the Politics of Postwar West Germany*, Berkeley and Los Angeles : University of California Press, 1933.

Najita, Tetsuo, *Ordinary Economies in Japan: A Historical Perspective, 1750-1950*, Berkeley and Los Angeles : University of California Press, 2009.

Nakayama Chiyo, *Nihon fujin yōsō shi*, Tokyo : Yoshikawa kōbunkan, 1987.

Nihon hōsō kyōkai, *Kokumin seikatsu jikan chōsa*, Tokyo : Nihon hōsō kyōkai, 1970.

_____, *Kokumin seikatsu jikan chōsa : Hōkyū seikatsu sha, kōjōrōmu sha, joshi kazoku hen*, Tokyo : Nihon hōsō kyōkai, 1943.

_____, *Kokumin seikatsu jikan chōsa : Nōgyō setai hen*, Tokyo : Nihon hōsō kyōkai, 1943.

_____, ed., *Ishizue: Senbotsusha izoku no taiken kiroku*, Tokyo : Nihon hōsō kyōkai,

1963.

_____, ed., *Nihon mishin sangyō shi*, Tokyo : Nihon mishin kyōkai, 1961.

Nihon shinpan, ed., *Za bunka :Nihon shinpan no hanseiki*, Tokyo : Nihon shinpan keiei kikaku honbu, 1976.

Nihon tōkei kyōkai, ed., *Nihon chōki tōkei soran* Vol.1, Tokyo : Nihon tōkei kyōkai,1987.

Nishimura Ayako and Fukuda Sumiko, "Kōtō jogaku seitō no fukusō hensen ni tsuite no hito kōsatsu", *Nihon no kyōiku shigaku*, October 1989, pp.51~69.

Nolan, Mary, "'Housework Made Easy' : The Taylorized Housewife in Weimar Germany's Rationalized Economy", *Feminist Studies 16*, no.3(1990), pp.549~577.

Nolte, Sharon H. and Sally Ann Hastings, "The Meiji State's Policy toward Women", In *Recreating Japanese Women :1600-1945*, ed. Gail Lee Bernstein, Berkeley and Los Angeles : University of California Press, 1991.

O'Bryan, Scott, *The Growth Idea: Purpose and Prosperity in Postwar Japan*, Honolulu : University of Hawaii Press, 2009.

Oddy, Nicholas, "Beautiful Ornament in the Parlour or Boudoir : The Domestication of the Sewing Machine", In Burman, *Culture of Sewing*.

Offen, Karen, "Body Politics : Women, Work and the Politics of Motherhood in France, 1920-1950", In *Maternity and Gender Policies: Women and the Rise of the European Welfare States, 1880s-1950s*, ed. Gisela Bock and Pat Thane, London : Routledge, 1991.

Partner, Simon, *Assembled in Japan: Electrical Goods and the Making of the Japanese Consumer*, Berkeley and Los Angeles : University of California Press, 1999.

Putnam, Tim, "The Sewing Machine Comes Home", In Burman, *Culture of Sewing*.

Reynolds, Helen, "'Your Clothes Are Materials of War' : The British Government Promotion of Home Sewing During the Second World War", In Burman, *Culture of Sewing*.

Rōdō shō, *Kanai rōdō ni kan suru chōsa*, Tokyo : Rōdō shō, 1975.

Rōdō shō, fujin shōnen kyoku, ed., *Katei naishoku chōsa hōkokusho :Tokyo-to bun chūkan hōkoku*, Tokyo : Rōdō shō, fujin shōnen kyoku, 1954.

_____, ed., *Katei naishoku no jitsujō: Osaka shi chūkan hōkōku*, Tokyo : Rōdō shō, fujin shōnen kyoku, 1955.

_____, ed., *Katei naishoku no jitsujō: Tokyo 23-ku*, Tokyo : Rōdō shō, fujin shōnen kyoku, 1955.

_____, ed., *Kōjōrōdōsha seikatsu no chōsa*, Tokyo : Rōdō shō, fujin shōnen kyoku, 1952.

_____, ed., *Naishoku shugyo kihon chōsa hōkoku*, Tokyo : Rōdō shō, fujin shōnen kyoku, 1968.

_____, ed., *Shufu no jiyū jikan ni kansuru ishiki chōsa*, Tokyo : Rōdō shō, fujin shōnen kyoku, 1959.

_____, *Kanai rōdō no genjō*, Tokyo : Rōdō shō, rōdō kijun kyoku, 1976.

Sakai Nobuko, "Kinoshita Takeji to saihō gakushū ron", *Katei kagaku*, no.76(1978), pp.44~54.

Sand, Jordan, *House and Home in Modern Japan: Architecture, Domestic Space, and Bourgeois Culture, 1880-1930*, Cambridge, MA : Harvard Asia Center Monographs, 2003.

Sato, Barbara, *The New Japanese Woman. Durham*, NC : Duke University Press, 2003.

Scott, Joan Wallach, "The Mechanization of Women's Work", *Scientific American*, 1982.9, pp.166~187.

Seligman, E. R. A, *The Economics of Installment Selling* Vol. I, New York : Harper and Brothers, 1927.

Shimotani, Masahiro, "The Formation of Distribution Keiretsu : The Case of Matsushita Electric", In *The Origins of Japanese Industrial Power*, ed. Etsuo Abe and Robert Fitzgerald, London : Frank Cass, 1995.

Shinada Seihei, *Wappu hanbai no hōritsu, kaikei, zeimu*, Tokyo : Dayamondo sha, 1961.

Silverberg, Miriam, *Erotic Grotesque Nonsense: The Mass Culture of Japanese Modern Times*, Berkeley and Los Angeles : University of California Press, 2006.

Souda Satoru, *Saihō mishin shiyō hō zensho*, Tokyo : Souda shuppan bu, 1930.

Stoehr, Irene, "Housework and Motherhood : Debates and Policies in the Women's Movement in Imperial Germany and the Weimar Republic", In *Maternity and Gender Policies: Women and the Rise of the European Welfare States, 1880s-1950s*, ed. Gesela Bock and Pat Thane, London : Routledge, 1991.

Tsutsui, William, *Manufacturing Ideology : Scientific Management in Twentieth-Century Japan*. Princeton, NJ : Princeton University Press, 1998.

Uno, Kathleen, "The Death of 'Good Wife, Wise Mother'?" In *Postwar Japan as History*, ed.

Andrew Gordon, Berkeley and Los Angeles : University of California Press, 1993.

Vogel, Suzanne, "The Professional Housewife : The Career of Urban Middle-Class Japanese Women", *Japan Interpreter 12* no. I (1978), pp.16~43.

Suzanne Vogel, *The Japanese Family in Transition:From the Professional Housewife Ideal to the Dilemmas of Choice*, Lanham, MD, Rowman & Littlerfield, 2013.

Wickramasinghe, Nira, "The Reception of the Singer Sewing Machine in Colonial Ceylon/Sri Lanka", Unpublished paper presented at Princeton University, Davis Center, March 27, 2009.

Wilson, Kathryn E, "Commodified Craft, Creative Community : Women's Vernacular Dress in Nineteenth-Century Philadelphia", In Burman, *Culture of Sewing*.

Wilson, Verity, "Dressing for Leadership in China: Wives and Husbands in an Age of Revolutions", In *Material Strategies:Dress and Gender in Historical Perspective*, ed. Barbara Burman and Carol Turbin. Malden, MA : Blackwell, 2003.

Young, Louise, *Japan's Total Empire :Manchuria and the Culture of Wartime Imperialism*, Berkeley and Los Angeles : University of California Press, 1998.〔L ヤング, 『總動員帝國：滿洲と戰時帝國主義の文化』, 東京: 岩波書店, 2001〕

도표 일람

표

シンガーミシン社および國内製造業者の日本と朝鮮における家庭用ミシン販賣臺數, 1933~1940, p.161.

그림

1 合衆國でミシンを仔細に眺める幕府遣米使節團一行, ニューヨークの新聞, 1860年, p.19.
2 '異人双六'に描かれた横浜の西洋人お針子, 1860年ごろ, p.20.
3 湖畔で裁縫パティーをする昭憲皇后の侍女たち, 木版畵「教育譽之手術」, 1863年, p.30.
4 シンガーミシン水戸分店の記念写真, 1922年, p.47.
5 シンガーミシン裁縫女學院の廣告 "自活の道を求めらるゝ婦人方に告ぐ"『婦女新聞』1906年, p.61.
6 東北アジアにおけるシンガーミシン販賣臺數, 1903~41年, p.75.
7 日本におけるシンガーミシン売上高對經費率, 1905~56年, p.76.
8 1922年東京博覽會に出品されたシンガーミシン縫製のキモノ, p.81.
9 '和洋服兼用'の20世紀的ミシンを謳うシンガー社廣告,『婦女界』, 1910年, p.87.
10 '月賦は1日10錢ですむ'と宣伝するシンガーの大売出ビラ, 1910年, p.88.
11 セーラー服姿の女生徒の圖版, シンガーの販賣向け小冊子掲載, 1922年ごろ, p.91.
12 おなじく1922年小冊子掲載の, '稽古初め'の圖, シンガー社の宣伝用絵はがき, 1920年代, p.93.
13 アメリカ人家庭の'稽古初め', シンガー社の宣伝用絵はがき, 1913年, p.94.
14 『婦人界』表紙, 女性3人がいっしょに雑誌に見入っている, 1909年5月, p.96.
15 ブラザーミシン社の初期の型式〈日本ミシン〉(1933ごろ), p.164.
16 シンガー家庭用ミシン, 1920年代末から30年代はじめの型式, p.165.
17 パインミシン社の蛇の目ミシンの廣告 "国産品の半値"『朝日新聞』, 1934年, p.167.

미주

시작하며

1   영국과 미국에서 가정 재봉을 불러일으킨 "특별한 공감과 그 힘"에 관해서는 바바라 버만 편, 『재봉 문화 – 성, 소비 그리고 가정 양재』의 서론, 옥스퍼드 : 버그 출판사, 1999, p.5 참조.

2   기노시타 준-교수가 저자에게 보낸 편지, 2003.4.3.

서론

1   가와사키노동사 편찬위원회 편, 『가와사키노동사』, p.222에 노동의학심리학연구소가 1950년 3월에 실시한 조사가 인용되어 있다.

2   이 시사점을 전해준 루이즈 영에게 깊이 감사한다.

3   노동성 부인소년국, 『공장 노동자의 생활 조사』, 노동성 부인소년국, 1952. 이 조사는 노동성 부인소년국이 실시했다. 시간사용 데이터는 p.85에, 재봉틀 보유율은 p.36에 있다.

4   칼 마르크스, 『자본론』 제1권 제4편 제8절, 뉴욕 : 찰스 H. 커, 1921판에서는, vol.1, pp.516~518.

5   마하트마 간디, 『모든 인류는 형제다 – 그가 남긴 말을 통한 마하트마 간디의 삶과 사상』, 7장, "사람과 기계" www.mkgandhi.org/amabrothers/chapo7.htm (2011.3.14 접속).

6   마르크스, 『공산당 선언』, 시카고 : 찰스 H. 커, 1906판에서는 p.17.

7   마하트마 간디, 『모든 인류는 형제다』, 제7장.

8   빅토리아 드 그라찌아, 『거부할 수 없는 제국 – 미국의 20세기 유럽 진출』, 캠브리지 : 하버드대학교 출판사, 2005, pp.7~8 · 205~209.

9   아르준 아파두라이, 『대규모 근대성 – 세계화의 문화적 측면』, 미네아폴리스 : 미네소타대학교 출판사, 1996, pp.17 · 32; 준 아파두라이, 『방황하는 근대 글로벌화의 문화연구』, 도쿄 : 헤이본샤, 2004; A. 베일리, 『근대 세계의 탄생, 1780~1914』, 옥스퍼드 : 블랙웰 출판사, 2004, pp.1~2도 참조.

10   프레드릭 미테랑 감독 제작, 영화 『나비부인』, 콜럼비아 트라이스타 홈 비디오, 1997.

11   팀 퍼트넘, 『재봉틀의 가정 진출』, pp.269~270; 그것이 다른 많은 가정용 기기의 디자인에 미친 영향에 대해서는 니콜라스 오디, 「응접실 혹은 안방의 아름다운 장식품 – 재봉틀의 정착」, p.295 참조.

12   외무성 기록, 「일본의 노동쟁의 관계 잡건 – 싱거 미싱사 관계」, p.255(도쿄시 가스미가세키, 외무성 통상국장, 다케토미 도시히코에게 제출된 1932.11.12자 "성명서"). 도쿄 :

국립공문서관 아시아역사센터자료 소장.

13 페넬로페 프랭크스, 「비 과시적 소비 – 사케, 맥주, 그리고 일본 소비자의 탄생」, 『아시아학 저널』 68, no.1, 2009.2, pp.135~160.

제1장 메이지 시기의 재봉틀

1 도날드 R. 버나드, 『존 만지로의 삶과 시대』, 뉴욕 : 맥그로힐 출판사, 1992; 크리스토퍼 벤피, 『큰 물결 – 전성기 부적합자, 일본의 기괴함, 옛 일본의 시작』, 뉴욕 : 랜덤하우스, 2003. 제1장이 만지로 이야기를 담고 있다. 〔크리스토퍼 벤피, 『큰 물결 – 일본과 미국이 요구한 것』, 도쿄 : 쇼가쿠칸, 2007〕

2 「그들은 휠러 앤 윌슨사의 재봉틀을 점검하다」, 『프랭크 레슬리 일러스트레이션 신문』 1860.6.9, p.27.

3 도날드 R. 버나드, 『존 만지로의 삶과 시대』, p.199.

4 요시다 하지메, 「일본 재봉 미싱사 잡고」, 『미싱 산업』 no.100, 1967, pp.1~10.

5 도날드 R. 버나드, 『존 만지로의 삶과 시대』, p.128.

6 두 광고 모두 스미소니언자료센터의 워쇼컬렉션, 「재봉틀」 박스 5, 폴더 2에 있다.

7 크리스토퍼 벤피, 『큰 물결 – 전성기 부적합자, 일본의 기괴함, 옛 일본의 시작』, pp.39~40은 프란시스 홀의 일기를 인용했다. 홀은 만지로와 나눈 대화에서 들은 그의 어머니 반응에 대한 이야기를 기록했다.

8 리자 달비, 『기모노 – 유행 문화』, 뉴헤번 : 예일대학교 출판사, 1993, p.10.

9 나카야마 치요, 『일본 여성 양장사』, 도쿄 : 요시카와코분칸, 1987, pp.298~323.

10 C. A. 베일리, 『근대 세계의 탄생, 1780~1914』, 옥스퍼드 : 블랙웰 출판사, 2004, pp.12~13.

11 바실 홀 챔벌레인, 『일본적인 것』, 런던 : K. 폴, 트렌치, 트루너 출판사, 1891, p.1.

12 로버트 브루스 데이비스, 『세계 정복을 위한 순조로운 작업 – 해외 시장에서의 싱거 재봉틀, 1854~1920』, 뉴욕 : 아르노출판사, 1976, 제4장.

13 니라 위크라마싱, "식민지 실론/스리랑카에서 싱거 재봉틀의 수용"『프린스턴대학 데이비스센터』에서 2009년 3월 27일에 발표된 미 출판 논문, p.20.

14 판매 데이터에는 1884년 6월 1일자 보고서 : 「중국과 일본에 관한 보고서」와 날짜 없는 보고서 「1882~1886년 중국과 일본 사업 요약 1882~1886」 상의 횡령 건은 1888년 6월 1일자의 "미첼이 런던 사무소로 보내는 편지" 참조. 이 세 개의 글 모든 보관처는 위스콘신주립 역사회, Madison, WI, 싱거미싱컬렉션, call no. US Mss AI.

15 일본미싱협회 편, 『일본 산업사』, 도쿄 : 일본미싱협회, 1961, p.24.

16 자노메 미싱 사사편찬위원회 편, 『자노메 미싱 창업50년사』, 도쿄 : 자노메미싱공업,

1971, p.92.

17 재봉틀이라는 단어를 사용한 광고가 처음 나타난 것은 1872년 11월의 『교토신문』 지면에서다; 메이지 편년사 편찬회 편, 『신문집성 메이지 편년사』 제1권, 도쿄 : 재정경제학회, 1934, p.526; 『요미우리신문』에 첫 광고가 실린 것은 1875년 8월 23일자 제2면이다; 아사쿠사에 대해서는 시모카와 고시 편, 『메이지·다이쇼 가정사 연표』, 도쿄 : 가와데쇼보신샤, 2000, p.44 참조. 재봉틀이 나오기 시작했을 무렵 고객에게 유료로 실연을 해 보여준 것은 세계 어디에서나 공통이었다.

18 타임즈, 「루즈벨트 대통령이 일본 왕후에게 보내는 선물」, 런던 : 타임즈 1905.9.25, p.4.

19 샐리 A. 헤스팅스, 「황후의 새로운 복장과 일본 여성, 1868~1912」, 『히스토리안』 55, no.4, 1993년 여름 : pp.681~682.

20 왕후의 이 궁중 회상은 『일본지여학』의 1887년 1월 창간호에 발표되었다. 헤스팅스에 따르면 『아사노신문』 1887년 1월 17일에도 실렸다고 한다.

21 샐리 A. 헤스팅스, 「황후의 새로운 복장과 일본 여성, 1868~1912」, p.682.

22 위의 잡지.

23 "사소서"의 영어 번역은 위에 기록한 헤스팅스의 논문 p.683에 실린 것을 조금 수정해서 사용했다.(일본어 번역자 주기 : 일본어 원전으로 전해지는 몇 가지 판에는 약간 차이가 있지만 여기에서는 나카야마 치요, 『일본 여성 양장사』, pp.242~243에 의한 『도쿄니치니치신문』, 1887.1.8)의 인용에 따랐다.

24 게일 리 번스타인, 『일본 여성의 재현-1600~1945』에서 샤론 H. 놀테 & 샐리 A. 헤스팅스, 『메이지 시대의 여성 정책』, 버클리&LAb : 캘리포니아대학교 출판사, 1991, p.152.

25 위의 책, p.168

26 위의 책, p.171.

27 「싱거미싱 재봉여학교, 사립학교 설립 안」(1906.9.16) 및 「학사관계건 명목록」, 도쿄 : 도쿄도립공문서관 소장.

28 샐리 A. 헤스팅스, 「황후의 새로운 복장과 일본 여성, 1868~1912」, pp.689~692.

29 캐롤 글럭, 『일본 근대 신화-메이지 후기 사상』, 프린스턴 : 프린스턴대학교 출판사, 1985, p.137.

30 아베 쓰지오 편, 『업계 이야기집』, 도쿄 : 일본 미싱 타임즈사, 1960, p.25.(일본의 재봉틀 산업 초기의 베테랑들이 기록한 1947년 11월의 좌담회 기록)

31 이 전단지는 도쿄농공업대학교 과학박물관 소장. 안내서 「재봉틀 재봉기계 사용법, 제15, 27, 28집」은 국회도서관에서 열람할 수 있다.

32 이것은 일본 앤틱·미싱클럽 회장인 고바야시 나리오의 추정이다. 그는 도쿄농공대학교 과학박물관 미싱컬렉션의 큐레이터를 직접 맡아서 수행하고도 있다(그가 한 인터뷰는 2003.3.11).

33 하타 도시유키, 「싱거 미싱사에 관한 보고」, 1903, pp.3~4. 다음 자료집에 재수록 되어 있다. 마쓰무라 사토시 감수, 『『해외 실업 연습생』 보고, 농상무성 상공국 임시 보고』 제 10권, 도쿄 : 유마니 서점, 2002, pp.325~328.

34 싱거가 자사의 재봉틀은 "인간의 본성을 높인다"고 전 세계에서 주장한 것에 관해서는 데이비스, 『세계 정복을 위한 순조로운 작업』, pp.97~98 참조; 전 세계에서 선전된 문명화의 사명이라는 메시지를 더 설명한 것은 모나 도모쉬, 『제국시대에 있어서 미국 상품』 1장, 뉴욕 : 루트레지 출판사, 2006, 제1장 참조.

35 앤 홀랜더, 『성과 수트』, 뉴욕 : 알버트 A. 크노프, 1994, p.117; 일본어 번역 [アン・ホランダー, 『性とスーツ』, 東京 : 白水社, 1997]

36 위의 책.

37 앤드류 고들리, 『1850~1905년 영국 의류산업에서 부업과 재봉틀』; 버만, 『재봉문화』, p.260에서.

38 웬디 갬버, 『여성경제 – 모자와 의상 제작 거래, 1860~1930』, 어배너 : 일리노이대학교 출판사, 1997, p.8 · 5(두 개의 인용)

39 위의 책, p.216.

40 안토니아 핀네네, 『중국의 의복 변화 – 패션, 역사, 국가』, 뉴욕 : 콜럼비아대학교 출판사, 2008에서 20세기의 중국에 관하여 다음과 같이 비슷하게 기술했다. "여자 전문 재단사와 양재사는 나중에야 나타난 직업이었다. ……집에 있는 수 백 만 명이나 되는 여자들이 막대한 양의 옷을 만들었다."(p.114)

41 달비, 『기모노』, p.70.

42 카렌 위겐, 『변형 가능한 지도 – 일본 중부 재건 지역, 1600~1912』, 버클리&LA : 캘리포니아대학교 출판사, 2010, p.162.

43 달비, 『기모노』, p.70. 괄호 안 내용은 저자 고든이 추가함.

44 위의 책, p.83.

45 나카야마, 『일본 여성 양장사』, pp.306~322; 또 양복기자클럽 편, 『일본의 양복사』, 도쿄 : 양복기자클럽, 1976, pp.58~111도 참조.

46 나카야마, 『일본 여성 양장사』, pp.322~330.

제2장 미국식 판매법

1 제프리 G. 존스와 데이비드 키론, 『싱거 미싱회사 – 1851~1914』 하버드경영대학교 케이스 N9-804-001, 보스턴 : 하버드경영대학교 출판사, 2003, p.1.

2 싱거의 초기 역사에 관해서는 다음 여러 저작물 참조. 프레드 V. 카스텐센, 『해외시장에서 미국 기업 – 러시아제국에서 싱거와 국제적 성과』, 채플 힐 : 노스캐롤라이나대학교

출판사, 1984, pp.17~19·24~25; 앤드류 고들리, 『세계에서 재봉틀 판매하기 - 싱거의 세계 판매 전략, 1850~1920』, 기업과 사회 7, no.2, 2006.6, pp.270~276·302; 로버트 브루스 데이비스, 『세계 정복을 위한 순조로운 작업 - 해외 시상에서의 싱거 재봉틀, 1854~1920』, 뉴욕 : 아르노출판, 1976, p.161 참조.

3   고들리, 『재봉틀 판매』, pp.268~269.

4   세계 제일이라는 칭호를 유지한 것은 불과 1년이며 바로 메트로폴리탄 생명보험회사 빌딩에게 추월당했다. 그러나 1967년 빌딩이 파괴되었을 때에는 대략 해체된 마천루 중에서 첫 번째 높이였다. 현재는 그 자리에 원 리버티 플라자가 자리 잡고 있다.

5   이 글은 싱거의 일본어 판매용 팸플릿 「가정 및 상업용 싱거 재봉틀 목록」 첫 부분 근처에 나온다. 팸플릿은 도쿄의 에도도쿄박물관에 소장, no.93200196, 날짜 없음.

6   일본미싱협회 편, 『일본 미싱 산업사』, 도쿄 : 일본미싱협회, 1961, p.24. 싱거의 연간 판매대수에 관해서는 이 책 75페이지 그림6 참조.

7   구와하라 데쓰야, 「초기 다국적 기업 대일투자와 민족기업」, 『국민 경제 잡지』 제185권 5호, 2002.5, p.48.

8   하타 도시유키, 「싱거 미싱사에 관한 보고」, p.2. 다음 자료집에 수록; 마쓰무라 사토시 감수, 『해외 실업 연습생』 - 농상무성 상공국 임시 보고』 제10권, 도쿄 : 유마니 서점, 2002, p.326.

9   고들리, 『재봉틀 판매』, p.282는 월터 프리드만, 『세일즈맨의 탄생 - 미국 판매방식의 변화』, 캠브리지 : 하버드대학교 출판사, 2004를 따랐다.

10   고들리, 위의 책, p.291.

11   위의 책, p.296.

12   하타, 「싱거 미싱사에 관한 보고」, p.3.

13   「통제기구 하 점포 목록」 [1904년 추정]과 「전 세계 싱거 재봉틀 판매 점포 목록 개선판, 1906년 1월」 양쪽 모두 위스콘신주립 역사회 싱거미싱컬렉션 참조.

14   오사카통상국 편, 『미싱공업』, 오사카 : 오사카 미싱월보사, 1951, p.315.

15   아베 쓰기오, 『업계 이야기집』, 도쿄 : 일본 미싱 타임스사, 1960, (「좌담회 재봉틀이야기」 1945.11.25. 교바시 다이이치 도요켄), p.28.

16   위의 책, p.29.

17   광고 헤드라인은 「싱거 재봉틀」, 날짜 없음. 스미스소니언협회 기록물, 워쇼컬렉션, 재봉틀, 박스 3, 폴더 1. 광고 본문은 싱거 재봉틀이 프랑스의 〈공업의 궁전〉에서의 대 박람회에서 금메달을 따고 그것으로 품질이 정말 "확증받은 상황"이라고 특별히 기록했다. 때문에 이 광고가 나왔을 시기는 싱거가 재봉틀을 출품한 1878년 또는 1889년 중 어느 해인지의 파리만국박람회 직후였을 것이다.

18   아베, 『업계 이야기집』, p.28.

19   「재봉틀 업계와 세일즈맨의 기묘한 관계」, 『일본주보』, 1964.4.15, p.38.

20 월터 프리드만, 『세일즈맨의 탄생』.

21 위의 책, p.88.

22 위의 책, p.91.

23 위의 책, p.97.

24 외무성 기록, 「일본의 노동쟁의 관계 잡건 – 싱거 미싱 회사 관계」, pp.449~456. (고야마 오카자몬, 「나의 진실한 고백」, 일본국립공무서관의 아시아역사자료센터 소장, 앞으로 이 중요한 사료는 간단하게 외무성 기록으로 표시한다.

25 시모조노 사토시, 『노도를 넘어서 – 국산 재봉틀의 아버지, 야마모토 도사쿠의 생애』, 도쿄 : 자비 출판, 1960, pp.52~33. 위인전식으로 그를 이상화한 이 전기는 그의 탁월성을 과장하고 있을지도 모르지만, 야마모토가 성공한 세일즈맨이었다는 점은 의심할 여지가 없다.

26 외무성 기록, p.590; 마쓰오카 고마키치, 「싱거 미싱회사 쟁의의 경과와 그 진상」, 싱거 미싱쟁의단 중앙본부, 1932.12.15.

27 외무성 기록, pp.430~437, 「요구서」

28 이 노동쟁의 기록들은 모두 오하라사회문제연구소 소장 구협조회(舊協助會) 사료 『노동쟁의』 제9권, 1925 참조.

29 외무성 기록, pp.322~323(대외비 제2349호, 1932.11.18).

30 외무성 기록, p.249(외무성통상국장, 다케토미 도시히코의 성명문, 영문)

31 외무성 기록, pp.875~876(「베스트에게 온 권유장」, 1933.1.11).

32 요다 신타로, 『학리적 상략 법 – 판매원과 판매 술』, 도쿄 : 하쿠분칸, 1996. 타일러의 『과학적 관리법의 원리』는 1911년 출판된 바로 직후에 일본의 일반 신문지상에 소개되었고 1913년 완역본이 출판되었다; 윌리엄 쓰쓰이, 『제조 사상 – 20세기 일본의 과학적 경영』, 프린스턴 : 프린스턴대학교 출판사, 1998, pp.18~19 참조.

33 위의 책, p.5.

34 구라모토 조지, 『새로운 외교 판매』, 도쿄 : 세이분도신코샤, 1936, pp.14~15·17.

35 이시카와 로쿠로, 『출세 외교술』, 도쿄 : 지쓰교노니혼샤, 1925, pp.6~7.

36 시미즈 마사미, 『방문판매 주문을 받는 비결』, 도쿄 : 클릭소쇼간코카이, 1924, pp.1~6; 『신외교 판매 술』, 도쿄 : 세이분도신코샤, 1937.

37 외무성 기록, p.457(도쿄여교사부 「청원서」).

38 하타 린코, 『미싱 재봉 독학』 제3판, 도쿄 : 하타쇼텐출판부, 1933, 「간행자의 말」, p.1.

39 학사관계건 명목록, 「싱거 미싱 재봉여학교, 사립학교원장 취직 인가 안」, 도쿄 : 도쿄공문서관, 1906.10.18.

40 학사관계건 명목록, 「싱거 미싱 재봉여학교, 사립학교 설립 안」, 도쿄 : 도쿄공문서관, 1906.9.16.

41 학사관계건 명목록, 「싱거재봉원, 학교 설립 건」, 도쿄 : 도쿄공문서관, 1919.9.23.

42 『부녀신문』, 1906.11.3.

43 오우에 시로 편, 『메이지 과거첩〈죽은 사람 인명사전〉』, 도쿄 : 도쿄비주, 1971. 스기노 리우의 생애는 1936년 닛카쓰(日活)의 영화 『모국의 어머니(母国の母)』로 칭송되었다.

44 오가타 마사코, 「오치미즈 기쿄와 호시야마고등여학교」, 『여성사연구』 제24집, 1989, pp.14~20.

45 조단 샌드, 『근대 일본의 집과 가정 - 건축, 내부 공간, 그리고 부르주아 문화, 1880~1930』, 캠브리지 : 하버드아시아센터 단행본, 2003, p.346. 샌드에 따르면 '쓰루코'라고 서명한 기사 「취미와 실용을 겸비한 작은 서양관」을 쓴 사람은 이 잡지의 첫 여자기자인 마쓰타 쓰루코(松田鶴子)일 것이라고 한다.

46 미요시 히사에, 「아동복 재봉점을 시작하면서」, 『부녀계』 제45권 2호, 1932.2, pp.282~284.

47 「재봉틀의 울림」, 『도쿄니치니치신문』, 1932.6.22, p.7.

48 후루가 잔세이, 「여교사의 문제 1-3」, 『도쿄니치니치신문』 1935.5.20~22(모두 p.9).

49 하타, 「싱거 미싱사」, p.5.

50 "고(講)"에 관해서는 테쓰오 나지타, 『일본의 일상 경제 - 역사적 관점, 1750~1950』, 버클리&LA : 캘리포니아대학교 출판사, 2009 참조.

51 『월부연구』 제1권 1호, 1957.4.15, p.3, 제1권 3호, 1957.6.15, p.3; 도쿄상공회의소 편, 『월부판매제도』, 도쿄 : 도쿄상공회의소, 1929, pp.212~213 참조.

52 렌돌 칼더, 『아메리칸 드림의 할부 구매』, 프린스턴 : 프린스턴대학교 출판사, 1999, pp.56~57.

53 구리바야시 쇼, 「월부 이야기」, 『샐러리맨』지, 제2권 3호, 1929.3, pp.65~66. 월부백화점 금리 참조.

54 「연례 세계 보고서」, 『싱거미싱컬렉션』, 위스콘신주립 역사회, Madison, WI 소장.

55 「가정 및 산업용 싱거 재봉틀 목록」, 날짜 없는 리플릿(1912년 경), 문서번호 93200196, 도쿄에도박물관 소장.

56 칼더, 『아메리칸 드림의 할부 구매』, p.166.

57 위의 책, pp.74·98~101.

58 도쿄상공회의소 편, 『월부 판매 제도』, pp.227~229.

59 후쿠시마 하치로, 「월부, 할부, 신용 - 창간 200호에 기대」, 『월간신용』 200호, 1973, p.20.

60 이무라 노부코, 「아동의 일상복을 전부 양복으로」, 『부녀계』 제21권 1호, 1920.1, p.113.

61 E·R·A 셀리그만, 『할부 판매의 경제학』 vol.1, 뉴욕 : 하퍼앤브라더스 출판사, 1927, p.267.

62 도쿄상공회의소 편, 『월부 판매 제도』, pp.1~2.

63 카스텐센, 『해외시장에서 미국 기업』, pp.62~64.

64 위의 책, p.64.

65 고들리, 『재봉틀 판매』, p.290.

66 앤드류 고들리, "내구 소비재 및 중동의 서양화 : 1880~1930년 오토만 지역에서 싱거 재봉틀의 확산"은 2007년 3월 이탈리아 피렌체에서 열린 제8회 지중해 사회정치연구학회(pp.5~13)에서 발표되었다. 플로렌스, 2007.3, pp.5~13. 인구 1인당 수입 비교는 앵거스 매디슨, 『세계경제 - 역사 통계』, 파리 : OECD 출판부, 2003. 실론에 관해서는 위크라마싱, 『식민지 실론/스리랑카에서 싱거 재봉틀의 수용』, p.13 참조.

67 이무라, 「아동의 일상복을 전부 양복으로」, p.113.

68 학사관계건 명목록, 「싱거재봉원 - 문무성 가사과학 전람회 출품, 재봉 재봉틀에 관한 설명서」, 도쿄 : 도쿄공무서관 소장, 1919.10.30.

69 「싱거 재봉틀 카탈로그」, 도쿄도에도박물관 소장, 제91222542호, 날짜 없음.

70 「고급스러운 재봉틀 자수 - 여성에게 권장하는 부업」, 『부인세계』 제14권 3호, 1919.2, pp.129~131.

제3장 근대적인 생활을 판매하고 소비하다

1 하타 도시유키, 『싱거 제조회사에 관한 보국』, pp.3~4. 다음 자료집에 재수록, 마쓰무라 사토시 감수, 『해외 실업 연습생』 보고 - 농상무성 상공국 임시 보고』 제10권, 도쿄 : 유마니 서점, 2002, pp.327~328.

2 『부녀계』 제1권 1호, 1910, 앞에 붙은 광고. 이것은 당시의 3대 여성잡지 중 하나이며 이 호가 창간호이다. 뒤의 두개의 잡지는 『부인세계』(1906년 창간), 『부인계』(1909년 창간)였다.

3 싱거 판매 전단지, 날짜 없음, 1910~1915년 추정. 도쿄농공대학교 박물관 미싱컬렉션 소장.

4 『부인세계』 제8권 5호, 앞에 붙은 광고, 1913.

5 『부인세계』 제8권 7호, 앞에 붙은 광고, 1913.

6 회사는 1913년 이후 내가 조사한 많은 잡지·신문에 광고를 전혀 내지 않았다.

7 「가정 및 직업용 싱거 재봉틀 목록」(에도도쿄박물관, 문서번호 93200196). 이 날짜가 없는 소책자에는 '나가노(長野)지구 지점'이라는 스탬프가 찍혀있다. 책자 본문에 싱거 미싱재봉여학원이 '1910년 9월'에 일시적으로 폐교하고 '1911년 말'에 다시 학교를 열었다는 사실이 기록되어 있다는 점을 보면 이 소책자는 1912년에 발행된 것으로 추정된다. 전 세계에서 싱거 재봉틀의 판매대수인 200만 대라는 숫자도 이 문서가 1912~1914년 시기의 것임을 시사하고 있다.

8 「싱거 재봉틀 카탈로그」(에도도쿄박물관, 문서번호 91222542, 추정 발행 연도가 1922년으로 되어 있다).

9 「싱거 재봉틀 계약서」, 1925.11.27, 요시카와 노미고 서명(에도도쿄박물관, 문서번호 90364917).

10 이것과 비교할 수 있는 프랑스에서의 이중성에 관해 다음 논문 참조. 주디스 코핀, 「신용, 소비, 그리고 여성들이 소망하는 것들 – 19세기 후반 프랑스에서 재봉틀 판매」, 『프랑스역사학저널』 18, 1994년 봄, pp.749~783.

11 나는 이것과 동일한 정경도가 미얀마와 자바섬에서 싱거의 선전용 그림엽서에 사용된 것을 발견했다. 일본의 삽화와 달리 그림엽서들은 미국인에게만 배부된 것인지도 모른다.

12 20세기 초기 일본의 새로운 아버지에게 관해서는 게일 리 번스타인, 앤드류 고든, 케이트 와일드맨 나카이 편, 「대중 공간, 사적영역 – 알버트 M. 크레이그를 기리는 에세이」에서 해럴드 퓌스, 「여성 왕국에서 남성의 영역 – 다이쇼 일본의 아버지의 새로운 이미지」, 캠브리지 : 하버드아시아센터 단행본, 2005, pp.259~292. 참조. "일가단란"이라는 관념의 근대성에 관해서는 조단 샌드, 「근대 일본의 집과 가정 – 건축, 내부 공간, 그리고 부르주아 문화, 1880~1930」, 캠브리지 : 하버드아시아센터 단행본, 2003, pp.29~39 참조.

13 『부인계』 제1권 1호, 1909.

14 바바라 사토, 『새로운 일본 여성』, 더럼 : 듀크대학교 출판사, 2003, pp.78~113은 여성 잡지와 독자에 관해 유익한 개관을 제공했다. 예를 들면 『부녀계』는 1920년대 초기에는 매월 발행 부수가 20만부 가까이 달했다. 『부녀계』 제27권 1호, 1923.1, "본지가 오늘을 구축하기 까지 10년 간"에 발행부수의 추이가 숫자로 표시되어 있다.

15 「일본 옷은 주머니를 어디에다 몰래 다는 것이 좋은가」, 『부인세계』 제3권 13호, 1908, pp.100~104. 1등은 상금이 5엔이었다.

16 「우리 집에서 폐기물 이용 경험」, 『부녀계』 제22권 1호, 1920, p.74.

17 이 실화들은 바바라 사토가 말하는 "실용품" 카테고리에 들어가고 거기에는 독자용의 교육적 기사도 포함된다. 이것들은 그녀가 '고백한 것'으로 묘사한 기사와는 확실히 다르고 후자는 많은 독자의 경험과는 동떨어진 연애나 결혼에 관한 고생담을 상당히 흥미로울 것 같은 어조로 말했다. (사토, 『새로운 일본 여성』, pp.100~103 · 105~108. 또 미리암 실버버그, 『에로그로 난센스』, 버클리&LA : 캘리포니아대학교 출판사, 2006, p.6은 이 독자들의 실제 반응을 자료로 실증하는 것이 불가능하다고 말했다.

18 오사카시 사회부조사 편, 『여가생활 연구 – 노동 조사보고 19』, 교토 : 고분도, 1923, pp.238~316.

19 일본도서관협회 편, 『직장여성 독서경향 조사』, 도쿄 : 일본도서관협회, 1935, pp.5~11.

20 크리스포터 브레워드, 「체면의 패턴 – 출판, 가정재봉 그리고 계층 및 성 관계, 1870~1914」도 똑같이 영국에서 양복 옷본과 옷본을 배부한 잡지가 옮긴 '다양한 메시지'를 강조했다. p.23.

21 「1벌 3엔으로 만든 소녀용 드레스」,『부녀계』제34권 4호, 1926, pp.295~297.

22 이무라 노부코, 「아동의 일상복을 전부 양복으로」,『부녀계』제22권 1호, 1920, pp.113~115.

23 「우리집의 폐기물 이용 경험」,『부녀계』제22권 11호, 1920, pp.58~59.

24 「의복, 이불, 식료품에 관한 연구」,『부녀계』제22권 4호, 1920, pp.94~95.

25 「월수입 100엔의 은행원 가정」,『부녀계』제42권 1호, 1930, pp.163~165.

26 「하스크바나 미싱」,『부녀계』제32권 1호, 1925, p.261.

27 「홈 미싱」,『부녀계』제41권 1호, 1930, p.309(및 다른 호).

28 마쓰나미 마사아키,『바로 도움이 되는 월부 판매법』, 도쿄 : 반리카쿠 서점, 1930, pp.148·160.

29 바바라 사토는 잡지 편집자들이 외견상으로는 '보수적'이라고 기록했다. 그렇지만 다른 한편으로는 그런 태도를 의도하지 않고 오히려 여성 생활에 '작은 변동'을 불러일으킬 가능성을 숨기고 있다는 점도 인정했다.

30 와타나베 시게루, 「재봉틀을 살 것인가, 채권을 살 것인가」『부인구락부』제7권 5호, 1926, pp.257~259.

31 오누마 준,『문화복장학원 40년의 발자취』, 도쿄 : 문화복장학원, 1963, p.4.

32 와타나베 시게루, 「재봉틀을 살 것인가, 채권을 살 것인가」, pp.257~259.

33 실버버그,『에로그로 난센스』, p.144.

34 카페 여급에 관해서는 앞의 책 제2장 참조. 우려를 보이는 반응에 대해서는 셀든 가론,『일본적 마인드 만들기 - 일상생활의 상태』, 프린스턴 : 프린스턴대학교 출판사, 1997, 제3장 참조.

35 '쇼와 생활박물관'에 협력한 재야의 학자, 요시모토 요코는『주부지우』에 1932년부터 1955년 동안에 발표된 "실화" 장르 중, 특히 '양재 부업'에 초점을 맞춘 64건의 기사를 분석했다. 양재 부업은 여기에서는 폭넓게 정의되고 있어서 자신의 양재점을 연 여성의 경우도 포함되었다. 나는 이 내용을 제5장에서 논할 것이다. 요시모토 요코,『여자의 자립을 지원하는 양재』; 고이즈미 가즈코 편저,『양재의 시대 - 일본의 의복혁명』, 도쿄 : OM출판, 2004, pp.49~50 참조.

36 부치코, 「월수입 45엔의 재봉틀자수 부업」,『주부지우』, 1918.10, pp.125~126.

37 위의 잡지.

38 사업체보다 오히려 이런 그룹을 만들면 세무당국의 세금조사를 피할 수 있을지도 모른다.

39 덴쿄 미쓰코, 「아동복 재봉으로 1000엔 저금」,『부인구락부』제6권 10호, 1925, pp.216~217.

40 미요시 히사에, 「아동복 재봉점을 시작하고」,『부녀계』제45권 2호, 1932, pp.282~284.

41 나카이 야에코, 「군수품의 재봉틀 부업을 하며」,『부녀계』제50권 1호, 1934, pp.139~141.

42 요코야마 겐노스케,『일본의 하층 사회』(1899년 판의 복각판. 도쿄 : 이와나미 서점, 1949)는 "빈민 가정의 부업일이 상당히 많다"고 하면서 다음의 예를 들었다. '담배말기, 성냥갑 붙이기, 램프의 갓 붙이기, 무역품 거북이, 인쇄물 제본, 양말 꿰매기, 하나오(나막신 끈이 달린 갱기) 꿰매기, 하나오 심지, 종이봉투 바르기, 종이뜨기, 뜨개질, 촛불 심지 감기, 골판지 상자, 부채 바르기, 다돈(탄가루 연료 분말을 접착제로 동그랗게 만들어 건조한 것), 손수건 꿰매기, 석판화 착색, 머리 묶는 끈 꼬기, 아사우라 조리(삼베실로 엮은 끈을 바닥에 덴 일본 짚신) 안감 꿰매기, 짚신 꼬기와 같은 종류가 있다', pp.44~45. 또 마쓰바라 이와고로,『가장 암흑기의 도쿄』(1893년 판 복각판. 도쿄 : 이와나미 서점, 1988), 「가난한 대학」에 대해서는 p.36, 부업에 관해서는 pp.35·158 참조.

43 도쿄시 사회국,『부업에 관한 조사』, 도쿄 : 도쿄시 사회국, 1926, p.17. 조사는 1925년에 시행되고 다음해 출판되었다. 사회국은 부업 연구를 1921년과 1935년에도 출판했다.

44 위의 책, pp.9~10.

45 위의 책, pp.8~9.

46 위의 책, pp.17~18.

47 동부체신국,『내직 장려에 관한 사항』, 도쿄 : 체신국, 1915, p.43.

48 위의 책, p.1.

49 위의 책, pp.2~6.

50 위의 책, pp.7~10.

51 국회도서관에는 1918년부터 1921년 동안에 출판된 11권의 '부업안내' 책이 수집되어 있다. 그중 몇 권은 원래 신문에 연재된 것이었다. 수명이 짧은 통속적인 팸플릿 전체가 수집된 것이 아니라는 것은 확실하다.

52 다카하시 게이지,『부인 가정 부업』, 도쿄 : 세이카도, 1919, p.9.

53 위의 책, pp.21~23.

54 헬렌 하드에이커와 아담 L. 컨 편,『메이지 일본 연구의 새로운 방향』, 레이덴&뉴욕 : 브릴 출판사, 1997, pp.301~305에서 미타니 히로시,『하나의 양성자 상태와 「잊을 수 없는 다른 것들」』참조.

55 하타 린코,『미싱 재봉 독학』제3판, 도쿄 : 하타서점 출판부, 1933, p.6.

56 소다의 주장은 소다 사토루,『재봉 재봉틀 사용법 전서(全書)』, 도쿄 : 소다출판부, 1930, 본문의 p.4. 신문의 추천 기사는 서문의 p.2.

57 우시고메 치에,「재봉 교육 회고 50년」,『학원』쇼와여자대학 245호, 1960.7, p.23.

58 위의 잡지, p.24.

59 구와타 나오코「시민양재 보급 과정에서의 재봉과의 전향과 딜레마 - 나리타 준의 양재 교육론을 중심으로」,『교육학연구』제65권 2호, 1998, pp.122~123.

60 위의 잡지, pp.123·128.

61 사카이 노부코,「기노시타 다케지와 재봉 학습론」,『가정과학』〔일본여자사회교육회 가

정과학연구소 편) 76호, 1978, pp.45~48・50~52.

62 히구치 데쓰코, 「우리나라의 피복교육 발전 양상」, 『가정학잡지』 제30권 4호, 1979, p.383.

63 다다미에 관해서는 다음 논문 참조. 사마르 아카시 편, 『차이의 배치 – 건축, 문화, 그리고 창의적인 지리학』, 호주 에들레이드 : 아시아중동 건축센터, 2002, pp.267~276에서 ; 사라 티즐리, 「국가 디자인 지리학 – 1920년대와 1930년대 일본 인테리어 디자인에서 다다미의 언어」 참조.

64 이들의 생활개선운동에 관해서는 가론, 『일본적 마인드 만들기』, pp.10~15 참조. 주거개선에 관해서는 샌드, 『집과 가정』, pp.16~9・181~202 참조.

65 오자키 요시타로, 오자키 겐, 『앞으로의 양재 경제 개선』, 도쿄 : 일본복장개선회 출판부, 1921.

66 이노우에 마사토, 『양복과 일본인 – 국민복이라는 모드』, 도쿄 : 고사이도 라이브러리, 2001, pp.143~145・221.

67 하타, 『미싱 재봉 독학』, pp.3~4(제2판 서문).

68 하타 린코, 「싱거재봉여학원의 어제와 오늘」, 『도쿄아사히신문』, 1907.9.11, p.6.

69 이런 느낌을 환기시키는 다니자키의 작품에는 『인삼 먹는 벌레』(1928년 일본 최초 발표)와 『음예예찬(1933년 일본 최초 발표) 등이 있다.

70 시오바라 치요코, 「재봉틀보다 빨리 바느질할 수 있는 시오바라식 신 재봉술」, 『부인세계』, 1921.6, pp.137~138.

71 안도 요시노리, 「근대 일본의 신체의 "정치학"을 위해」 『교육사회학연구』 제60집, 1997, pp.100・105~106.

72 위의 잡지, p.107.

73 니시무라 아야코, 후쿠다 스미코, 「고등여학교 학생복장 변천에 대한 일고찰」 『일본의 교육사학』(교육사학회 기요 제32집), 1989.10, p.54.

74 위의 잡지, p.54.

75 위의 잡지, p.56.

76 안도 요시노리, 앞의 책, p.108.

77 8곳의 다른 여학교에서의 이런 절충들에 대한 아주 흥미로운 설명이 다음 논문에 실렸다. 하스이케 요시하루, 「근대교육 사상에서 본 여학생의 복장 변천(3)」 『고베학원여자단기대학 기요』 15호, 1982, pp.71~78.

78 나카야마 치요, 『일본 여성 양장사』, 도쿄 : 요시카와고분칸, 1987, pp.397~398.

79 『부인구락부』 제4권 3호, 1923, pp.244~246.

80 「복장 개량도 지금 꼭 단행하고 싶다」, 『요미우리신문』, 1923.10.7, p.3.

81 「직장여성의 복장 문제 비판」, 『부녀계』 제29권 4호, 1924, pp.45・50.

82 위의 잡지, p.44.

83   위의 잡지, pp.46~47.

84   이 견해는 제2차 세계대전 이후의 일하는 여성들이 남자들을 위해 즐거운 업무 환경을 갖춘 '직장의 꽃'으로서의 중요한 역할을 짊어졌을 무렵 크게 확산된 사고방식을 선취했다.

85   「옷자락이 펄럭이는 것을 신경 쓰면서 무참히 죽은 여직원들」, 『도쿄아사히신문』, 1932.12.23, p.5.

86   오노 다마에, 「의복 이야기」, 『우애부인』 10호, 1917.10, pp.22~25.

87   이시하라 오사무, 『노동위생』, 도쿄 : 스기야마 서점, 1922, p.199.

88   일본노동 총동맹의 기관지 『노동』의 여러 호와 『아사히크라브』의 1929.11.6자 특별 호 참조.

89   동양방적주식회사 사사편찬실 편, 『100년사 – 동양방』 제1권, 도쿄 : 동양방적주식회사, 1986, p.280.

90   교토부 공장위생회 편, 「여공수 복장 연구」, 『공장위생자료』 제34집, 1934.

91   「지상토론 가정부인 양장의 찬부」, 『도쿄아사히신문』, 히라다의 기고는 1925.3.1. 석간, p.2, 나이토의 글은 1925.3.3 석간, p.2에 게재.

92   위의 신문 1925.3.5 석간, p.2.

93   다카하시 기고는 같은 신문 1925.3.6 석간, p.2, 사쿠라기의 글은 같은 신문 1925.3.8, p.2.

94   아파파에 관해서는 나카야마, 『일본 여성 양장사』, pp.380~384와 이노우에, 『양복과 일본인』, pp.145~152 참조.

제4장 양키자본주의에 저항하다

1   「그루가 싱거 점포 보호를 요청하다」, 『뉴욕 타임즈』, 1933.1.19, p.8.

2   싱거사의 1932.11.2자 성명에 관해서는 외무성 기록, 「우리나라에 있어서 노동쟁의 간계잡건 '싱거 미싱' 회사 관계」, 도쿄 : 국립공문서관, 아시아역사자료센터, pp.255~256 참조. 이후 이 자료는 외무성 기록이라고만 기록한다. 직원 성명은 외무성 기록 1932.11.15, pp.322~323. 참조.

3   경시총감이 내무대신에게 보낸 보고서, 1925.3.19, 「구협조회 사료 – 노동쟁의, 1925.9」 호세이대학교 오하라사회문제연구소 소장.

4   경시총감이 내무대신에게 보낸 보고서, 1925.3.30, 위의 보고서.

5   협조회 오사카지소 소장 대리 가메이 노부유키가 협조회 총무부장 소에다 게이이치로 앞으로 보낸 보고서, 1925.12.17, 위의 보고서.

6   이들의 주장은 1925년 12월 6일자 두 개의 전단지로 이루어졌다. 「구협조회 사료 – 기

타 노동조합, 싱거회사 제도혁정동맹회」, 오하라사회문제연구소 소장, 사료 청구 번호 V-16.

7 이 고소장의 복사본은 위의 사료 안에 있다.

8 금본위제로의 복귀 및 단념에 관해서는 다음 저서 참조. 마크 메츨러, 『제국의 레버 – 금본위제와 전전 일본의 자유주의 위기』, 버클리&LA : 캘리포니아대학교 출판사, 2006, 제10~12장. 금의 유출은 p.238과 appendix A.3 참조.

9 재봉틀 가격 인상에 관해서는 「전 일본 싱거 미싱회사 사원 대표 야마모토 도사쿠」에 따른 1932년 11월 자 「요구서」, 외무성 기록, pp.426~428과 싱거 미싱쟁의단 중앙본부 「싱거 미싱회사 쟁의의 경과와 그 진상」, 외무성 기록, 1932.12.15, p.591 참조.

10 맥러리의 방일과 여름 동안의 활동에 관해서는 이마즈 기쿠마쓰, 「싱거 미싱쟁의 1」, 『노동연구』 47호, 1951.11, pp.34~35. 임금 삭감에 관해서는 「워커의 변명서를 반박하다」, 『사회운동신문』, 1932.9.6. 참조.(이 신문은 싱거의 쟁의가 시작되었을 무렵, 신문 이름을 1932년 8월 16일 『사회운동통신』에서 『사회운동신문』으로 변경했지만 다음해 1933년 1월 1일 다시 원래의 『사회운동통신』으로 되돌아갔다.)

11 「전 거류지의 회사를 향해 데모」, 『사회운동신문』, 1932.9.8; 「싱거 미싱쟁의 해결」, 『사회운동 신문』, 1932.9.15.

12 경시총감의 보고서, 외무성 기록, 1933.1.21, p.759.

13 가나가와현 지사의 보고서, 외무성 기록, 1932.10.3, pp.8~9.

14 가나가와현 지사의 보고서, 외무성 기록, 1932.10.22, pp.17~18.

15 「요구서」, 외무성기록, 1932.11, p.429.

16 교조카이 편, 『최근의 사회운동』, 도쿄 : 도쿄교조카이, 1927, p.776.

17 「요구서」, 외무성 기록, 1932.11, p.429.

18 위의 기록, pp.445~462.

19 위의 기록, pp.457~459.

20 10월 24일의 교섭이 결렬된 것에 관해서는 「오늘 드디어 총 파업」, 『요미우리신문』, 1932.10.26 석간, p.2; 경시총감 보고서, 외무성 기록, 1932.10.26, p.36 참조.

21 「오늘 드디어 총 파업」, 『요미우리신문』, 1932.10.26 석간, p.2.

22 「싱거 미싱쟁의 확대」, 『도쿄아사히신문』, 1932.10.25 석간, p.2.

23 「교묘한 지구전」, 『요미우리신문』, 1932.10.27 석간, p.2; 『도쿄아사히신문』, 1932.10.25 석간, p.2는 도쿄의 45곳 지점의 직원 600명이 파업에 참가했다고 보도했다.

24 「가나가와현 지사 보고서」, 외무성 기록, 1932.12.5, pp.501~503.

25 「가나가와현 지사 보고서」, 외무성 기록, 1932.11.18, p.320.

26 「경시청 보고서」, 외무성 기록, 1932.11.25, p.381.

27 오사카부 지사 보고서, 외무성 기록, 1932.12.18, p.672.

28 지방 상황에 대해서는 외무성 기록, pp.49·54·74·76 및 홋카이도 지사가 내무

대신에게 보낸 보고서, 외무성 기록, 10.26·11.7·11.9·11.11·11.14·11.25·12.1, pp.479~487 참조.

29   경시청에서 내무대신에게 보낸 보고서, 외무성 기록, 1932.11.5, pp.137~149.

30   「가나가와현 지사 보고서」, 외무성기록, 1932.11.6, p.151.

31   「경시청에서 내무대신에게 보낸 보고」, 외무성기록, 1932.12.5, pp.513~514.

32   「오사카부 지사가 내무대신에게 보낸 보고서」, 외무성 기록, 1932.12.18, pp.678~679; 외무성 기록, 날짜 없는 외무성 보고서, p.732.

33   「싱거 사무실 관계자는 경찰이 폭도들의 공격 모의를 알고 있었다고 주장」, 『재팬 애드버타이저』, 외무성기록, 1933.1.20, p.817에 이 기사 스크랩이 있다.

34   「회사 측 갑자기 강요」, 『주가이상업신보』, 외무성 기록, 1932.10.27, p.60에 이 기사 스크랩이 있다.

35   "싱거 사무실 관계자는 경찰이 폭도들의 공격 모의를 알고 있었다고 말했다."

36   경시청감이 내무대신에게 보낸 보고서, 외무성 기록, 1932.11.18, p.308.

37   분점의 분점 주임이 싱거에 보낸 편지, 1932.11.28, 「경시청에서 내무대신에게 보낸 보고서」, 외무성기록, 1932.12.5에 전재, pp.517~521.

38   가나가와현 지사가 내무대신에게 보낸 보고서, 외무성 기록, 1933.1.12, p.707.

39   경시청에서 내무대신에게 보낸 보고서, 외무성 기록, 1933.1.19, pp.718~720.

40   「쟁의가 싫어져서 – 계획적으로 속이다」, 『요미우리신문』, 1933.1.14, p.7.

41   가나가와현 지사가 내무대신에게 보낸 보고서, 1932.11.30, p.414에는 고베에서 한 그룹이 고용된 것에 대해서; 1932.12.13, p.549의 보고에는 요코하마에서 또 다른 한 그룹의 고용에 대해, 파업 동안의 폭력에 대해서는 가나가와현 지사가 내무대신에게 보낸 보고서, 외무성 기록, 1932.11.18, p.300; 가나가와현 지사가 내무대신에게 보낸 보고서, 같은 책, 1932.12.6, p.523; 경시총감이 내무대신에게 보낸 보고서, 같은 책, 1932.12.7, p.528; 가나가와현 지사 보고서, 같은 책, 1932.12.8, pp.535~538; 오사카부 지사가 내무대신에게 보낸 보고서, 같은 책, 1932.12.13, p.572.

42   가나가와 경찰 보고서, 외무성 기록, 1933.1.21, pp.778~787.

43   「파업 참가자 싱거 사무소를 파괴」, 『재팬 애드버타이저』, 1933.1.21, 이 기사의 신문 스크랩은 외무성 기록, pp.818~819에 있다.

44   가나가와현 지사가 내무대신에게 보낸 보고서, 1933.1.28, 외무성 기록, pp.883~894; 가나가와현 지사가 내무대신에게 보낸 보고서, 같은 책, 1933.2.3, p.901.

45   주미 일본대사가 우치다 외무대신에게 보낸 보고서, 외무성 기록, 1933.1.18, p.713; 『재팬 애드버타이저』, 외무성에 대한 그루의 요청에 대해, 1933.1.23.

46   해결의 상세한 내용은 다음 자료 참조. 『도쿄아사히신문』, 1933.2.9, p.7. 그 신문스크랩이 외무성기록, p.912에 있다; 경시총감이 내무대신에게 보낸 보고서, 같은 책, 1933.2.13, pp.913~915; 가나가와현 지사가 내무대신에게 보낸 보고서, 같은 책,

1933.2.18, pp.916~932.

47 도쿄의 직원 운명에 대해서는 내무대신이 받은 경시청 보고서, 외무성 기록, 1933.3.28, pp.961~966 참조; 오사카는 오사카부 지사가 내무대신에게 보낸 보고서, 같은 책, 1933.3.16, pp.955~958 참조.

48 「데모로 밀어붙이며 미 참가자를 권유」, 『사회운동신문』, 1932.11.22, p.3.

49 경시총감이 내무대신에게 보낸 보고서, 외무성 기록, 1932.11.5, p.139.

50 오사카부 지사가 내무대신에게 보낸 보고서, 외무성 기록, 1932.10.28, p.75.

51 사가현 지사가 내무대신에게 보낸 보고서, 1932.12.24에 옮겨 적은 현내 각 분점 앞으로 보낸 전단지, 외무성 기록, pp.619~620.

52 「두 시간 반에 걸쳐 격론을 벌이고 결렬되다」, 『사회운동신문』, 1932.10.26.

53 가나가와현 지사가 내무대신에게 보낸 보고서, 외무성 기록, 1932.10.27, pp.54~57. 〔「당화하다(唐化する)」라는 것은 코쟁이(외국인을 멸시해서 부름)화한다는 의미〕.

54 동아일보, 1932.9.21.

55 「사가현 지사가 내무대신에게 보낸 보고서」, 외무성기록, 1932.12.24, p.619; 「요구서」, 같은 책, 1932.11, p.429; 「쟁의의 경과와 그 진상」, 같은 책, p.589.

56 윌리엄 레이 편, 『산업 기업 경영』에서 앤드루 고든, 『비즈니스와 기업 국가 – 비즈니스 로비 그리고 노동 공무원, 1911~1941』, 캠브리지 : 하버드 동아시아학위원회 단행본, 1989, pp.67~68 참조.

57 나는 이 문제를 최근 일본어판으로 발간한 『일본 노동 관계사 1853~2010』, 도쿄 : 이와나미 서점, 2012. 제3장, pp.117~118·pp.123~124에서 자세하게 검토했다.〔원저 : 앤드류 고든, 『일본 노사관계의 진화 – 중공업, 1853~1955』, 캠브리지 : 하버드 동아시아학위원회 단행본, 1985 ; 토마스 C. 스미스, 『일본사회에 있어서의 전통과 창조』, 교토 : 미네르바 서점, 1955의 제10장에서 이 이념을 논했다. '은혜에 대한 권리'라는 이 용어는 1913년의 나가사키조선소의 직원 핸드북에서 사용되었다고 한다.

58 「요구서」, 외무성 기록, 1932.11, p.457.

59 「요구서」, 외무성 기록, 1932.11, p.457.

60 도쿄시 가미가세키 외무성 통상국장 다케미야 도시히코에게 제출한 「요구서」, 외무성 기록, 1932.11.12, pp.251·255.

61 로버트 브루스 데이비스, 『세계 정복을 위한 순조로운 작업 – 해외 시장에서 싱거 재봉틀, 1854~1920』, 뉴욕 : 아르노 출판사, 1976, p.114.

62 앤드류 고들리, 『세계 재봉틀 판매 – 싱거의 세계 판매 전략, 1850~1920』 기업과 사회 7, no.2, 2006, pp.282~283·286~287.

63 모나 도모쉬, 『제국 시대의 미국 상품』, 뉴욕 : 루트레지 출판사, 2006, pp.44~45; 데이비스, 『세계 정복을 위한 순조로운 작업』, p.185.

64 프레드 V. 카스텐센, 『해외 시장의 미국 기업』, 채플 힐 : 노스캐롤라이나대학교 출판사,

1984, pp.64~65.

65 위의 책, p.81.

66 「요구서」, 외무성 기록, 1932.11.12, p.254, '그룹' 대표와의 회남 거부에 대해.

67 시모조노 사토시, 『노도를 넘어』, 도쿄 : 자비 출판, 1960, pp.159~161에 이 두 가지 에 피소드가 실려 있다.

68 오사카부 지사가 내무대신에게 보낸 보고서, 외무성 기록, 1933.2.3, pp.906~910.

69 미쓰비시와 브라더에 대해 다음 문헌 참조. 구와하라 데쓰야, 「초기 다국적 기업의 대일 투자와 민족기업」, 『국민경제잡지』 제185권 5호, 2002, p.52; 자노메 미싱 사사편찬위 원회 편, 『자노메 미싱 창업50년사』, 도쿄 : 자노메미싱공업, 1971, p.212.

70 구와하라, 「초기 다국적 기업」, pp.52~53.

71 「기회를 틈타 국산품 진출」, 『사회운동신문』, 1932.11.22.

72 오사카부 지사가 국무대신에게 보낸 보고서, 외무성 기록, 1932.12.28, pp.674·677; 자노메 미싱 사사편찬위원회 편, 『자노메 미싱 창업50년사』, p.211.

73 자노메 미싱 사사편찬위원회 편, 『자노메 미싱 창업50년사』, p.212.

74 시모조노 사토시, 『노도를 넘어』, pp.163~175; 브라더공업주식회사, 『브라더의 발자 취』, 도쿄 : 다이아몬드사, 1971, pp.49~52 참조.

75 자노메 미싱 사사편찬위원회 편, 『자노메 미싱 창업50년사』, p.243.

76 위의 책, pp.244~255.

77 위의 책, p.246(안내서에서 발췌, 안내서 자체는 유감스럽게 존재하지 않는다).

78 위의 책, p.277.

79 예약 판매 방식은 위의 책, pp.197~200 참조, 시마다의 인용은 p.239.

80 렌돌 칼더, 『아메리칸 드림의 할부구매』, pp.195~199.

81 1930년대의 농촌 신용조합에 대해서는 존 엠브리, 『일본 마을 - 스에무라』, 시카고 : 시 카고대학교 출판사, pp.138~147 참조(J·エンブリー, 『日本の村 - 須恵村』, 日本経済 評論社, 1978). 이와 관련한 오세(小瀬)의 견해는 자노메 미싱 사사편찬위원회 편, 『자 노메 미싱 창업50년사』, pp.197·199~200 참조.

82 자노메 미싱이 받은 조성금과 상에 관해서는 자노메 미싱 사사편찬위원회 편, 『자노메 미싱 창업50년사』, pp.191~192 참조.

83 「국산 장려 품목 결정되다 - 118종으로」, 『요미우리신문』, 1928.3.10, p.2;「우량 국산품 곧 발표, 상공성이 선정한 312품종」『요미우리신문』, 1930.4.21, p.2.

84 마크 메이슨, 『미국의 다국적 기업과 일본 - 일본의 자본 통제의 정치경제, 1899~1980』, 캠브리지 : 하버드대학교 동아시아 단행본, 1992, p.57은 1938년까지 싱 거의 입장이 어느 정도 약해졌는가를 나타내는 하나의 지표로서, 그 해 고배 대홍수로 손해를 입은 부품 대체를 수입하는 허가조차 받을 수 없었던 점을 예를 들었다.

85 GM, 포드, 기타 1930년대 일본에 있었던 미국 회사에 대해서는 위의 책, pp.60~99 참조.

86 월터 프리드만, 『세일즈맨의 탄생』, 캠브리지 : 하버드대학교 출판사, 2004, p.269.

제5장 후방의 병기

1 미나미 히로시, 사회심리학연구소 편, 『쇼와문화 1925~1945』, 도쿄 : 게이소 서점, 1978, p.ii.
2 미나미 히로시 편, 『근대 서민 생활지』 제5권, 도쿄 : 상이치 서점, 1986, pp.544~545. 복장의 군사화에 대해서. 미나미의 견해에 대한 통찰력 있는 논의는 이노우에 마사토, 『양복과 일본 국민복이라는 모드』, 도쿄 : 고사이도출판, 2001, p.28 참조.
3 루이스 영, 『일본 제국 – 만주 그리고 전시 제국주의 문화』, 버클리&LA : 캘리포니아대학교 출판사, 1988, p.435; 〔L·ヤング 『総動員帝国 – 満州と戦時帝国主義の文化』, 東京 : 岩波書店, 2001〕 미리암 실버버그, 『에로그로 난센스 – 근대 일본의 대중문화』, 버클리&LA : 캘리포니아대학교 출판사, 2006, p.5. 또 다음 저작도 참조. 재니스 미무라, 『제국 건설 계획 – 공무원 개혁과 전시 일본, 1931~1945』, 이타카 : 코넬대학교 출판사, 2011.
4 일본방송협회 편, 『라디오연감』, 도쿄 : 일본방송출판협회, 1940, p.270.
5 나카야마 치요, 『일본 여성 양장사』, 도쿄 : 요시카와고분칸, 1987, p.416.
6 루이스 영, 앞의 책, pp.57~68.
7 나카야마, 『일본 여성 양장사』, pp.397~398에 인용되어 있다.
8 곤와 지로, 「화·양장 비율 측정」, 『도쿄주보』, 1933.3.5; 『곤와지로슈(今和次郎集)』 제8권 「복장연구」, 도쿄 : 도메스출판, 1972, p.167에 수록.
9 「스타일북의 보급」, 『샤르망』, 1935.9; 위의 책, p.168에 수록.
10 곤와 지로, 「전국 19개 도시 여성복장 조사보고」, 『부인지우』, 1937.6, pp.89~113.
11 나카야마, 앞의 책, p.414.
12 남자 재봉사가 연 학교와 여성이 연 학교의 차이에 관해서는 요시모토 요코, 『꽃피는 양재학교』; 고이즈미 가즈코 편, 『양재의 시대 – 일본의 의복 혁명』, 도쿄 : OM출판, 2004, p.28 참조. 요시모토는 쇼와 생활박물관에 협력했던 재야 연구자이다. 양재 학교의 더 전반적인 확산에 관해서는 나카야마, 앞의 책, pp.417~418 참조.
13 「직업을 희망하는 부인의 학교 안내」, 『부인구락부』, 1934.1, pp.420~425.
14 위의 잡지.
15 이노우에, 『양복과 일본인』, p.201.
16 나카야마, 앞의 책, pp.423~425.
17 일본미싱협회 편, 『일본 미싱 산업사』, 도쿄 : 일본미싱협회, 1961, pp.38~39.
18 도쿄상공회의소, 『월부 판매 제도』, 도쿄 : 도쿄상공회의소, 1929, pp.211~212.

19 도쿄시청 공업국 상업과 편, 『할부 판매에 관한 조사』, 도쿄 : 도쿄시청, 1935, p.62.

20 바바라 버만 편, 「솜씨 좋은 손으로 집에서 만들어진 ─ 에드워드 7세 시대의 가정 양재」, 『재봉 문화 ─ 성, 소비, 그리고 가정 양재』, 옥스퍼드 : 비그출판사, 1999, pp.33~34는 영국에서 1900년대 완성된 비슷한 패키지를 확인했다.

21 시마다에 관해서는 자노메 미싱 사사편찬위원회 편, 『자노메 미싱 창업50년사』, 도쿄 : 자노메 미싱공업주식회사, 1971, pp.253~254 참조. 광고 리스트는 아사히신문 쇼와 전전 지면DB, 요미우리신문 쇼와 전전DB 1과 2에서 바로 불러낼 수 있다.

22 『도쿄아사히신문』, 1936.1.9, p.5.

23 『도쿄아사히신문』, 1938.1.5, p.7 및 1939.3.21, p.7.

24 이 광고들은 여기에서 소개한 순서대로 『도쿄아사히신문』의 아래 각호에 실렸다. 1935.8.23, p.5; 1936.2.24, p.4; 1938.1.29 석간, p.4; 1939.1.20, p.10; 1941.12.8, p.3. 다이쇼 시기 중산층 개인주의의 정신을 연상시키는 근대적 가치로서의 수양은 다음 저작물에서 논의되었다. 다케우치 요, 『입신출세와 일본인』, 도쿄 : 도쿄일본방송출판협회, 1996; 바바라 사토, 『새로운 일본 여성』, 더럼 : 듀크대학교 출판사, 2003, pp.134~148.

25 『부녀계』, 1933.4, 페이지 번호 없는 삽입 사진.

26 『부인구락부』, 1934.1, pp.420~425.

27 『부인구락부』, 1938.12, p.187.

28 나카야마, 앞의 책, p.419.

29 여기에서 요약한 텍스트 분석에 대해서는 요시모토 요코, 『여성의 자립을 지원하는 양재』; 이즈미 가즈코 편저, 『양재의 시대 ─ 일본의 의복 혁명』 제2장 참조, 그녀는 전후 직후 10년간의 25개의 이야기에도 주목했다.

30 위의 책, p.50.

31 일본방송협회, 『국민생활 시간조사 ─ 봉급생활자, 공장 노동자, 여성 가족 편』, 도쿄 : 일본방송출판협회, 1943, pp.90~93. 자세한 논고는 보유에 실려 있다.

32 전시 중의 『주부지우』의 내용 일람은 이시카와 문화사업재단, 오차노미즈대학교 도서관 편, 『주부지우 ─ 쇼와기 목차』 제2권, 도쿄 : 오차노미즈대학교 도서관, 2009 참조.

33 「가정 부업을 찾는 사람에게 요긴한 수산소의 일과 이용법」, 『부녀계』, 1935.2, pp.234~237.

34 위의 잡지.

35 「주부들의 부업 유행」, 『도쿄아사히신문』, 1935.5.21, p.5.

36 요시모토, 「여성의 자립을 지원하는 양재」, pp.50~52.

37 위의 글, pp.54~57.

38 혼마 유리코, 「아이들 학비를 만든 재봉틀 부업」, 『주부지우』, 1935.4, pp.335~338. 이 실화는 「재봉틀 부업에 성공한 여성들의 경험」이라는 제목으로 함께 게재된 세 편 중 한 편이다. 나머지 두 편은 이이다 가즈코, 「여학교 부근에서 양장점 개업」, pp.332~334

와 하타 도모코, 「교외의 신 개척지에서 시작한 앞치마 가게」, pp.338~340로 모두 양복점을 열고 성공한 여성들의 이야기이다. 비슷한 감회는 『부녀계』, 1939년 8월 호의 월례 인생 상담란, p.363에서 볼 수 있다.

39 그레고리 J. 카자, 『일본의 국가와 대중매체, 1918~1945』, 버클리&LA : 캘리포니아대학교 출판사, 1988, pp.232~242.

40 토마스 하벤스, 『어둠의 계곡 : 일본 민족과 제2차 세계대전』, 뉴욕 : W. W. 노턴 출판사, 1998, p.67.

41 실버버그, 앞의 책, p.1.

42 윌리엄 시어도어 드 바리, 캐롤 글럭, 아서 E. 타이드만 편, 『일본 전통 원류 – 1600부터 2000』, 2nd ed., vol.2, 뉴욕 : 컬럼비아대학교 출판사, 2005, pp.968~975.

43 「전시용 자수 형」, 『요미우리신문』, 1939.7.8, p.5. 1939년 10월의 전력 조정령은 개인 집에서 퍼머 기계(헤어드라이기) 사용을 금지했을 뿐이다. 「다음 달 1일부터 금지」, 『요미우리신문』, 1939.9.7 석간, p.2 참조; 「퍼머 금지, 귀중한 철과 동」, 1943.8.29 · 1943 석간, p.2도 참조.

44 「세상의 반영」, 『도쿄아사히신문』, 1935.11.8, p.9.

45 이 기사들은 『아사히신문 전전 쇼와 DB』를 사용하여 '월부'라는 키워드로 검색해서 확인한 것이다. 그 중 13건의 기사는 세금 문제, 외국에서의 관행, 기타를 다루고 있어서 긍정 · 부정 어떤 카테고리로도 분류할 수 없었다.

46 『도쿄아사히신문』, 1930.2.11, p.4; 1933.3.4, p.5; 1933.9.18, p.5.

47 『요미우리신문』의 기사도 이미 『요미우리신문 전전 쇼와 DB I (1926~1936)』과 『II (1936~1945)』를 이용, 키워드 '월부'로 검색해서 확인했다. 이 DB는 또 1350건에 이르는 월부 판매의 상품광고도 확인해주었지만 대체로 라디오, 재봉틀, 카메라 광고들이다.

48 「봉급자에게는 편리한 월부 변제」, 『도쿄아사히신문』, 1938.4.14, p.6.

49 마쓰미야 사부로, 『바로 효과 있는 광고』, 도쿄 : 미카사 서점, 1938, pp.77~80.

50 「무담보 무이자로 월부로도 갚을 수 있다」, 『요미우리신문』, 1939.8.7, p.5.

51 「양복 맞춤 50% 인하」, 『도쿄아사히신문』, 1939.4.7, p.10.

52 「양복 월부는 부터 50% 증가 – 20일부터 실시」, 『요미우리신문』, 1941.7.13, p.3.

53 일본미싱협회 편, 『일본 미싱 산업사』, pp.40~41.

54 자노메 미싱 사사편찬위원회 편, 『자노메 미싱 창업50년사』, pp.286~287.

55 일본미싱협회 편, 『일본 미싱 산업사』, pp.41~49에 이 개관의 기술이 있다. 자노메 미싱 사사편찬위원회 편, 『자노메 미싱 창업50년사』, pp.298~300에는 자노메 미싱공업의 노력에 대해, p.809에는 생산 전체의 통계가 표시되어 있다.

56 자노메 미싱 사사편찬위원회 편, 『자노메 미싱 창업50년사』, pp.300~301.

57 테일러 앳킨스, 『블루 닛폰』, 더럼 : 듀크대학교 출판사, 2001, pp.127~163.

58 곤와 지로, 「1937년의 화 · 양장」, 『생활과 취미』, 1937.5; 『곤와지로슈』 제8권,

pp.170~172에 재수록.

59 곤와 지로, 「1938년의 화·양장」, 『오사카 미쓰코시』, 1938.2; 『곤와지로슈』 제8권, pp.173~176에 재수록.

60 위의 책, p.176.

61 사카이 노부코, 『재봉 학습 원론』, 도요도서, 1937, pp.46~47. 여기서는 구와타 나오코, 「시민양장 보급 과정에서의 재봉과의 전회(転回)와 딜레마 : 나리타 준의 양재 교육론을 중심으로」, 『교육학연구』, 1998.6, p.6에서 인용.

62 나리타 준, 『양재 수업을 회고하며』, 1933; 구와타, 『시민양장』, p.6에서 인용.

63 나리타 준, 「앞으로의 재봉은 어떻게 생각할 것인가」, 1936; 구와타, 『시민양장』, p.6에서 인용.

64 「집안일과 재봉이 합류, 새로운 피복과의 성격」, 『요미우리신문』, 1943.9.17, p.4. 또 이 것과 관련된 기사는 1943.9.16, p.3; 1943.9.17, p.4에도 게재되어 있다.

65 구와타, 『시민양장』, p.7; 이노우에, 『양복과 일본인』, pp.38~39.

66 이노우에, 『양복과 일본인』, p.7.

67 이노우에, 『양복과 일본인』, p.88; 나카야마, 『일본 여성 양장사』, p.437.

68 곤와 지로, 「제복 운동 선언」, 『제복운동』, 1939.1.1; 『곤와지로슈』 제8권, p.187에 재수록.

69 이노우에, 『양복과 일본인』, pp.45~46; 나카야마, 『일본 여성 양장사』, p.438.

70 이노우에, 『양복과 일본인』, pp.48~50; 나카야마, 『일본 여성 양장사』, pp.438~442.

71 이노우에, 『양복과 일본인』, p.44.

72 나카야마, 『일본 여성 양장사』, p.442; 이노우에, 『양복과 일본인』, pp.72~73.

73 이노우에, 『양복과 일본인』, p.55. 표준복 지시가 내려진 것은 "부인 표준복 제정에 관한 건"의 "차관회의 양해 사항"에 있어서였다.

74 곤와 지로, 「국민복 시비론」, 『부인아사히』, 1939.2; 『곤와지로슈』 제8권, p.192에 재수록.

75 곤와 지로, 「여성 국민복의 문제」, 『홋카이도 타임즈』, 1941.1.1; 『곤와지로슈』 제8권, p.195.

76 이노우에, 『양복과 일본인』, p.55.

77 위의 책, pp.67~69.

78 나카야마, 『일본 여성 양장사』, pp.444~447에 이들의 형태 일람과 디자인화가 그려져 있다.

79 「복식회 소식」, 『의복연구』 제3권 4호, 1943, p.55; 이노우에, 『양복과 일본인』, p.58에서 인용했다.(강조는 고든)

80 나카야마, 『일본 여성 양장사』, p.449.

81 「전시 의복 문제의 안목」, 『요미우리신문』, 1943.6.6, p.2.

82 기무라 마쓰키치, 「'몸뻬'에 관한 연구」, 『피복』 제1권 3호, 1930; 이노우에, 『양복과 일본인』, pp.221~222에서 인용했다.

83　세가와에 관해서는 리자 달비, 『기모노 – 유행 문화』, 뉴헤븐 : 예일대학교 출판사, 1993, pp.144~152. 참조.

84　이노우에, 『양복과 일본인』, p.176.

85　「후방 여성에게 몸뻬 강습」, 『요미우리신문』, 1938.8.24 석간, p.3.

86　「입기 불편하거나 일하기 힘든 몸뻬」, 『요미우리신문』, 1940.9.7. p.4.

87　후지이 다다토시, 『국방부인회 – 히노마루와 갓포기』, 도쿄 : 이와나미 서점, 1985, p.197.

88　사이토 발언 및 몸뻬에 대한 우려를 나타내는 1940년의 논의는 이노우에, 『양복과 일본인』, pp.172~175에 설명이 있다.

89　아와야, 이노우에, 『양복과 일본인』, p.164에서 인용. 긍정적인 의견은 같은 책, pp.215~216.

90　이노우에, 『양복과 일본인』, pp.190~191이 이와모토 유코, 『피복요의 – 여성 표준복 편』, 도쿄 : 호분칸, 1943을 인용했다.

91　이노우에, 『양복과 일본인』, p.217.

92　헬렌 레이놀즈, 「'당신의 옷이 전쟁의 재료이다' – 제2차 세계대전 기간 중 영국 정부의 가정재봉 장려」; 버만, 『재봉 문화』, pp.327~337.

93　아시아에서 일본과 전쟁을 하는 적국(敵國)도 남성용 특히 엘리트용으로 겉으로는 일본의 국민복과 비슷한 혼합형의 합리적이고 근대적인 복장을 고안했다. 전후 이것은 마오슈트(인민복, 또는 중산복)으로 유명해졌지만 계보를 거슬러 올라가면 레닌이 입었던 버전에서 손문, 스탈린, 장개석으로 이어지고 있다. 송가(宋家)의 자매(쑨원 부인과 장제스 부인)들은 초산(長衫, 이른바 차이나드레스)의 즉흥 변주 판을 입었는데 이것은 "근대성"과 "일본다움"을 구가하는 노래로 만든 일본 여성의 개량형 의복보다도 "근대성"과 "중국스러움"을 더 잘 투영했다고 할 수 있는 드레스이다. 베리티 윌슨, 「중국의 리더십 복장 – 혁명 시대의 아내와 남편」, pp.238~258. 참조.

95　일본방송협회, 『국민 생활시간 조사 – 농업 세대 편』, p.149; 『국민 생활시간 조사 – 봉급생활자, 공자 노동자, 여성 가족 편』, pp.90~93.

96　중개자에게서 일을 받아서 하는 재택 재봉은 큰 개별적인 범주인 부업에 포함되었다.

97　이런 정경을 환기시키는 문헌의 하나로서 미야시타 젠지, 『피난열차』, 『아버지가 말하는 태평양전쟁』 제3권; 구루스 요시오 편, 『불타는 일본 열도』, 도쿄 : 도신샤, 1969, p.103 참조

98　미국과 영국의 이런 경향들에 관해서는 에일린 마게럼, 『요술봉 바늘 – 2차 세계대전 후 미국 소녀에게 재봉교실 판매』, pp.194~195; 레이놀즈, 『당신의 옷이 전쟁의 재료이다』, pp.336~337 참조. 모두 버만, 『재봉 문화』 소장.

제6장 기계 제작의 불사조

1 「나가사키 원폭을 전한 기자 – 하」, 『아사히신문』, 1995.8.10, p.3.

2 나카야마 치요, 『일본 여성 양장사』, 도쿄 : 요시카와고분칸, 1987, p.467에 일본미싱공업회에서 수집한 데이터에 근거한 통산산업성의 1955년 보고가 인용되어 있다.

3 생산 데이터에 관해서는 일본미싱협회 편, 『일본 미싱 산업사』, 도쿄 : 일본미싱협회, 1961, pp.1~5 참조; 길버트 벅, 「전능한 싱거의 새로운 경쟁」, 『포춘』, 1959.2, p.106.

4 「재봉틀의 보급 상황과 향후의 수요에 관한 일고찰」, 『미싱공업』, 1954.4, p.25.

5 일본미싱협회 편, 『일본 미싱 산업사』, p.7.

6 위의 책, pp.6~8.

7 위의 책, pp.2~3.

8 구와하라, 「초기 다국적 기업의 대일투자와 민족기업」, 『국민경제잡지』, 제185권 5호 2002, pp.54~56.

9 선구적인 영어 저작물은 마이클 A. 쿠스마노, 『일본 자동차 산업 – 닛산과 도요타의 기술과 경영』, 캠브리 : 하버드 동아시아학위원회, 1985, 제5장.

10 사이먼 파트너, 『일본 조립품 – 전자제품 그리고 일본 소비자 생산』, 버클리&로스앤젤레스 : 캘리포니아대학교 출판사, 1999, pp.61~66.

11 구와하라, 「초기 다국적 기업」, p.56에 이것들에 관한 인용이 있다.

12 『일본 미싱 타임즈』, 1945.3.21, p.1.

13 이 리스트는 「우리나라에서 사용되고 있는 재봉틀의 종류와 용도」로서 4회로 나누어 게재되었다. 『일본 미싱 타임즈』, 1948.3.15・1948.4.1・1948.4.15・1948.5.1, 싱거 부품의 구조도의 일례는 1950년 1월 12일자에서 볼 수 있다.

14 A. K. 오렐, 「Mr. 리차드 A. 메이에게 보내는 메모」, 1945.11.5, 일본 전쟁 패배 기록물, 싱거 미싱컬렉션, 위스콘신주립 역사회(앞으로는 일본 전쟁 패배 기록물이라고 간략하게 기록). 전쟁 중 오렐의 구류에 대해서는 『보스톤 글로브』지, 1961.7.20, p.30에 실린 오렐의 사망 광고 참조.

15 싱거의 경우도 포함하여 점령일본에 대한 미국으로부터의 투자에 관한 SCAP의 저항은 마크 메이슨, 『미국 다국적 기업과 일본 – 일본 자본 통제의 정치경제, 1899~1900』, 캠브리지 : 하버드 동아시아 연구위원회, 1992), pp.105~111.

16 로튼이 일본으로 돌아온 것에 관해서는 『일본 미싱 타임즈』, 1947.11.1, p.3.

17 A. K. 오렐이 민정과에게, 1946.8.1, 일본 전쟁 패배 기록물.

18 E. E. 로튼, 「메모」, 1947.2.19, 일본 전쟁 패배 기록물.

19 A. K. 오렐이 더글라스 알렉산더 회장에게, 1947.5.2, 일본 전쟁 패배 기록물.

20 "1947년 4월 18일자 편지에서 발췌, 5월 9일 접수"(서명 없음), 일본 전쟁 패배 기록물. 이것은 오렐의 편지임에 틀림없다. 그는 당시 일본에서 최초이면서 유일한 싱거 사원이

었다.

21   자노메 미싱 사사편찬위원회 편, 『자노메 미싱 창업50년사』, 도쿄 : 자노메 미싱공업주
     식회사, 1971, p.809.

22   이 단락 안의 인용은 모두 A. K. 오렐이 더글라스 알렉산더 회장에게, 1947.5.2. 일본 전
     쟁 패배 기록물에 따른다.

23   A. K. 오렐이 W. A. 데이비슨 부회장에게, 1947.6.3, 일본 전쟁 패배 기록물.

24   A. K. 오렐이 E. E. 로튼에게, 1947.12.30, 일본 전쟁 패배 기록물. M.T.D.는 싱거의 제
     조·무역부의 약칭.

25   예를 들면 다음 사료 참조. E. E. 로튼이 E. G. 슉 부서장에게, 1947.1.7, R/G331, 엔트리
     1639, 박스 4840, 폴더 17-2, 싱거 미싱사, vol.1, 미국 국가 기록물.

26   E. C. 밀러 주니어가 싱거 재봉틀, Mr. E. E. 로튼에게, 1949.2.2, R/G/331, 엔트리 1639,
     박스 4840, 폴더 18-1, 싱거 미싱사, vol.2, 미국 국가 기록물.

27   재정부, 별첨.2, 테이블I, R/G331, 엔트리 1597, 박스 3672, 폴더 1-1, 싱거 미싱사, 트
     레이드마크, 저작권, 미국 국가 기록물.

28   메이슨, 『미국의 다국적 기업과 일본』, p.112.

29   "부회장"이 E. E. 로튼에게 보낸 무서명 편지에 「D. H. 알렉산더 읽음」이라고 기록되어
     있다. 1953.4.28, 일본 전쟁 패배 기록물.

30   A.K. 오렐이 싱거 미싱사에게, 뉴욕, 1953.6.2; F. F. 페어맨이 싱거 미싱사에게, 뉴욕,
     1953.10.5, 일본 전쟁 패배 기록물.

31   A. K. 오렐이 E. E. 로튼에게, 1947.12.30, 일본 전쟁 패배 기록물.

32   『일본 미싱 타임즈』, 1950.12.11, p.10.

33   구와하라, 『초기 다국적 기업』, p.59.

34   『일본 미싱 타임즈』, 1952.6.28, p.1.

35   위의 잡지, 1952.6.21, p.2.

36   위의 잡지, 1952.6.28, p.1.

37   판매수량은 다음 사료 참조. 1952·1953, 싱거 미싱컬렉션, 위스콘신주립 역사회

38   곧 할부판매가 시작된다는 소문에 대해서는 『일본 미싱 타임즈』, 1953.2.13, p.3 참
     조.(싱거 미싱컬렉션, 위스콘신주립 역사회)는 1954.12.31 시점에서 처음으로 일본용
     고객 가격을 기재했다.

39   「싱거 극동시장 진출 계획」, 『일본 미싱 타임즈』, 1953.5.1, p.2. 또 속보가 5.8·5.15·
     5.22·6.5에 있다.

40   원래 파인 미싱사 창업자 두 명 중 한 명인 가메마쓰는 1933년의 쟁의가 발생했을 때, 그
     의 협력자와 함께 파인의 회사명을 가지고 회사를 떠났다. 그렇지만 그의 사업은 비교적
     성공을 거두지 못하고 전후 예전의 미쓰이그룹의 소화기 제조업체였던 일본제강소로
     흡수되었다. 자노메 미싱 사사편찬위원회 편, 『자노메 미싱 창업50년사』, p.410 참조.

41 「S사, P사에 1억 엔 남짓 투입」, 『일본 미싱 타임즈』 1954.7.16, p.1.

42 길버트 벅, 「전능한 싱거의 새로운 경쟁」, 『포춘』, 1959.2, p.134.

43 「성명서」, 『일본 미싱 타임즈』, 1954.7.19, p.1.

44 이 법률들과 그 영향에 관해서는 다음 문헌 참조. 메이슨, 『미국의 다국적 기업과 일본』, pp.154~161; 자노메 미싱 사사편찬위원회 편, 『자노메 미싱 창업50년사』, p.412.

45 싱거 미싱사 연례 보고서, 1955(1956.4.26.), p.3. 이것과 다음에 예를 드는 싱거의 연차 보고는 프로퀘스트 연례 보고서 기록물의 데이터베이스에서 입수했다.

46 「P사 올 가을 S사도 제조로」, 『일본 미싱 타임즈』, 1956.4.20, p.2; 벅, 「전능한 싱거의 새로운 경쟁」, p.134.

47 엔화를 기반으로 하는 회사에 관해서는 메이슨, 『미국의 다국적 기업과 일본』, p.160.

48 시마다 다쿠야, 「민족산업을 지켜라」, 『일본 미싱 타임즈』, 1956.1.6, p.3.

49 「2년을 넘긴 싱거 진출」, 『주간도쿄』, 1956.10.6, pp.16~17.

50 싱거 미싱사 연례 보고서, 1956(1957.4.26), p.3.

51 싱거 미싱사 연례 보고서, 1960 · 1961.4.4, p.15; 「싱거는 어떻게 세계 시장을 팔고 있는가」, 『스틸』, 1960.5.9, pp.105~107.

52 사토의 방미는 「싱거 미싱의 반격」, 『재계』, 1959.10.15, pp.72~74 참조. 싱거 제조사 연례 보고서, 1961.4.4는 "특허사용료 수입"의 부분적인 송금은 1960년 문제 해결을 보았다. 그렇지만 배당금의 전액 송금은 1961년에라는 확약이 있었다고 말했다. p.14.

53 존 다우어, 『용서 없는 전쟁』, 뉴욕 : 판테온북스, 1986, pp.301~302.〔ジョン・ダワー 『容赦なき戦争 : 太平洋戦争における人種差別』, 東京: 平凡社, 2001〕

54 「일본 생산품을 구매할 때, 한 번 더 체크하라」, 『비즈니스위크』, 1949.12.17, p.106.

55 「1달러 블라우스 사건」, 『US뉴스 앤드 월드리포트』, 1956.9.14, p.67; 「값 싼 노동력으로 만들어진 남성 슈트 – 미국 산업계의 안 좋은 소식」, 『US뉴스 앤드 월드리포트』, 1959.10.5, p.84.

56 「일본으로부터 빠른 질주」, 『타임』, 1959.8.17, p.83.

57 「수입품이 자국 산업을 위태롭게 할 때」, 『US뉴스 앤드 월드리포트』, 1958.3.7, p.47.

58 「국제 무역시장 경쟁 재 점화」, 『새터데이 이브닝 포스트』, 1952.11.15, p.10.

59 코카콜라, IBM 그 밖의 노력에 대해서는 메이슨, 『미국의 다국적 기업과 일본』, pp.161~197.

60 다이아몬드사 편, 『세계의 기업 이야기 – 싱거 재봉틀』, 도쿄 : 다이아몬드사, 1971, pp.48~49.

61 「싱거의 해외 진출 압박」, 『비즈니스위크』, 1958.12.20, pp.73~74. 싱거 미싱사 연례 보고서, 1958(1959.3.31), p.2.

62 싱거는 지그재그 재봉틀을 1930년대 도입했지만 산업용 사용자에게만 판매했다. 미국 여성들은 지그재그 재봉틀을 가정용 재봉에 사용하기 위해서는 너무 복잡하다고 여길

것으로 생각했기 때문이다. 「옛날의 열성을 되찾다」, 『재계』, 1959.2.4. pp.6~7.

63 오마키 구니치카에게 인터뷰, 2003.6.26.

64 「싱거 미싱사 연례 보고서」, 1964(1965.3.19), pp.18~19.

65 위의 보고서, 1960(1961.4.4), p.15.

66 위의 보고서, 『포브스』, 1964.10.15, p.24.

67 위의 보고서, 1960(1961.4.4), p.15.

68 「수입품이 자국 산업을 위태롭게 할 때」, p.45.

69 버트 벅, 「자산 굳히기」, 『포춘』, 1959.1, p.148·150.

70 전자기기회사의 판매 전략에 관해서는 파트너, 『일본 조립품』, pp.153~168. 마쓰시
    타에 관해서는 아베 에쓰오와 로버트 피츠제랄드 편, 『일본 산업 성공 동력』; 시모타
    니 마사히로, 『게이레쓰 유통의 형성 – 마쓰시타 전자 사례』, 런던 : 프랭크 카스, 1995,
    pp.54~69 참조.

71 자노메 미싱 사사편찬위원회 편, 『자노메 미싱 창업50년사』, pp.414~416.

72 브라더공업주식회사, 『브라더의 발걸음 – 세계에 도전하다』, 도쿄 : 다이아몬드사,
    1971, pp.118~119.

73 다이아몬드사 편, 『산업 개척 이야기 3 미싱 〈자노메〉』, 도쿄 : 다이아몬드사, 1965,
    p.135.

74 위의 책, pp.135~137. 자노메 미싱은 전전에도 이런 가두 전시를 했지만 잠재 고객 리
    스트를 수집하기 위해서보다 대부분은 광고용이었다.

75 위의 책, p.138.

76 「판매 제일주의」, 『자노메 사내 사보』 제1권 1호, 1956, p.1.

77 『자노메 사내 사보』 제7권 45·46호, 1962 참조.

78 「노시로점 판매 백서」, 『자노메 사내 사보』 제3권 11호, 1958, pp.8~12.

79 「일과 함께 걷는다」, 『자노메 사내 사보』 제7권 50호, 1962, pp.18~19.

80 「재봉틀업계와 판매원의 기묘한 관계」, 『니혼주보』, 1964.4.15, pp.38~41.

81 위의 잡지.

82 위의 잡지, p.42.

83 「단 3천 엔의 자본으로 할 수 있는 양재 부업의 길잡이」, 『자노메 모드』, 1962년 봄,
    pp.6~7.

84 『일본 미싱 타임즈』, 1948.11.11, p.2.

85 위의 잡지, 1949.12.11, p.2.

86 위의 잡지, 1950.8.21, p.1.

87 자노메 미싱 사사편찬위원회 편, 『자노메 미싱 창업50년사』, p.392.

88 『일본 미싱 타임즈』, 1953.8.21, p.7.

89 일본미싱산업협회, 『일본 미싱 산업사』, 도쿄 : 일본미싱협회, 1961, p.9; 통산산업성 편,

『할부 판매 실태 조사』, 도쿄 : 통상산업성, 1962, p.9. 이 조사는 적어도 일부 상품에 관해 할부 판매에 흔쾌히 응하는 점포에 한정되었다.

90 "티켓" 신용에 관한 더욱 구체적인 연구에는 다음 논문이 있다. 앤드류 고든, 『싱거에서 신판까지 - 근대 일본의 소비자 신용』, 셸던 가론과 패트리샤 L. 맥클라클란 편집, 『갈등하는 소비자 - 동아시아와 서양의 소비에 대한 의심』, 이타카 : 코넬대학교 출판사, 2006, pp.137~162.

91 티켓 비즈니스에 대해 유익한 해설을 다카키 구니오, 「티켓 판매 형태와 대금 미지불 등의 처리 상황」, 『주리스트 - 주식회사 유히카쿠가 월 1회 발매하는 B5사이즈 잡지, 약칭 「주리」』, 1967.10.15, pp.68~69가 제공했다.

92 일본신판 편, 『The문화 - 일본 신판의 반세기』, p.3; 「옥신각신하는 백화점의 할부 판매」, 『도쿄아사히신문』, 1958.11.4, p.4.

93 『도쿄아사히신문』, 1959.10.13, p.1; 1959.10.24, p.4.

94 이 법률 본문과 국회 심의 기록은 온라인에서 볼 수 있다. http://kokkai.ndl.go.jp (2010.8.6 열람).

95 시나다 세이헤이, 『할부 판매의 법률 · 회계 · 세무』, 도쿄 : 다이아몬드사, 1961, pp.63~218 참조.

96 「월부 판매」, 『일본 미싱 타임즈』, 1951.10.21, p.2.

97 렌돌 칼더, 『아메리칸 드림의 할부 구매』, 프린스턴 : 프린스턴대학교 출판사, 1999, pp.166~183 · 212~230; 로사-마리아 겔피와 프랑수아 줄리앙-라브뤼예르, 『소비자 신용의 역사』, 뉴욕 : 성마틴 출판사, 2000, pp.99~101.

98 사토 사다카쓰, 「할부 판매 지도에 대해」, 『월부연구』 제1권 6호, 1957, p.3; 제1권 8호, 1957, p.5.

99 「올 것인가 「월부 시대」」, 『도쿄아사히신문』, 1952.3.21, p.9 · 1957.11.21, p.5.

100 가가와 산로쿠, 「안정된 경제 확대의 달성」, 『월부연구』 제2권 1호, 1958, p.2.

101 가와우치 마모루, 「월부 판매의 경제학」, 『일본 미싱 타임즈』, 1952.3.21, p.9.

102 「할부 판매법」, 『자노메 사내 사보』 제7권 37호, 1962, p.9에 이 용어를 경쟁상대 각 회사들이 사용하고 있다는 기술이 있다.

103 도쿄상공회의소, 『할부 판매에 관한 실태 조사』, 도쿄 : 도쿄상공회의소, 1957, p.1.

104 야지마의 저서 일례로 「할부 판매의 경제적 의의」, 『주리스트』, 1957.10.15, pp.76~78 참조.

105 도쿄시청, 『할부 판매에 관한 조사』, 도쿄 : 도쿄시청, 1935, p.63.

106 칼더, 『아메리칸 드림의 할부 구매』, pp.181~183 · 217~220. 전후의 미국에 관해서는 다음 저작도 참조. 리자베스 코헨, 『소비자 공화국 - 전후 미국의 대량 소비 정치학』, 뉴욕 : 크노프 출판사, 2003, pp.278~286.

107 자노메 미싱 사사편찬위원회 편, 『자노메 미싱 창업50년사』, pp.246~247; 『자노메 사

내 사보』, 제8권 51호, 1963, pp.10~11.

108 사토 사다카쓰, 「할부 판매」, 『월부연구』, 제2권 2호, 1958, p.4.

109 사토 사다카쓰, 「할부 판매 지도에 대해」, 『월부연구』, 제1권 6호, 1957, p.3.

110 사토 사다카쓰, 「할부 판매 지도에 대해」, 『월부연구』, 제1권 7호, 1957, p.2.

111 「'티켓 판매'에 새로운 방법 – 아내들의 허영을 이용」, 『도쿄아사히신문』, 1954.6.28, p.8.

112 「올 것인가 「월부시대」」, 『아사히신문』, 1957.11.21, p.5.

113 사토 사다카쓰, 「할부 판매 지도에 대해」, 『월부연구』, 제2권 5호, 1958, pp.7~8; 『자노 메 사내 사보』 제7권 45호, 1962, p.4.

114 1980년대와 1990년대의 신용카드의 급속한 보급과 함께 도덕적 판단의 레토릭과 무책임한 여성 쇼핑객의 이미지가 더욱 눈에 띄게 되었다. 예들 들면 대단한 인기 미스터리소설 2권, 미야베 미유키, 『화차(火車)』와 기리노 나쓰오, 『아웃(Out)』에서 신용카드 부채의 늪으로 빠져든 젊은 여성들이 큰 활약을 했다.

115 찰머스 존슨, 『MITI와 일본의 기적』, 스탠포드 : 스탠포드대학교 출판사, 1982, p.15 〔チャルマーズ・ジョンソン, 『通産省と日本の奇跡』, 東京 : ティ ピーエス・ブリタニカ, 1982〕.

116 파트너, 일본 조립품.

117 스콧 오브라이언, 『성장 아이디어 – 전후 일본의 목적과 번영』, 호놀룰루 : 하와이대학교 출판사, 2009.

118 찰스 메이어, 『생산성 정치학 – 제2차 세계대전 후 미국 대외 경제 정책의 기초』에서 피터 카첸슈타인 편집, 『권력과 풍요로움 사이 – 산업 선진국의 대외 경제정책』, 메디슨 : 위스콘신대학교 출판사, 1978.

119 『새터데이 이브닝 포스트』, 1959.8.15, p.3.

제7장 양재사의 나라

1 미나미 히로시, 사회심리연구소 편, 『쇼와문화 1925~1945』, 도쿄 : 게이소 서점, 1897 은 일상생활과 복장에 관해 이러한 한걸음 더 나아간 이행이 일어났다고 하는 해석을 전개했다. pp.77・124).

2 이 논의에 관해서는 이노우에 마사토, 『복장과 일본인 – 국민복이라는 모드』, 도쿄 : 고사이도출판, 2001, pp.231~233 참조

3 가와사키 노동사 편찬위원회 편, 『가와사키 노동사 전후편』, 가와사키 : 가와사키시, 1987, p.200에 노동 의학 심리학 연구소가 시행한 1950년 3월의 조사를 인용했다. 이와 유사한 결과를 노동성 부인소년국이 보고했다. 노동성 부인소년국, 『공장 노동자 생

활의 조사』, 오사카 : 노동성 부인소년국, 1972 참조. 이 책의 82페이지에는 시간 사용에 대한 데이터가, 36페이지에는 재봉틀 보유율이 표시되어 있다.

4 미국에 관해서는 조안 바넥, "바쁨 : 미국 1920~1970 가정일 소요 시간"(미시간대학교 사회학 박사논문, 1973 참조. 프랑스는 장 스투첼, "도시 주거 밀집지역 여성의 예산-시간 연구", 인구 3권, no.1, 1948, pp.52~56; C. A. 마종, "런던 노동계층 여성의 예산-시간", 인구 4권, no.2, 1949, p.372 참조. J. I. 거슈니가 『매스 옵저베이션』 목록을 코드화하고 분석했다. 나에게 미 공개된 재봉 데이터를 친절하게도 보여주었다. 그의 더 전반적인 『매스 옵저베이션』 데이터 활용에 관해서는 J. I. 거슈니, 『영국의 시간 사용 변화 ─ 1937~1975, 셀프 서비스 시대』, 『방송 연구 ─ 방송과학 국제 연차 편』에서 Y. 가토와 K. 고토 편집, 도쿄 : NHK, 1983, pp.71~92 참조.

5 부인소년국, 『부인의 직업에 관한 여론조사』, 1954, p.47. 이것은 『전후 부인노동 · 생활 조사 자료집』 제26권 『생활 편 [8]』, 도쿄 : 크레쓰출판, 1991, p.240에 재수록 되어 있다.

6 이 조사는 제3장에 소개되어 있다.

7 노동성 부인소년국 편, 『주부의 자유 시간에 관한 의식조사』, 오사카 : 노동성 부인소년 국, 1959, pp.2~19. 복수 응답자를 포함하고 있기 때문에 합계는 100%를 넘는다. 특히 라디오를 들으면서 다른 뭔가를 하는 것처럼 동시에 여러 가지 일을 함께 한다는 것이 크게 가능하기 때문이다.

8 서유럽과 북미에서의 주부역할의 역사를 다룬 저작에는 다음과 같은 것들이 있다. 로버트 G. 묄러, 『모성 보호 ─ 전후 서독의 정치에서 여성과 가족』, 버클리&LA : 캘리포니아대학교 출판사, 1993; 글레나 매튜, 『보통 주부 ─ 미국 가사의 흥망성쇠』, 뉴욕 : 옥스퍼드대학교 출판사, 1987; 메리 놀란, 「'수월해진 집안 일' ─ 독일 바이마르 합리화 경제에서 과학적 경영 관리의 주부」, 『페미니스트 스터디즈16』 no.3, 1990, pp.549~577; 게실라 복과 팻 테인 편, 『모성과 성 정책 ─ 여성과 유럽 복지국가의 부흥, 1880년대 ~1950년대』, 런던 : 루트레지 출판사, 1991; 카렌 오펜, 『육체 정치학 ─ 1920~1950 프랑스의 여성, 일, 그리고 어머니의 정치학』; 아이린 스토어, 『가정일과 어머니 ─ 독일제국과 바이마르 공화국에서 여성 운동에 대한 토론과 정책』; 르네이트 브리덴탈, 아니타 그로스먼, 마리옹 카플란 편, 『생물학이 운명이 될 때 ─ 바이마르와 나찌 독일의 여성들』, 뉴욕 : 월간리뷰프레스, 1984. 내 르네이트 브리덴탈, 『전업주부 ─ 여성 운동의 이복자매』.

9 수잔 보겔, 「전업주부 ─ 도심 중산층 일본 여성의 커리어」, 『재팬 인터프리터12』, no.1, 1978년 겨울, pp.16~43. 또 보겔은 최근 이 주제의 연구를 단행본으로 발간했다. 수잔 보겔, 『전환기의 일본 가족 ─ 전업주부 이상향에서 선택의 딜레마까지』, 랜햄 : 로우만&리틀필드 출판사, 2013.〔일본어판의 수잔 보겔, 『변해가는 일본의 가족』, 교토 : 미네르바 서점, 2012는 미 출판 영문 원고 : 『Japan's Professional Housewife ─ Postwar Ideal and Present Strains』의 번역〕

10　"전업(專業)"의 역사적 정의에 관해서는 긴다 이치하루코, 이케다 야사부로 편, 『학연국어대사전(學研國語大辭典)』 제8권, 도쿄 : 가쿠슈연구사, 1978, p.39 참조.

11　전후의 한 가지 현상으로서의 전업주부의 출현에 관해서는 다음 저서를 참조하시오. 구니히로 요코, 『주부와 젠더』, 도쿄 : 쇼가쿠샤, 2001, pp.4~6와 오치아이 에미코, 『21세기 가족으로 – 가족의 전후 체제의 보는 법, 넘는 법』, 도쿄 : 유희카쿠, 1994. 전업주부라는 용어가 『아사히신문』의 헤드라인에 처음 사용된 것은 1970년과 1971년이었다(예를 들면 「전업주부는 60%로」 1971년 6월 20일 조간, p.17). 『요미우리신문』의 데이터베이스, 「요미다스 역사관」은 "전업주부"라는 헤드라인 밑에 1960년대에 시작된 기사를 몇 가지를 실었지만 이 용어 그 자체가 그 기사들에서 사용된 것이라고는 한정할 수 없다.

12　보겔, 『전업주부』, p.17.

13　오야 소이치, 「일본인」, 『도쿄아사히신문』, 1957.1.13, p.11. 나카야마 치요, 『일본 여성 양장사』, 도쿄 : 요시카와고분칸, 1987, p.462에 인용되어 있다.

14　나카야마, 『일본 여성 양장사』, pp.455~456; 요시모토, 『꽃피는 양재학교』; 고이즈미 가즈코 편, 『양재의 시대』, 도쿄 : OM출판, 2004, p.30에 양재교육에 대한 미국 점령군의 목표에 대한 언급이 있다.

15　신생활운동에 관해서는 바바라 몰로니와 캐서린 우노 편, 『근대일본 역사의 젠더 화』 내 앤드류 고든, 『일본 가정 관리 – 전후 일본의 새로운 생활 운동』, 캠브리지 : 하버드대학교 아시아센터, 2005, pp.423~451 참조.

16　이노우에, 『양복과 일본인』, pp.236~238. 『피복문화』 창간호에서 한 인용은 p.237에 있다. 이 잡지의 편집위원회에는 나리타 준과 문화복장학원의 공동 설립자인 엔도 마사지로가 포함되어 있다.

17　요시다 겐키치, 「몸뻬부터 원피스까지 – 복장풍속의 전후 10년」, 『문예춘추』 임시 증간호, 1955.3, pp.140~142.

18　이노우에, 『양복과 일본인』, pp.239~240에 곤와 지로, 『점퍼를 입고 40년』, 도쿄 : 문화복장학원출판국, 1967, p.130에서 인용했다.

19　「생활은 어떻게 개선해야만 하는가」, 『요미우리신문』, 1950.8.28, p.1.

20　나카야마, 『일본 여성 양장사』, pp.456~457에 『아메리칸 패션』 1947년 8월의 창간 인사말에서 한 인용이 있다.

21　나카야마, 『일본 여성 양장사』, pp.458~459.

22　요시다, 『몸뻬부터 원피스까지』, p.142.

23　리자 달비, 『기모노 – 유행 문화』, 뉴 헤이 : 예일대학교 출판사, 1993, p.131.

24　「유카타 대 인기」, 『요미우리신문』, 1950.5.29 석간, p.2.

25　리자 달비, 『기모노 – 유행 문화』, p.131.

26　「돈이 되는 나무 이야기」, 『요미우리신문』, 1959.6.7 석간, p.2; 「왕성한 기모노 붐」, 『요미우리신문』, 1959.12.7, p.9도 참조.

27 리자 달비, 『기모노 – 유행 문화』, pp.141~142가 허구치 기요유키, 「매실장아찌와 일본도」, 도쿄 : 쇼덴샤, Non Book, 1974를 인용.

28 기모노교실에 관해서는 「기모노 입기 학교에는 여름방학이 없다」, 『요미우리신문』, 1970.6.30, p.18; 기모노를 입는 횟수와 「형편없는 기모노 붐의 흐트러진 풍경」에 대해서는 「편집수첩」, 『요미우리신문』, 1963.1.17, p.1.

29 나카야마, 『일본 여성 양장사』, pp.456.

30 도쿄의 가구 수는 1955년에는 179만 7000이었다. 일본통계협회 편, 『일본 장기 통계 총람』 제1권, 도쿄 : 일본통계협회, 1987, p.172 참조. 양장점 수는 이 시기 도쿄만으로도 일본 전국의 우체국 수에 필적할 정도였다. 페넬로페 프랑크스와 자넷 헌터 편, 『역사적 소비자 – 일본의 소비와 일상생활, 1850~2000』에서 자넷 헌터 편, 『사람과 우체국 – 19세기 말 일본의 우편 서비스 이용』, 뉴욕 : 팔그레이브 맥밀란 출판사, 2012, p.247.

31 나카야마, 『일본 여성 양장사』, p.461.

32 이토 모헤이, 「레이디 메이드 대망론」, 『부인공론』, 1960.5.20, p.62.

33 오야 소이치, 「일본 기업의 양재사」, 『주간아사히』 63권 4호, 1958, p.36. 오야가 타국과의 비교에서 주장한 것은 버먼, 『재봉 문화』에 수록된 몇 편의 논문으로 간접적으로 뒷받침되고 있다. 그 논문들 모두 강조한 것은 영국과 미국의 여성들이 20세기에 재봉을 배운 경로로서 수습 교육생과 자택 교육, 또 공립학교의(오히려 상업학교 이상으로) 가정과의 수업이 중요한 역할들 담당했다는 것이었다. 특히 다음 논문을 참조하기 바란다. 샐리 I. 헬벤손과 마가렛 M. 버볼츠, 『1870~1940 미국의 가정학과 가정 재봉』, 버먼, 『재봉 문화』에서 pp.304~305・309~311.

34 오누마 준, 『문화복장학원 40년의 발자취』, 도쿄 : 문화복장학원, 1963, pp.150~164; 나카야마, 『일본 여성 양장사』, p.462; 미국과의 비교에 대해서는 오야, 『일본의 기업 양재사』, p.36.

35 오야, 『일본의 기업 양재사』, p.37.

36 같은 잡지, 1957년의 학교 수 7000개, 학생 수 20만 명이라는 합계는 오야, 『일본인』을 참조, 중학교와 고등학교 졸업생 수에 관해서는 총리부 통계국 편, 『일본 통계연감 1957』, 도쿄 : 일본통계협회, 1957, pp.436・438~439.

37 오야, 『일본인』; 나카야마, 『일본 여성 양장사』, pp.463~464.

38 나카야마, 『일본 여성 양장사』, pp.464.

39 요시모토, 『꽃피는 양재학교』, p.31.

40 이토, 『레이디메이드 대망론』, p.62; 바바라 버먼, 『재봉 문화』의 서론, pp.6~8에서 1940년대까지의 영국과 미국에서의 의복의 재택 생산과 공업생산, 기성품의 상대적 불평과의 관계에 대해서 보다 엄밀하게 분석하는 것의 중요성을 강조했다.

41 "쓰루신보" 또는 "쓰루시"는 당시 헌옷이나 기성복을 매달아놓고 파는 것을 비하해서

표현한 용어이다.

42   우에무라 치카코, 『일본에서의 점령정책과 여성해방』, 도쿄 : 게이소 서점, 1992. 초대
     국장은(미국 점령군의 간청으로) 야마카와 기쿠에였다. 그녀는 1920년대 이후의 일본
     의 가장 중요한 페미니스트 사상가이자 활동가 중 한 명이었다.

43   정의에 관해서는 노동성 부인소년국 편, 『가정 부업의 실정 – 도쿄 23구』, 오사카 : 노동
     성 부인소년국, 1955, p.2 참조. 1970년 가내 노동법이 생기기까지 부업은 법적 규제를
     받지 않았지만 이 법률은 소비자에게 직접 판매를 하는 것을 자영업 또는 가내 노동자
     로 정의했다. 가내 노동법은 그 자체를 연구할 가치가 있다. 1959년 도쿄에 있는 부업자
     가 벤졸 중독사 했다는 보도를 접하고 정부는 가내 노동 심의회를 설치하고 그 보고를
     근거로 이 법률이 탄생했다.

44   노동성 부인소년국, 『가정 부업의 실정 – 도쿄 23구』, pp.1~3.

45   이 데이터는 모두 노동성 부인소년국, 『부업 취직 기본조사 보고』, 1968, pp.5~6에 의거
     한다.

46   노동성 부인소년국, 『가정 노동의 현상』, 오사카 : 노동성 노동기준국, 1976.9, pp.2~5.

47   노동성 부인소년국, 『가정 부업의 실정 – 도쿄 23구』, p.7; 『가정 부업의 실정 – 오사카
     시 중간보고』, 1955, pp.4~5; 『부업 취업 기준 조사 보고』, 1968, p.5.

48   노동성 부인소년국, 『가정 부업의 실정 – 도쿄 23구』, pp.13~14; 오사카시의 이것과 비
     슷한 데이터에 대해서는 『가정 부업의 실정 – 오사카시 중간보고』, pp.11~13.

49   노동성 부인소년국 편, 『부업 취업 기본조사 보고』, pp.3, 13.

50   노동성 부인소년국 편, 『가정 부업의 실정 – 도쿄 23구』, p.3; 『가정 부업의 실정 – 오사
     카시 중간보고』, p.2; 『부업 취업 기준 조사 보고』, pp.8~9.

51   노동성 부인소년국 편, 『가정 부업 조사 보고서 – 도쿄도분 중간보고』, 1954, p.5; 『가정
     부업의 실정 – 오사카시 중간보고』, p.3; 『부업 취업 기준 조사 보고』, pp.8~9.

52   노동성 부인소년국, 『가정 부업 조사 보고서』, p.5; 『가정 부업의 실정 – 오사카시 중간
     보고』, p.3; 노동성 노동기준국, 『가내 노동의 현상』, 1976, p.20; 1976년의 보고는 데이
     터 일부가 나타내고 있는 것이 수입 총액의 평균치인지 중간치인지가 불분명하다. 그리
     고 변화를 약간 과장한 것일지도 모르지만 그래도 부업자의 수입 신장이 평균 세대에
     비해 크다는 것을 의심할 여지는 없다. "근로자 세대"라는 용어는 분명히 중산층 샐러리
     맨뿐 아니라 공장 노동자도 포함했다.

53   요시모토 요코, 『여자의 자립을 지탱하는 양재』, 고이즈미 가즈코 편, 『양재의 시대 – 일
     본의 의복 혁명』, 도쿄 : OM출판, 2004, p.71.

54   일본유족회 편, 『초석 – 전몰자 유족의 체험 기록』, 도쿄 : 일본유족회 사무국, 1963.

55   위의 책, pp.32~38.

56   위의 책, pp.92~98.

57   위의 책, pp.253~257.

58 요시모토, 『여자의 자립을 지원하는 양재』, pp.59~61; 오사카의 N·T 이야기, pp.61~62도 참조.

59 위의 책, pp.61~62.

60 「단 3천 엔 자본으로 할 수 있는 양재 부업의 길잡이」, 『자노메 모드』, 1962년 봄호, p.6.

61 나카야마, 『일본 여성 양장사』, pp.464.

62 저자에 따른 오쓰키 도시코와 다카야마 가즈코 인터뷰, 2003년 7월 1일.

63 위와 동일.

64 「쇼핑 북」, 『아사히신문』, 1951.12.3 석간, p.3.

65 「양재를 못해서 운 아가씨의 이야기」, 『부인구락부』, 1948.12, p.50.

66 「양재과 개설에 대하여」, 『요미우리신문』, 1952.11.1, p.5.

67 사라 A. 고든, 『직접 만드세요 – 가정 재봉, 성, 그리고 문화, 1890~1930』, 뉴욕 : 콜럼비아대학교 출판사 , 2007, 미국 잡지의 재봉란에 대해서는 제4장. 클로틸트 칼럼, 「클로틸트의 실용적이며 끝내주는 바느질」은 『시카고 데일리 트리뷴』 기타 신문에 실렸다. 프로퀘스트 역사 신문을 통해 볼 수 있다.

68 「여성분들은 무엇이 사고 싶은가?」, 『자노메 사내 사보』 제1권 2호, 1956, p.11.

69 같은 잡지.

70 「자노메 재봉틀에 쏟아진 애정과 신뢰」, 『자노메 사내 사보』 제1권 2호, 1956, pp.6~7.

71 오야, 『일본의 기업 양재사』, p.36.

72 「홈 양재시대가 왔다고는 하지만……」, 『여성자신』, 1973.3.24, p.163. 미국 내 심플리시티에 관해서는 다음 논문 참조. 버만, 『재봉 문화』에서 조이 스페나벨 에머리 편집, 『종이 위의 꿈 – 상업패턴 산업 이야기』, pp.235~253.

73 저자에 따른 오쓰키 도시코와 다카야마 가즈코의 인터뷰, 2003.7.1. 앞에 기재한 논문 "종이 위의 꿈"에서 저자 에머리는 미국의 가정 재봉의 숙련자 사이에서 옷본에 대한 어떤 저항이 있었는지의 여부에 대해서는 전혀 언급하지 않는다.

74 「이번 회로 폐점」, 『아사히신문』, 1970.4.29, p.11.

75 「주부논쟁」에 대해서는 우에노 치즈코, 『주부논쟁을 읽다』, 도쿄 : 게이소 서점, 1982 참조. 더 최근의 간추린 해설로는 후지이 하루에, 『전업주부는 지금 – 다양화와 개성화 속에서』, 교토 : 미네르바 서점, 2002), pp.15~22 참조.

76 앤드류 고든, 『역사로서의 전후 일본』에서 캐슬린 우노 편집, 「'현모양처'의 종말?」, 버클리&LA : 캘리포니아대학교 출판사, 1993, pp.294~295.

77 「재봉틀은 집에서 선하품」, 『아사히신문』, 1969.5.24, p.11.

78 일본방송협회 편, 『국민생활 시간조사』, 도쿄 : 일본방송출판협회, 1970, pp.11~12·1172.

79 요시미 순야, 『포스트전후사회』, 도쿄 : 이와나미 서점, 2009.

80 메리 브린턴, 『여성과 경제 기적 – 전후 일본의 성과 일』, 버클리&LA : 캘리포니아대학

교 출판사, 1993, p.29에 1980년대까지의 M커브와 전업주부의 교육자로서의 전후 사명의 귀중한 분석이 있다. 더 최근의 비교 데이터는 http://stats.oecd.org/indexaspx의 「성별과 연령에 따른 노동력 통계」의 카테고리 참조(열람 2009.8.10).

결론

1 제프리 G. 존스와 데이비드 키론, 『싱거 재봉틀 - 1851~1914』 하버드경영대 사례 N9-804-001, 보스톤 : 하버드경영대 출판사, 2003, p.1; 팀 퍼트남 편집, 『재봉틀의 가정 진출』, 버만, 『재봉 문화』에서 p.269.

2 빅토리아 드 그라찌아, 『거부할 수 없는 제국 - 미국의 20세기 유럽 진출』, 캠브리지 : 하버드대학교 출판사, 2005.

3 요다 신타로, 『학리적 상략 법 - 판매원과 판매 술』, 도쿄 : 하쿠분칸, 1916, p.5.

4 자노메 미싱 사사편찬위원회 편, 『자노메 미싱 창업50년사』, 도쿄 : 자노메 미싱공업주식회사, 1971, p.246.

5 「세일즈맨 제일주의」, 『자노메 사내 사보』 제1권 1호, 1956, p.1.

6 페넬로페 프랭크스, 「비 과시적 소비 - 사케, 맥주, 그리고 일본 소비자의 탄생」, 『아시아학 저널』 68, no.1, 2009.2, pp.135~137은 이 연구의 유익한 개요를 제공해주고 계속해서 일본에서도 얼마나 아주 비슷한 발전이 일어났는가를 논하고 있다.

7 와타나베 시게루, 「재봉틀을 살까, 채권을 살까」, 『부인구락부』 제7권 5호, 1926, pp.257~259.

8 오누마 준, 『문화복장학원 40년의 발자취』, 도쿄 : 문화복장학원, 1963, p.4.

9 이무라 노부코, 「아동의 일상복을 전부 양복으로」, 『부녀계』 제21권 1호, 1920, pp.113~115.

10 도쿄 상공회의소, 『월부 판매제도』, 도쿄 : 도쿄 상공회의소, 1929, pp.1~2.

11 『아사히신문』, 1936.1.9, p.5.

12 주디스 코핀, 「신용, 소비, 그리고 여성이 원하는 것들 - 19세기 말 프랑스에서 재봉틀 판매」, 『프렌치 히스토리컬 스터디즈18』, 1994년 봄, p.783.

13 버만, 『재봉 문화』에서 바바라 버만 「서론」, p.5.

14 모나 도모쉬, 『제국 시대의 미국 상품』, 뉴욕 : 루트레지 출판사, 2006, 제3장은 특히 이 그림에서 언급은 하고 있지 않지만 대략 이와 같이 논평했다.

15 이무라, 「아동의 일상복을 전부 양복으로」, p.113.

16 마쓰나미 다다유키, 『바로 도움이 되는 월부 판매법』, 도쿄 : 만리가쿠 서점, 1930, p.160.

17 조안 왈라치 스콧, 「여성 일의 기계화」, 『사이언티픽 아메리칸』, 1982.9, p.178.

18 낸시 페이지 페르난데스, 『소비자 만들기 – 성, 계급, 그리고 가족용 재봉틀』, 버만, 『재봉 문화』, p.157에서 편집; D. M. 더글라스, 「응접실의 기계 – 재봉틀의 변증법적 분석」, 『미국 문화저널 5』, no.1, 1982, pp.20~29.

19 피오나 해크니, 『한 땀 한 땀, 근대 여성 만들기 – 1919~1939년 영국의 양재와 여성 잡지』, 버만, 『재봉 문화』에서 p.89 편집.

20 페르난데스, 『소비자의 창출』, p.166.

21 앤드류 고든, 『부유의 임금』, 캠브리지 : 하버드대학교 출판사, 1998, 4장; 윌리엄 쓰쓰이, 『사상 제조 – 20세기 일본의 과학 경영』, 프린스턴 : 프린스턴대학교 출판사, 1998, 제6장.

22 세계의 근대 여성 연구 그룹 편, 『세계의 근대 여성 – 소비, 근대성, 그리고 세계화』, 더럼 : 듀크대학교 출판사, 2008, p.4.

23 이노우에, 『양복과 일본인』, pp.45~46 · 48; 나카야마, 『일본 여성 양장사』, p.438.

24 낸시 페이지 페르난데스는 미국의 이야기를 이렇게 이해했다. 『소비자의 창출』, p.157.

25 해리 하우츄니안, 『근대성에 의한 극복』, 프린스턴 : 프린스턴대학교 출판사, 2000은 이 문제를 철학 수준에서 곤와지로가 만든 일상생활의 철학도 포함하여 규명했다. pp.178~201. 『근대의 초극』을 이야기한 1942년의 좌담회와 거기에서 특별하게 이 문제가 크게 거론된 것에 대해서는 p.214 참조.〔해리 하우츄니안, 『근대에 의한 초극 – 전간기 일본의 역사 · 문화 · 공동체』상 · 하권, 도쿄 : 이와나미 서점, 2007〕

26 영국과 미국의 관행에 관해서는 다음 몇몇 논문 참조. 모두 버만, 『재봉 문화』에서 편집, 셰릴 버클리, 『이익에 – 가정 내 의복 디자인 및 생산의 역사와 중요성의 이론화』; 해크니, 『근대 여성 만들기』; 캐서린 E. 윌슨, 『상품화된 공예 창조 커뮤니티 – 19세기 필라델피아의 여성 전용 드레스』, pp.55 · 74 · 87 · 149에 수록.

보유

1 오사카시 사회부조사과 편, 『여가생활의 연구 – 노동 조사보고 19』, 교토 : 고분도, 1923.

2 웬디 E. 펜랜드, 앤드류 S. 하비, M. 파웰 로튼, 메리 앤 맥콜 편, 『사회과학에서 시간 사용 연구』, 뉴욕 : 클루웨 아카데믹/플레넘 출판사, 1999, pp.5~8.

3 샌더 시아자이 편, 『시간 사용 – 12개 국가의 도심 및 근교 거주자의 일생생활』; 필립 E. 컨버스 및 기타 사람들과 공동 편, 덴하그 : 무통(Mouton) 출판사, 1973.

4 일본방송협회, 『국민 생활시간 조사』, 도쿄 : 일본방송출판협회, 1970, pp.11~12 · 1172.

5 일본방송협회, 『국민 생활시간 조사 – 봉급생활자, 공장노무자, 여성 가족 편』, 도쿄 : 일본방송출판협회, 1943, pp.90~93.